U0771891

智慧化税费申报与管理

ZHIHUIHUA SHUIFEI SHENBAO YU GUANLI

新准则 新税率

主　编　郑　平　胡源珍
副主编　毕　薇　胡晓锋

新形态
教材

本书另配：教学课件
　　　　　教　案
　　　　　操作录屏

中国教育出版传媒集团
高等教育出版社·北京

内容提要

本书是高等职业教育智慧财经系列教材之一,是高等职业教育校企"双元"合作开发教材。

本书基于我国税收基本知识、法律法规和相关政策编写,共包含 8 个项目:税费智能化申报与管理认知、增值税智慧化申报与管理、消费税智慧化申报与管理、附加税费和社会保险费智慧化申报与管理、关税智慧化申报与管理、企业所得税智慧化申报与管理、个人所得税智慧化申报与管理、财产和行为税智慧化申报与管理。

本书可作为高等职业本科院校、高等职业专科院校财经商贸大类专业相关课程教材,也可作为税务相关工作人员或自学爱好者参考用书。

图书在版编目(CIP)数据

智慧化税费申报与管理 / 郑平,胡源珍主编.
北京 : 高等教育出版社,2024. 8. -- ISBN 978-7-04
-062590-5

Ⅰ. F810. 423;F812. 42

中国国家版本馆 CIP 数据核字第 20241R2M71 号

策划编辑	钱力颖	**责任编辑**	钱力颖	**封面设计**	张文豪	**责任印制**	高忠富	

出版发行	高等教育出版社	**网 址**	http://www.hep.edu.cn
社 址	北京市西城区德外大街 4 号		http://www.hep.com.cn
邮政编码	100120	**网上订购**	http://www.hepmall.com.cn
印 刷	杭州广育多莉印刷有限公司		http://www.hepmall.com
开 本	787 mm×1092 mm 1/16		http://www.hepmall.cn
印 张	25.25		
字 数	645 千字	**版 次**	2024 年 8 月第 1 版
购书热线	010 - 58581118	**印 次**	2024 年 8 月第 1 次印刷
咨询电话	400 - 810 - 0598	**定 价**	49.00 元

本书是高等职业教育智慧财经系列教材之一,是高等职业教育校企"双元"合作开发教材。

税费的会计核算与申报是企业财会工作的核心内容,随着大数据、人工智能、云计算等新一代信息技术的迅猛发展,企业数字化转型升级全面铺开,在财税管理领域逐步实现税收管理、财务管理、风险监测等的数字化,税费的核算与申报也走向智能化。这些发展变化对涉税人才提出了更高的要求。为了适应税法的变化、财会岗位技能的发展和大数据与会计专业升级的需要,实现培养高技能人才的目标,我们编写了《智慧化税费申报与管理》教材。

本书贯彻党的二十大精神,坚持以立德树人为根本任务,符合《职业教育专业目录(2021)》对高等职业教育专业升级与数字化要求,理论与实践相结合,将税费会计核算与智能申报的理论、技能、方法介绍给读者,使其在掌握国家税收法律法规的基础上,掌握税费会计核算与申报的基本知识、申报流程、智能技术应用等。全书共有八个项目,覆盖税法、涉税会计核算、纳税申报三方面的基本知识、技术技能和实训,既方便教师授课,又能够引导学生自主性学习、生成性学习。本书主要具有如下四个特点:

1. 内容全面,税法、税费会计核算和纳税申报深度融合

本书包括了税法、税费的计算和会计核算、纳税申报,既有税法、会计核算的理论知识,又有税费计算和纳税申报实训,内容全面。

按照"项目导向、任务驱动"的编写理念,遵循思政内容和专业知识相结合的原则,将税法条文的讲述、税费计算与会计核算有机结合起来,再通过智慧化纳税申报实训的教学,将涉税会计业务有机地融合起来。

根据教材内容融入课程思政元素,促使学生爱国、依法纳税、奉献精神以及热爱劳动的社会人格和职业品质的形成,实现教书与育人的融合。

2. 理念创新,编写方法符合高等职业教育培养层次的要求

本书按"知识掌握—纳税计算—会计核算—岗位实操—智慧申报—课后巩固"的逻辑编写,注重知识、技能、素养的有机整合,面向职业岗位群逐层提升、培养目标和规格逐层递进、人才定位有机衔接,由浅入深、由点到面重新组合,符合高等职业教育培养层次的要求。

3. 产教融合,实训内容与企业纳税申报流程基本切合

以职业能力为目标,按照企业涉及的税费业务设计相应的纳税申报实训案例。首先分析案例的内容,计算应纳税费,再讲解如何填写对应的纳税申报表,然后再利用智慧化税费申报实训平台,将"教、学、做"融为一体,体现了工学结合人才培养模式改革的要求。

注重产教融合、校企合作,充分运用厦门网中网软件有限公司的"EPC金税平台——智能税务申报与管理"教学平台,设计每个项目的实训。通过专项实训,将知识、技能、方法、素养融为一体,推动教师在"教中做、做中教",学

生在"学中做、做中学"。

4. 突出重点，把握难点，可以根据教学时长和学生就业方向有所侧重

针对重点知识，不仅有详细的税法理论知识和会计实务，还充分利用现代信息化技术建设了丰富的课程资源库，实现理实一体化，让学生真正掌握税收法规政策、涉税业务处理，达到熟练运用和举一反三的效果。

本书是新形态数字化教材，可以通过扫描书中的二维码，查阅与部分教材内容相对应的税收法律法规，获取相关信息，体验立体化阅读。

本书由浙江工商职业技术学院郑平、义乌工商职业技术学院胡源珍担任主编，浙江工商职业技术学院毕薇、浙江同济科技职业学院胡晓锋担任副主编。郑平负责全书构思和思政内容设计，并对全书进行总纂定稿；胡源珍负责设计知识框架和编写大纲；毕薇、胡晓锋负责实训案例整理，共同完成课程思政内容的梳理和习题编写。

在本书编写过程中，有关业务题和案例得到了浙江天平会计师事务所鄞州分所及其负责人徐卫峰的大力支持。同时，我们参阅了大量文献资料，在此对这些资料的作者表示诚挚的谢意！

由于编者水平有限，书中难免存在疏漏之处，敬请广大读者批评指正。

编　者

2024 年 8 月

目　录

项目一
税费智慧化申报与管理认知

 学习目标

知识目标

(1) 了解税收的概念、特征、职能和作用。

(2) 掌握税收实体法的构成要素。

(3) 熟悉我国现行税法体系。

(4) 熟悉税费会计核算的内容。

(5) 了解智慧化纳税申报的具体内容。

(6) 熟悉增值税专用发票的管理。

能力目标

(1) 能熟练运用税费业务涉及的会计科目。

(2) 能辨别普通发票和专用发票及其用途。

(3) 能了解企业纳税申报工作。

(4) 能知晓企业纳税申报工作的风险点。

素养目标

(1) 通过学习智慧化税费申报与管理知识,形成法治观念,强化依法纳税的意识。

(2) 通过对企业纳税申报工作内容的了解,认识企业纳税申报工作的重要性,能够提出企业纳税申报工作的风险点,培养纳税管理意识。

(3) 通过解读"税收取之于民,用之于民"的深刻含义,强化公民意识,并践行社会主义核心价值观。

任务一
认识税收

一、税收的概念

税收是政府为了满足社会公共需要,凭借政治权力,按照法律的规定,强制、无偿地取得财政收入的一种形式。这个定义包含以下几个方面的内容。

(一)税收目的

国家征税的目的是满足社会公共需要,这是所有国家税收的共性。世界上的任何一个国家,不论其性质如何,为了维持自身的存在和发展,必须耗用一定的物质和资金,因此必须采用适当的方式取得财政收入。税收就是在一定的客观经济条件下取得财政收入的一种方式。

(二)征税主体

征税主体是国家,国家征税凭借的是政治权力。国家取得任何一种财政收入,总是要凭借国家的某种权力。例如,国家的土地收入、国有企业利润收入凭借的是国家对土地和其他生产资料的所有权,特定收入凭借国家是山林、水产、矿藏等资源的拥有者,等等。国家的权力归根结底不外乎两种:财产权力和政治权力。国家征税凭借的是政治权力。当然,从根本上说,国家的任何财政收入,包括以财产权力为依据的各种财政收入,都离不开政治权力,都带有一定程度的政治强制性,但相比较而言,税收是最典型的以政治权力为依据的财政收入。

(三)征税标准

国家凭借政治权力把劳动者创造的一部分产品用税收的形式集中到国家手中,是按照法定的标准进行的。国家征税一方面以承认社会产品为不同所有者占有为前提;另一方面又否定不同所有者占有社会产品的不可侵犯性。如果社会产品本来就是国家直接占有的,那么就无所谓征税。如果不同所有者占有的社会产品是神圣不可侵犯的,当然也就不能征税,正因为税收具有不受所有制限制,并对不同所有者普遍适用的性质,所以,它才是国家以法定的标准取得财政收入的最稳定形式。

(四)税收实质

税收是一种特定的分配关系,属于分配范畴。税收是国家凭借政治权力参与社会产品和国民收入的分配,不同于凭借财产权力参与社会产品和国民收入的一般分配。国家通过征税参与社会产品和国民收入的分配,把一部分社会产品或国民收入强制性地转化为国家所有,然后根据国家的意志支配、使用。这种分配必然引起社会成员之间占有社会产品和国民收入比例的变化,即一部分社会成员占有的比例会增加,另一部分社会成员占有的比例会减少。所以,税收体现了一种特定的分配关系。

二、税收的特征

税收作为国家凭借政治权力进行的特殊分配,是国家取得财政收入的一种基本方式,具有某些显著的特征。这些特征是税收区别于其他财政收入方式的基本标志。

（一）强制性

国家征税是通过颁布法律、法令，凭借政治权力强制征收，任何单位和个人都必须依法缴纳，否则会受到法律的制裁。因为在商品经济条件下，征税的结果必然引起有关当事人物质利益的损失。作为纳税人，往往有着尽力保护自身收入的本能，而离开强制性，税收这种分配活动就无法进行。国家为了征税，制定了一系列税收法律和法令，构成了国家法律的组成部分。国家为了保证税法的贯彻与实施，在宪法和有关法律中都有税收条款。例如，我国宪法中有"中华人民共和国公民有依照法律纳税的义务"的条款。可见，纳税是纳税人必须履行的法定义务，不依纳税人的意志为转移。

（二）无偿性

税收是国家对纳税义务人的无偿征收。征收的税款成为国家的财政收入，不付给纳税人任何报酬，也不再将税款直接归还给纳税人，这样做有利于国家把分散的资金集中起来，统一安排使用。因此，税收是集中国家财力的最有效方式。税收的无偿分配方式还能在一定范围和程度上，改变社会财富分配的不合理状况，以保证社会公平。税收的无偿性是税收其他特性的基础，因为只有无偿征收，才能体现财政的职能作用，而无偿取得收入，就必须以法律为保证。

（三）固定性

国家在征税前，以法律形式设定了征税对象及统一的比例或数额，并按照预定标准征收。税收的固定性表现在两个方面：一是国家和纳税人在分配关系上的固定，税收通过法律形式规定了纳税环节、征税范围、征税对象和征收比例等。经济组织和个人纳什么税、纳多少税、什么时间纳税等，都是固定的，不能随意变更。二是纳税人只要取得税法规定的应税收入，或者发生应税行为，或拥有应税财产等，都必须按规定的比例或定额如数纳税；同样，国家对纳税人也只能按照规定的标准征税，不能任意降低或提高征收标准。税收的固定性也与无偿性分不开，因为是无偿征收，就同纳税人的经济利益关系极大，如果没有一定的规定标准，任意征收，必然遭到纳税人的反对。

税收的固定性既要求国家不能无限度地任意征收，又要求纳税人不能不缴、少缴、迟缴税。税收的固定性有连续性的含义，除非税法发生改变，否则会一直征收下去。

税收在不同的社会制度下，尽管体现的经济关系不同，但其特征是共同的，这些特征是区别税与非税的根本标志，凡同时具备这三个特征的就是税收，否则就不是税收。

三、税收的职能

税收的职能是指税收具有的满足国家需要的固有的功能。它是税收的内在功能和国家行使职能的需要的统一。

（一）筹集财政收入职能

筹集财政收入职能，是指税收通过参与社会产品的分配，形成国家财政收入，归国家支配使用，满足国家实行其职能的需要。筹集财政收入职能是税收最基本的职能，在我国，税收已经成为保证国家财政收入的重要支柱，是国家组织财政收入最主要的形式，它对于保证国家行政管理、文教卫生、国防战略和社会主义经济建设的资金需求具有重要意义。

（二）调节经济职能

调节经济职能，是指税收作为一个重要杠杆，具有调节各类经济主体的利益并进一步起到调控宏观经济运行的职能。国家利用税收政策，调节产业、产品结构，鼓励或限制某些产业或产品的生产和发展；优化经济结构，引导各类经济主体的经济活动，从而对国民经济实行宏观

调控。

（三）调节收入分配职能

调节收入分配职能，是指税收能够调节社会成员之间的收入分配。例如，通过对年收入超过12万元的个人实行自行申报等，以此加强对高收入群体的税收监管，在一定程度上加大对高收入者的税收调节力度，缩小各阶层收入分配差距。

四、税收的作用

税收的作用，是税收职能在一定经济条件下具体表现出来的效果，是税收职能的外在表现。它随着不同的历史时期政治经济条件的变化而变化。在我国现阶段，税收主要有以下作用。

（一）组织财政收入

税收具有强制性、无偿性和固定性的特征，通过征税，所以可以使国家获得稳定的财政收入。

（二）经济活动监督

国家在征收税款过程中能够发现纳税人在生产经营、缴纳税款过程中存在的各种问题，从而起到对其监督的作用。

（三）促进企业平等竞争

企业经营情况的好坏，受其管理水平、经营理念等主观方面的影响，同时也受到地理位置的优劣、资源的多少等自然条件的影响，国家通过税收方式，对那些自然条件好的企业多征税，对自然条件恶劣的企业少征税，使自然条件对企业的影响程度降低，促进企业公平竞争。

任务二
了解税法体系

税法即税收法律制度，是调整税收关系的法律规范的总称，是国家法律体系的重要组成部分。它是以宪法为依据，调整国家与社会成员在税收征纳上的权利与义务关系，维护社会经济秩序和税收秩序，保障国家利益和纳税人合法权益的法律规范，是国家税务机关及一切纳税单位和个人依法征税、依法纳税的行为规则。

我国税法以现行税种为基础，对每一税种均单独立法形成各个单行税法，单行税法分别以税收法律、税收行政法规、地方性法规及税收规章为表现形式，其内容主要包括税收实体法和税收程序法两类。

一、税收实体法

税收实体法，是规定税收法律关系主体的实体权利、义务的法律规范的总称。其主要内容包括纳税主体、征税客体、计税依据、税目、税率、减税、免税等。税收实体法直接影响国家与纳税人之间权利义务的分配，是税法的核心部分。

（一）税收实体法的构成

我国税收实体法主要包括以下四类：

（1）货物劳务税法。货物劳务税法是调整以货物劳务额为课税对象的税收关系的法律规范的总称,货物劳务税具体包括增值税、消费税、关税等。

(2) 所得税法。所得税法是调整所得额的税收关系的法律规范的总称,即以纳税人的所得额或收益额为课税对象的一类税。所得税具体包括个人所得税、企业所得税。

(3) 财产税法。财产税法是调整财产税关系的法律规范的总称,财产税是以法律规定的纳税人的某些特定财产的数量或价值额为课税对象的税,具体包括房产税、契税、车船税等。

(4) 行为税法。行为税法是以某种特定行为的发生为条件,对行为人加以课税的一类税,具体包括耕地占用税、印花税、环境保护税等。

(二) 税收实体法的构成要素

税收实体法的构成要素,主要包括纳税人和扣缴义务人、课税(征税)对象、税率和计税依据、税负调整、纳税环节、纳税期限、法律责任等。

1. 纳税人和扣缴义务人

纳税人,是税法中规定的直接负有纳税义务的单位和个人,也称"纳税主体"。单位,是指企业、行政单位、事业单位、军事单位、社会团体及其他单位。个人,是指个体工商户和其他个人。

在实际纳税过程中,与纳税人相关的概念是负税人。纳税人与负税人是两个既有联系又有区别的概念。纳税人是直接向税务机关缴纳税款的单位和个人,负税人是实际负担税款的单位和个人。通常情况下,纳税人同时也是负税人。但如果纳税人能够通过一定途径把税款转嫁出去,纳税人就不再是负税人。例如,对烟、酒、化妆品等采取的高价高税政策即属于把一部分税收负担转移到消费者身上的情况。

法律、行政法规规定负有代扣代缴、代收代缴税款义务的单位和个人为扣缴义务人。纳税人、扣缴义务人必须依照法律、行政法规的规定缴纳税款、代扣代缴、代收代缴税款。纳税人、扣缴义务人和其他有关单位应当按照国家有关规定如实向税务机关提供与纳税和代扣代缴、代收代缴税款有关的信息。

常见的扣缴义务人主要有两类:一是向纳税人支付收入的单位和个人。二是为纳税人办理汇款的单位。例如,个人所得税以所得人为纳税人,以支付所得的单位或个人为扣缴义务人。确定扣缴义务人,有利于加强对税收的源泉控制,简化征收手续,减少税款流失。对税法规定的扣缴义务人,税务机关应向其颁发代扣代缴证书,明确其扣缴义务,扣缴义务人必须严格履行扣缴义务。

2. 课税(征税)对象

课税对象又称征税对象,是税法规定的征税的标的物,是征税的客体。通过规定课税对象,解决对什么征税的问题。课税对象是税收制度最基本的要素之一。它是一种税区别于另一种税的主要标志。

课税对象的具体项目就是税目。它规定每一种税的具体征税范围,体现征税的广度,凡列入税目的都征税,未列入的不征税。每一个税目都是课税对象的一个具体类别或项目,通过这种归类可以为确定差别税率打下基础。在实际工作中,确定税目和确定税率是同步考虑的。并常以"税目税率表"的形式将税目和税率统一表示出来,如消费税税目税率表、资源税税目税额表等。不是所有的税种都规定税目,有些税种的征税对象简单、明确,没有另行规定税目的必要,如房产税、烟叶税等。但是,大多数税种的征税对象都比较复杂,并且税种内部不同课税对象之间又需要采取不同的税率档次进行调节,这样就需要对课税对象作进一步的划分,对征

税范围作出具体的界限规定,即设置税目。

税目一般可分为列举税目和概括税目两种:

列举税目就是将每一种商品或经营项目等,通过采用一一列举的方法,分别规定税目,必要时还可以在税目之下划分若干个细目,如消费税。列举税目的优点是界限明确,便于征纳双方掌握;缺点是税目过多,不便于查找,不利于征管。

概括税目就是按照商品大类或行业,通过采用概括方法设计税目,如增值税。概括税目的优点是税目较少,查找方便;缺点是税目过粗,不便于贯彻合理负担政策。

3.税率和计税依据

税率,是应纳税额与课税对象数额(计税依据)之间的关系或比例,是计算税额的尺度,代表课税的深度。税率的高低,反映一定时期国家的有关经济政策,关系着国家的收入多少和纳税人的负担程度。因此,税率是税收制度的核心和灵魂。

计税依据,是指计算应纳税额的依据或标准,即根据什么来计算纳税人应缴纳的税额。税款的计算方式一般有两种:一是从价计征;二是从量计征。

从价计征,是以计税金额为计税依据,计税金额是指征税对象的数量乘以计税价格的数额。我国的税收法律制度大量采取从价计征方式,如增值税、消费税和所得税等。

从量计征,是以征税对象的重量、体积、数量等为计税依据。我国的车船税、城镇土地使用税、耕地占用税等税种采取从量计征方式。

我国现行税率的基本形式有两种:一种以绝对量形式规定固定征收额度,即定额税率,它的计税依据是从量计征;另一种以相对量形式规定征收比例,即比例税率,它的计税依据是从价计征。

(1)定额税率,又称固定税额。这种税率是根据课税对象计量单位直接规定固定的征税数额。课税对象的计量单位可以是重量、数量、面积、体积等自然单位,也可以是专门规定的复合单位。例如,现行税制中的城镇土地使用税、耕地占用税分别以"平方米"和"亩"(这些自然单位)为计量单位。按定额税率征税,税额的多少只同课税对象的数量有关,同价格无关。定额税率包括地区差别定额税率、分类分项定额税率和幅度定额税率三种。

(2)比例税率,是指对同一征税对象或同一税目,不论数额大小,都按同一比例纳税。税额与课税对象之间的比例是固定的。由于比例税率计算简便,并且便于实行差别税率,因此比例税率使用得最广泛。在具体运用上,比例税率又可分为单一比例税率和差别比例税率。

(3)超额累进税率,是分别以课税对象数额超过前级的部分为基础计算应纳的累进税率;即把征税对象按数额大小划分为若干等级,从低到高对每个等级分别规定相应的税率。一定数额的纳税对象可以同时适用几个等级的税率,每超过一级,超过的部分则按提高一级的税率征税;这样分别计算税额,各等级应纳税额之和,就是纳税人的应纳税额。

(4)超率累进税率,是以课税对象数额的相对率为累进依据,按超级累进方式计算应纳税额的税率。它与超额累进税率在道理上是相同的,不过税率累进的依据不是征税对象数额的大小,而是销售利润率、投资利润率或增值率的高低。现行税制中的土地增值税即采用超率累进税率计税。

4.税负调整

纳税人负担的轻重,除了通过税率体现之外,还可以通过其他措施来调整。从税负来看,税率主要体现税负的统一性,而税负调整则体现税负的灵活性。税负调整包括税收减免和税收加征两种情况。

（1）税收减免，是对某些纳税人或课税对象的鼓励或照顾措施。减税是从应征税款中减征部分税款；免税是免征全部税款。

减税免税按照其在税法中的地位，可分为法定减免、临时减免和特定减免三类。法定减免，是指在各种税的基本法规中列举的减免税，它具有长期的适用性；临时减免，是指为了照顾纳税人某些特殊的暂时的困难，而临时批准的一些减免税，它通常是定期的减免税或一次性的减免税；特定减免，是指在税收的基本法确定以后，由于情况的发展变化所作补充规定的新的减免税，或者某些在税收基本法中不能或不宜一一列举，而采用补充规定的减免税。

作为减轻纳税人负担的措施，除减免税外，还有起征点、免征额等形式。其中起征点是征税对象达到一定数额开始征税的起点；免征额是在征税对象的全部数额中免予征税的数额。

（2）税收加征。作为加重纳税人负担的措施，税收加征包括税收附加和税收加成两种形式。

税收附加，又称地方附加，是指地方政府按照国家规定的比例随同正税一起征收的列入地方预算外收入的一种款项。它是为了形成某些专门收入而对所有纳税人征收的，具有普遍性，如教育费附加等。

税收加成，是指根据税制规定的税率征税以后，再以应纳税额为依据加征一定成数的税额。加征一成相当于增加应纳税额的10％，加征成数一般规定在一成至十成之间。税收加成是为了限制特定的经营活动或调节纳税人过高的收入。例如，在现行个人所得税中，对个人劳务报酬一次收入过高的实行加成征收。

5. 纳税环节

纳税环节，是指税法规定的征税对象从生产到消费的流转过程中应当缴纳税款的环节。例如，资源税规定在生产环节纳税，生产环节就是资源税的纳税环节。税法对每一种税都要确定纳税环节。

在商品经济条件下，商品从生产到消费要经过许多环节。例如，工业品一般要经过生产、批发和零售环节。这些环节都存在商品流转额，都可以成为纳税环节。但是，为了更好地发挥税收促进经济发展、保证财政收入的作用，以及便于征收管理，国家对于不同的商品课税往往设置不同的纳税环节。根据纳税环节的多少，对商品流转额的征税，可分为一次课征制和多次课征制。一次课征制，是指同一税种在商品流转的全过程中只选择某环节课征的制度；多次课征制，是指同一税种在商品流转全过程中选择两个或两个以上环节课征的制度。我国现行增值税就是属于多次课征制。

6. 纳税期限

纳税期限，是纳税人向国家缴纳税款的法定期限。国家开征的每一种税都有纳税期限的规定。它是根据各税种的性质特征和纳税人的具体情况分别确定的。

我国现行税制的纳税期限有三种形式：

（1）按期纳税。按期纳税即根据纳税义务的发生时间，通过确定纳税间隔期，实行按时纳税。按期纳税的间隔期分为1天、3天、5天、10天、15天、1个月，共6种期限。纳税人的具体纳税间隔期限由主管税务机关根据实际情况分别核定。以1个月为一期纳税的，自期满之日起10天内申报纳税；以其他间隔期为纳税期限的，自期满之日起5天内预缴税款，于次月1日起10天内申报纳税并结清上月税款。

（2）按次纳税。按次纳税即根据纳税行为的发生次数确定纳税期限。如耕地占用税以及临时经营者，均采取按次纳税的办法。

（3）按年计征,分期预缴。此形式即按规定的期限预缴税款,年度结束后汇算清缴,多退少补。分期预缴一般是按月或按季预缴,如企业所得税。

7. 法律责任

法律责任,是指行为人因实施了违反国家税法规定的行为而应承受的不利的法律后果。违反税法规定的行为,包括作为和不作为。税法中的法律责任包括行政责任和刑事责任。纳税人和税务人员违反税法规定,都将依法承担法律责任。法律责任的内容主要包含在《中华人民共和国税收征收管理法》及其实施细则中。

（三）现行税法及其分类

我国现行税收实体法是经过 1994 年工商税制改革逐步完善形成的,现共有 18 个税种:增值税、消费税、企业所得税、个人所得税、房产税、契税、车船税、印花税、城市维护建设税、耕地占用税、车辆购置税、资源税、城镇土地使用税、土地增值税、烟叶税、环境保护税、关税、船舶吨税。

税收按照不同的标准可以进行不同的分类。

1. 按征税对象分类

征税对象是税法的一个基本要素,是一种税区别于另一种税的主要标志。按征税对象的不同来分类,是税收最基本和最主要的分类方法。

（1）流转税。流转税是指以商品或劳务的流转额为征税对象征收的一种税。这类税是以商品的货币交换为前提的,只要纳税人销售货物或提供了劳务,取得了销售收入、营业收入或发生了支付金额,就应依法纳税。这类税涉及商品生产和流通的各个环节。其主要包括增值税、消费税、关税等。

（2）所得税。所得税是指以所得额为征税对象征收的一种税。所得额是指全部收入减除为取得收入所耗费的各项成本费用后的余额。其主要是指企业所得税、个人所得税。

（3）财产税。财产税是指以纳税人所拥有或支配的财产为征税对象征收的一种税。财产税以财产为征税对象,应税财产额在一般情况下总是相对稳定的,因此财产税收入比较稳定。其主要包括房产税、车船税。

（4）行为税。行为税是指为了调节某些行为,以这些行为为征税对象征收的一种税。其主要包括印花税、车辆购置税、烟叶税、环境保护税等。

（5）特定目的税。特定目的税是为了达到特定目的而征收的一种税,主要包括城市维护建设税、耕地占用税等。

（6）资源税。资源税是对开发、利用和占有国有自然资源的单位和个人征收的一种税。征收这类税的目的:一是为了取得资源消耗的补偿基金,保证国有资源的合理开发利用;二是为了调节资源级差收入,以利于企业在平等的基础上开展竞争。其主要包括资源税、城镇土地使用税等。

2. 按税负能否转嫁分类

按税负能否转嫁,税收可以分为直接税和间接税两种。凡纳税人一般不能直接将税负转嫁给他人的为直接税,如所得税、财产税等。凡纳税人能将税负转嫁给他人负担的,也就是纳税人与负税人不一致的,为间接税。间接税主要是指课征一般消费品或劳务的税收,如增值税、消费税、关税等。

3. 按计税依据分类

按计税依据不同,税收可以分为从量税和从价税两种。从量税,是以征税对象的自然计量

单位(重量、件数、容积、面积、长度等)为标准,采用固定单位税额征收的税种。从价税,则是以征税对象的价值、价格与金额为标准,按规定税率征收的税种。从表面上看,从价税与从量税只是计税依据上的区别,而实质上在这两种计税依据下,税收与价格的关系不同。一般来说,由于从价税的税额直接或间接与商品销售收入挂钩,因此可以随商品价格的变化而变化,适用范围很广;而从量税的税额不随商品价格增减而变动,单位商品税负固定,由于通货膨胀等因素的影响,税负实际上处于下降的趋势,因此从量税不能大范围适用。

4.按税收管理与使用权限分类

按税收管理与使用权限的不同,税收可以分为中央税、地方税、中央地方共享税三种。一般来说,中央税是指管理权限归中央、税收收入归中央支配和使用的税种。地方税是指管理权限归地方、税收收入归地方支配和使用的税种。中央地方共享税则是主要管理权限归中央,税收收入由中央财政和地方财政共同享有,按一定比例分成的税种。

二、税收程序法

税收程序法是税收实体法的对称,指以国家税收活动中所发生的程序关系为调整对象的税法,是规定国家征税权行使程序和纳税人履行纳税义务程序的法律规范的总称。其内容主要包括税收确定程序、税收征收程序、税收检查程序和税务争议的解决程序。《中华人民共和国税收征收管理法》《中华人民共和国税收征收管理法实施细则》《中华人民共和国发票管理办法》《中华人民共和国发票管理办法实施细则》《税务稽查工作规程》《税务行政复议规则》等都属于税收程序法的组成部分。

税收征管法

凡依法由税务机关征收的各种税收的征收管理,均适用《中华人民共和国税收征收管理法》(以下简称《税收征管法》)。就现行的有效税种而言,增值税、消费税、城市维护建设税、企业所得税、个人所得税、房产税、契税、土地增值税、城镇土地使用税、耕地占用税、车船税、车辆购置税、印花税、资源税、环境保护税、烟叶税等税种的征收管理都适用《税收征管法》。

由海关负责征收的关税和船舶吨税以及由海关代征的进口环节的增值税、消费税,按照《中华人民共和国海关法》(以下简称《海关法》)及《中华人民共和国进出口关税条例》(以下简称《进出口关税条例》)等执行。

任务三
熟悉税费会计核算内容

一、税费的内容

税费,是纳税人按照有关税收征收管理规定向税务机关、海关缴纳的各种税和政府收费。根据前文内容,我国现行共有 18 个税种,除此之外的政府收费主要是教育费附加、地方教育附加和社会保险费(养老保险费、医疗保险费、失业保险费、工伤保险费)。

住房公积金,是指国家机关、各类企业、事业单位、民办非企业单位、社会团体及其在职职工缴存的长期住房储蓄金,是职工住房互助基金。它是各单位缴纳的一种费用,但不属于政府收费。

本书在讲述有关税费会计核算时,也将住房公积金包括在内。

二、税费会计核算的内容

各项税费在发生时要进行会计核算,这是日常会计处理的重要组成部分。税费的发生与企业生产经营活动密切相关,大致可以分为下列几种类型:

1. 与营业收入、资产处置收益有关的税

与营业收入、资产处置核算有关的税主要是增值税、消费税、资源税。

增值税的销项税额计算,消费税、资源税的计算主要与企业的产品销售收入、劳务收入、资产处置收入相关,对上述收入、收益确认的同时要对税费进行会计核算。

2. 与商品采购、资产购置有关的税

与商品采购、资产购置核算有关的税主要包括增值税、消费税、关税、契税、印花税、耕地占用税、车辆购置税、烟叶税等。

国内采购原材料、库存商品、固定资产、无形资产等,需要进行增值税的会计核算。烟草公司收购烟叶需要核算烟叶税。进口货物需要进行关税、增值税的会计核算,如果是应交消费税的货物还要计算应交消费税并进行会计核算。购入不动产需要核算契税、印花税,其中占用耕地的,需要核算耕地占用税。购置车辆需要核算车辆购置税。

3. 与资产使用有关的税

企业在生产经营过程中使用资产,会涉及税费的核算,主要包括房产税、车船税、城镇土地使用税、船舶吨税。

4. 与生产经营的行为直接相关的税

在企业生产经营过程中,签订应税合同(如借款合同、租赁合同、买卖合同、承揽合同、建设工程合同、运输合同、技术合同、租赁合同、保管合同、仓储合同、财产保险合同等)、书写产权转移书据、设置营业账簿、出让证券时需要计算缴纳印花税,并进行会计处理。

企业事业单位和其他生产经营者直接向环境排放应税污染物的,按税法规定计算应交环境保护税,并进行会计核算。

5. 与职工收入有关的税

所有单位在支付给个人工资、薪金、劳务报酬、稿酬、特许权使用费、利息、股息、红利时,支付财产租赁费时,购买个人财产支付款项时,向个人支付得奖、中奖、中彩以及其他偶然性质的所得时,都应进行个人所得税的代扣代缴。

个体工商户(需要定期报税)、个人独资企业、合伙企业应按期对经营所得进行会计核算,并申报缴纳个人所得税。

6. 与企业利润有关的税

企业所得税是根据国家有关税收法律、法规的规定,确定一定时期内纳税人的应纳税所得额,据以对企业的经营所得征税。应纳税所得额是在会计利润的基础上经过纳税调整得出的,再将其乘适用的所得税税率即可计算得到当期应缴纳的企业所得税。因此,会计利润的准确核算是企业所得税正确申报的基础。

三、税费核算的科目

(一) 税费核算的贷方科目

现行的18个税种和教育费附加,一般都应通过"应交税费"科目核算,该科目是负债类科目,反映单位应交、已交和尚未缴纳的税费金额。

在该科目下应设明细科目核算,如"应交税费——应交消费税""应交税费——应交企业所得税""应交税费——应交个人所得税""应交税费——应交教育费附加"等。通过"应交

税费"明细科目核算可以清晰地反映企业、单位各项应缴和已缴的税费,尚有多少税费未缴纳,可以真实反映企业的纳税情况。只有印花税在直接购买印花税票用于应税凭证贴花时,可以不通过"应交税费"科目核算。购买印花税票支付税款时,贷记"库存现金""银行存款"等科目。

(二) 税费核算的借方科目

发生的税费记入在哪个会计要素中,即记入哪些借方科目,反映了税费是如何影响企业的财务状况、经营成果和现金流量的。各项税费使用的借方科目可以概括如下:

1. 通过"应交税费"科目核算,不涉及收入、成本费用和利润

增值税是按照负债科目性质进行核算的。销项税额意味着企业应向国家缴税,承担了纳税义务,进项税额若符合税法规定允许从销项税额中扣除,即进项税额可以抵扣,使承担的纳税义务减少。销项税额大于允许抵扣的进项税额,就是应交给国家的税额,缴纳后,纳税义务完成。从表面上看,增值税没有减少企业收入,也没有增加企业的费用,不影响企业利润,但实质上增值税是收入的减项,收入确认之前将税与收入分离,税是单独核算的。

增值税核算通过两个二级明细科目核算:"应交税费——应交增值税""应交税费——未交增值税"。增值税的销项税额记入"应交税费——应交增值税"科目的贷方,进项税额记入"应交税费——应交增值税"科目的借方。期末若是贷方余额,表明是当期应缴纳的增值税税额,期末转入"应交税费——未交增值税"科目的贷方,在增值税申报缴纳后,记入"应交税费——未交增值税"科目借方。期末若是借方余额,表明是多缴或未抵扣完的增值税税额,应转入"应交税费——未交增值税"科目的借方,可以在下一纳税期内继续申报抵扣,或者申请退税;收到退税款时,记入"应交税费——未交增值税"科目贷方。

个人所得税通过"应交税费"科目核算。企业在支付职工薪酬时,把代扣代缴的个人所得税款从"应付职工薪酬"科目借方转入"应交税费——应交个人所得税"科目贷方,之后再申报代为缴纳。个人所得税的核算并不直接涉及工资和社会保险等人工费用,不影响企业的收入、成本费用和利润。

2. 记入"税金及附加"科目,增加费用,利润总额下降

"税金及附加"是损益类科目,是利润的减项。记入该科目的税费有消费税、房产税、车船税、印花税、资源税、城镇土地使用税、土地增值税、船舶吨税、环境保护税、城市维护建设税、教育费附加、地方教育附加。这些税费在发生时应借记"税金及附加"科目,期末将借方余额转入"本年利润"科目,因此利润总额会减少。

3. 记入"所得税费用"科目,净利润减少

"所得税费用"是损益类科目,核算企业盈利后按税法规定应缴纳的所得税。只有企业所得税才能记入"所得税费用"科目,适用小企业会计准则的企业当期应交所得税额直接记入"所得税费用"科目。适用企业会计准则的企业,当期应交所得税和递延所得税之和记入"所得税费用"科目。"所得税费用"科目的借方余额期末转入"本年利润"科目,当期利润总额扣除所得税费用后即为净利润。

4. 计入购入资产成本,通过成本结转、折旧和摊销等计入费用,减少利润总额

契税、关税、烟叶税、车辆购置税、耕地占用税应计入购置的存货、固定资产、无形资产成本中,以上资产在耗用、销售后,通过成本结转、折旧和摊销的形式将其成本分摊进费用中,减少了当期利润。

任务四
掌握智慧化纳税申报

　　根据我国《税收征管法》以及《税收征管法实施细则》的规定,税收征收管理的主要内容包括税务管理(税务登记,账簿、凭证管理,纳税申报)、税款征收、税务检查、法律责任等内容。纳税申报是从企业涉税工作的角度,把企业的税务登记、纳税申报、税款缴纳、接受税务检查和违法处理等内容合称为企业的纳税申报工作。纳税申报是企业财会工作中非常重要的部分,本节从企业的角度介绍的涉税工作内容,统称纳税申报。

一、税务登记

(一)税务登记的概述

1. 税务登记的范围

　　企业,企业在外地设立的分支机构和从事生产、经营的场所,个体工商户和从事生产、经营的事业单位,均应当按照规定办理税务登记。

　　除国家机关、个人和无固定生产、经营场所的流动性农村小商贩之外的其他纳税人,应当按照规定办理税务登记。负有扣缴税款义务的扣缴义务人(国家机关除外),应当按照规定办理扣缴税款登记。

2. 税务登记机关

　　县以上(含本级)税务局(分局)是税务登记的主管税务机关,负责税务登记、查验以及非正常户处理、报验登记等有关事项。

3. 税务登记

　　根据国家税务总局2016年关于明确社会组织等纳税人使用统一社会信用代码及办理税务登记有关问题的通知,对于2016年1月1日以后在机构编制、民政部门登记设立并取得统一社会信用代码的纳税人,以18位统一社会信用代码为其纳税人识别号,按照现行规定凭营业执照办理税务登记。

4. 纳税人识别号 (统一社会信用代码)

　　纳税人识别号由省、自治区、直辖市和计划单列市税务局按照纳税人识别号代码行业标准联合编制,统一下发各地执行。纳税人识别号,后来用统一社会信用代码代替,它具有唯一性。

　　2018年3月1日有关部门按照《国务院办公厅关于加快推进“多证合一”改革的指导意见》(国办发〔2017〕41号)的要求,在“五证合一”基础上,将19项涉企(包括企业、个体工商户、农民专业合作社)证照事项进一步整合到营业执照上,实行全国统一“多证合一”。

(二)设立登记

　　(1)从事生产、经营的纳税人。领取工商营业执照的,应当自领取工商营业执照之日起30日内申报办理税务登记;未办理工商营业执照但经有关部门批准设立的,应当自有关部门批准设立之日起30日内申报办理税务登记;未办理工商营业执照也未经有关部门批准设立的,应当自纳税义务发生之日起30日内申报办理税务登记。

（2）有独立的生产经营权、在财务上独立核算的承包承租人，应当自承包承租合同签订之日起 30 日内向其承包承租业务发生地税务机关申报办理税务登记。

（3）境外企业在中国境内承包建筑、安装、装配、勘探工程和提供劳务的，应当自项目合同或协议签订之日起 30 日内，向项目所在地税务机关申报办理税务登记。

（4）上述规定以外的其他纳税人，应当自纳税义务发生之日起 30 日内，向纳税义务发生地税务机关申报办理税务登记。

（5）扣缴义务人应当自扣缴义务发生之日起 30 日内，向所在地的主管税务机关申报办理扣缴税款登记，领取扣缴税款登记证件。根据税收法律、行政法规的规定可不办理税务登记的扣缴义务人，应当自扣缴义务发生之日起 30 日内，向机构所在地税务机关申报办理扣缴税款登记。税务机关发放扣缴税款登记证件。

（6）设立登记应提供的资料。纳税人办理税务登记时应提供：工商营业执照或其他核准执业证件；有关合同、章程、协议书；组织机构统一代码证书；法定代表人或负责人或业主居民身份证、护照或者其他合法证件；其他需要提供的有关证件、资料。

（三）变更登记

纳税人税务登记内容有发生变化的，应当向原税务登记机关申报办理变更税务登记。

1. 先变更工商登记，再变更税务登记

纳税人已在市场监管机关办理变更登记的，应当自工商变更登记之日起 30 日内，向原税务机关办理变更税务登记。

2. 无需变更工商登记，直接变更税务登记

纳税人按照规定不需要在市场监管机关办理变更登记，或者变更登记的内容与工商登记内容无关的，应当自税务登记内容实际发生变化之日起 30 日内，或者自有关机关批准或者宣布变更之日起 30 日内，向原税务登记机关申报办理变更税务登记。

（四）停业、复业登记

停业、复业登记只适用于实行定期定额征收方式的个体工商户，且停业期限不得超过一年。

纳税人应当在停业前向税务机关申报办理停业登记，如实填写《停业复业报告书》，说明停业理由、停业期限、停业前的纳税情况和发票的领、用、存情况，并结清应纳税款、滞纳金、罚款。纳税人在停业期间发生纳税义务的，应当按照税收法律、行政法规的规定申报缴纳税款。

纳税人应当于恢复生产经营之前，向税务机关申报办理复业登记，如实填写《停业复业报告书》，领回并启用税务登记证件、发票领购簿及其停业前领购的发票。纳税人停业期满不能及时恢复生产经营的，应当在停业期满前到税务机关办理延长停业登记。

（五）注销税务登记

（1）符合条件的，免办清税证明。未办理过涉税事宜和办理过涉税事宜但未领用发票、无欠税（滞纳金）及罚款的纳税人，可免予到税务机关办理清税证明，直接向市场监管部门申请办理简易注销登记。

（2）对向市场监管部门申请一般注销的纳税人，税务机关在为其办理税务注销时，限时办结。

（3）对未处于税务检查状态、无欠税（滞纳金）及罚款、已缴销增值税专用发票及税控专用设备，且符合有关规定的纳税人，优化即时办结服务，采取"承诺制"容缺办理；即纳税人在办理税务注销时，若资料不齐，可在其作出承诺后，税务机关即时出具清税文书。

二、账簿、凭证管理

(一)账簿、凭证管理的一般规定

1．依法建账

(1) 从事生产、经营的纳税人应当自领取营业执照或者发生纳税义务之日起15日内,按照国家有关规定设置账簿。纳税人、扣缴义务人会计制度健全,能够通过计算机正确、完整计算其收入和所得或者代扣代缴、代收代缴税款情况的,其计算机输出的完整的书面会计记录,可视同会计账簿。

(2) 生产、经营规模小又确无建账能力的纳税人,可以聘请经批准从事会计代理记账业务的专业机构或者财会人员代为建账和办理账务。

(3) 扣缴义务人应当自税收法律、行政法规规定的扣缴义务发生之日起10日内,按照所代扣、代收的税种,分别设置代扣代缴、代收代缴税款账簿。

2．财务会计制度备案要求

从事生产、经营的纳税人应当自领取营业执照办理税务登记之日起15日内,将其财务、会计制度或者财务、会计处理办法报送主管税务机关备案。

纳税人使用计算机记账的,应当在使用前将会计电算化系统的会计核算软件、使用说明书及有关资料报送主管税务机关备案。

3．账簿、会计凭证和报表使用文字的要求

账簿、会计凭证和报表,应当使用中文。民族自治地方可以同时使用当地通用的一种民族文字。境内外商投资企业和外国企业可以同时使用一种外国文字。

4．税控装置要求

纳税人应当按照税务机关的要求安装、使用税控装置,并按照税务机关的规定报送有关数据和资料。

5．涉税资料保管

账簿、记账凭证、报表、完税凭证、发票、出口凭证以及其他有关涉税资料应当合法、真实、完整,除法律、行政法规另有规定外应当保存10年。

(二)发票管理的一般规定

1．税务机关是发票的主管机关

税务机关负责发票的印制、领购、开具、取得、保管、缴销的管理和监督。国家税务总局确定全国范围内统一式样的发票,省、自治区、直辖市税务局(以下简称"省税务局")确定本区域范围内统一式样的发票。

发票的基本联次包括存根联、发票联、记账联。存根联由收款方或开票方留存备查;发票联由付款方或受票方作为付款原始凭证;记账联由收款方或开票方作为记账原始凭证。发票的基本内容包括:发票的名称、发票代码和号码、联次及用途、客户名称、开户银行及账号、商品名称或经营项目、计量单位、数量、单价、大小写金额、开票人、开票日期、开票单位(个人)名称(章)等。

2．发票领购的管理

纳税人在进行税务登记后,向主管税务机关申请领购发票。申请领购发票的单位和个人应当提出购票申请,提供经办人身份证明、设立登记证件或税务登记证件或者其他有关证明,以及财务印章或者发票专用章的印模,经主管税务机关审核后,发给发票领购簿。凭发票领购簿核准的种类、数量以及购票方式,单位和个人向主管税务机关领购发票。

临时到本省(自治区、直辖市)以外从事经营活动的单位或者个人,应当凭所在地税务机关的证明,向经营地税务机关申请领购发票。

3．发票开具、使用、取得的管理

单位、个人在购销商品、提供或者接受经营服务以及从事其他经营活动中,应当按照规定开具、使用、取得发票。

普通发票开具、使用、取得应遵守以下规定(增值税专用发票的管理按增值税有关规定办理):

①销货方(收款方)按规定填开发票。收购单位和扣缴义务人支付个人款项时,可以由付款方开具发票。②购买方按规定索取发票,不得要求变更品名和金额。③纳税人进行电子商务必须开具或取得发票。④不符合规定的发票,不得作为财务报销凭证,任何单位和个人有权拒收。⑤发票要全联一次如实填写并开具,并要加盖财务印章或发票专用章。⑥发票不得跨省(直辖市、自治区)使用。发票领购人未经批准不得跨规定使用区域携带、邮寄、运输空白发票,禁止携带、邮寄或者运输空白发票出入境。⑦不得转借、转让、代开发票,未经税务机关批准,不得拆本使用发票,不得自行扩大专业发票使用范围。⑧开具发票后,发生销货退回需开红字发票的,必须收回原发票并注明"作废"字样或取得对方有效证明;发生销售折让的,在收回原发票并证明"作废"后,重新开具发票。⑨应当建立发票使用登记制度,设置发票登记簿,并定期向主管税务机关报告发票使用情况。⑩应当在办理变更或者注销税务登记的同时,办理发票和发票领购簿的变更、缴销手续。

4．发票保管管理

①开具发票的单位和个人应当按照规定存放和保管发票。已开具的发票存根联和发票登记簿,应当保存 5 年。保存期满,报经税务机关查验后销毁。②使用发票的单位和个人应当妥善保管发票。发生发票丢失情形时,应当于发现丢失当日书面报告税务机关,并登报声明作废。

(三)增值税专用发票

1．增值税专用发票的联次

增值税专用发票由基本联次或者基本联次附加其他联次构成。增值税专用发票各联次(样张)如图 1-1 所示。基本联次分为发票联、抵扣联和记账联。

发票联,作为购买方核算采购成本和增值税进项税额的记账凭证;抵扣联,作为购买方报送主管税务机关认证和留存备查的凭证;记账联,作为销售方核算销售收入和增值税销项税额的记账凭证。其他联次用途,由一般纳税人自行确定。

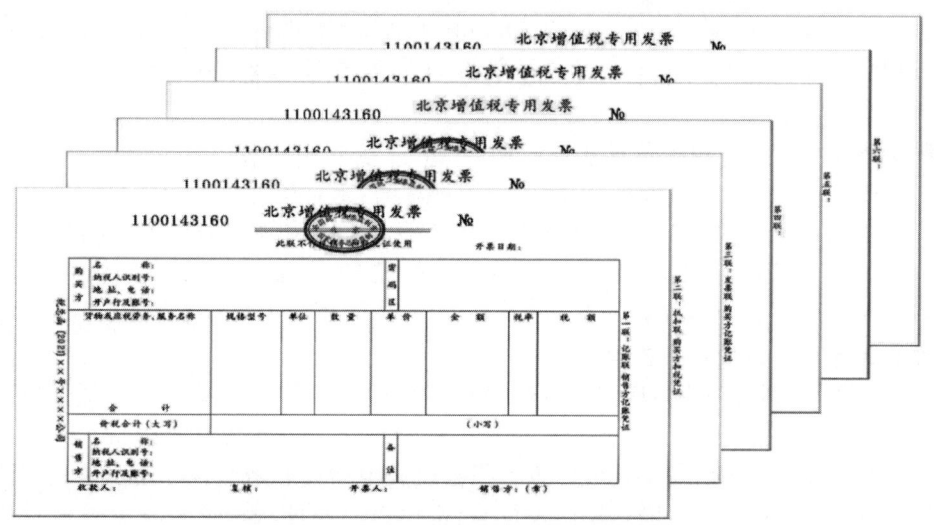

图 1-1　增值税专用发票各联次(样张)

2022 年国家税务总局开始建设全国统一的电子发票服务平台,24 小时在线免费为纳税人提供全面数字化的电子发票(以下简称"全电发票",如图 1-2 所示)开具、交付、查验等服务,实现发票全领域、全环节、全要素电子化。

全面数字化电子发票格式

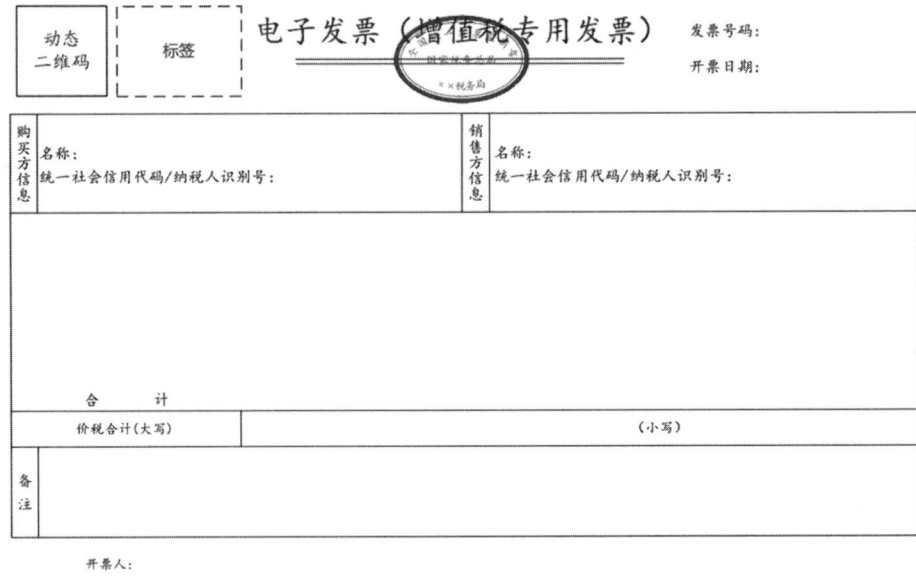

图 1-2 全面数字化电子发票(全电发票)增值税专用发票

2. 增值税专用发票的领购

一般纳税人凭《发票领购簿》、IC 卡和经办人身份证明领购增值税专用发票。一般纳税人会计核算不健全的,不能向税务机关准确提供增值税税务资料;有税收违法行为拒不接受税务机关处理的,不得领购开具增值税专用发票。

有下列行为之一,经税务机关责令限期改正而仍未改正的,也不得领购开具增值税专用发票:虚开、私自印制、非法购买、借用他人增值税专用发票的;未按要求开具发票的;未按规定保管专用发票和专用设备的;未按规定申请办理防伪税控系统变更发行的;未按规定接受税务机关检查的。

有上列情形的,如已领购增值税专用发票的,主管税务机关应暂扣其结存的增值税专用发票和 IC 卡。

3. 新办纳税人首次申领增值税发票的规定

新办纳税人首次申领增值税发票,满足各项规定的,主管税务机关应当自受理申请之日起两个工作日内办结,有条件的主管税务机关当日办结。首次申领增值税发票的新办纳税人办理发票票种核定,增值税专用发票最高开票限额不超过 10 万元,每月最高领用数量不超过 25 份;增值税普通发票最高开票限额不超过 10 万元,每月最高领用数量不超过 50 份。

4. 增值税专用发票的开具范围

①一般纳税人发生应税销售行为,应向购买方开具增值税专用发票。②商业企业一般纳税人零售的烟、酒、食品、服装、鞋帽(不包括劳保专用部分)、化妆品等消费品不得开具增值税专用发票。③增值税小规模纳税人可向主管税务机关申请代开增值税专用发票。增值税小规模纳税人(其他个人除外)发生增值税应税行为,也可以自愿使用增值税发票管理系统自行开具,税务机关不再为其代开。④销售免税货物不得开具增值税专用发票,法律、法规及国家税

务总局另有规定的除外。⑤购买方为消费者个人的、适用免税规定的均不得开具增值税专用发票。⑥小规模纳税人月销售额超过10万元的,使用增值税发票管理系统开具增值税普通发票、机动车销售统一发票、增值税电子普通发票。

5. 增值税专用发票开具后退货或开票有误的处理

增值税一般纳税人开具增值税专用发票后,发生销货退回、开票有误、应税服务中止等情形但不符合发票作废条件的,或者因销货部分退回及发生销售折让的,按规定方法开具红字增值税专用发票。

(四)增值税普通发票

1. 增值税普通发票

增值税普通发票的格式、字体、栏次、内容与增值税专用发票完全一致,按发票联次分为两联票和五联票两种,基本联次为两联:第一联为记账联,如图1-3所示,销货方用作记账凭证;第二联为发票联,购货方用作记账凭证。此外,为满足部分纳税人的需要,在基本联次后添加了三联的附加联次,即五联票,供企业选择使用。

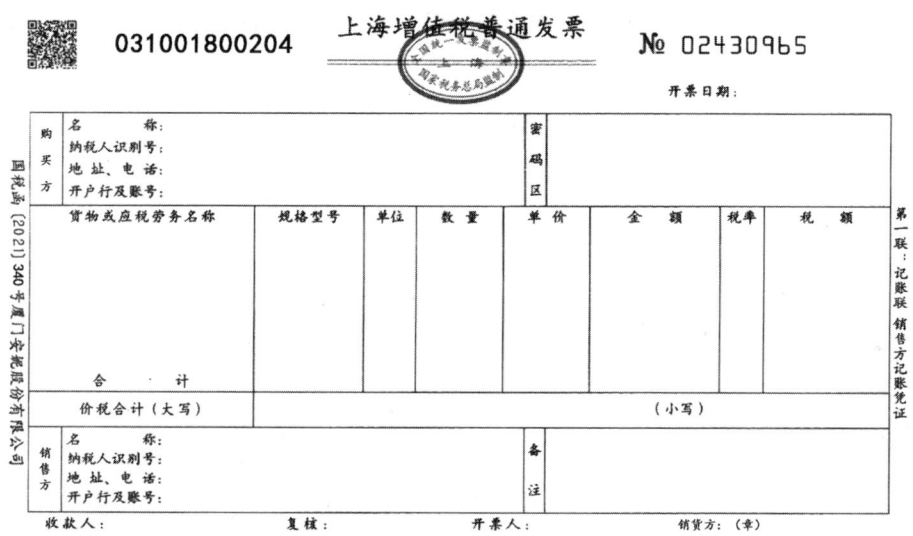

图1-3 增值税普通发票(样张)

2. 增值税电子普通发票

纳税人通过增值税电子发票公共服务平台开具的增值税电子普通发票,与增值税普通发票效力相同。增值税电子普通发票的开票方和受票方需要纸质发票的,可以自行打印增值税电子普通发票的版式文件。取得增值税电子普通发票的单位和个人,可登录全国增值税发票查验平台进行查验或者下载增值税电子发票版式文件阅读器查阅(https://inv-veri.chinatax.gov.cn)。全面数字化的电子发票(普通发票)如图1-4所示。

(五)机动车销售统一发票

《机动车销售统一发票》如图1-5所示。

凡从事机动车零售业务的单位和个人,在销售机动车(不包括销售旧机动车)收取款项时,必须开具税务机关统一印制的新版《机动车销售统一发票》,并在发票联加盖财务专用章或发票专用章,抵扣联和报税联不得加盖印章。

017

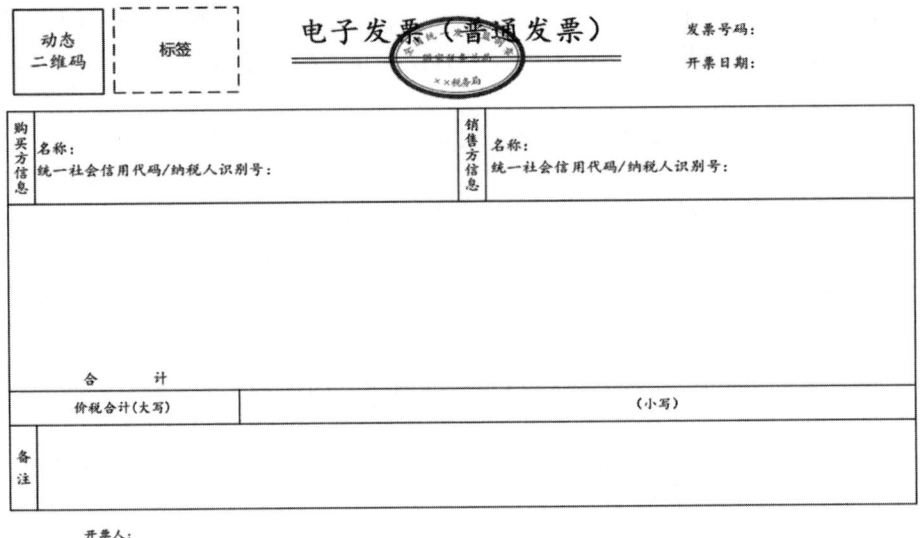

图 1-4 全面数字化电子发票(全电发票)增值税普通发票

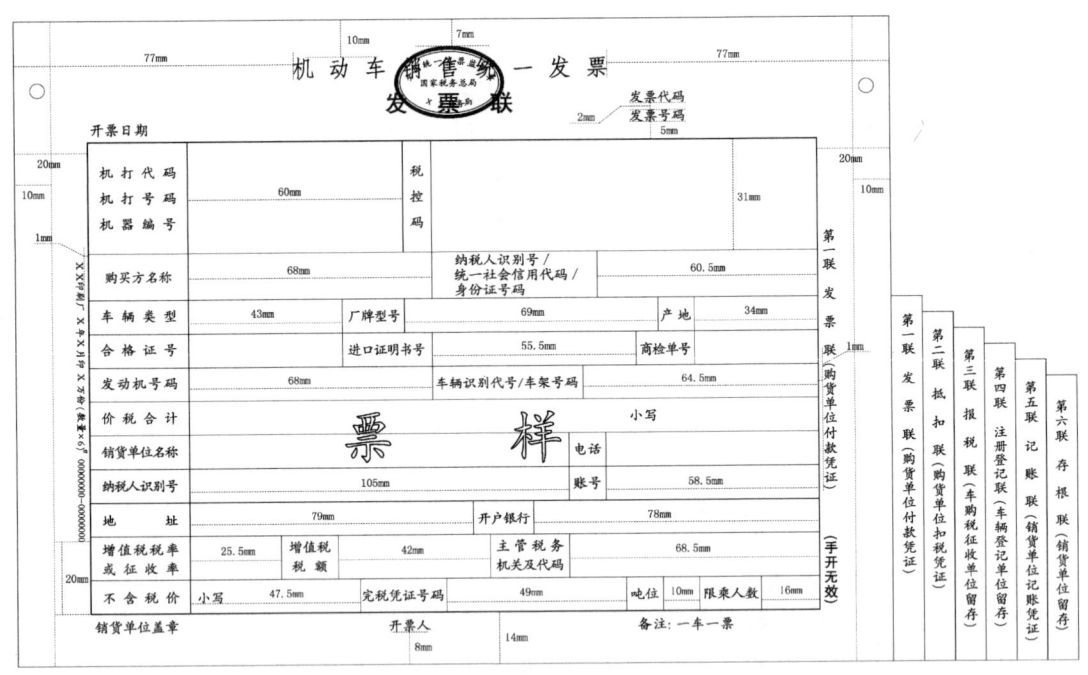

图 1-5 机动车销售统一发票

三、纳税申报

纳税申报,是纳税按照税法规定的期限和内容,向税务机关提交有关纳税事项书面报告的法律行为,是纳税人履行纳税义务、界定纳税人法律责任的主要依据,是税务机关税收管理信息的主要来源和税务管理的重要制度。

(一)纳税申报的主体

根据《税收征管法》第二十五条的规定,纳税申报的主体为纳税人和扣缴义务人。

纳税人在纳税期内没有应纳税款的,也应当按照规定办理纳税申报。纳税人享受减税、免税待遇的,在减税、免税期间应当按照规定办理纳税申报。这两类纳税申报也被称为零申报。

（二）纳税申报的内容

纳税申报的内容,主要在各税种的纳税申报表和代扣代缴、代收代缴税款报告表中体现,还可以在随纳税申报表附报的财务报表和有关纳税资料中体现。纳税人和扣缴义务人的纳税申报和代扣代缴、代收代缴税款报告的主要内容包括:税种,税目,应纳税项目或者应代扣代缴、代收代缴税款项目,计税依据,扣除项目及标准,适用税率或者单位税额,应退税项目及税额,应减免税项目及税额,应纳税额或者应代扣代缴、代收代缴税额,以及税款所属期限、延期缴纳税款,欠税,滞纳金等。

（三）纳税申报的期限

《税收征管法》规定的申报期限有两种:一种是法律、行政法规明确规定的;另一种是税务机关按照法律、行政法规的原则规定,结合纳税人生产经营的实际情况及其所应缴纳的税种等相关问题予以确定的。两种期限具有同等的法律效力。

（四）纳税申报的方式

目前,纳税申报的形式主要有以下三种:

（1）直接申报。直接申报是指纳税人自行到税务机关办理纳税申报。这是一种传统申报方式。

（2）邮寄申报。邮寄申报是指经税务机关批准的纳税人使用统一规定的纳税申报特快专递专用信封,通过邮政部门办理交寄手续,并向邮政部门索取收据作为申报凭据的方式。

纳税人采取邮寄方式办理纳税申报的,应当使用统一的纳税申报专用信封,并以邮政部门收据作为申报凭据。邮寄申报以寄出的邮戳日期为实际申报日期。

（3）数据电文申报。数据电文是指经税务机关确定的电话语音、电子数据交换和网络传输等电子方式。例如,纳税人的网上申报,就是数据电文申报的一种形式。

除上述方式外,实行定期定额缴纳税款的纳税人,可以实行简易申报、简并征期等申报纳税方式。"简易申报"是指实定期定额缴纳税款的纳税人在法律、行政法规规定的期限内或税务机关依据法规确定的期限内缴纳税款,税务机关可以视同申报。"简并征期"是指实行定期定额缴纳税款的纳税人,经税务机关批准,可以采将纳税期限合并为按季、半年、年的方式缴纳税款。

（五）延期申报

根据《税收征管法》及其实施细则和有关法规的规定,纳税人因特殊情况,不能按期进行纳税申报的,经县以上税务机关核准,可以延期申报。但应当在规定的期限内向税务机关提出书面延期申请,经税务机关核准,在核准的期限内办理。例如,纳税人、扣缴义务人因不可抗力,不能按期办理纳税申报或者报送代扣代缴、代收代缴税款报告表的,可以延期办理,但应当在不可抗力情形消除后立即向税务机关报告。

四、税款缴纳

（一）征收方式

纳税人缴纳税款的方式主要有以下几种形式。

1. 查账征收

查账征收,是指税务机关按照纳税人提供的账表所反映的经营情况,依照适用税率计算缴纳税款的方式。这种方式一般适用于财务会计制度较为健全,能够认真履行纳税义务的纳税单位。

2. 查定征收

查定征收,是指税务机关根据纳税人的从业人员、生产设备、采用原材料等因素,对其生产

制造的应税产品查实核定产量、销售额并据以征收税款的方式。这种方式一般适用于账册不够健全,但是能够控制原材料或进销货的纳税单位。

3．查验征收

查验征收,是指税务机关对纳税人应税商品,通过查验数量,按市场一般销售单价计算其销售收入并据以征税的方式。这种方式一般适用于经营品种比较单一,经营地点、时间和商品来源不固定的纳税单位。

4．定期定额征收

定期定额征收,是指税务机关通过典型调查,逐户确定营业额和所得额并据以征税的方式。这种方式一般适用于无完整考核依据的小型纳税单位,主要是指个体工商户。

5．代扣代缴、代收代缴

代扣代缴,是指按照税法规定负有扣缴税款的法定义务人,负责对纳税人应纳的税款进行代扣代缴的方式,即由支付人在向纳税人支付款项时,从所支付款项中依法直接扣收税款代为缴纳。其目的在于对零星分散、不易控管的税源实行源泉控制。例如,个人所得税以所得人为纳税义务人,其扣缴义务人即为支付个人所得的单位或个人。

代收代缴,是指按照税法规定负有收款税款的法定义务人,负责对纳税人应纳的税款进行代收代缴的方式,即由与纳税人有经济业务往来的单位和个人在向纳税人收取款项时依法收取税款并代为缴纳。其目的在于对税收网络覆盖不到或者难以控管的领域进行安全控制。例如,《消费税暂行条例》规定,委托加工应税消费品,除受托方为个人外,一律于委托方提货时由受托方代收代缴税款。

6．委托代征

委托代征税款,是指税务机关委托代征人以税务机关的名义征收税款,并将税款缴入国库的方式。这种方式一般适用于小额、零散税源的征收。

（二）未按照规定缴税的处理

（1）税款征收方式必须由税务机关根据具体情况决定,纳税人无权自行确定或变更。纳税人、扣缴义务人未按规定期限缴纳、解缴税款的,税务机关除责令限期缴纳之外,还要按日加收万分之五的滞纳金。

纳税人多缴税款的,税务机关发现后应当立即退还;纳税人自结算缴纳税款之日起3年内发现的,可以向税务机关要求退还,税务机关查实后应当立即退还。

对纳税人未缴、少缴税款的,分为两种情况:一种情况是因税务机关适用法律错误或违法造成的,税务机关对税款的追征期为3年,但不得加收滞纳金。另一种情况是因纳税人计算错误造成的,税务机关可以在3年时间内追征税款,并加收滞纳金。累计数额在10万元以上的,追征期延长到5年。

纳税人不进行纳税申报造成不缴或少缴应纳税款的情形不属于偷税、抗税、骗税,其追征期一般为3年,特殊情况可以延长至5年。

（2）对纳税人偷税、抗税、骗税的,税务机关可以无限期追征,同时加收滞纳金和罚款;构成犯罪的,移送司法机关追究刑事责任。

（3）纳税人欠缴税款的,税务机关应当依法追征,直至收缴入库,任何单位和个人不得豁免。税务机关对欠缴的税款可以无限期追征。

五、纳税人法律责任

《税收征管法》中的法律责任包括税务机关和纳税人双方的法律责任。本任务主要讲述纳税人违反税法的一般法律责任。

（一）违反税务管理基本规定行为的处罚

纳税人有下列行为之一的，由税务机关责令限期改正，可以处 2 000 元以下的罚款；情节严重的，处 2 000 元以上 1 万元以下的罚款：

（1）未按照规定的期限申报办理税务登记、变更或者注销登记的（包括纳税人未按照规定办理税务登记证件验证或者换证手续的）。

（2）未按照规定设置、保管账簿或者保管记账凭证和有关资料的。

（3）未按照规定将财务、会计制度或者财务、会计处理办法和会计核算软件报送税务机关备查的。

（4）未按照规定将其全部银行账号向税务机关报告的。

（5）未按照规定安装、使用税控装置，或者损毁或者擅自改动税控装置的。

（6）纳税人未按照规定办理税务登记证件验证或者换证手续的，纳税人不办理税务登记的，由税务机关责令限期改正；逾期不改正的，经税务机关提请，由工商行政管理机关吊销其营业执照。

纳税人未按照规定使用税务登记证件，或者转借、涂改、损毁、买卖、伪造税务登记证件的，处 2 000 元以上 1 万元以下的罚款；情节严重的，处 1 万元以上 5 万元以下的罚款。

（二）违反凭证、账簿管理和纳税申报规定行为的处罚

（1）纳税人伪造、变造、隐匿、擅自销毁账簿、记账凭证，或者在账簿上多列支出或者不列、少列收入，或者经税务机关通知申报而拒不申报或者进行虚假的纳税申报，不缴或者少缴应纳税款的，是偷税。

对纳税人、扣缴义务人偷税的，由税务机关追缴其不缴或者少缴的税款、滞纳金，并处不缴或者少缴的税款 50% 以上 5 倍以下的罚款；构成犯罪的，依法追究刑事责任。

（2）纳税人未按照规定的期限办理纳税申报和报送纳税资料的，或者扣缴义务人未按照规定的期限向税务机关报送代扣代缴、代收代缴税款报告表和有关资料的，由税务机关责令限期改正，可以处 2 000 元以下的罚款；情节严重的，可以处 2 000 元以上 1 万元以下的罚款。

扣缴义务人未按照规定设置、保管代扣代缴、代收代缴税款账簿、记账凭证及有关资料的，由税务机关责令限期改正，可以处 2 000 元以下的罚款；情节严重的，处 2 000 元以上 5 000 元以下的罚款。

（3）纳税人、扣缴义务人编造虚假计税依据的，由税务机关责令限期改正，并处 5 万元以下的罚款。

（4）纳税人不进行纳税申报，不缴或者少缴应纳税款的，由税务机关追缴其不缴或者少缴的税款、滞纳金，并处不缴或者少缴的税款 50% 以上 5 倍以下的罚款。

纳税人欠缴应纳税款，采取转移或者隐匿财产的手段，妨碍税务机关追缴欠缴的税款的，由税务机关追缴欠税款、滞纳金，并处欠缴税款 50% 以上 5 倍以下的罚款；构成犯罪的，依法追究刑事责任。

（三）骗取出口退税的法律责任

以假报出口或者其他欺骗手段，骗取国家出口退税款的，由税务机关追缴其骗取的退税款，并处骗取税款 1 倍以上 5 倍以下的罚款；构成犯罪的，依法追究刑事责任。对骗取国家出口退税款的，税务机关可以在规定期间内停止为其办理出口退税。

（四）抗税的法律责任

以暴力、威胁方法拒不缴纳税款的，是抗税，除由税务机关追缴其拒缴的税款、滞纳金外，

依法追究刑事责任。情节轻微,未构成犯罪的,由税务机关追缴其拒缴的税款、滞纳金,并处拒缴税款 1 倍以上 5 倍以下的罚款。

(五) 不缴、少缴税款和应扣未扣、应收而不收税款的法律责任

(1) 纳税人、扣缴义务人在规定期限内不缴或者少缴应纳或者应解缴的税款,经税务机关责令限期缴纳,逾期仍未缴纳的,税务机关除依照《税收征管法》第四十条的规定采取强制执行措施追缴其不缴或者少缴的税款外,可以处不缴或者少缴的税款 50% 以上 5 倍以下的罚款。

(2) 纳税人拒绝代扣、代收税款的,扣缴义务人应当向税务机关报告,由税务机关直接向纳税人追缴税款、滞纳金;纳税人拒不缴纳的,依照《税收征管法》第六十八条的规定执行。

(3) 扣缴义务人应扣未扣、应收而不收税款的,由税务机关向纳税人追缴税款,对扣缴义务人处应扣未扣、应收未收税款 50% 以上 3 倍以下的罚款。

(六) 不配合税务机关依法检查的法律责任

(1) 纳税人、扣缴义务人逃避、拒绝或者以其他方式阻挠税务机关检查的,由税务机关责令改正,可以处 1 万元以下的罚款;情节严重的,处 1 万元以上 5 万元以下的罚款。

(2) 税务机关依照《税收征管法》第五十四条第(五)项的规定,到车站、码头、机场、邮政企业及其分支机构检查纳税人有关情况时,有关单位拒绝的,由税务机关责令改正,可以处 1 万元以下的罚款;情节严重的,处 1 万元以上 5 万元以下的罚款。

(3) 纳税人、扣缴义务人有下列情形之一的,依照前款规定处罚:

①提供虚假资料,不如实反映情况,或者拒绝提供有关资料的;②拒绝或者阻止税务机关记录、录音、录像、照相和复制与案件有关的情况和资料的;③在检查期间,纳税人、扣缴义务人转移、隐匿、销毁有关资料的;④有不依法接受税务检查的其他情形的。

(七) 非法印制发票的法律责任

(1) 违反《税收征管法》规定,非法印制发票的,由税务机关销毁非法印制的发票,没收违法所得和作案工具,并处 1 万元以上 5 万元以下的罚款;构成犯罪的,依法追究刑事责任。

(2) 非法印制、转借、倒卖、变造或者伪造完税凭证的,由税务机关责令改正,处 2 000 元以上 1 万元以下的罚款;情节严重的,处 1 万元以上 5 万元以下的罚款;构成犯罪的,依法追究刑事责任。

(八) 银行及其他金融机构拒绝配合税务机关依法执行职务的法律责任

(1) 纳税人、扣缴义务人的开户银行或者其他金融机构拒绝接受税务机关依法检查纳税人、扣缴义务人存款账户,或者拒绝执行税务机关作出的冻结存款或者扣缴税款的决定,或者在接到税务机关的书面通知后帮助纳税人、扣缴义务人转移存款,造成税款流失的,由税务机关处 10 万元以上 50 万元以下的罚款,对直接负责的主管人员和其他直接责任人员处 1 000 元以上 1 万元以下的罚款。

(2) 银行和其他金融机构未依照税收征管法的规定在从事生产、经营的纳税人的账户中登录税务登记证件号码,或者未按规定在税务登记证件中登录从事生产、经营的纳税人的账户账号的,由税务机关责令其限期改正,处 2 000 元以上 2 万元以下的罚款;情节严重的,处 2 万元以上 5 万元以下的罚款。

(3) 为纳税人、扣缴义务人非法提供银行账户、发票、证明或者其他方便,导致未缴、少缴税款或者骗取国家出口退税款的,税务机关除没收其违法所得之外,可以处未缴、少缴或者骗取的税款 1 倍以下的罚款。

(九) 其他

(1)《税收征管法》规定的行政处罚,罚款额在 2 000 元以下的,可以由税务所决定。

（2）违反税收法律、行政法规应当给予行政处罚的行为，在 5 年内未被发现的，不再给予行政处罚。

（3）税务争议应先行政复议，再提起行政诉讼。

纳税人、扣缴义务人、纳税担保人同税务机关在纳税上发生争议时，必须先依照税务机关的纳税决定缴纳或者解缴税款及滞纳金或者提供相应的担保，然后可以依法申请行政复议；对行政复议决定不服的，可以依法向人民法院起诉。

当事人对税务机关的处罚决定、强制执行措施或者税收保全措施不服的，可以依法申请行政复议，也可以依法向人民法院起诉。

当事人对税务机关的处罚决定逾期不申请行政复议也不向人民法院起诉、又不履行的，税务机关可以依法采取强制执行措施，或者申请人民法院强制执行。

（4）税务代理人违反税收法律、行政法规，造成纳税人未缴或者少缴税款的，除由纳税人缴纳或者补缴应纳税款、滞纳金外，对税务代理人处纳税人未缴或者少缴税款 50％ 以上 3 倍以下的罚款。

 技能训练

一、单项选择题

1. 有关税收的概念，下列表述中正确的是（　　）。
A. 税收是民众自愿缴纳，政府取得财政收入的形式
B. 税收是政府为了满足社会公共需要，强制、无偿地取得财政收入的一种形式
C. 税收是政府为了政权需要，强制、无偿地取得财政收入的一种形式
D. 税收是政府取得财政收入的一种形式

2. 税法规定的纳税人是指直接（　　）的单位和个人。
A. 负有纳税义务　　　B. 最终负担税款　　　C. 代收代缴税款　　　D. 承担纳税担保

3. （　　）是对同一征税对象，不论数额的大小，均按相同比例征税的税率。
A. 比例税率　　　　B. 累进税率　　　　C. 定额税率　　　　D. 累退税率

4. 定额税率的一个重要特点是（　　）。
A. 按税目确定税额　　　　　　　　　B. 与征税对象数量成正比
C. 不受价格的影响　　　　　　　　　D. 与课税数量成反比

5. 缴纳（　　），不直接影响企业会计利润。
A. 增值税　　　　B. 消费税　　　　C. 城市维护建设税　　D. 资源税

6. 除法律、行政法规另有规定的以外，会计账簿、会计凭证、会计报表、完税凭证及其他有关资料应当保存（　　）年。
A. 3　　　　　　B. 5　　　　　　C. 10　　　　　　D. 20

7. 根据《发票管理办法》的规定，（　　）统一负责全国发票管理工作。
A. 国务院　　　　　　　　　　　　B. 财政部
C. 国家税务总局　　　　　　　　　D. 省、自治区、直辖市税务局

8. 纳税期限是依法确定的纳税人（　　）的期限。
A. 办理纳税登记　　　　　　　　　B. 办理税款预交
C. 据以计算应纳税额　　　　　　　D. 解缴税款

9. 根据《税收征管法》的规定,纳税人未按规定的期限缴纳或者解缴税款的,税务机关除责令限期缴纳外,应当从滞纳税款之日起,按日加收(　　)的滞纳金。

A. 1‰　　　　　　B. 2‰　　　　　　C. 0.3‰　　　　　　D. 0.5‰

10. 根据《税收征管法》的规定,纳税人采取(　　)行为是偷税。

A. 伪造、销毁账簿　　　　　　　　　B. 假报出口骗取出口退税

C. 拒不缴纳应缴税款　　　　　　　　D. 超过期限未缴纳税款

二、多项选择题

1. 税收的基本特征包括(　　)。

A. 固定性　　　　B. 强制性　　　　C. 机动性　　　　D. 无偿性

2. 税收职能是税收的一种长期固定的属性,我国社会主义税收的职能是(　　)。

A. 筹集财政收入职能　　　　　　　　B. 调节经济运行职能

C. 促进经济发展职能　　　　　　　　D. 调节收入分配职能

3. 税法构成要素包括的内容有(　　)。

A. 征收对象　　　　B. 计税依据　　　　C. 税率　　　　D. 纳税人

4. 中国现行税制中采用的累进税率有(　　)。

A. 全额累进税率　　B. 超率累进税率　　C. 超额累进税率　　D. 超倍累进税率

5. 法律、行政法规规定负有(　　)税款义务的单位和个人为扣缴义务人。

A. 直接征收　　　　B. 委托代征　　　　C. 代扣代缴　　　　D. 代收代缴

6. 纳税申报方式主要有(　　)。

A. 直接申报　　　　B. 邮寄申报　　　　C. 数据电文申报　　　　D. 简易申报

7. 目前,我国税款征收的方式主要有(　　)。

A. 查账征收　　　　B. 查定征收　　　　C. 查验征收　　　　D. 定期定额征收

8. 下列(　　)的计算与缴纳,与商品采购成本、资产购置成本有关。

A. 增值税　　　　B. 消费税　　　　C. 关税　　　　D. 车辆购置税

9. 纳税人自结算缴纳税款之日起3年内发现多缴税款的,可以向税务机关(　　)。

A. 提出行政赔偿请求　　　　　　　　B. 要求退还多缴的税款

C. 加算银行同期贷款利息　　　　　　D. 加算银行同期存款利息

10. 纳税人下列(　　)行为,由税务机关责令限期改正,可以处2 000元以下的罚款;情节严重的,处2 000元以上10 000元以下罚款。

A. 未按照规定的期限申报办理税务登记　B. 未按照规定设置、保管账簿

C. 未按照规定的期限办理纳税申报　　　D. 未按照规定使用税务登记证件

三、思考题

1. 简述税收的特征和职能。

2. 什么是税收实体法,税收实体法的构成要素有哪些?

3. 税费会计核算的内容有哪些?

4. 什么是税务登记,税务登记有哪些种类?

5. 简述增值税专用发票开具范围。

6. 纳税人办理纳税申报主要采取的方式有哪几种?

7. 查账征收、查定征收、查验征收的适用范围各是什么?

项目二
增值税智慧化申报与管理

 学习目标

知识目标

（1）了解增值税的概念、类型及特点。

（2）了解增值税的纳税人、增值税的征税范围、税率与征收率。

（3）熟悉增值税的优惠。

（4）了解增值税计税的方法。

（5）了解增值税的出口退税政策。

能力目标

（1）能正确识别一般纳税人和小规模纳税人。

（2）能用增值税一般计税方法，准确计算应交增值税并进行会计核算。

（3）能用增值税简易计税方法，准确计算应交增值税并进行会计核算。

（4）能计算增值税的出口退税并进行会计核算。

（5）能完成增值税的纳税申报。

素养目标

（1）通过对增值税改革的回顾，认识到减税对我国经济发展的巨大促进作用，培养家国情怀。

（2）通过对增值税的政策学习，树立正确的纳税和节税意识。

（3）通过增值税发票犯罪案例的讨论，提高对会计职业道德的认识，培养良好职业操守。

任务一
增值税纳税人身份判定和登记

增值税是以商品和劳务在流转过程中产生的增值额作为征税对象而征收的一种流转税。按照我国增值税法的规定,增值税是对在我国境内销售货物或者加工、修理修配劳务(以下简称劳务)、销售服务、无形资产、不动产以及进口货物的单位和个人,就其销售货物、劳务、服务、无形资产、不动产(以下统称应税销售行为)的增值额和货物进口金额为计税依据而课征的一种流转税。

我国从 1979 年开始在部分城市试行生产型增值税。1984 年 9 月国务院发布《中华人民共和国增值税条例(草案)》,自同年 10 月起试行。后来,根据国务院的授权和有关指示,财政部陆续发布一系列关于扩大增值税征税范围的文件。1993 年 12 月 13 日,国务院发布《中华人民共和国增值税暂行条例》(以下简称《增值税暂行条例》),自 1994 年起施行,同时废止《中华人民共和国增值税条例(草案)》,我国在生产和流通领域全面实施生产型增值税。

增值税暂行
条例和实施
细则

2016 年 5 月 1 日起,在全国范围内全面推开"营改增"试点,将建筑业、房地产业、金融业、生活服务业等全部营业税纳税人纳入试点范围,由缴纳营业税改为缴纳增值税。我国完成了增值税的"转型"(即从生产型转为消费型)和"扩围"(即营业税改征增值税,简称"营改增")。现行增值税的基本法律规范包括《增值税暂行条例》《关于全面推开营业税改征增值税试点的通知》和《中华人民共和国增值税暂行条例实施细则》(以下简称《增值税暂行条例实施细则》)。

一、增值税纳税人

在中华人民共和国境内销售货物或者加工、修理修配劳务,销售服务、无形资产、不动产,以及进口货物的单位和个人,为增值税的纳税人,应当缴纳增值税。

具体包括:

(1) 单位是指企业、行政单位、事业单位、军事单位、社会团体及其他单位。

(2) 个人是指个体工商户和其他个人。

(3) 发包人或承包人。单位以承包、承租、挂靠方式经营的,承包人、承租人、挂靠人(统称"承包人")以发包人、出租人、被挂靠人(统称"发包人")名义对外经营并由发包人承担相关法律责任的,以该发包人为纳税人。否则,以承包人为纳税人。

二、增值税纳税人分类

(一) 小规模纳税人

1. 小规模纳税人的标准

增值税小规模纳税人标准为年应征增值税销售额 500 万元及以下。

2. 特殊规定

增值税一般
纳税人登记
管理办法和
小规模纳税
人标准

①年应税销售额超过小规模纳税人标准的其他个人按小规模纳税人纳税。②年应税销售额超过规定标准但不经常发生应税行为的单位和个体工商户,以及非企业性单位,不经常发生应税行为的企业,可选择按照小规模纳税人纳税。③年应税销售额未超过规定标准的纳税人,会计核算健全,能够提供准确税务资料的,可以向主管税务机关办理一般纳税人登记。会计核算健全是指能够按照国家统一的会计制度规定设置账簿,根据合法且有效的凭证进行核算。

（二）一般纳税人

根据《增值税一般纳税人登记管理办法》（国家税务总局令第 43 号），增值税纳税人年应税销售额超过财政部、国家税务总局规定的小规模纳税人标准的，除按照政策规定，选择按照小规模纳税人纳税的和年应税销售额超过规定标准的其他个人之外，应当向主管税务机关办理一般纳税人登记。

（1）年应税销售额是指纳税人在连续不超过 12 个月或四个季度的经营期内累计应征增值税销售额，包括纳税申报销售额、稽查查补销售额、纳税评估调整销售额。

销售服务、无形资产或者不动产（以下简称"应税行为"）有扣除项目的纳税人，其应税行为年应税销售额按未扣除之前的销售额计算。纳税人偶然发生的销售无形资产、转让不动产的销售额，不计入应税行为年应税销售额。

（2）纳税人登记为一般纳税人后，不得转为小规模纳税人，国家税务总局另有规定的除外。

三、扣缴义务人

我国境外的单位或者个人在境内销售劳务，在境内未设有经营机构的，以其境内代理人为扣缴义务人；在境内没有代理人的，以购买方为扣缴义务人。

我国境外单位或者个人在境内发生销售服务、无形资产或者不动产，在境内未设有经营机构的，以购买方为增值税扣缴义务人。财政部和国家税务总局另有规定的除外。

任务二
增值税纳税范围的确定

我国增值税的征税范围，包括境内销售货物或劳务，销售服务、无形资产、不动产以及进口货物。

一、销售货物

"货物"是指有形动产，包括电力、热力和气体在内。销售货物，是指有偿转让货物的所有权。"有偿"不仅指从购买方取得货币，还包括取得货物或其他经济利益。

二、销售劳务

销售劳务，即《增值税暂行条例》中所称加工、修理修配劳务。加工，是指受托加工货物，即委托方提供原料及主要材料，受托方按照委托方的要求，制造货物并收取加工费的业务。修理修配，是指受托对损伤和丧失功能的货物进行修复，使其恢复原状和功能的业务。

提供加工、修理修配劳务是指有偿提供加工、修理修配劳务。单位或者个体工商户聘用的员工为本单位或者雇主提供加工、修理修配劳务不包括在内。

三、进口货物

进口货物，是指将货物从境外移送到境内的行为。凡申报进入我国海关境内的货物，均应缴纳增值税。

确定一项货物是否属于进口货物，必须看其是否办理了报关进口手续。通常境外产品要输入境内，必须向我国海关申报进口，并办理有关报关手续。只要是报关进口的应税货物，均

属于增值税的征税范围。

四、销售服务

销售服务是指提供交通运输服务、邮政服务、电信服务、建筑服务、金融服务、现代服务、生活服务。

（一）交通运输服务

交通运输服务，是指利用运输工具将货物或者旅客送达目的地，使其空间位置得到转移的业务活动。其包括陆路运输服务、水路运输服务、航空运输服务和管道运输服务。

1．陆路运输服务

陆路运输服务，是指通过陆路（地上或者地下）运送货物或者旅客的运输业务活动，包括：①铁路运输服务，是指通过铁路运送货物或者旅客的运输业务活动。②其他陆路运输服务，是指铁路运输以外的陆路运输业务活动，包括公路运输、缆车运输、索道运输、地铁运输、城市轻轨运输等。

出租车公司向使用本公司自有出租车的出租车司机收取的管理费用，按照陆路运输服务缴纳增值税。

2．水路运输服务

水路运输服务，是指通过江、河、湖、川等天然、人工水道或者海洋航道运送货物或者旅客的运输业务活动。

水路运输的程租、期租业务，属于水路运输服务。程租业务，是指运输企业为租船人完成某一特定航次的运输任务并收取租赁费的业务。期租业务，是指运输企业将配备有操作人员的船舶承租给他人使用一定期限，承租期内听候承租方调遣，不论是否经营，均按天数向承租方收取租赁费，并且发生的固定费用均由船东负担的业务。

3．航空运输服务

航空运输服务，是指通过空中航线运送货物或者旅客的运输业务活动。

航空运输的湿租业务属于航空运输服务。湿租业务，是指航空运输企业将配备有机组人员的飞机承租给他人使用一定期限，承租期内听候承租方调遣，不论是否经营，均按一定标准向承租方收取租赁费，并且发生的固定费用均由承租方承担的业务。

航天运输服务按照航空运输服务缴纳增值税。航天运输服务，是指利用火箭等载体将卫星、空间探测器等空间飞行器发射到空间轨道的业务活动。

4．管道运输服务

管道运输服务，是指通过管道设施输送气体、液体、固体物质的运输业务活动。

无运输工具承运业务按照交通运输服务缴纳增值税。无运输工具承运业务，是指经营者以承运人身份与托运人签订运输服务合同，收取运费并承担承运人责任，然后委托实际承运人完成运输服务的经营活动。

（二）邮政服务

邮政服务，是指中国邮政集团公司及其所属邮政企业提供邮件寄递、邮政汇兑和机要通信等邮政基本服务的业务活动。其包括邮政普遍服务、邮政特殊服务和其他邮政服务。

1．邮政普遍服务

邮政普遍服务，是指函件、包裹等邮件寄递，以及邮票发行、报刊发行和邮政汇兑等业务活动。

函件是指信函、印刷品、邮资封片卡、无名址函件和邮政小包等。包裹是指按照封装上的

名址递送给特定个人或者单位的独立封装的物品,其重量不超过 50 千克,任何一边的尺寸不超过 150 厘米,长、宽、高合计不超过 300 厘米。

2.邮政特殊服务

邮政特殊服务,是指义务兵平常信函、机要通信、盲人读物和革命烈士遗物的寄递等业务活动。

3.其他邮政服务

其他邮政服务,是指邮册等邮品销售、邮政代理等业务活动。

(三)电信服务

电信服务,是指利用有线、无线的电磁系统或者光电系统等各种通信网络资源,提供语音通话服务,传送、发射、接收或者应用图像、短信等电子数据和信息的业务活动。其包括基础电信服务和增值电信服务。

1.基础电信服务

基础电信服务,是指利用固网、移动网、卫星、互联网,提供语音通话服务的业务活动,以及出租或者出售带宽、波长等网络元素的业务活动。

2.增值电信服务

增值电信服务,是指利用固网、移动网、卫星、互联网、有线电视网络,提供短信和彩信服务、电子数据和信息的传输及应用服务、互联网接入服务等业务活动。卫星电视信号落地转接服务,按照增值电信服务缴纳增值税。

(四)建筑服务

建筑服务,是指各类建筑物、构筑物及其附属设施的建造、修缮、装饰,线路、管道、设备、设施等的安装,以及其他工程作业的业务活动。其包括工程服务、安装服务、修缮服务、装饰服务和其他建筑服务。

1.工程服务

工程服务,是指新建、改建各种建筑物、构筑物的工程作业,包括与建筑物相连的各种设备或者支柱、操作平台的安装或者装设工程作业,以及各种窑炉和金属结构工程作业。

2.安装服务

安装服务,是指生产设备、动力设备、起重设备、运输设备、传动设备、医疗实验设备,以及其他各种设备、设施的装配、安置工程作业,包括与被安装设备相连的工作台、梯子、栏杆的装设工程作业,以及被安装设备的绝缘、防腐、保温、油漆等工程作业。固定电话、有线电视、宽带、水、电、燃气、暖气等经营者向用户收取的安装费、初装费、开户费、扩容费以及类似收费,按照安装服务缴纳增值税。

3.修缮服务

修缮服务,是指对建筑物、构筑物进行修补、加固、养护、改善,使之恢复原来的使用价值或者延长其使用期限的工程作业。

4.装饰服务

装饰服务,是指对建筑物、构筑物进行修饰装修,使之美观或者具有特定用途的工程作业。

5.其他建筑服务

其他建筑服务,是指上列工程作业之外的各种工程作业服务,如钻井(打井)、拆除建筑物或者构筑物、平整土地、园林绿化、疏浚(不包括航道疏浚)、建筑物平移、搭脚手架、爆破、矿山穿孔、表面附着物(包括岩层、土层、沙层等)剥离和清理等工程作业。

(五) 金融服务

金融服务,是指经营金融保险的业务活动。其包括贷款服务、直接收费金融服务、保险服务和金融商品转让。

1. 贷款服务

贷款,是指将资金贷与他人使用而取得利息收入的业务活动。各种占用、拆借资金取得的收入,包括金融商品持有期间(含到期)利息(保本收益、报酬、资金占用费、补偿金等)收入、信用卡透支利息收入、买入返售金融商品利息收入、融资融券收取的利息收入,以及融资性售后回租、押汇、罚息、票据贴现、转贷等业务取得的利息及利息性质的收入,按照贷款服务缴纳增值税。

融资性售后回租,是指承租方以融资为目的,将资产出售给从事融资性售后回租业务的企业后,从事融资性售后回租业务的企业将该资产出租给承租方的业务活动。

以货币资金投资收取的固定利润或者保底利润,按照贷款服务缴纳增值税。

2. 直接收费金融服务

直接收费金融服务,是指为货币资金融通及其他金融业务提供相关服务并且收取费用的业务活动。其包括提供货币兑换、账户管理、电子银行、信用卡、信用证、财务担保、资产管理、信托管理、基金管理、金融交易场所(平台)管理、资金结算、资金清算、金融支付等服务。

3. 保险服务

保险服务,是指投保人根据合同约定,向保险人支付保险费,保险人对于合同约定的可能发生的事故因其发生所造成的财产损失承担赔偿保险金责任,或者当被保险人死亡、伤残、疾病或者达到合同约定的年龄、期限等条件时承担给付保险金责任的商业保险行为。其包括人身保险服务和财产保险服务。

4. 金融商品转让

金融商品转让,是指转让外汇、有价证券、非货物期货和其他金融商品所有权的业务活动。其他金融商品转让包括基金、信托、理财产品等各类资产管理产品和各种金融衍生品的转让。

(六) 现代服务

现代服务,是指围绕制造业、文化产业、现代物流产业等提供技术性、知识性服务的业务活动。其包括研发和技术服务、信息技术服务、文化创意服务、物流辅助服务、租赁服务、鉴证咨询服务、广播影视服务、商务辅助服务和其他现代服务。

1. 研发和技术服务

研发和技术服务包括:①研发服务,也称技术开发服务是指就新技术、新产品、新工艺或者新材料及其系统进行研究与试验开发的业务活动。②合同能源管理服务,是指节能服务公司与用能单位以契约形式约定节能目标,节能服务公司提供必要的服务,用能单位以节能效果支付节能服务公司投入及其合理报酬的业务活动。③工程勘察勘探服务,是指在采矿、工程施工前后,对地形、地质构造、地下资源蕴藏情况进行实地调查的业务活动。④专业技术服务,是指气象服务、地震服务、海洋服务、测绘服务、城市规划、环境与生态监测服务等专项技术服务。

2. 信息技术服务

信息技术服务,是指利用计算机、通信网络等技术对信息进行生产、收集、处理、加工、存储、运输、检索和利用,并提供信息服务的业务活动。其包括软件服务、电路设计及测试服务、信息系统服务、业务流程管理服务和信息系统增值服务。

①软件服务，是指提供软件开发服务、软件维护服务、软件测试服务的业务活动。②电路设计及测试服务，是指提供集成电路和电子电路产品设计、测试及相关技术支持服务的业务活动。③信息系统服务，是指提供信息系统集成、网络管理、网站内容维护、桌面管理与维护、信息系统应用、基础信息技术管理平台整合、信息技术基础设施管理、数据中心、托管中心、信息安全服务、在线杀毒、虚拟主机等业务活动。其包括网站对非自有的网络游戏提供的网络运营服务。④业务流程管理服务，是指依托信息技术提供的人力资源管理、财务经济管理、审计管理、税务管理、物流信息管理、经营信息管理和呼叫中心等服务的活动。⑤信息系统增值服务，是指利用信息系统资源为用户附加提供的信息技术服务。其包括数据处理、分析和整合、数据库管理、数据备份、数据存储、容灾服务、电子商务平台等。

3. 文化创意服务

文化创意服务包括设计服务、知识产权服务、广告服务和会议展览服务。

①设计服务，是指把计划、规划、设想通过文字、语言、图画、声音、视觉等形式传递出来的业务活动。其包括工业设计、内部管理设计、业务运作设计、供应链设计、造型设计、服装设计、环境设计、平面设计、包装设计、动漫设计、网游设计、展示设计、网站设计、机械设计、工程设计、广告设计、创意策划、文印晒图等。②知识产权服务，是指处理知识产权事务的业务活动。其包括对专利、商标、著作权、软件、集成电路布图设计的登记、鉴定、评估、认证、检索服务。③广告服务，是指利用图书、报纸、杂志、广播、电视、电影、幻灯、路牌、招贴、橱窗、霓虹灯、灯箱、互联网等各种形式为客户的商品、经营服务项目、文体节目或者通告、声明等委托事项进行宣传和提供相关服务的业务活动。其包括广告代理和广告的发布、播映、宣传、展示等。④会议展览服务，是指为商品流通、促销、展示、经贸洽谈、民间交流、企业沟通、国际往来等举办或者组织安排的各类展览和会议的业务活动。

4. 物流辅助服务

物流辅助服务包括：

(1) 航空服务包括航空地面服务和通用航空服务。

航空地面服务包括旅客安全检查服务、停机坪管理服务、机场候机厅管理服务、飞机清洗消毒服务、空中飞行管理服务、飞机起降服务、飞行通讯服务、地面信号服务、飞机安全服务、飞机跑道管理服务、空中交通管理服务等。

通用航空服务包括航空摄影、航空培训、航空测量、航空勘探、航空护林、航空吊挂播洒、航空降雨、航空气象探测、航空海洋监测、航空科学实验等。

(2) 港口码头服务，是指港务船舶调度服务、船舶通讯服务、航道管理服务、航道疏浚服务、灯塔管理服务、航标管理服务、船舶引航服务、理货服务、系解缆服务、停泊和移泊服务、海上船舶溢油清除服务、水上交通管理服务、船只专业清洗消毒检测服务和防止船只漏油服务等为船只提供服务的业务活动。

港口设施经营人收取的港口设施保安费按照港口码头服务缴纳增值税。

(3) 货运客运场站服务，是指货运客运场站提供货物配载服务、运输组织服务、中转换乘服务、车辆调度服务、票务服务、货物打包整理、铁路线路使用服务、加挂铁路客车服务、铁路行包专列发送服务、铁路到达和中转服务、铁路车辆编解服务、车辆挂运服务、铁路接触网服务、铁路机车牵引服务等业务活动。

(4) 打捞救助服务，是指提供船舶人员救助、船舶财产救助、水上救助和沉船沉物打捞服务的业务活动。

（5）装卸搬运服务，是指使用装卸搬运工具或者人力、畜力将货物在运输工具之间、装卸现场之间或者运输工具与装卸现场之间进行装卸和搬运的业务活动。

（6）仓储服务，是指利用仓库、货场或者其他场所代客贮放、保管货物的业务活动。

（7）收派服务，是指接受寄件人委托，在承诺的时限内完成函件和包裹的收件、分拣、派送服务的业务活动。收件服务，是指从寄件人收取函件和包裹，并运送到服务提供方同城的集散中心的业务活动。分拣服务，是指服务提供方在其集散中心对函件和包裹进行归类、分发的业务活动。派送服务，是指服务提供方从其集散中心将函件和包裹送达同城的收件人的业务活动。

5. 租赁服务

租赁服务包括融资租赁服务和经营租赁服务。

（1）融资租赁服务，是指具有融资性质和所有权转移特点的租赁活动。即出租人根据承租人所要求的规格、型号、性能等条件购入有形动产或者不动产租赁给承租人，合同期内租赁物所有权属于出租人，承租人只拥有使用权，合同期满付清租金后，承租人有权按照残值购入租赁物，以拥有其所有权。不论出租人是否将租赁物销售给承租人，其均属于融资租赁。

按照标的物的不同，融资租赁服务可分为有形动产融资租赁服务和不动产融资租赁服务。融资性售后回租不按照本税目缴纳增值税。

（2）经营租赁服务，是指在约定时间内将有形动产或者不动产转让他人使用且租赁物所有权不变更的业务活动。

按照标的物的不同，经营租赁服务可分为有形动产经营租赁服务和不动产经营租赁服务。

将建筑物、构筑物等不动产或者飞机、车辆等有形动产的广告位出租给其他单位或者个人用于发布广告，按照经营租赁服务缴纳增值税。

车辆停放服务、道路通行服务（包括过路费、过桥费、过闸费等）等按照不动产经营租赁服务缴纳增值税。

水路运输的光租业务、航空运输的干租业务，属于经营租赁。

光租业务，是指运输企业将船舶在约定的时间内出租给他人使用，不配备操作人员，不承担运输过程中发生的各项费用，只收取固定租赁费的业务活动。

干租业务，是指航空运输企业将飞机在约定的时间内出租给他人使用，不配备机组人员，不承担运输过程中发生的各项费用，只收取固定租赁费的业务活动。

6. 鉴证咨询服务

鉴证咨询服务包括：①认证服务，是指具有专业资质的单位利用检测、检验、计量等技术，证明产品、服务、管理体系符合相关技术规范、相关技术规范的强制性要求或者标准的业务活动。②鉴证服务，是指具有专业资质的单位受托对相关事项进行鉴证，发表具有证明力的意见的业务活动。其包括会计鉴证、税务鉴证、法律鉴证、职业技能鉴定、工程造价鉴证、工程监理、资产评估、环境评估、房地产土地评估、建筑图纸审核、医疗事故鉴定等。③咨询服务，是指提供信息、建议、策划、顾问等服务的活动。其包括金融、软件、技术、财务、税收、法律、内部管理、业务运作、流程管理、健康等方面的咨询。翻译服务和市场调查服务按照咨询服务缴纳增值税。

7. 广播影视服务

广播影视服务包括：①广播影视节目（作品）制作服务，是指进行专题（特别节目）、专栏、综艺、体育、动画片、广播剧、电视剧、电影等广播影视节目和作品制作的服务，具体包括与广播影

视节目和作品相关的策划、采编、拍摄、录音、音视频文字图片素材制作、场景布置、后期的剪辑、翻译（编译）、字幕制作、片头、片尾、片花制作、特效制作、影片修复、编目和确权等业务活动。②广播影视节目（作品）发行服务，是指以分账、买断、委托等方式，向影院、电台、电视台、网站等单位和个人发行广播影视节目（作品），以及转让体育赛事等活动的报道及播映权的业务活动。③广播影视节目（作品）播映服务，是指在影院、剧院、录像厅及其他场所播映广播影视节目（作品），以及通过电台、电视台、卫星通信、互联网、有线电视等无线或者有线装置播映广播影视节目（作品）的业务活动。

8. 商务辅助服务

商务辅助服务包括：①企业管理服务，是指提供总部管理、投资与资产管理、市场管理、物业管理、日常综合管理等服务的业务活动。②经纪代理服务，是指各类经纪、中介、代理服务，包括金融代理、知识产权代理、货物运输代理、代理报关、法律代理、房地产中介、职业中介、婚姻中介、代理记账、拍卖等。③人力资源服务，是指提供公共就业、劳务派遣、人才委托招聘、劳动力外包等服务的业务活动。④安全保护服务，是指提供保护人身安全和财产安全，维护社会治安等的业务活动，包括场所住宅保安、特种保安、安全系统监控以及其他安保服务。

9. 其他现代服务

其他现代服务，是指除研发和技术服务、信息技术服务、文化创意服务、物流辅助服务、租赁服务、鉴证咨询服务、广播影视服务和商务辅助服务以外的现代服务。

（七）生活服务

生活服务，是指为满足城乡居民日常生活需求提供的各类服务活动，包括文化体育服务、教育医疗服务、旅游娱乐服务、餐饮住宿服务、居民日常服务和其他生活服务。

1. 文化体育服务

文化体育服务包括：①文化服务，是指为满足社会公众文化生活需求提供的各种服务，包括文艺创作、文艺表演、文化比赛，图书馆的图书和资料借阅，档案馆的档案管理，文物及非物质遗产保护，组织举办宗教活动、科技活动、文化活动，提供游览场所。②体育服务，是指组织举办体育比赛、体育表演、体育活动，以及提供体育训练、体育指导、体育管理的业务活动。

2. 教育医疗服务

教育医疗服务包括：①教育服务，是指提供学历教育服务、非学历教育服务、教育辅助服务的业务活动。学历教育服务是指根据教育行政管理部门确定或者认可的招生和教学计划组织教学，并颁发相应学历证书的业务活动，包括初等教育、初级中等教育、高级中等教育、高等教育等。非学历教育服务包括学前教育、各类培训、演讲、讲座、报告会等。教育辅助服务包括教育测评、考试、招生等服务。②医疗服务，是指提供医学检查、诊断、治疗、康复、预防、保健、接生、计划生育、防疫服务等方面的服务，以及与这些服务有关的提供药品、医用材料器具、救护车、病房住宿和伙食的业务。

3. 旅游娱乐服务

旅游娱乐服务包括：①旅游服务，是指根据旅游者的要求，组织安排交通、游览、住宿、餐饮、购物、文娱、商务等服务的业务活动。②娱乐服务，是指为娱乐活动同时提供场所和服务的业务活动，具体包括歌厅、舞厅、夜总会、酒吧、台球、高尔夫球、保龄球、游艺（包括射击、狩猎、跑马、游戏机、蹦极、卡丁车、热气球、动力伞、射箭、飞镖）。

4. 餐饮住宿服务

餐饮住宿服务包括：①餐饮服务，是指通过同时提供饮食和饮食场所的方式为消费者提供

饮食消费服务的业务活动。②住宿服务,是指提供住宿场所及配套服务等的业务活动,包括宾馆、旅馆、旅社、度假村及其他经营性住宿场所提供的住宿服务。

5. 居民日常服务

居民日常服务,是指主要为满足居民个人及其家庭日常生活需求提供的服务包括市容市政管理、家政、婚庆、养老、殡葬、照料和护理、救助救济、美容美发、按摩、桑拿、氧吧、足疗、沐浴、洗染、摄影扩印等服务。

6. 其他生活服务

其他生活服务,是指除文化体育服务、教育医疗服务、旅游娱乐服务、餐饮住宿服务和居民日常服务之外的生活服务。

五、销售无形资产

销售无形资产,是指转让无形资产所有权或者使用权的业务活动。无形资产是指不具实物形态,但能带来经济利益的资产,包括技术、商标、著作权、商誉、自然资源使用权和其他权益性无形资产。

技术,包括专利技术和非专利技术。

自然资源使用权,包括土地使用权、海域使用权、探矿权、采矿权、取水权和其他自然资源使用权。

其他权益性无形资产,包括基础设施资产经营权、公共事业特许权、配额、经营权(包括特许经营权、连锁经营权、其他经营权)、经销权、分销权、代理权、会员权、席位权、网络游戏虚拟道具、域名、名称权、肖像权、冠名权、转会费等。

六、销售不动产

销售不动产,是指转让不动产所有权的业务活动。不动产是指不能移动或者移动后会引起性质、形状改变的财产,包括建筑物、构筑物等。

建筑物,包括住宅、商业营业用房、办公楼等可供居住、工作或者进行其他活动的建造物。

构筑物,包括道路、桥梁、隧道、水坝等建造物。

转让建筑物有限产权或者永久使用权的,转让在建的建筑物或者构筑物所有权的,以及在转让建筑物或者构筑物时一并转让其所占土地的使用权的,按照销售不动产缴纳增值税。

七、境内销售服务、无形资产或不动产的界定

1. 在境内销售服务、无形资产或者不动产

在境内销售服务、无形资产或者不动产是指:①服务(租赁不动产除外)或者无形资产(自然资源使用权除外)的销售方或者购买方在境内;②所销售或者租赁的不动产在境内;③所销售自然资源使用权的自然资源在境内;④财政部和国家税务总局规定的其他情形。

2. 不属于在境内销售服务、无形资产或者不动产

①境外单位或者个人向境内单位或者个人销售完全在境外发生的服务;②境外单位或者个人向境内单位或者个人销售完全在境外使用的无形资产;③境外单位或者个人向境内单位或者个人出租完全在境外使用的有形动产;④财政部和国家税务总局规定的其他情形。

八、视同销售

1. 视同销售货物

单位或者个体工商户的下列行为视同销售货物,缴纳增值税。

①将货物交付其他单位或者个人代销;②销售代销货物;③设有两个以上机构并实行统一核算的纳税人,将货物从一个机构移送其他机构用于销售,但相关机构设在同一县(市)的除

外;④将自产或者委托加工的货物用于非增值税应税项目;⑤将自产、委托加工的货物用于集体福利或者个人消费;⑥将自产、委托加工或者购进的货物作为投资,提供给其他单位或者个体工商户;⑦将自产、委托加工或者购进的货物分配给股东或者投资者;⑧将自产、委托加工或者购进的货物无偿赠送其他单位或者个人。

2. 视同销售服务、无形资产或者不动产

下列情形视同销售服务、无形资产或者不动产,缴纳增值税。

①单位或者个体工商户向其他单位或者个人无偿提供服务,但用于公益事业或者以社会公众为对象的除外;②单位或者个人向其他单位或者个人无偿转让无形资产或者不动产,但用于公益事业或者以社会公众为对象的除外;③财政部和国家税务总局规定的其他情形。

九、混合销售

1. 混合销售界定

一项销售行为既涉及货物又涉及服务,则被定为混合销售。混合销售界定的标准有两点:一是其销售行为是针对同一个客户;二是该项销售行为既涉及货物又涉及服务。如果一项销售行为只涉及销售服务或只涉及销售货物,这种行为就不是混合销售行为。例如,一家企业既从事钢结构的生产销售,又提供安装工程建筑服务,如果该企业对 A 公司销售钢结构,对 B 公司提供安装服务,这就属于下面所讲的兼营,而不是混合销售;如果这家企业对 C 公司销售钢结构,同时又提供安装服务,这就属于混合销售。

2. 混合销售税务处理

混合销售行为的计税原则是:从事货物的生产、批发或者零售的单位和个体工商户的混合销售行为,按照销售货物缴纳增值税;其他单位和个体工商户的混合销售行为,按照销售服务缴纳增值税。

自 2017 年 5 月起,纳税人销售活动板房、机器设备、钢结构件等自产货物的同时提供建筑、安装服务的,不属于混合销售;应分别核算货物和建筑服务的销售额,分别适用不同的税率或者征收率。

十、兼营

兼营,是指纳税人的经营活动中销售货物、提供加工修理修配劳务,销售服务、无形资产或者不动产的行为。纳税人兼营项目适用不同税率或者征收率的,应当分别核算适用不同税率或者征收率的销售额;未分别核算销售额的,应按照以下方法适用税率或者征收率:

(1) 兼有不同税率的销售货物,提供加工修理修配劳务,销售服务、无形资产或者不动产,从高适用税率。

(2) 兼有不同征收率的销售货物,提供加工修理修配劳务,销售服务、无形资产或者不动产,从高适用征收率。

(3) 兼有不同税率和征收率的销售货物,提供加工修理修配劳务,销售服务、无形资产或者不动产,从高适用税率。

(4) 纳税人兼营免税、减税项目的,应当分别核算免税、减税项目的销售额;未分别核算的,不得减税、免税。

十一、不征收增值税项目

(1) 行政单位收取的同时满足以下条件的政府性基金或者行政事业性收费。

①由国务院或者财政部批准设立的政府性基金,由国务院或者省级人民政府及其财政、价格主管部门批准设立的行政事业性收费;②收取时开具省级以上(含省级)财政部门监(印)制

的财政票据；③所收款项全额上缴财政。

（2）单位或者个体工商户聘用的员工为本单位或者雇主提供取得工资的服务。

（3）单位或者个体工商户为聘用的员工提供服务。

（4）根据国家指令无偿提供的铁路运输服务、航空运输服务，属于《营业税改征增值税试点实施办法》(财税〔2016〕36号)第十四条规定的用于公益事业的服务。

（5）存款利息。

（6）被保险人获得的保险赔付。

（7）房地产主管部门或者其指定机构、公积金管理中心、开发企业，以及物业管理单位代收的住宅专项维修资金。

（8）在资产重组过程中，通过合并、分立、出售、置换等方式，将全部或者部分实物资产以及与其相关联的债权、负债和劳动力一并转让给其他单位和个人，其中涉及的不动产、土地使用权转让行为。

（9）财政部和国家税务总局规定的其他情形。

任务三 增值税税率和征收率的确定

一、增值税税率

（一）13%税率

增值税一般纳税人销售货物、劳务（加工、修理修配劳务）、有形动产租赁服务或者进口货物，适用13%税率，这就是通常所说的基本税率。

（二）9%税率

（1）增值税一般纳税人销售或者进口下列货物，适用9%税率。

①农产品（含粮食）、食用植物油、食用盐；②自来水、暖气、冷气、热水、煤气、石油液化气、天然气、沼气、居民用煤炭制品；③图书、报纸、杂志、音像制品、电子出版物；④饲料、化肥、农药、农机、农膜；⑤二甲醚；⑥国务院规定的其他货物。

（2）增值税一般纳税人销售下列服务和项目，适用9%税率。

交通运输服务、邮政服务、基础电信服务、建筑服务、不动产租赁服务，销售不动产，转让土地使用权。

（三）6%税率

增值税一般纳税人销售下列服务和项目，适用6%税率。

增值电信服务、金融服务、现代服务（有形动产租赁服务和不动产租赁服务除外）、生活服务，销售无形资产。

（四）零税率

零税率的适用范围：

（1）纳税人出口货物、劳务，税率为零；但国务院另有规定的除外。

（2）境内单位和个人跨境销售国务院规定范围内的服务、无形资产，主要包括：①国际运

输服务;②航天运输服务;③向境外单位提供的完全在境外消费的服务包括研发服务、合同能源管理服务、设计服务、广播影视节目(作品)的制作和发行服务、软件服务、电路设计及测试服务、信息系统服务、业务流程管理服务、离岸服务外包业务、转让技术;④国务院规定的其他服务。

(3)其他零税率政策:①按照国家有关规定应取得相关资质的国际运输服务项目,纳税人取得相关资质的适用零税率政策;未取得的,适用增值税免税政策。②境内单位和个人以无运输工具承运方式提供的国际运输服务,由境内实际承运人适用增值税零税率;无运输工具承运业务的经营者适用增值税免税政策。

按国际上在消费地征税的通行原则,对于出口货物退还已纳的增值税,使出口货物以不含税的价格进入国际市场。但国务院另有规定的除外,如高能耗、高污染、资源类产品,我国政府不鼓励出口,不实行零税率。

零税率和免税不同。免税是对某一类纳税人或某一环节免征税款;零税率是指不但出口环节不必纳税,而且可退还以前环节已纳税款,商品的整体税负为零。

增值税税率表如表 2-1 所示。

表 2-1　增值税税率表

类　别	应　税　行　为		增值税税率
销售货物	销售或进口货物(另有列举货物除外)		13%
	农产品(含粮食)、食用植物油、食用盐、自来水、暖气、冷气、热气、煤气、石油液化气、天然气、沼气、居民用煤炭制品、图书、报纸、杂志、音像制品、电子出版物、饲料、化肥、农药、农机、农膜、二甲醚		9%
销售劳务	加工、修理修配劳务		13%
销售服务	交通运输服务	陆路运输、水路运输、航空运输、管道运输、无运输工具承运	9%
	邮政服务	邮政普遍服务、邮政特殊服务、其他邮政服务	9%
	电信服务	基础电信服务	9%
		增值电信服务	6%
	建筑服务	工程服务、安装服务、修缮服务、装饰服务、其他建筑服务	9%
	金融服务	贷款服务、直接收费服务、保险服务、金融商品转让	6%
	现代服务	研发和技术服务、信息技术服务、文化创意服务、物流辅助服务、咨询鉴证服务、广播影视服务、商务辅助服务、其他现代服务	6%
		租赁服务:有形动产融资租赁、有形动产经营租赁	13%
		租赁服务:不动产融资租赁、不动产经营租赁	9%
	生活服务	文化体育服务、教育医疗服务、旅游娱乐服务、餐饮住宿服务、居民日常服务、其他生活服务	6%
销售无形资产	转让技术(专利技术、非专利技术)、商标、著作、商誉、自然资源和其他权益性无形资产使用权或所有权		6%
	转让土地使用权		9%
销售不动产	转让建筑物、构筑物等不动产所有权		9%

二、征收率

《增值税暂行条例》规定,小规模纳税人发生应税销售行为时,实行按照销售额和征收率计

算应纳税额的简易办法。小规模纳税人适用的是征收率,而不适用税率。

一般纳税人发生的一些应税行为也可以选择简易办法计税,此时也适用征收率,不适用税率。目前,我国增值税征收率为3%和5%。具体详见本项目任务五"增值税会计核算:简易计税方法"。

任务四 增值税会计核算:一般计税方法

一、一般计税方法的会计核算概述

(一)一般计税方法下的账户设置

增值税一般计税方法适用于一般纳税人,应当在"应交税费"总账科目下设置"应交增值税""未交增值税""预交增值税""待抵扣进项税额""待认证进项税额""待转销项税额""增值税留抵税额""简易计税""转让金融商品应交增值税""代扣代交增值税"等明细科目。

一般情况下,增值税一般纳税人核算增值税时主要运用"应交增值税"和"未交增值税"两个二级明细科目,其他明细科目根据经济业务发生的实际情况运用。

在"应交增值税"明细账内设置根据情况设置"进项税额""销项税额抵减""已交税金""转出未交增值税""出口抵减内销产品应纳税额""减免税款""销项税额""出口退税""进项税额转出""转出多交增值税"等专栏进行三级明细核算,如表2-2所示。

表2-2 应交增值税专栏

借　方						贷　方			
进项税额	销项税额抵减	已交税金	出口抵减内销产品应纳税额	减免税款	转出未交增值税	销项税额	出口退税	进项税额转出	转出多交增值税

(二)一般计税方法下的会计处理

【学中做2-1】某增值税一般纳税人2024年2月5日购入原材料1 000 000元,取得增值税专用发票注明进项税额为130 000元,依法允许当期申报抵扣;2月15日销售货物2 000 000元,适用13%税率,销项税额为260 000元,假设当月就上述两笔业务。3月15日,纳税申报。

【会计处理】

(1)2月5日,购入原材料时:

借:原材料　　　　　　　　　　　　　　　　　　　　　　1 000 000

　　应交税费——应交增值税(进项税额)　　　　　　　　　130 000

　　贷:银行存款　　　　　　　　　　　　　　　　　　　　　　1 130 000

(2) 2月15日,销售货物时:

借:银行存款　　　　　　　　　　　　　　　　　　　　　　　　　　2 260 000

　　贷:主营业务收入　　　　　　　　　　　　　　　　　　　　　2 000 000

　　　　应交税费——应交增值税(销项税额)　　　　　　　　　　260 000

(3) 2月末,将当月应交未交增值税转出到"未交增值税"二级明细账户:

应交增值税 = 销项税额 − 进项税额 = 260 000 − 130 000 = 130 000(元)

借:应交税费——应交增值税(转出未交增值税)　　　　　　　　　130 000

　　贷:应交税费——未交增值税　　　　　　　　　　　　　　　　　130 000

(4) 3月15日,纳税申报后,根据相关缴税原始凭证:

借:应交税费——未交增值税　　　　　　　　　　　　　　　　　　130 000

　　贷:银行存款　　　　　　　　　　　　　　　　　　　　　　　　130 000

(5) 登记相关明细账如表2-3和表2-4所示。

表 2-3　应交税费——应交增值税明细分类账

日期	凭证号数	摘要	借　方				贷　方				借或货	余额
			进项税额	已交税金	出口抵减内销产品应纳税额	转出未交增值税	销项税额	出口退税	进项税额转出	转出多交增值税		
2.5		购入	130 000								借	130 000
2.15		销售					260 000				贷	130 000
2.28		结转				130 000					平	0

表 2-4　应交税费——未交增值税明细分类账

日期	凭证号数	摘要	借方	贷方	借或货	余额
2.28		月末结转		130 000	贷	130 000
3.15		交税	130 000		平	0

【学中做 2-2】某增值税一般纳税人 2024 年 2 月 5 日购入原材料 1 000 000 元,取得增值税专用发票注明进项税额为 130 000 元,依法允许当期申报抵扣;2 月 15 日按税法规定预交当月增值税 100 000 元;2 月 25 日销售货物 2 000 000 元,适用 13% 税率,销项税额为 260 000 元,假设当月就上述三笔业务。3 月 15 日,纳税申报。

【会计处理】

(1) 2月5日,购进原材料时:

借:原材料　　　　　　　　　　　　　　　　　　　　　　　　　1 000 000

　　应交税费——应交增值税(进项税额)　　　　　　　　　　　　130 000

　　贷:银行存款　　　　　　　　　　　　　　　　　　　　　　　1 130 000

(2) 2月15日,预交增值税时:

借:应交税费——预交增值税　　　　　　　　　　　　　　　　　　100 000

　　贷:银行存款　　　　　　　　　　　　　　　　　　　　　　　　100 000

（3）2月25日,销售货物时:

借:银行存款　　　　　　　　　　　　　　　　　　　　　　　　2 260 000

　　贷:主营业务收入　　　　　　　　　　　　　　　　　　　　　　2 000 000

　　　　应交税费——应交增值税(销项税额)　　　　　　　　　　　　260 000

（4）2月末,将当月应交未交增值税、预交增值税转出到"未交增值税"二级明细账户:

应交增值税＝销项税额－进项税额－已交税金＝260 000－130 000－100 000＝30 000(元)

借:应交税费——应交增值税(转出未交增值税)　　　　　　　　　130 000

　　贷:应交税费——未交增值税　　　　　　　　　　　　　　　　　　30 000

　　　　　　　　　　——预交增值税　　　　　　　　　　　　　　　100 000

（5）3月15日,纳税申报后,根据相关缴税原始凭证:

借:应交税费——未交增值税　　　　　　　　　　　　　　　　　　30 000

　　贷:银行存款　　　　　　　　　　　　　　　　　　　　　　　　30 000

（6）登记相关明细账如表2-5—表2-7所示。

表 2-5　应交税费——应交增值税明细分类账

日期	凭证号数	摘要	借　方				贷　方				借或货	余额
			进项税额	已交税金	出口抵减内销产品应纳税额	转出未交增值税	销项税额	出口退税	进项税额转出	转出多交增值税		
2.5		购入	130 000								借	130 000
2.25		销售					260 000				贷	30 000
2.28		结转				130 000					平	0

表 2-6　应交税费——预交增值税明细分类账

日期	凭证号数	摘要	借方	贷方	借或货	余额
2.15		预交	100 000		借	100 000
3.15		月末结转		100 000	平	0

表 2-7　应交税费——未交增值税明细分类账

日期	凭证号数	摘要	借方	贷方	借或货	余额
2.28		月末结转		30 000	贷	30 000
3.15		交税	30 000		平	0

【学中做 2-3】某增值税一般纳税人2024年2月5日购入原材料1 500 000元,取得增值税专用发票注明进项税额为195 000元,依法允许当期申报抵扣;2月15日销售货物1 000 000元,适用13%税率,销项税额为130 000元,假设当月就上述两笔业务。3月15日,纳税申报。

【会计处理】

（1）2月5日,购入原材料时:

借:原材料　　　　　　　　　　　　　　　　　　　　　　　　　1 500 000

　　应交税费——应交增值税(进项税额)　　　　　　　　　　　　　195 000

　　贷:银行存款　　　　　　　　　　　　　　　　　　　　　　　1 695 000

（2）2月15日，销售时：

借：银行存款　　　　　　　　　　　　　　　　　　　　　　　1 130 000
　　贷：主营业务收入　　　　　　　　　　　　　　　　　　　　　　1 000 000
　　　　应交税费——应交增值税（销项税额）　　　　　　　　　　　　130 000

（3）2月末，将当月多交增值税转出到"未交增值税"二级明细账户：

应交增值税＝销项税额－进项税额＝130 000－195 000＝－65 000（元）

借：应交税费——未交增值税　　　　　　　　　　　　　　　　　　65 000
　　贷：应交税费——应交增值税（转出多交增值税）　　　　　　　　　　65 000

（4）3月15日纳税申报，当月无需交税，多交的65 000元增值税留抵下月。

（5）登记相关明细账如表2-8和表2-9所示。

表2-8　应交税费——应交增值税明细分类账

日期	凭证号数	摘要	借　　　方				贷　　　方				借或货	余额
			进项税额	已交税金	出口抵减内销产品应纳税额	转出未交增值税	销项税额	出口退税	进项税额转出	转出多交增值税		
2.5		购入	195 000								借	195 000
2.15		销售					130 000				借	65 000
2.28		结转								65 000	平	0

表2-9　应交税费——未交增值税明细分类账

日期	凭证号数	摘要	借方	贷方	借或货	余额
2.28		月末结转	65 000		借	65 000
3.30		月末结转		100 000	贷	35 000
4.15		交税	35 000		平	0

表2-9"应交税费——未交增值税"明细账中，3月15日纳税申报后，无缴税记录。假设3月末该企业应交增值税为100 000元，则月末转入贷方，月末"应交税费——未交增值税"明细账余额为35 000元，4月15日纳税申报，缴税35 000元。

二、一般计税方法的应纳税额核算

增值税一般纳税人采用税款抵扣的方法计算应纳增值税税额。一般纳税人销售货物、销售服务、转让无形资产、销售不动产或提供应税劳务，应纳税额为当期销项税额抵扣当期进项税额后的余额。

计算公式为：

应纳税额＝当期销项税额－当期进项税额＝当期销售额×适用税率－当期进项税额

（一）销售额和销项税额的核算

销项税额，是按纳税人应税行为的销售额和适用税率计算并向购买方收取的增值税税额，其计算公式为：

$$销项税额＝销售额×适用税率$$

公式中税率为 13%、9% 或 6%,取决于销售行为适用的税率;销售额为不含增值税的销售额,如果是含税销售额,应按照下列公式进行价税分离:

$$不含税销售额 = 含税销售额 \div (1 + 增值税税率)$$

1. 一般销售方式

销售额,是纳税人发生销售行为时收取的全部价款和价外费用,所谓价外费用,包括价外向购买方收取的手续费、补贴、基金、集资费、返还利润、奖励费、违约金、滞纳金、延期付款利息、赔偿金、代收款项、代垫款项、包装费、包装物租金、储备费、优质费、运输装卸费以及其他各种性质的价外收费。

但下列项目不包括在内:①向购买方收取的销项税额。②受托加工应征消费税的消费品所代收代缴的消费税。③同时符合条件的代垫运费:承运者的运费发票开具给购货方;纳税人将该发票转交给购货方。④代为收取的政府性基金或者行政事业性收费。⑤以委托方名义开具发票代委托方收取的款项。⑥销售货物的同时代办保险等而向购买方收取的保险费,以及向购买方收取的代购买方缴纳的车辆购置税、牌照费用等。

随同应税销售行为向购买方收取的价外费用,会计核算可能作为其他应付款、营业外收入等,但应并入销售额计算销项税额。

【学中做 2-4】某企业某月现款销售一批产品,税控系统开出增值税专用发票注明价格为 22 000 元,增值税税率为 13%,增值税为 2 860 元。款项已全部收到,货物已由买方提走。

【会计处理】

借:银行存款	24 860
贷:主营业务收入	22 000
应交税费——应交增值税(销项税额)	2 860

【学中做 2-5】A 公司某月向 B 公司销售一批产品,总价值为 113 000 元。合同约定购货方预付总金额的 30%,其余货款在货物验收无误后 10 日内付清。

【会计处理】

(1) 预收货款时:

借:银行存款	33 900
贷:预收账款——B 公司	33 900

(2) 销售时:

借:预收账款——B 公司	113 000
贷:主营业务收入	100 000
应交税费——应交增值税(销项税额)	13 000

(3) 收到剩余款项时:

借:银行存款	79 100
贷:预收账款——B 公司	79 100

【学中做 2-6】A 公司某月向 B 公司赊销一批产品,总价值为 226 000 元。A 公司按合同约定发货后,给对方开具结算账单,附增值税专用发票一张,注明计税价格为 200 000 元,增值税为 26 000 元;转交承运公司运输费增值税专用发票一张,计税价格为 5 000 元,增值税为 450 元。

【会计处理】

(1) 确认销售时:

借:应收账款——B 公司	231 450

```
        贷:主营业务收入                                              200 000
           应交税费——应交增值税(销项税额)                            26 000
           银行存款                                                 5 450
```
(2)收到货款和代垫费用时:
```
借:银行存款                                                      231 450
    贷:应收账款——B公司                                          231 450
```

2.特殊销售方式

(1)折扣销售。折扣销售即商业折扣,是指销货方在销售货物或应税劳务时,因购货方购货数量较大等原因而给予购货方的价格优惠,如购买 5 件,销售价格折扣为 10%;购买 10 件,折扣为 20%等。税法规定,如果销售额和折扣额在同一张发票上分别注明的,可以按折扣后的销售额征收增值税;如果将折扣额另开发票,不论其在财务上如何处理,均不得从销售额中减除折扣额。

销售折扣,即会计中的现金折扣,是指销售方为了鼓励买方尽快付款而许诺给予买方的一种折扣优待,例如:10 天内付款,货款折扣为 2%;30 天内全价付款,即 2/10,$n/30$。现金折扣是一种融资性质的理财费用,税法不允许从销售额中减除,会计核算应计入财务费用。

销售折让,是指货物销售后,由于品种、规格、质量等问题销货方给予购货方的一种价格折让,从而避免购货方退货。税法允许按折让后的金额作为销售额。

常见折扣销售(商业折扣)是价格折扣,但也有"买一送一"等促销形式,这就是实物折扣,应作为"视同销售"中的"将自产、委托加工或者购进的货物无偿赠送其他单位或者个人",计算缴纳增值税,同时确认销售收入。上述折扣与折让总结如表 2-10 所示。

表 2-10　折扣与折让对比表

折扣和折让	税　务　处　理
折扣销售(商业折扣)	① 如果是在同一张发票上分别注明的,按折扣后的余额作为销售额;如果折扣额另开发票,不论财务如何处理,均不得从销售额中减除折扣额。 ② 这里的折扣是货物价格折扣,如果是实物折扣(如买一送一)应按视同销售,销售总金额按各项商品公允价值比例计算各自销售收入
销售折扣(现金折扣)	发生在销货之后,属于一种融资行为,折扣额不得从销售额中减除
销售折让	发生在销货之后,因销售品种、规格、质量问题而给予购买方的补偿是原销售额的减少,折让额可以从销售额中减除

【学中做 2-7】甲公司销售给乙公司 10 000 件玩具,不含税单价 20 元,由于乙公司购买数量较多,给予 9 折优惠(商业折扣),并提供 1/10,$n/20$ 的销售折扣(即现金折扣,合同约定按含税金额计算)。乙公司在 10 日内支付了货款。

【会计处理】
```
借:应收账款——乙公司                                            203 400
    贷:主营业务收入                                              180 000
       应交税费——应交增值税(销项税额)                           23 400
收到扣除现金折扣后的货款时:
借:银行存款                                                     201 366
    财务费用                                                    2 034
    贷:应收账款——乙公司                                        203 400
```

【学中做2-8】某商场促销非知名品牌微波炉,购买一台微波炉赠送一桶一升装食用油。本月销售微波炉收取现款33 900元(含税),赠送出食用油100桶。微波炉进货总成本为21 000元,食用油进货单价为每桶8元,含税销售价为每桶10.9元。

【解析】上述业务是"实物折扣"销售,赠送食用油为视同销售,应与微波炉按市价比例确认销售收入。

销售收入 = 33 900 ÷ (1 + 13%) = 30 000(元)

微波炉公允价值为30 000元,食用油公允价值 = 10.9 ÷ (1 + 9%) × 100 = 1 000(元)

确认微波炉销售收入 = [30 000 ÷ (30 000 + 1 000)] × 30 000 = 29 032.26(元)

确认食用油销售收入 = [1 000 ÷ (30 000 + 1 000)] × 30 000 = 967.74(元)

【会计处理】

借:银行存款		33 900.00
贷:主营业务收入——微波炉		29 032.26
——食用油		967.74
应交税费——应交增值税(销项税额)		3 900.00

结转销售成本:

借:主营业务成本——微波炉		21 000
——食用油		800
贷:库存商品——微波炉		21 000
——食用油		800

【学中做2-9】甲企业销售给乙公司10 000件玩具,每件不含税价格为20元,乙公司购入后发现产品有瑕疵要求给予价款减让,双方协商后,甲企业同意给予10%的销售折让。

【解析】如果双方发票未确认用途(做账),甲公司将原发票作废,重开一张不含税销售额为18万元的增值税专用发票。如果发票用途已经确认(做账),不能作废重开,则应按电子发票服务平台或增值税发票综合服务平台上的规定开具红字发票。甲公司冲减销售收入和销项税额,乙公司冲减采购成本和进项税额。

【会计处理】

借:应收账款		226 000
贷:主营业务收入		200 000
应交税费——应交增值税(销项税额)		26 000

开出红字发票后:

借:应收账款		22 600
贷:主营业务收入		20 000
应交税费——应交增值税(销项税额)		2 600

(2) 以旧换新方式销售。以旧换新销售是指纳税人在销售货物时,折价收回同类旧货物,并以折价款部分冲减新货物价款的一种销售方式。纳税人采取以旧换新方式销售货物的,应按新货物的同期销售价格确定销售额,不得扣减旧货物的收购价格。但是对金银首饰以旧换新业务,可以按销售方实际收取的不含增值税的全部价款征收增值税。

【学中做2-10】某商店以旧换新促销高压锅,一只旧高压锅作价20元,可以换购一只新锅。活动结束后,共计销售新高压锅200只,含税总价值为27 120元,实际收到销售款23 120元和200只旧高压锅。旧高压锅以不含税价每只25元抵扣厂家的进货款。

【会计处理】

① 销售新高压锅时：

借：库存商品——旧高压锅　　　　　　　　　　　　　　　　　　　　　　　　4 000

　　银行存款　　　　　　　　　　　　　　　　　　　　　　　　　　　　　　23 120

　　　贷：主营业务收入——新高压锅　　　　　　　　　　　　　　　　　　　　24 000

　　　　　应交税费——应交增值税（销项税额）　　　　　　　　　　　　　　　　3 120

② 出售回收旧高压锅：

借：应付账款——高压锅厂家　　　　　　　　　　　　　　　　　　　　　　　　5 650

　　　贷：其他业务收入——旧高压锅　　　　　　　　　　　　　　　　　　　　　5 000

　　　　　应交税费——应交增值税（销项税额）　　　　　　　　　　　　　　　　　650

③ 结转旧高压锅成本：

借：其他业务成本——旧高压锅　　　　　　　　　　　　　　　　　　　　　　　4 000

　　　贷：库存商品——旧高压锅　　　　　　　　　　　　　　　　　　　　　　　4 000

如果旧高压锅是代厂家回收的，不作其他业务销售，旧高压锅不记入"库存商品"，直接扣减厂家的应付账款。

【学中做 2-11】某金店（中国人民银行批准的金银首饰经销单位）为增值税一般纳税人，采取以旧换新方式销售 24K 纯金项链一条，新项链对外销售价格 5 000 元，旧项链作价 3 000 元，从消费者手中收取新旧项链差价款 2 000 元。以上价格均为含税价。

【解析】金银首饰以旧换新业务，可以按销售方实际收取的不含增值税的全部价款征收增值税。本例中可以按照收取的差价 2 000 元，计算应交增值税并确认收入。

【会计处理】

借：银行存款　　　　　　　　　　　　　　　　　　　　　　　　　　　　　2 000.00

　　　贷：主营业务收入　　　　　　　　　　　　　　　　　　　　　　　　　1 769.91

　　　　　应交税费——应交增值税（销项税额）　　　　　　　　　　　　　　　230.09

结转销售成本：

借：主营业务成本　　　　　　　　　　　　　　　　　　　　　　　　　　　　　900

　　库存商品——旧项链　　　　　　　　　　　　　　　　　　　　　　　　　3 000

　　　贷：库存商品——新项链　　　　　　　　　　　　　　　　　　　　　　　3 900

（3）还本销售。还本销售是指纳税人在销售货物后，到一定期限将货款一次或分次退还给购货方全部或部分价款的一种销售方式。这种方式实际上是一种筹资是以货物换取资金的使用价值，到期还本不付息的方法。纳税人采取还本销售方式销售货物，其销售额就是货物的销售价格，不得从销售额中减除还本支出。

【学中做 2-12】A 企业为增值税一般纳税人，该企业生产销售甲产品，每件成本为 800 元，市场上同类商品售价每件为 1 200 元。某年 1 月，采用还本销售方式向 B 公司销售甲产品 200 件。合同约定该批产品的总价款是 339 000 元（开具增值税专用发票，注明价款 300 000 元，增值税 39 000 元），6 年后全额即按 339 000 元一次还本。该还本销售方式以筹资为目的，用于补充企业运营资金。

【会计处理】

① 销售时：

借：银行存款　　　　　　　　　　　　　　　　　　　　　　　　　　　　　339 000

　　　　贷：主营业务收入　　　　　　　　　　　　　　　　　　　　　　300 000

　　　　　　应交税费——应交增值税（销项税额）　　　　　　　　　　　39 000

　　② 结转销售成本时：

　　借：主营业务成本　　　　　　　　　　　　　　　　　　　　　　　　160 000

　　　　贷：库存商品　　　　　　　　　　　　　　　　　　　　　　　　160 000

　　③ 每年计提还本支出时：

　　借：财务费用　　　　　　　　　　　　　　　　　　　　　　　　　　 56 500

　　　　贷：其他应付款——还本支出　　　　　　　　　　　　　　　　　 56 500

　　④ 6 年到期后，支付还本额时：

　　借：其他应付款——还本支出　　　　　　　　　　　　　　　　　　　339 000

　　　　贷：银行存款　　　　　　　　　　　　　　　　　　　　　　　　339 000

　　（4）以物易物。以物易物是指购销双方不是以货币结算，而是以同等价款的货物相互结算，实现货物购销的一种方式。以物易物双方都应作购销处理，以各自发出的货物核算销售额并计算销项税额，以各自收到的货物按规定核算购货额并计算进项税额。在以物易物活动中，应分别开具合法的票据，如收到的货物不能取得相应的增值税专用发票或其他合法票据的，不能抵扣进项税额。

　　以物易物即会计中的非货币性资产交换。在遵守税法规定同时应按照会计准则的规定进行会计核算。非货币性资产交换的计量原则是：同时满足该项交换具有商业实质和换入资产或换出资产的公允价值能够可靠地计量这两个条件，应当以公允价值为基础计量；不满足上述条件的非货币性资产交换，应当以账面价值为基础计量。

　　以公允价值为基础计量的非货币性资产交换，企业应当以换出资产的公允价值为基础确定换入资产的成本，换出资产的公允价值与其账面价值之间的差额计入当期损益，但换出资产的公允价值不能可靠地计量或有确凿证据表明换入资产的公允价值更加可靠的，企业应当以换入资产的公允价值为基础确定换入资产的初始计量金额，换入资产的公允价值与换出资产账面价值之间的差额计入当期损益。

　　以账面价值为基础计量的非货币性资产交换，企业应当以换出资产的账面价值为基础确定换入资产的初始计量金额，换出资产终止确认时不确认损益。

　　【学中做 2-13】甲公司以含税价 113 000 元的 A 商品换取乙公司等值的一批原材料，取得对方开出的增值税专用发票，注明计税价格为 100 000 元，增值税为 13 000 元。A 商品成本为 80 000 元。该交换具有商业实质。

　　【会计处理】

　　借：原材料　　　　　　　　　　　　　　　　　　　　　　　　　　　100 000

　　　　应交税费——应交增值税（进项税额）　　　　　　　　　　　　　 13 000

　　　　贷：主营业务收入——A 商品　　　　　　　　　　　　　　　　　100 000

　　　　　　应交税费——应交增值税（销项税额）　　　　　　　　　　　 13 000

　　结转销售成本时：

　　借：主营业务成本——A 商品　　　　　　　　　　　　　　　　　　　 80 000

　　　　贷：库存商品——A 商品　　　　　　　　　　　　　　　　　　　 80 000

　　【学中做 2-14】甲公司以含税价 113 000 元的 A 商品换得乙企业一批等值的原材料，收到对方增值税专用发票注明价格为 10 000 元，增值税为 13 000 元。换出 A 商品的成本为 80 000

元。假设该交易不具有商业实质。

【解析】该项非货币性资产交换不具有商业实质，因此不确认交换产生的损益。换入存货是以换出存货的账面价值为基础的，加上相关税费入账。

【会计处理】

借：原材料	80 000
应交税费——应交增值税（进项税额）	13 000
贷：库存商品——A商品	80 000
应交税费——应交增值税（销项税额）	13 000

（5）直销方式。直销企业先将货物销售给直销员，直销员再将货物销售给消费者的，直销企业的销售额为其向直销员收取的全部价款和价外费用。直销员将货物销售给消费者时，应按照现行规定缴纳增值税。

直销企业通过直销员向消费者销售货物，直接向消费者收取货款，直销企业的销售额为其向消费者收取的全部价款和价外费用。

无论采用何种方式销售，企业都应以从直销员或消费者收取的全部价款和价外费用作为销售收入，并计算增值税销项税额。

【学中做2-15】甲公司是增值税一般纳税人，本月收到直销员王某交来销售款113 000元（含税价），该直销商品成本为80 000元，适用增值税税率为13%。

【会计处理】

借：银行存款	113 000
贷：主营业务收入	100 000
应交税费——应交增值税（销项税额）	13 000

结转销售成本时：

借：主营业务成本	80 000
贷：库存商品	80 000

【学中做2-16】甲公司是增值税一般纳税人，本月收到客户交来销售款113 000元（含税价），该直销商品成本为70 000元，适用增值税税率为13%；该笔业务是直销员小李完成的，应付给他销售提成10 000元，预扣个人所得税1 600元。

【会计处理】

借：银行存款	113 000
贷：主营业务收入	100 000
应交税费——应交增值税（销项税额）	13 000

结转销售成本时：

借：主营业务成本	70 000
贷：库存商品	70 000

支付提成、代扣个人所得税时：

借：销售费用	10 000
贷：银行存款	8 400
应交税费——应交个人所得税	1 600

（6）包装物押金。包装物，是指纳税人包装本单位货物的各种物品。一般情况下，销货方向购货方收取包装物押金，购货方在规定时间内返还包装物，销货方退还押金。

纳税人为销售货物而出租、出借包装物收取的押金,单独记账核算的,且时间在 1 年以内又未过期的,不并入销售额计税;但对因逾期未收回包装物不再退还的押金,应按所包装货物的适用税率计算增值税销项税额。包装物押金应注意以下具体规定:"逾期"是指按合同约定实际逾期或以 1 年为期限,对收取 1 年以上的押金,无论是否退还均并入销售额征税;包装物押金是含税收入,需要先换算为不含税收入,再计算应纳增值税款;包装物押金不同于包装物租金,包装物租金需要单独核算,并计算应交增值税款;自 1995 年 6 月 1 日起,对销售除啤酒、黄酒外的其他酒类产品而收取的包装物押金,无论是否返还及会计上如何核算,均应并入当期销售额计算缴纳增值税。

【学中做 2-17】甲企业销售一批商品给乙企业,对随同销售商品的包装物收取押金 1 130 元。这批商品价格为 11 300 元(含税),增值税税率为 13%。货款和押金都已收到。

【会计处理】

借:银行存款	12 430
贷:主营业务收入	10 000
应交税费——应交增值税(销项税额)	1 300
其他应付款——包装押金	1 130

若对方逾期不退回包装物,没收押金:

借:其他应付款——包装押金	1 130
贷:其他业务收入	1 000
应交税费——应交增值税(销项税额)	130

3. 销售劳务

销售劳务,是指提供加工、修理修配劳务。销售劳务的企业属于工业企业,一般由客户提供或自行采购原材料,按照客户要求进行加工、修理、修配,完工后收取加工、修理修配费用,收入一般按照时点确认。

提供劳务同时收讫价款或收到索取价款凭据的当天为纳税义务发生时间。

【学中做 2-18】东方有限公司委托奥奇有限公司加工一批零部件。发出原材料成本为 200 000 元,支付加工费为 16 000 元(不含增值税),增值税税率为 13%。零部件加工完成后收回验收入库,继续用于产品生产,加工费用等已经支付。按实际成本对原材料进行日常核算。

【会计处理】

受托方(奥奇有限公司):

(1) 收到委托加工的材料时,不作会计分录,只作备查登记。

(2) 加工完成,收到加工费用时:

借:银行存款	18 080
贷:主营业务收入	16 000
应交税费——应交增值税(销项税额)	2 080

委托方(东方有限公司):

(1) 发出委托加工材料时:

借:委托加工物资	200 000
贷:原材料	200 000

(2) 支付加工费用时:

应纳增值税 = 16 000 × 13% = 2 080(元)

借:委托加工物资 16 000
　应交税费——应交增值税(进项税额) 2 080
　　贷:银行存款 18 080

(3)加工完成收回零部件时:

借:原材料 216 000
　　贷:委托加工物资 216 000

4.销售服务

【学中做 2-19】某银行为增值税一般纳税人,2024 年第三季度发生的有关经济业务如下:①办理公司业务,收取结算手续费(含税)3 180 万元;收取账户管理费(含税)2 650 万元;②办理贷款业务,取得利息收入(含税)10 600 万元。已知:提供金融服务适用的增值税税率为6%。计算该银行第三季度应纳增值税税额。

【解析】根据税法有关规定,贷款服务以提供贷款服务取得的全部利息及利息性质的收入为销售额;直接收费金融服务,以提供直接收费金融服务收取的手续费、佣金、酬金、管理费、服务费、经手费、开户费、过户费、结算费、转托管费等各类费用为销售额。

销项税额 =(3 180 + 2 650)÷(1 + 6%)× 6% + 10 600 ÷(1 + 6%)× 6% = 930(万元)

【会计处理】

借:活期存款 164 300 000
　　贷:利息收入 100 000 000
　　　手续费收入 55 000 000
　　　应交税费——应交增值税(销项税额) 9 300 000

【学中做 2-20】甲公司为增值税一般纳税人,2024 年 4 月 30 日,甲公司将持有的乙上市公司股票 50 万股全部出售,售价为 600 万元,该股票买入时支付价款 505 万元,款项已收存投资款专户。甲公司将该股票投资确认为交易性金融资产。

【解析】本例为金融商品转让,按照卖出价扣除买入价后的余额为销售额。按照"金融商品转让"计算缴纳增值税,适用增值税税率 6%。金融商品转让,不得开具增值税专用发票。

转让金融商品应交增值税 =(600 − 505)÷(1 + 6%)× 6% = 5.377 358(万元)

【会计处理】

借:投资收益 53 773.58
　　贷:应交税费——转让金融商品应交增值税 53 773.58

【学中做 2-21】某房产中介公司本月共收取客户中介服务费 2 120 000 元,支付中介业务员提成 800 000 元。根据业务计算应交增值税并进行会计处理。

【解析】本例为"差额征税",根据税法相关规定,经纪代理服务,以取得的全部价款和价外费用,扣除向委托方收取并代为支付的政府性基金或者行政事业性收费后的余额为销售额。向委托方收取的政府性基金或者行政事业性收费,不得开具增值税专用发票。本例中没有向委托方收取并代为支付的政府性基金或者行政事业性收费,所以本月销售额为 2 120 000 元,不能扣减中介业务员的提成。

应交增值税 = 2 120 000 ÷(1 + 6%)× 6% = 120 000(元)

【会计处理】

借:银行存款 2 120 000
　　贷:主营业务收入 2 000 000

应交税费——应交增值税（销项税额）		120 000

【学中做2-22】2024年6月，A运输企业取得含税货物运输收入109万元、物流辅助收入106万元，按照适用税率，分别开具增值税专用发票，款项已收。

【解析】运输企业销售运输服务和现代服务业的物流辅助服务，分别适用的增值税税率为9%和6%，会计应分别核算。

【会计处理】

（1）取得货物运输收入时：

借:银行存款		1 090 000
贷:主营业务收入——货物运输		1 000 000
应交税费——应交增值税（销项税额）		90 000

（2）取得物流辅助收入时：

借:银行存款		1 060 000
贷:其他业务收入——物流		1 000 000
应交税费——应交增值税（销项税额）		60 000

税法相关规定：航空运输企业的销售额，不包括代收的民航发展基金（原机场建设费）和代售其他航空运输企业客票而代收转付的价款。

一般纳税人提供客运场站服务，以其取得的全部价款和价外费用，扣除支付给承运方运费后的余额为销售额。

【学中做2-23】扬飞旅行社有限公司7月收到团体旅游费148.4万元、散客组团旅游费106万元，共取得收入254.4万元。当月支付旅游目的地接团旅行社的住宿、餐饮、交通、门票、劳务等费用共142.04万元，其中团体旅游费用84.8万元，散客旅游费用57.24万元。该旅行社为增值税一般纳税人，适用差额征税，增值税税率为6%。

【解析】根据税法规定，纳税人提供旅游服务，可以选择以取得的全部价款和价外费用，扣除向旅游服务购买方收取并支付给其他单位或者个人的住宿费、餐饮费、交通费、签证费、门票费和支付给其他接团旅游企业的旅游费用后的余额为销售额，即差额征税。选择该办法，不得开具增值税专用发票，可以开具普通发票。

【会计处理】

（1）收到团体和散客旅游费时：

借:银行存款		2 544 000
贷:合同负债——团体旅游费		1 484 000
——散客旅游费		1 060 000

（2）支付接团旅行社各项费用时：

借:合同负债——团体旅游费		848 000
——散客旅游费		572 400
贷:银行存款		1 420 400

（3）确认当期收入、成本，计算应交增值税时：

当月收取254.4万元旅游费为含税收入，价税分离后确认为当期收入和销项税额。

应交增值税 = 2 544 000 ÷ (1 + 6%) × 6% = 2 400 000 × 6% = 144 000（元）

借:合同负债——团体旅游费		1 484 000
——散客旅游费		1 060 000

　　贷：主营业务收入——团体旅游　　　　　　　　　　　　　　　1 400 000

　　　　　　　　　　——散客旅游　　　　　　　　　　　　　　　1 000 000

　　　　应交税费——应交增值税（销项税额）　　　　　　　　　　　144 000

　　（4）当月支付的与旅游经营活动有关的各项费用为含税金额，应价税分离，分别确认为经营成本和可抵减销项税额的金额。

　　营改增抵减的销项税额 = 1 420 400÷(1 + 6%)×6% = 1 340 000×6% = 80 400(元)

　　借：主营业务成本——团体旅游　　　　　　　　　　　　　　　　800 000

　　　　　　　　　　——散客旅游　　　　　　　　　　　　　　　　540 000

　　　　应交税费——应交增值税（营改增抵减的销项税额）　　　　　80 400

　　　　贷：银行存款　　　　　　　　　　　　　　　　　　　　　1 420 400

　　（5）月末，将应交未交增值税，结转"未交增值税"明细科目。

　　借：应交税费——应交增值税（转出未交增值税）　　　　　　　　63 600

　　　　贷：应交税费——未交增值税　　　　　　　　　　　　　　　　63 600

　　（6）下月缴纳时：

　　借：应交税费——未交增值税　　　　　　　　　　　　　　　　　63 600

　　　　贷：银行存款　　　　　　　　　　　　　　　　　　　　　　　63 600

5. 销售无形资产

【学中做 2-24】某公司将闲置的一块土地出租，每月收取土地使用费 54 500 元（含税），本月租金已收到存入银行，开出增值税专用发票。该土地使用权于 2020 年购入，已抵扣税款。

　　【解析】销售无形资产的形式包括转让使用权（出租）和转让所有权（出售）两种，销售无形资产，除转让土地使用权适用 9% 增值税税率之外，其他无形资产转让适用 6% 增值税税率。本例是转让土地使用权，适用 9% 增值税税率。

　　应纳增值税税额 = 54 500÷(1 + 9%)×9% = 4 500(元)

　　【会计处理】

　　借：银行存款　　　　　　　　　　　　　　　　　　　　　　　54 500

　　　　贷：其他业务收入　　　　　　　　　　　　　　　　　　　　50 000

　　　　　　应交税费——应交增值税（销项税额）　　　　　　　　　　4 500

【学中做 2-25】某公司将持有的一项注册商标转让给其他企业，开出增值税专用发票，注明价款为 200 000 元，增值税为 12 000 元，款项已收存银行。该商标权账面原值为 220 000 元，累计摊销 60 000 元。

　　【解析】本例是转让商标所有权，适用 6% 增值税税率。

　　应纳增值税税额 = 200 000×6% = 12 000(元)

　　【会计处理】

　　借：银行存款　　　　　　　　　　　　　　　　　　　　　　　212 000

　　　　累计摊销　　　　　　　　　　　　　　　　　　　　　　　　60 000

　　　　贷：无形资产——商标权　　　　　　　　　　　　　　　　　220 000

　　　　　　应交税费——应交增值税（销项税额）　　　　　　　　　　12 000

　　　　　　资产处置损益　　　　　　　　　　　　　　　　　　　　　40 000

6. 销售不动产

【学中做 2-26】某房地产开发公司是增值税一般纳税人，2023 年 6 月出售一栋新建商品房,该开发项目 2020 年动工,取得预售、现售款项目共 32 700 万元,其中包括按当地市政府要求,在售房时计入房价向购买方一并收取的代收费用为 2 000 万元。该商品房开发项目,房地产公司向政府支付土地出让金及有关费用 10 900 万元。销售不动产适用 9% 增值税税率。

【解析】按照税法规定,房地产开发企业中的一般纳税人销售其开发的房地产项目(选择简易计税方法的房地产老项目除外),以取得的全部价款和价外费用,扣除受让土地时向政府部门支付的土地价款后的余额为销售额。因此出售商品房的销售额应为 21 800 万元(32 700 - 10 900),计入房价的代收费用不能从销售额中扣除。(金额单位为"万元")

【会计处理】

(1) 增值税销项税额 = 21 800 ÷ (1 + 9%) × 9% = 20 000 × 9% = 1 800(万元)

借:银行存款(预收账款等)　　　　　　　　　　　　　　　　　　　　　32 700

　　贷:主营业务收入——商品销售　　　　　　　　　　　　　　　　　28 900

　　　　其他应付款——代收费用　　　　　　　　　　　　　　　　　　2 000

　　　　应交税费——应交增值税(销项税额)　　　　　　　　　　　　1 800

(2) 根据符合规定的支付土地出让金及相关费用的票据,在纳税义务发生时,按照允许抵扣的税额:

借:应交税费——应交增值税(销项税额抵减)　　　　　　　　　　　　　900

　　贷:主营业务成本　　　　　　　　　　　　　　　　　　　　　　　900

7.视同销售货物

《增值税暂行条例实施细则》规定了 8 种视同销售货物行为,除代销业务外,不涉及资金结算,在无销售价格的情况,应按照下列顺序核定其销售额再按适用的税率计算销项税额:

(1)按纳税人最近时期同类货物的平均销售价格确定。(2)按其他纳税人最近时期同类货物的平均销售价格确定。(3)按组成计税价格确定。其计算公式为:

$$组成计税价格 = 成本 × (1 + 成本利润率)$$

征收增值税同时征收消费税的货物,其组成计税价格公式为:

$$组成计税价格 = 成本 × (1 + 成本利润率) + 消费税税额$$

公式中的成本是指销售自产货物的为实际生产成本,销售外购货物的为实际采购成本。成本利润率按《增值税若干具体问题的规定》确定为 10%。

但属于应从价定率征收消费税的货物,其组成计税价格公式中的成本利润率,为《消费税若干具体问题的规定》中的成本利润率。

【学中做 2-27】永明制造公司 5 月初发出 A 商品 500 件,单位成本 500 元,按照每件不含税单价 600 元委托长发商场代销。长发商场将 A 商品按照含税单价 881.4 元全部售出,月末转来代销清单。永明制造公司按 600 元不含单价作为结算价格,开出增值税专用发票,计税价格为 300 000 元,增值税为 39 000 元。发票已交长发商场。(提示:委托代销——视同购销方式)

【会计处理】

委托方(永明制造公司):

(1) 发出代销商品时:

借:委托代销商品——A 商品　　　　　　　　　　　　　　　　　　250 000

　　　　贷:库存商品——A 商品　　　　　　　　　　　　　　　　　　　　　250 000
　　(2) 收到长发商场的代销清单,确认收入:
　　借:应收账款——长发商场　　　　　　　　　　　　　　　　　　　　　339 000
　　　　贷:主营业务收入——A 商品　　　　　　　　　　　　　　　　　　　300 000
　　　　　　应交税费——应交增值税(销项税额)　　　　　　　　　　　　　 39 000
　　(3) 结转销售成本:
　　借:主营业务成本——A 商品　　　　　　　　　　　　　　　　　　　　　250 000
　　　　贷:委托代销商品——A 商品　　　　　　　　　　　　　　　　　　　250 000
　　(4) 收到款项时:
　　借:银行存款　　　　　　　　　　　　　　　　　　　　　　　　　　　　339 000
　　　　贷:应收账款——长发商场　　　　　　　　　　　　　　　　　　　　339 000
　　受托方(长发商场):
　　(1) 收到代销商品时:
　　借:受托代销商品——A 商品　　　　　　　　　　　　　　　　　　　　　300 000
　　　　贷:代销商品款——永明制造公司　　　　　　　　　　　　　　　　　300 000
　　(2) 代销商品售出后:
　　借:银行存款　　　　　　　　　　　　　　　　　　　　　　　　　　　　440 700
　　　　贷:主营业务收入　　　　　　　　　　　　　　　　　　　　　　　　390 000
　　　　　　应交税费——应交增值税(销项税额)　　　　　　　　　　　　　 50 700
　　(3) 同时,结转代销商品成本:
　　借:主营业务成本——A 商品　　　　　　　　　　　　　　　　　　　　　300 000
　　　　贷:受托代销商品——A 商品　　　　　　　　　　　　　　　　　　　300 000
　　(4) 同时,确认应付委托方货款:
　　借:代销商品款——永明制造公司　　　　　　　　　　　　　　　　　　　300 000
　　　　贷:应付账款——永明制造公司　　　　　　　　　　　　　　　　　　300 000
　　(5) 向委托单位开出代销清单后,收到增值税专用发票时:
　　借:应交税费——应交增值税(进项税额)　　　　　　　　　　　　　　　　 39 000
　　　　贷:应付账款——永明制造公司　　　　　　　　　　　　　　　　　　 39 000
　　(6) 支付委托方货款时:
　　借:应付账款——永明制造公司　　　　　　　　　　　　　　　　　　　　339 000
　　　　贷:银行存款　　　　　　　　　　　　　　　　　　　　　　　　　　339 000
　　【学中做 2-28】永明制造公司 5 月初发出 A 商品 500 件,单位成本为 500 元,以 678 元的单价(含税)作为定价由长发商场代销,付给代销方总价款 10% 的手续费。本月长发商场全部售出,月末转来代销清单。永明制造公司开出增值税专用发票,计税价格为 300 000 元,增值税为 39 000 元,发票已交长发商场;扣除代销手续费 33 900 元后,实际收到货款 305 100 元。(提示:委托代销——收取手续费方式)
　　【会计处理】
　　委托方(永明公司):
　　(1) 发出代销商品时:
　　借:委托代销商品——A 商品　　　　　　　　　　　　　　　　　　　　　250 000

      贷:库存商品——A商品   250 000

（2）收到长发商场的代销清单，确认收入和代销费用：

借:应收账款——长发商场   305 100

   销售费用   33 900

      贷:主营业务收入——A商品   300 000

         应交税费——应交增值税（销项税额）   39 000

（3）同时，结转商品成本：

借:主营业务成本——A商品   250 000

      贷:委托代销商品——A商品   250 000

（4）扣除手续费，收到款项时：

借:银行存款   305 100

      贷:应收账款——长发商场   305 100

受托方（长发商场）：

（1）收到代销商品时，按含税价入账：

借:受托代销商品——A商品   339 000

      贷:代销商品款——永明制造公司   339 000

（2）代销商品售出后：

借:银行存款   339 000

      贷:应付账款——永明制造公司   300 000

         应交税费——应交增值税（销项税额）   39 000

（3）同时，冲减"代销商品款"和"受托代销商品"科目金额：

借:代销商品款——永明制造公司   339 000

      贷:受托代销商品——A商品   339 000

（4）开出代销清单，收到委托方增值税专用发票：

借:应交税费——应交增值税（进项税额）   39 000

      贷:应付账款——永明制造公司   39 000

（5）计算代销手续费收入（代销手续费按6%计算应交增值税）：

借:应付账款——永明制造公司   33 900.00

      贷:主营业务收入——代销收入   31 981.13

         应交税费——应交增值税（销项税额）   1 918.87

（6）支付剩余款项：

借:应付账款——永明制造公司   305 100

      贷:银行存款   305 100

【学中做 2-29】某超市有限公司是连锁经营企业，统一进行会计核算，各县（市、区）分店分别纳税申报。某月 A 分店将库存甲商品移送到 B 分店用于销售，B 分店销售后，对外开具发票价格为 100 000 元，增值税为 13 000 元。该批货物购进价格为 80 000 元，增值税为 10 400 元，购入时记入 A 分店账簿核算。A、B 两分店的款项通过内部结算，未实际收付价款。

【解析】按照税法规定，上例应视同销售货物。A 分店应开具一份增值税专用发票，注明计税价格为 80 000 元，增值税为 10 400 元，作为 A 分店销项税额和 B 分店进项税额，以便 A、B 分店在 A 区和 B 区税务机关的纳税申报。

任务四 增值税会计核算：一般计税方法

【会计处理】

（1）A分店移送货物时：

借：内部应收款——B分店 90 400

贷：应交税费——应交增值税（销项税额） 10 400

库存商品——甲商品 80 000

（2）B分店收到货物时：

借：应交税费——应交增值税（进项税额） 10 400

库存商品——甲商品 80 000

贷：内部应付款——A分店 90 400

【学中做 2-30】某水泥生产企业从仓库领用自产水泥 50 吨用于本企业厂房建设。当月该种水泥平均售价为每吨 400 元，成本为每吨 300 元。

【解析】本例是属于"将自产或者委托加工的货物用于非增值税应税项目"，应视同销售货物。但不符合收入确认条件，不应确认收入。

【会计处理】

借：在建工程 17 600

贷：库存商品 15 000

应交税费——应交增值税（销项税额） 2 600

【学中做 2-31】某月饼生产企业为增值税一般纳税人，2024 年 9 月将新试制的月饼 2 000 盒发给职工作为中秋节福利。每盒月饼成本为 80 元，无同类产品市场销售价格。

【解析】本例属于"将自产、委托加工的货物用于集体福利或者个人消费"，应视同销售货物，但由于是新产品，没有市场价，所以按照组成计税价格计算销项税额。

销项税额 = 2 000 × 80 × (1 + 10%) × 13% = 22 880（元）

【会计处理】

借：应付职工薪酬——福利费 198 880

贷：主营业务收入 176 000

应交税费——应交增值税（销项税额） 22 880

结转产品成本：

借：主营业务成本 160 000

贷：库存商品 160 000

如果企业平时未提取职工福利费，应补提一笔。简化会计处理如下：

借：管理费用——工资及福利费 198 880

贷：应付职工薪酬——福利费 198 880

【学中做 2-32】A公司将库存商品投资到B公司，该批商品成本为 180 万元，投资协议作价 226 万元，占B公司股权 25%（B公司注册资本 800 万元）。A公司开具了增值税专用发票，价款为 200 万元，增值税为 26 万元。

【解析】本例属于"将自产、委托加工或购买的货物用于投资"，应视同销售货物。

【会计处理】

借：长期股权投资 2 260 000

贷：主营业务收入 2 000 000

应交税费——应交增值税（销项税额） 260 000

055

结转商品成本时：

借：主营业务成本 1 800 000

　贷：库存商品 1 800 000

【学中做 2-33】企业某股东从仓库领出成本为 100 万元的甲商品，含税售价为 169.5 万元，一直未支付货款，年底利润分配方案决定以该笔货款抵扣分红款。

【解析】本例属于"将自产、委托加工或购买的货物分配给股东或投资者"，应视同销售货物。

【会计处理】

借：利润分配——应付股利 1 695 000

　贷：主营业务收入 1 500 000

　　应交税费——应交增值税（销项税额） 195 000

结转商品成本时：

借：主营业务成本 1 000 000

　贷：库存商品 1 000 000

【学中做 2-34】某企业为增值税一般纳税人，将库存商品 100 件作为奖品赞助给某社区开展文体活动。库存商品每件成本为 50 元，市场含税售价为 113 元。

【解析】本例属于"将自产、委托加工或购买的货物无偿赠送他人"，应视同销售货物，但不符合收入确认条件，不应确认收入。

【会计处理】

借：营业外支出 6 300

　贷：库存商品 5 000

　　应交税费——应交增值税（销项税额） 1 300

8. 视同销售服务、无形资产或不动产

【学中做 2-35】某酒店主要提供餐饮和住宿服务是增值税一般纳税人，适用增值税税率 6%。某月在酒店内开展营销活动，接待一批客户，发生餐饮住宿等招待费 31 800 元、成本 15 900 元。

【解析】本例属于"单位或者个体工商户向其他单位或者个人无偿提供服务，但用于公益事业或者以社会公众为对象的除外"，应视同销售服务缴纳增值税，但不符合收入确认条件，不应确认收入。

【会计处理】

应交增值税 = 31 800 ÷ (1 + 6%) × 6% = 1 800（元）

借：销售费用 17 700

　贷：库存商品 15 900

　　应交税费——应交增值税（销项税额） 1 800

【学中做 2-36】某国有企业按照上级主管部门的要求，将一幢房屋无偿划拨给系统内另一家国有企业，该房屋账面原值为 9 000 000 元，累计折旧 3 000 000 元，已使用 10 年，尚可使用 20 年。该房屋无市场售价，税务部门核定以账面原值作为计税价格，适用 9% 的增值税税率。

【解析】本例属于"单位或者个人向其他单位或者个人无偿转让无形资产或者不动产，但用于公益事业或者以社会公众为对象的除外"，应视同销售不动产缴纳增值税。

【会计处理】

应交增值税 = 9 000 000 ÷ (1 + 9%) × 9% = 743 119.27（元）

借:固定资产清理　　　　　　　　　　　　　　　　　　　　6 000 000
　累计折旧　　　　　　　　　　　　　　　　　　　　　　 3 000 000
　　贷:固定资产　　　　　　　　　　　　　　　　　　　　　　　　9 000 000
借:固定资产清理　　　　　　　　　　　　　　　　　　　　743 119.27
　　贷:应交税费——应交增值税(销项税额)　　　　　　　　　　743 119.27
借:资产处置损益　　　　　　　　　　　　　　　　　　　 6 743 119.27
　　贷:固定资产清理　　　　　　　　　　　　　　　　　　　 6 743 119.27

(二) 进项税额的核算

进项税额,是指纳税人购进货物或者接受应税劳务所支付或者负担的增值税税额。

1. 准予从销项税额中抵扣的进项税额

准予从销项税额中抵扣的进项税额,限于下列增值税扣税凭证上注明的增值税税额和按规定的扣除率计算的进项税额。

(1) 从销售方取得的增值税专用发票上注明的增值税税额。

(2) 从海关取得的海关进口增值税专用缴款书上注明的增值税税额。

(3) 购进农产品,根据取得的发票不同,确定不同的进项税额:

① 取得一般纳税人开具的增值税专用发票或海关进口增值税专用缴款书的,以增值税专用发票或海关进口增值税专用缴款书注明的增值税税额为进项税额。

② 取得小规模纳税人开具的增值税专用发票的,以增值税专用发票上注明的金额和9%扣除率计算进项税额。

③ 取得(开具)农产品收购发票或销售发票的,以发票上注明的农产品买价和9%扣除率计算进项税额。

④ 纳税人购进用于生产或委托加工13%税率货物的农产品,按照10%的扣除率计算进项税额。进项税额计算公式为:

$$进项税额 = 买价 \times 扣除率$$

(4) 购进烟叶准予抵扣的增值税进项税额,按照收购烟叶实际支付的价款总额和烟叶税及法定扣除率计算。计算公式为:

$$烟叶税应纳税额 = 收购烟叶实际支付的价款总额 \times 税率(20\%)$$

$$准予抵扣的进项税额 = (收购烟叶实际支付的价款总额 + 烟叶税应纳税额) \times 扣除率$$

(5) 纳税人从批发、零售环节购进适用免征增值税政策的蔬菜、部分鲜活肉蛋而取得的普通发票,不得作为计算抵扣进项税额的凭证。

上述购进农产品抵扣进项税额的办法,不适用于《农产品增值税进项税额核定扣除试点实施办法》中购进的农产品。

【学中做 2-37】2024 年 4 月 2 日,A 公司从广东佛山市 L 公司购进原材料硅胶板 4 000 件,单价为 40 元,增值税专用发票注明金额 160 000 元、税款 20 800 元,材料已验收入库,款项已通过银行支付,发票已通过广东省电子税务增值税专用发票网上勾选认证,选择用于申报抵扣。

【解析】购买货物,进项税额以增值税专用发票上注明的税额,经电子税务局网上勾选认证后,用途确定为当期申报抵扣应交增值税。

【会计处理】

借:原材料 160 000

应交税费——应交增值税(进项税额) 20 800

贷:银行存款 180 800

【学中做 2-38】B 公司是增值税一般纳税人,生产的商品全部适用 9% 的增值税税率。2024 年 4 月 8 日向农业生产者购进免税农产品一批,取得农产品收购发票,支付收购价款300 000 元,另向货运个体户支付运费 20 200 元,取得增值税普通发票。

【解析】运费取得的是普通发票,不是增值税专用发票,其进项税额不能抵扣;购进农产品可以按买价和 9% 扣除率计算进项税额申报抵扣。

购进农产品进项税额 = 300 000 × 9% = 2 7000(元)

农产品采购成本 = (300 000 − 27 000) + 20 200 = 293 200(元)

【会计处理】

借:原材料 293 200

应交税费——应交增值税(进项税额) 27 000

贷:银行存款 320 200

【学中做 2-39】某食品生产企业从农民手中收购花生,农产品收购凭证上注明收购价格为50 000 元,款项已付清,花生已全部入库。另外支付运输公司运输费 4 360 元,取得的增值税专用发票注明运费 4 000 元、增值税 360 元,运费已经支付。该食品生产企业用花生作原料生产花生糖果对外销售,产品适用增值税税率为 13%。

【解析】本例属于"纳税人购进用于生产或委托加工 13% 税率货物的农产品",按照 10% 的扣除率计算进项税额。由此准予抵扣进项税额 = 50 000 × 10% + 360 = 5 360(元)

原材料(花生)的采购成本 = 50 000 × (1 − 10%) + 4 000 = 49 000(元)

【会计处理】

借:原材料——花生 49 000

应交税费——应交增值税(进项税额) 5 360

贷:银行存款 54 360

若食品生产企业将花生用于生产食用花生油,食用油适用的增值税税率为 9%,则购进原料花生可以按照收购价和 9% 的抵扣率计算增值税进项税额,假设运输费用相同。则:

准予抵扣进项税额 = 50 000 × 9% + 360 = 4 860(元)

采购成本 = 50 000 × (1 − 9%) + 4 000 = 49 500(元)

(6) 纳税人购进国内旅客运输服务未取得增值税专用发票的,按下列规定确定进项税额:

① 取得增值税电子普通发票的,为发票上注明的税额。

② 取得注明旅客身份信息的航空运输电子客票行程单的,为按照下列公式计算进项税额:

$$航空旅客运输进项税额 = (票价 + 燃油附加费) \div (1 + 9\%) \times 9\%$$

③ 取得注明旅客身份信息的铁路车票的,为按照下列公式计算进项税额:

$$铁路旅客运输进项税额 = 票面金额 \div (1 + 9\%) \times 9\%$$

④ 取得注明旅客身份信息的公路、水路等其他客票的,按照下列公式计算进项税额:

公路、水路等其他旅客运输进项税额 = 票面金额 ÷ (1 + 3%) × 3%

国内旅客运输服务,仅限于与企业签订劳务合同的员工,以及本单位作为用工单位接收劳务派遣员工发生的国内旅客运输服务。

(7) 道、桥、闸通行费增值税抵扣规定。

道路通行费按照收费公路通行费增值税电子普通发票上注明的增值税税额作为进项税额抵扣。

纳税人支付桥、闸通行费,暂凭取得的通行费发票上注明的收费金额,按照下列公式计算可抵扣的进项税额:

桥、闸通行费可抵扣的进项税额 = 桥、闸通行费发票上注明的金额 ÷ (1 + 5%) × 5%

【学中做 2-40】A 公司是增值税一般纳税人,本月报销员工差旅费 59 800 元,航空运输电子客票行程单注明票价和燃油附加费 10 900 元,动车和高铁车票总价为 9 810 元,公司小汽车高速过路费为 4 360 元(取得增值税电子普通发票,注明增值税 360 元),取得的所有单据符合税法规定。

【解析】本例中,机票、动车和高铁票、汽车高速公路通行费等单据都符合税法规定,所含增值税准予抵扣。

航空旅客运输进项税额 = (票价 + 燃油附加费) ÷ (1 + 9%) × 9% = 10 900 ÷ (1 + 9%) × 9% = 900(元)

铁路旅客运输进项税额 = 票面金额 ÷ (1 + 9%) × 9% = 9 810 ÷ (1 + 9%) × 9% = 810(元)

高速公路通行费可抵扣的进项税额 = 高速公路通行费增值税电子普通发票上注明的金额 = 360(元)

【会计处理】

借:管理费用——差旅费　　　　　　　　　　　　　　　　57 730
　　应交税费——应交增值税(进项税额)　　　　　　　　　2 070
　　贷:银行存款　　　　　　　　　　　　　　　　　　　　　　59 800

(8) 购进劳务、服务、无形资产、不动产的进项税额。

根据《营业税改征增值税试点过渡政策的规定》,下列项目的增值税进项税额允许抵扣:

① 自境外单位或者个人购进劳务、服务、无形资产或者境内的不动产,从税务机关或者扣缴义务人取得的代扣代缴税款的完税凭证上注明的增值税税额允许抵扣。

② 增值税一般纳税人购进货物或者接受劳务,用于《销售服务、无形资产或者不动产注释》所列项目的,不属于《增值税暂行条例》第十条规定的不得抵扣进项税额的项目,其进项税额准予从销项税额中抵扣。

③ 增值税一般纳税人购进服务、无形资产或者不动产,取得的增值税专用发票上注明的增值税税额为进项税额,准予从销项税额中抵扣。

④ 增值税一般纳税人自用的应征消费税的摩托车、汽车、游艇,其进项税额准予从销项税额中抵扣。

【学中做 2-41】2024 年 4 月 16 日,C 公司委托某修理厂修理机器取得增值税专用发票,注明修理费 10 000 元、税款 1 300 元,款项已通过银行转账支付,发票已网上勾选认证,选择用于申报抵扣。

【解析】本例为购买加工修理、修配劳务,进项税额以增值税专用发票上注明的税额为准,经电子税务局网上勾选认证后,用途确定为当期申报抵扣应交增值税。

【会计处理】

借:管理费用——修理费   10 000

    应交税费——应交增值税(进项税额)   1 300

  贷:银行存款   11 300

【学中做 2-42】2024 年 4 月 19 日,接受某公司提供的产品设计服务,取得的增值税专用发票注明价款 50 000 元、增值税税额 3 000 元。款项已通过银行支付,取得的增值税专用发票发票已网上勾选认证,选择用于申报抵扣。

【解析】本例为购入现代服务,进项税额为取得的增值税专用发票上注明的税额,经电子税务局网上勾选认证后,用途确定为当期申报抵扣,作为进项税额。产品设计费应计入制造费用。

【会计处理】

借:制造费用——产品设计费   50 000

    应交税费——应交增值税(进项税额)   3 000

  贷:银行存款   53 000

【学中做 2-43】某企业是增值税一般纳税人,本月购入一项注册商标,收到转让方开具的增值税专用发票,注明价款 200 000 元、增值税 12 000 元,款项已支付。该商标权使用期限不确定,期末无须摊销,通过减值测试,计提无形资产减值准备。

【解析】本例将购买的商标所有权作为无形资产,进项税额为取得的增值税专用发票上注明的税额,经电子税务局网上勾选认证后,用途确定为当期申报抵扣,作为进项税额。

【会计处理】

借:无形资产——商标权   200 000

    应交税费——应交增值税(进项税额)   12 000

  贷:银行存款   212 000

【学中做 2-44】2024 年 4 月 17 日,D 公司购入货运汽车一辆,专用于给本企业客户送货。税控机动车销售统一发票上注明价款 250 000 元、税款 32 500 元,另支付车辆购置税 25 000 元,上牌费用 500 元;一年的汽车保险费为 8 480 元,取得增值税专用发票,其中注明税额 480 元、一年车船税 600 元。所有款项均已转账支付,相关发票已网上勾选认证,选择用于申报抵扣。

【解析】本例为购入固定资产,买价、车辆购置税和上牌费用应计入固定资产原值,进项税额为机动车销售统一发票和保险费增值税专用发票上注明的税额,经电子税务局网上勾选认证后,用途确定为当期申报抵扣,作为进项税额。保险费和车船税应计入期间费用。

【会计处理】

借:固定资产——货运汽车   275 500

    应交税费——应交增值税(进项税额)   32 980

    销售费用——保险费   8 000

    税金及附加   600

  贷:银行存款   317 080

税法有关规定:自 2018 年 1 月 1 日起,纳税人租入固定资产、不动产,既用于一般计税方法计税项目,又用于简易计税方法计税项目、免征增值税项目、集体福利、个人消费项目,其进项税额准予从销项税额中全额抵扣。

【学中做 2-45】E 公司为增值税一般纳税人，已认定为高新技术制造业企业。2024 年 4 月购买一套生产设备，取得的增值税专用发票上注明货款 1 000 万元，税款 130 万元，符合加计抵减条件。货款已转账支付，相关发票已网上勾选认证，选择用于申报抵扣。

【解析】本例属于先进制造业企业增值税进项税额加计扣除业务，按照当期可抵扣进项税额加计 5% 抵减应纳税额，金额为 6.5 万元(130×5%)。

【会计处理】

借:固定资产——生产设备　　　　　　　　　　　　　　　10 000 000
　　应交税费——应交增值税(进项税额)　　　　　　　　　1 300 000
　　　贷:银行存款　　　　　　　　　　　　　　　　　　　　　11 300 000
同时,计算进项税额加计抵减额:
借:应交税金——应交增值税(待抵减进项税额加计额)　　　　65 000
　　　贷:其他收益　　　　　　　　　　　　　　　　　　　　　65 000
当期进项加计额申报抵减应纳税额时:
借:应交税金——未交增值税　　　　　　　　　　　　　　　　65 000
　　　贷:应交税金——应交增值税(待抵减进项税额加计额)　　65 000

2. 不得从销项税额中抵扣的进项税额

根据《增值税暂行条例》和《营业税改征增值税试点过渡政策的规定》，下列项目的进项税额不得从销项税额中抵扣:

(1) 用于简易计征方法计税项目、免征增值税项目、集体福利或个人消费的购进货物、劳务、服务、无形资产和不动产。

其中涉及的固定资产、无形资产、不动产，仅指专用于上述项目的固定资产、无形资产(不包括其他权益性的无形资产)、不动产;集体福利或者个人消费是指企业内部设置的供职工使用的食堂、浴室、理发室、宿舍、幼儿园等福利设施及其设备、物品等或者以福利、奖励、津贴等形式发放给职工个人的物品;纳税人的实际交际应酬费属于个人消费;纳税人凡购进货物或应税劳务是用于集体福利、个人消费的，其进项税额不能抵扣，原用于生产、销售的，改变用途，用于集体福利、个人消费，其进项税应予以转出，不能抵扣。

(2) 非正常损失的购进货物，以及相关的劳务和交通运输服务。

(3) 非正常损失的在产品、产成品所耗用的购进货物(不包括固定资产)、劳务和交通运输服务。

(4) 非正常损失的不动产和不动产在建工程，以及该不动产和不动产在建工程所耗用的购进货物、设计服务和建筑服务。

非正常损失是指因管理不善造成的货物被盗、丢失、霉烂变质的损失，以及因违反法律法规造成的货物或不动产被依法没收、销毁、拆除的情形。非因管理不善造成购进货物、在产品、产成品损失的，其所含进项税额准予从销项税额中抵扣。

(5) 购进的餐饮服务、贷款服务、居民日常服务和娱乐服务。

纳税人接受贷款服务向贷款方支付的与该笔贷款直接相关的投融资顾问费、手续费、咨询费等费用，其进项税额不得从销项税额中抵扣。

(6) 纳税人从批发零售环节购进适用免增值税政策的蔬菜、部分鲜活肉蛋而取得的增值税普通发票，不得作为计算抵扣增值税的凭证。

(7) 适用于一般计税方法的纳税人，兼营简易计税方法计税项目、免征增值税项目而无法

划分不得抵扣的进项税额,按照下列公式计算不得抵扣的进项税额:

$$不得抵扣的进项税额 = 当期无法划分的全部进项税额 × \frac{(当期简易计税方法计税项目销售额 + 免征增值税项目销售额)}{当期全部销售额}$$

(8) 已抵扣进项税额的不动产,发生非正常损失或者改变用途专用于简易计税方法计税项目、免征增值税项目、集体福利或个人消费的,按照下列公式计算不得抵扣的进项税额,并从当期进项税额中扣减。

$$不得抵扣的进项税额 = 已抵扣进项税额 × 不动产净值率$$
$$不动产净值率 = (不动产净值 ÷ 不动产原值) × 100\%$$

(9) 有下列情形之一的,应当按照销售额和增值税税率计算应纳税额,不得抵扣进项税额,也不得使用增值税专用发票:

一般纳税人会计核算不健全,或者不能够提供准确税务资料的;应当办理一般纳税人资格登记而未办理的。

(10) 不符合增值税扣税凭证要求的,其进项税额不得从销项税额中抵扣。

增值税扣税凭证是指增值税专用发票、海关进口增值税专用缴款书、农产品收购发票、农产品销售发票、完税凭证和符合规定的国内旅客运输发票。

纳税人购进货物、劳务、服务、无形资产、不动产,取得的增值税扣税凭证不符合法律、行政法规或者国务院税务主管部门有关规定的,其进项税额不得从销项税额中抵扣。

纳税人凭完税凭证抵扣进项税额的,应当具备书面合同、付款证明和境外单位的对账单或者发票。资料不全的,其进项税额不得从销项税额中抵扣。

【学中做 2-46】1月 12 日,外购一批食用花生油,发放给职工作为春节福利。取得增值税普通发票注明价税款共计 32 700 元,款项已通过银行转账支付。

【解析】本例属于外购货物用于集体福利,其进项税额不得抵扣。

【会计处理】

借:应付职工薪酬——福利费　　　　　　　　　　　　　　　　　　　　32 700
　　贷:银行存款　　　　　　　　　　　　　　　　　　　　　　　　　　　　32 700

【学中做 2-47】1月 12 日,某商场将库存一批食用花生油发放给职工作为春节福利。该批食用油是上月外购,原用于春节销售而备货,当时取得的增值税专用发票注明价款 30 000 元、税款 2 700 元,进项税额已于购入当月申报抵扣。款项已经转账支付。

【解析】本例属于纳税人凡购进货物或应税劳务用于集体福利、个人消费,其进项税额不能抵扣,原用于生产、销售的,改变用途,用于集体福利、个人消费,其进项税应予以转出,不能抵扣。

【会计处理】

(1) 上月购入时:

借:库存商品——食用花生油　　　　　　　　　　　　　　　　　　　　30 000
　　应交税费——应交增值税(进项税额)　　　　　　　　　　　　　　　2 700
　　贷:银行存款　　　　　　　　　　　　　　　　　　　　　　　　　　　32 700

(2) 发给职工做福利时:

借:应付职工薪酬——福利费　　　　　　　　　　　　　　　　　　　　32 700

　　　　贷：库存商品——食用花生油　　　　　　　　　　　　　　　　　　　　30 000
　　　　　　应交税费——应交增值税（进项税额转出）　　　　　　　　　　　　　2 700

【学中做 2-48】某公司发现上月购进的一批原材料——硅胶板，其中 100 件因管理不善而损坏，不能继续用于生产，应予以报废。购进时取得的增值税专用发票注明材料单价 40 元，增值税税率为 13%；每件原材料承担运输费 3 元，增值税税率为 9%，上月该批原材料的所有进项税额都已经申报抵扣。经批准，该批报废原材料的损失作为管理费用处理。

【解析】本例属于非正常损失的购进货物，以及相关的劳务和交通运输服务，其进项税额不得抵扣。因此应将所含增值税进项税额予以转出。

转出进项税额 = 100 × 40 × 13% + 100 × 3 × 9% = 547（元）

【会计处理】

　　借：待处理财产损溢——待处理流动资产损溢　　　　　　　　　　　　　　4 847
　　　　贷：原材料——硅胶板　　　　　　　　　　　　　　　　　　　　　　4 300
　　　　　　应交税费——应交增值税（进项税额转出）　　　　　　　　　　　　547
　　借：管理费用　　　　　　　　　　　　　　　　　　　　　　　　　　　　4 847
　　　　贷：待处理财产损溢——待处理流动资产损溢　　　　　　　　　　　　　4 847

【学中做 2-49】某自行车生产企业某年 5 月自产的 10 辆自行车被盗，每辆成本为 500 元（材料成本占生产成本 65%），每辆对外销售额为 820 元（不含税）。经批准，该批报废原材料的损失作为管理费用处理。

【解析】本例属于非正常损失的在产品、产成品所耗用的购进货物（不包括固定资产）、劳务和交通运输服务，其进项税额不得抵扣，因此应将所含增值税进项税额予以转出。如果无法准确确定损失的在产品、产品所耗用的材料的进项税额，应按当期实际成本计算应转出的进项税额。

进项税额转出金额 = 当期实际成本 × 税率 = 10 × 500 × 65% × 13% = 422.5（元）

【会计处理】

　　借：待处理财产损溢——待处理流动资产损溢　　　　　　　　　　　　　5 422.5
　　　　贷：库存商品——自行车　　　　　　　　　　　　　　　　　　　　5 000.0
　　　　　　应交税费——应交增值税（进项税额转出）　　　　　　　　　　　422.5
　　借：管理费用　　　　　　　　　　　　　　　　　　　　　　　　　　5 422.5
　　　　贷：待处理财产损溢——待处理流动资产损溢　　　　　　　　　　　5 422.5

（三）增值税应纳税额的核算

　　一般纳税人当期销项税额抵扣当期进项税额后的余额为应纳税额。"当期"是指税务机关依照税法规定对纳税人确定的纳税期限。

　　如果抵扣进项税额的购进货物或应税劳务改变用途，用于简易计税项目、免税项目、集体福利或者个人消费，或者购进货物发生非正常损失、在产品或产成品发生非正常损失，其所承担的进项税额就不应该抵扣，应将该项购进货物或应税劳务的进项税额从当期发生的进项税额中扣减，即进项税额转出。

　　如果出现当期进项税额大于当期销项税额时，不足抵扣的部分可以结转下一个纳税期继续抵扣，应纳税额的计算公式为：

应纳税额 = 当期销项税额 -（当期进项税额 - 当期转出的进项税额）- 上期留抵的进项税额

【学中做 2-50】某公司是增值税一般纳税人,纳税期限按月确定,该企业取得增值税专用发票均符合抵扣规定;购进和销售产品适用的增值税税率均为 13％。2024 年 3 月发生的主要经济业务如下:

(1) 3 日,外购一批低值易耗品,增值税专用发票注明的金额为 20 000 元,增值税为 2 600 元;支付运输费用 872 元,取得交通运输业增值税专用发票,增值税为 72 元。

(2) 8 日,外购速冻食品发给职工作福利,增值税专用发票注明金额为 52 000 元,增值税为 6 760 元。

(3) 10 日,发现库存产品盘亏两箱,账面生产成本为 16 000 元。该月生产成本中原材料、半成品金额占全部生产成本的 60％,外购原材料、半成品适用增值税税率为 13％。后查明盘亏商品是因管理不善被盗的。

(4) 12 日,将库存一批产成品投资给长江公司,账面成本为 80 000 元,投资协议上作价 113 000 元(含税),开具增值税专用发票随货物交给被投资企业。

(5) 14 日,申报缴纳上月的增值税 53 726 元。

(6) 15 日,销售产品一批售价 250 000 元(不含税),因购买数量较大给予对方 20％商业折扣,折扣额与销售额开在同一张增值税专用发票上,注明金额 200 000 元、增值税 26 000 元。另外按价税总额给予 2/10,n/30 的现金折扣。25 日收到货款 221 480 元。

(7) 18 日,购入原材料 50 吨,每吨不含税价为 2 500 元。收到增值税专用发票,注明金额 125 000 元、增值税 16 250 元。原材料已经入库,货款尚未支付。

(8) 21 日,将五箱产成品赞助给社区开展文体活动,生产成本为 40 000 元,不含税售价为 60 000 元。

(9) 25 日,上月销售的一批产品发生部分退货,不含税货款为 50 000 元,按照规定开出负数增值税专用发票。该笔销售款尚未收到。要求计算该企业当月应纳增值税税额。

【解析】根据税法有关规定:①购进材料和支付运费的进项税额都允许抵扣;②外购货物用于集体福利,其进项税额不得抵扣;③商品盘亏是因管理不善被盗,其所耗用外购原材料、半成品进项税额不得抵扣,按照规定应予以转出;④将库存产成品对外投资,应视同销售,确认销项税额;⑤缴纳上月未交增值税,不涉及本期增值税进项税额和销项税额;⑥折扣销售,其折扣与销售额开在同一张发票上,应按折扣后的金额计算销项税额,但现金折扣不能扣减收入和销项税额;⑦购进材料的进项税额都允许抵扣;⑧产成品赞助给社区应视同销售,确认销项税额;⑨上月销售部分退货,应按照规定填写《红字信息表》,然后开具负数增值税专用发票,据以冲减销售收入和销项税额。

盘亏库存商品损失应转出的进项税额 = 16 000 × 60％ × 13％ = 1 248(元)

【会计处理】

(1) 购进原材料、支付运费时:

借:原材料　　　　　　　　　　　　　　　　　　　　　　　　20 800

　　应交税费——应交增值税(进项税额)　　　　　　　　　　　2 672

　　　贷:银行存款　　　　　　　　　　　　　　　　　　　　　　　23 472

(2) 外购货物作福利时:

借:应付职工薪酬——福利费　　　　　　　　　　　　　　　　58 760

　　　贷:银行存款　　　　　　　　　　　　　　　　　　　　　　　58 760

(3) 盘亏库存商品和结转损失时:

借:待处理财产损溢——待处理流动资产损溢 　　　　　　　　　17 248

　　贷:库存商品 　　　　　　　　　16 000

　　　应交税费——应交增值税(进项税额转出) 　　　　　　　　　1 248

库存产品盘亏经批准转入管理费用:

借:管理费用 　　　　　　　　　17 248

　　贷:待处理财产损溢——待处理流动资产损溢 　　　　　　　　　17 248

(4)投资时:

借:长期股权投资 　　　　　　　　　113 000

　　贷:主营业务收入 　　　　　　　　　100 000

　　　应交税费——应交增值税(销项税额) 　　　　　　　　　13 000

结转商品成本:

借:主营业务成本 　　　　　　　　　800 000

　　贷:库存商品 　　　　　　　　　800 000

(5)缴纳增值税时:

借:应交税费——未交增值税 　　　　　　　　　53 726

　　贷:银行存款 　　　　　　　　　53 726

(6)商品销售和收到货款时:

借:应收账款——乙公司 　　　　　　　　　226 000

　　贷:主营业务收入 　　　　　　　　　200 000

　　　应交税费——应交增值税(销项税额) 　　　　　　　　　26 000

借:银行存款 　　　　　　　　　221 480

　　财务费用 　　　　　　　　　4 520

　　贷:应收账款——乙公司 　　　　　　　　　226 000

(7)购入原材料时:

借:原材料 　　　　　　　　　125 000

　　应交税费——应交增值税(进项税额) 　　　　　　　　　16 250

　　贷:应付账款 　　　　　　　　　141 250

(8)库存商品赞助支出时:

借:营业外支出——赞助支出 　　　　　　　　　47 800

　　贷:库存商品 　　　　　　　　　40 000

　　　应交税费——应交增值税(销项税额) 　　　　　　　　　7 800

(9)冲减收入和销项税额时:

借:应收账款 　　　　　　　　　56 500

　　贷:主营业务收入 　　　　　　　　　50 000

　　　应交税费——应交增值税(销项税额) 　　　　　　　　　6 500

(10)月末根据"应交税费——应交增值税"所属"进项税额""销项税额""进项税额转出"等专栏的发生额,计算出本月应交增值税。

进项税额 = 2 672 + 16 250 = 18 922(元)

进项税额转出 = 1 248(元)

销项税额 = 13 000 + 26 000 + 7 800 - 6 500 = 40 300(元)

当期应缴纳增值税 = 40 300 - (18 922 - 1 248) = 22 626(元)

借:应交税费——应交增值税(转出未交增值税)　　　　　　　22 626

　　贷:应交税费——未交增值税　　　　　　　　　　　　　　　　　22 626

上述会计处理后,"应交税费——应交增值税"二级明细科目余额为零。"应交税费——未交增值税"科目贷方余额为 22 626 元。

下月申报纳税后,根据相关缴税、付款原始凭证:

借:应交税费——未交增值税　　　　　　　　　　　　　　　　22 626

　　贷:银行存款　　　　　　　　　　　　　　　　　　　　　　　　22 626

任务五
增值税会计核算:简易计税方法

一、简易计税方法概述

简易计税方法,又称简易征税办法,是增值税计税方法中的一种,按照销售额和增值税征收率计算应交增值税,不得抵扣进项税额。采用简易计税方法时,购进货物、劳务、服务、无形资产、不动产所含增值税是不能作为进项税额去抵减销项税额的,不再分别计算销项税额、进项税额,据以计算当期应纳增值税税额。采用简易计税方法计算应缴纳增值税的公式:

$$销售额 = 含税销售额 ÷ (1 + 征收率)$$

$$应纳税额 = 销售额 × 征收率$$

增值税征收率根据具体应税行为分为 5% 和 3% 两档,另有"3%征收率减按 2%征收"和"3%征收率减按 1%征收"的优惠和阶段性减免政策。

简易计税方法适用于小规模纳税人的应税销售行为,一般纳税人发生财政部和国家税务总局规定的特殊应税行为时也可以选择适用,但一经选用 36 个月内不得变更。

二、简易计税方法核算的账户设置

1. 小规模纳税人采用简易计税方法应设置的会计科目

由于小规模纳税人没有销项税额和进项税额的区分,所以核算增值税只在"应交税费"下设置一个"应交税费——应交增值税"明细科目即可,该明细科目不再设置增值税专栏。"应交税费——应交增值税"科目贷方登记应缴纳的增值税,借方登记已缴纳的增值税;期末贷方余额,反映小规模纳税人尚未缴纳的增值税,期末借方余额,反映小规模纳税人多缴纳的增值税。

2. 一般纳税人采用简易计税方法应设置的会计科目

一般纳税人采用简易计税方法核算增值税的计提、扣减、预缴、缴纳等业务时,应设置"应交税费——简易计税"二级科目。

三、小规模纳税人简易计税方法的核算

(一)小规模纳税人简易计税的情形

(1)小规模纳税人,适用 3%征收率。另有规定除外。

(2)小规模纳税人销售自己使用过的固定资产、旧货,按照 3%的征收率减按 2%征收增

值税。

（3）个人、住房租赁企业中的增值税小规模纳税人向个人出租住房,按照5%的征收率减按1.5%计算缴纳增值税。

（4）小规模纳税人转让土地使用权,以取得的全部价款和价外费用减去取得该土地使用权原价后的余额为销售额,按照5%的征收率计算缴纳增值税。

（5）小规模纳税人转让其取得(不含自建)的不动产,以取得的全部价款和价外费用扣除不动产购置原价或者取得不动产作价后的余额为销售额,按照5%的征收率计算应纳税额。

小规模纳税人转让其自建的不动产,以取得的全部价款和价外费用为销售额,按照5%的征收率计算应纳税额。

（6）小规模纳税人销售不动产租赁服务,按照5%的征收率征收增值税。

（7）小规模纳税人提供劳务派遣服务,选择全额征税方式的,适用征收率为3%;选择差额征税方式的,征收率为5%。

（8）小规模纳税人提供安全保护服务,选择全额征税方式的,适用征收率为3%;选择差额征税方式的,征收率为5%。

（二）小规模纳税人简易计税方法举例

【学中做2-51】某文具店为小规模纳税人,按月纳税申报。以零售办公用品为主要业务,2024年8月发生下列业务:

（1）3日,购入本册一批,价值48 000元,已付支票。

（2）9日,购入复印纸一批,价值30 000元,已支付款项。

（3）15日,销售办公用品价值51 500元,款项收到存入银行。

（4）24日,销售账册价值61 800元,通过网银收到。

【解析】按照小规模纳税人增值税优惠规定,"自2023年1月1日至2027年12月31日,对月销售额10万元以下(含本数)的增值税小规模纳税人,免征增值税";以及"增值税小规模纳税人适用3%征收率的应税销售收入,减按1%征收率征收增值税"。本例月销售额超过10万元,应缴纳增值税。

本月应纳增值税 = (51 500 + 61 800) ÷ (1 + 1%) × 1% = 112 178.22 × 1% = 1 121.78(元)

【会计处理】

借:银行存款	113 300
贷:主营业务收入	112 178.22
应交税费——应交增值税	1 121.78

【学中做2-52】某小规模纳税人以70 000元的价格将一台不需用设备出售,该设备原价值为120 000元,累计折旧40 000元,发生清理费用1 000元,设备款已收到,已开具征收率为1%的增值税普通发票。

【解析】本例属于小规模纳税人销售自己使用过的固定资产,按照原来的优惠规定,可以减按2%征收率计算应交增值税,但根据《财政部 税务总局关于明确增值税小规模纳税人减免增值税等政策的公告》(财政部 税务总局公告2023年第1号)的规定,增值税小规模纳税人适用3%征收率的应税销售收入,减按1%征收率征收增值税。因此,该项目固定资产销售应交增值税为693.07元[70 000 ÷ (1 + 1%) × 1%]。

【会计处理】

（1）将固定资产账面价值结转至"固定资产清理"科目:

借:固定资产清理 80 000
  累计折旧 40 000
   贷:固定资产 120 000
（2）发生清理费用时：
借:固定资产清理 1 000
  贷:银行存款 1 000
（3）对外转让时：
借:银行存款 70 000
  贷:固定资产清理 69 306.93
   应交税费——应交增值税 693.07
（4）结转净损益：
借:资产处置损益 11 693.07
  贷:固定资产清理 11 693.07

【学中做 2-53】某住房租赁企业是小规模纳税人，租入一幢闲置厂房，改造后向个人出租用于居住，租金按季收取并据实结算水电气、物业等费用。2024 年 1 月共收到第一季度房租 33 万元、1 月物业服务费 4 万元，款项全部存入银行账户。

【解析】本例属于住房租赁企业向个人出租住房，应按照 5% 的征收率减按 1.5% 计算缴纳增值税。水电气、物业费收入按 1% 计算缴纳增值税。

【会计处理】
（1）预收第一季度房租时：
借:银行存款 330 000
  贷:预收账款——预收房租 330 000
（2）月末计算房租收入应交增值税：
应交增值税 = $(330\,000 \div 3) \div (1 + 5\%) \times 1.5\% = 1\,571.43$（元）
借:预收账款——预收房租 110 000
  贷:主营业务收入 108 428.57
   应交税费——应交增值税 1 571.43
（3）收到物业服务费时：
借:银行存款 40 000
  贷:主营业务收入 39 603.96
   应交税费——应交增值税 396.04

四、一般纳税人选择简易计税方法的核算

一般纳税人发生财政部和国家税务总局规定的特定应税销售行为，可以选择适用简易计税方法计税，但是不得抵扣进项税额。选择简易办法计算缴纳增值税后，36 个月内不得变更。

（一）销售货物按 3% 征收率简易计税

（1）县级及县级以下装机容量为 5 万千瓦以下（含 5 万千瓦）小型水力发电单位生产的自产电力。

（2）自产建筑用和生产建筑材料所用的砂、土、石料。

（3）以自己采掘的砂、土、石料或其他矿物连续生产的砖、瓦、石灰（不含黏土实心砖、瓦）。

（4）自产的商品混凝土（仅限于以水泥为原料生产的水泥混凝土）。

（5）用微生物、微生物代谢产物、动物毒素、人或动物的血液或组织制成的生物制品。

（6）自来水。

上述第（1）项至第（6）项需为纳税人自产货物。

（7）寄售商店代销寄售物品（包括居民个人寄售的物品在内）。

（8）典当业销售死当物品。

（9）生产销售和批发、零售抗癌药品和罕见病药品。

（10）单采血浆站销售非临床用人体血液。

（11）药品经营企业销售生物制品。

（12）兽用药品经营企业销售兽用生物制品。

（13）从事再生资源回收的一般纳税人销售其收购的再生资源，可以选择适用简易计税方法依照 3% 征收率计算缴纳增值税。

（二）销售服务按 3% 征收率简易计税

（1）公共交通运输服务包括轮客渡、公交客运、地铁、城市轻轨、出租车、长途客运、班车。

（2）经认定的动漫企业为开发动漫产品提供的动漫脚本编撰、形象设计、背景设计、动画设计、分镜、动画制作、摄制、描线、上色、画面合成、配音、配乐、音效合成、剪辑、字幕制作、压缩转码（面向网络动漫、手机动漫格式适配）服务，以及在境内转让动漫版权（包括动漫品牌、形象或者内容的授权及再授权）。

（3）电影放映服务、仓储服务、装卸搬运服务、收派服务和文化体育服务。

（4）以纳入"营改增"试点之日前取得的有形动产为标的物提供的经营租赁服务。

（5）在纳入"营改增"试点之日前签订的尚未执行完毕的有形动产租赁合同。

（6）提供物业管理服务的纳税人，向服务接受方收取的自来水费。

（7）非企业性单位中的一般纳税人提供的研发和技术服务、信息技术服务、鉴证咨询服务，销售技术、著作权等无形资产，提供技术转让、技术开发和与之相关的技术咨询、技术服务。

（8）一般纳税人提供非学历教育服务、教育辅助服务。

（9）公路经营企业中的一般纳税人收取营改增试点前开工的高速公路的车辆通行费。

（10）一般纳税人以清包工方式提供的建筑服务。以清包工方式提供建筑服务是指施工方不采购建筑工程所需的材料或只采购辅助材料，并收取人工费、管理费或者其他费用的建筑服务。

（11）一般纳税人为甲供工程提供的建筑服务。甲供工程是指全部或部分设备、材料、动力由工程发包方自行采购的建筑工程。

纳税人提供建筑服务适用简易计税方法的，以取得的全部价款和价外费用扣除支付的分包款后的余额为销售额。分包款是指支付给分包方的全部价款和价外费用。

（12）一般纳税人销售自产机器设备的同时提供安装服务，应分别核算机器设备和安装服务的销售额，安装服务可以按照甲供工程选择适用简易计税方法计税。

一般纳税人销售外购机器设备的同时提供安装服务；已经分别核算机器设备和安装服务的销售额的，安装服务可以按照甲供工程选择适用简易计税方法计税。

（13）建筑企业一般纳税人提供建筑服务属于老项目的，可以选择简易办法计税。老项目是指开工日期在 2016 年 4 月 30 日前的建筑工程项目。

（三）依照 5% 征收率简易计税

（1）销售、出租 2016 年 4 月 30 日前取得的不动产。

（2）2016 年 4 月 30 日前签订的不动产融资租赁合同，或以 2016 年 4 月 30 日前取得的不

动产提供的融资租赁服务。

（3）房地产开发企业销售自行开发的房地产老项目。房地产老项目是指开工日期在 2016 年 4 月 30 日前的建筑工程项目。

（4）房地产开发企业中的一般纳税人以围填海方式取得土地并开发的房地产项目，围填海开工日期在 2016 年 4 月 30 日前的属于房地产老项目。

（5）纳税人转让 2016 年 4 月 30 日前取得的土地使用权。以取得的全部价款和价外费用减去取得该土地使用权的原价后的余额为销售额。

（6）一般纳税人收取营改增试点前开工的一级公路、二级公路、桥、闸通行费。

（7）一般纳税人提供人力资源外包服务。

（8）一般纳税人提供劳务派遣服务，可以选择差额纳税，以取得的全部价款和价外费用，扣除代用工单位支付劳务派遣员工的工资、福利和为其办理社会保险及住房公积金后的余额为销售额。

（9）一般纳税人提供安全保护服务，可以选择差额纳税，以取得的全部价款和价外费用，扣除代用工单位支付外派员工的工资、福利和为其办理社会保险及住房公积金后的余额为销售额。

（10）自 2021 年 10 月 1 日起，住房租赁企业中的增值税一般纳税人向个人出租住房取得的全部出租收入，可以选择适用简易计税方法，按照 5% 的征收率减按 1.5% 计算缴纳增值税，或适用一般计税方法计算缴纳增值税。

（四）简易计税的其他规定

（1）下列情形，在转让时适用按简易计税方法依 3% 征收率减按 2% 计税。可以放弃减税，依照 3% 征收率缴纳增值税，并开具增值税专用发票。

① 2008 年 12 月 31 日前未纳入扩大增值税抵扣范围试点的纳税人，购入或自制固定资产没有抵扣进项税额的。

② 2013 年 8 月 1 日前购进自用的应征消费税的摩托车、汽车、游艇，不得抵扣进项税额的。

③ 购入固定资产用于简易计税方法计税项目，免征增值税项目，集体福利或者个人消费的购进货物、劳务、服务、无形资产和不动产，非正常损失的购进货物以及相关的劳务和交通运输服务，进项税额不得抵扣且未抵扣的。

（2）纳税人销售旧货，按照简易计税方法依照 3% 的征收率减按 2% 计算缴纳增值税。

上述按照简易计税方法依照 3% 的征收率减按 2% 计算缴纳增值税的公式为：

$$销售额 = 含税销售额 \div (1 + 3\%)$$
$$应纳税额 = 销售额 \times 2\%$$

（3）从事二手车经销单位销售其收购的二手车，采用简易计税方法按照 0.5% 征收率计算缴纳增值税。计算销售额和应纳税额公式为：

$$销售额 = 含税销售额 \div (1 + 0.5\%)$$
$$应纳税额 = 销售额 \times 0.5\%$$

纳税人应当开具二手车销售统一发票，也可以根据购买方（个人除外）要求开具征收率为 0.5% 的增值税专用发票。

（五）一般纳税人选择简易计税方法举例

【学中做 2-54】兴旺建材有限公司是增值税一般纳税人，其商品混凝土销售采用简易计税

方法。2023 年 8 月销售商品混凝土 2 000 立方米,含税销售额为 576 800 元,开具的增值税专用发票注明金额 560 000 元、税额 16 800 元。款项都已收到。

【会计处理】

借:银行存款		576 800
贷:主营业务收入		560 000
应交税费——简易计税		16 800

【学中做 2-55】甲企业为增值税一般纳税人,2019 年 12 月以清包工方式提供建筑服务,取得含税收入 200 万元;为建筑工程老项目提供建筑服务取得含税收入 100 万元。当月为提供上述建筑服务购进原材料等取得的增值税专用发票注明税额 10 万元。对于可以选择简易计税方法计税的项目,甲企业均选择简易方法计税,计算甲企业当月应纳增值税。

【解析】本例属于一般纳税人以清包工方式提供的建筑服务,可以选择简易计税方法按 3% 征收率计算应纳增值税,但进项税额不得抵扣。

应纳增值税 = (2 000 000 + 1 000 000) ÷ (1 + 3%) × 3% = 87 378.64(元)

【会计处理】

借:应收账款		3 000 000
贷:主营业务收入		2 912 621.36
应交税费——简易计税		87 378.64

【学中做 2-56】某公司是增值税一般纳税人,2023 年 8 月将十年前购入的房屋,以 500 万元价格对外出售。该房屋原值为 240 万元,累计折旧 80 万元,未计提固定资产减值准备,不考虑其他税费。该企业可以选择简易计税方法计算应交增值税。

【解析】本例中销售的不动产是 2013 年购入的,属于营业税改征增值税试点之前的老项目,按税法规定可以选择简易计税方法按 5% 征收率计算应纳增值税。

应纳增值税 = 5 000 000 ÷ (1 + 5%) × 5% = 238 095.24(元)

【会计处理】

(1) 固定资产转入清理时:

借:固定资产清理		1 600 000
累计折旧		800 000
贷:固定资产——房屋		2 400 000

(2) 对外出售时:

借:银行存款		5 000 000
贷:固定资产清理		4 761 904.76
应交税费——简易计税		238 095.24

(3) 结转净损益时:

借:资产处置损益		3 161 904.76
贷:固定资产清理		3 161 904.76

【学中做 2-57】某公司是增值税一般纳税人。2023 年 8 月将一台不需用车床以 1 万元价格对外出售,该车床于 2008 年 8 月购入,当时增值税进项税额不能抵扣。原值为 15 万元,已提折旧 15 万元,不考虑其他税费。计算应交增值税税额。

【解析】本例是 2008 年 12 月 31 日前未纳入扩大增值税抵扣范围试点的纳税人,购入或自制固定资产没有抵扣进项税额,在转让时采用简易计税方法依 3% 征收率减按 2% 计税。

【会计处理】

（1）转入固定资产清理：

借：累计折旧　　　　　　　　　　　　　　　　　　　　　　　　150 000

　　贷：固定资产　　　　　　　　　　　　　　　　　　　　　　　150 000

（2）收到出售款项时：

借：银行存款　　　　　　　　　　　　　　　　　　　　　　　　10 000

　　贷：固定资产清理　　　　　　　　　　　　　　　　　　　　　10 000

（3）计算应交增值税：

应交增值税 = 10 000 ÷（1 + 3%）× 2% = 194.17（元）

借：固定资产清理　　　　　　　　　　　　　　　　　　　　　　194.17

　　贷：应交税费——简易计税　　　　　　　　　　　　　　　　　194.17

（4）结转固定资产处置损益：

借：资产处置损益　　　　　　　　　　　　　　　　　　　　　　9 805.83

　　贷：固定资产清理　　　　　　　　　　　　　　　　　　　　　9 805.83

任务六
进口环节增值税核算

一、进口货物增值税的纳税人

根据《增值税暂行条例》的规定，进口货物的收货人或办理报关手续的单位和个人，为进口货物增值税的纳税义务人，包括国内所有从事进口业务的企事业单位、机关团体和个人。

代理进口货物以海关开具的完税凭证上的纳税人为增值税纳税人。实际工作中，一般由进口代理者代缴进口环节增值税，然后代理者与委托方结算，由委托方承担相关税费。

二、进口货物增值税的征税范围

申报进入中华人民共和国海关境内的货物，均应缴纳增值税。

只要是报关进口的应税货物，不论其是国外产制还是我国已出口而转销国内的货物，是进口者自行采购还是国外捐赠的货物，是进口者自用还是作为贸易或其他用途等，除另有规定之外，均应按照规定缴纳进口环节的增值税。

三、进口货物增值税适用税率

进口货物的增值税税率与一般纳税人在国内销售同类货物的税率相同。

进口抗癌药品、罕见病药品，减按 3% 征收进口环节增值税。

四、进口货物应纳增值税的核算

纳税人进口货物，按照组成计税价格和规定的税率计算应纳税额，计算公式为：

$$组成计税价格 = 关税完税价格 + 关税 + 消费税$$

$$应纳税额 = 组成计税价格 × 税率$$

纳税人在计算进口货物应纳增值税时应该注意：

(1) 进口货物的关税完税价格以海关审定的成交价格为基础的到岸价格作为完税价格。

成交价格是指一般贸易项下进口货物的买方为购买该项货物向卖方实际支付或应当支付的价格。

到岸价格,是货价加上货物运抵我国关境内输入地点起卸前的包装费、运费、保险费和其他劳务费等费用构成的一种价格。

没有"成交价格"可作依据时,根据《进出口关税条例》其他完税价格的具体办法确定。

(2) 组成计税价格中包括已纳关税,按关税完税价格和适用关税税率计算;属于应交消费税的货物,其组成计税价格中还要包括进口环节已纳消费税税额,按照组成计税价格和适用的消费税税率计算或按进口消费品数量和适用的定额消费税计算。

(3) 计算进口货物应纳增值税时不得抵扣发生在我国境外的各种税金。

(4) 纳税人取得的海关进口增值税专用缴款书是计算增值税进项税额的唯一法定凭证。

(5) 国家对某些进口货物制定了减免税的特殊规定,例如,属于"来料加工、进料加工"贸易方式进口国外的原材料、零部件等在国内加工后复出口的,对进口的料、件按规定给予免税或减税,但这些进口免税、减税的料、件若不能加工复出口而在国内销售的,应补交关税、进口增值税和消费税。

【学中做 2-58】 某商贸公司(有进出口经营权)10 月进口一批货物。该批货物在国外的买价为 400 000 元。该批货物运抵我国海关前发生的包装费、运输费、保险费等共计 200 000 元。货款和运杂费用尚未支付。货物报关后,公司按规定缴纳了关税、进口环节增值税并取得海关进口增值税专用缴款书。假定该批进口货物在国内全部销售,取得不含税销售额 800 000 元,已存入银行。已知,货物进口关税税率为 15%,增值税税率为 13%。关税和增值税按规定及时支付。

(1)计算应缴纳关税和进口增值税;(2)计算国内销售环节应缴纳增值税;(3)进行相应的会计处理。

【解析】

(1) 计算应缴纳关税和进口增值税。

应缴纳进口关税 = 关税完税价格 × 关税税率 = (400 000 + 200 000) × 15% = 600 000 × 15% = 90 000(元)

进口环节应缴纳增值税税额 = 组成计税价格 × 增值税税率 = (关税完税价格 + 关税) × 增值税税率 = (600 000 + 90 000) × 13% = 89 700(元)

(2) 计算国内销售环节应缴纳增值税。

国内销售的销项税额 = 销售额 × 增值税税率 = 800 000 × 13% = 104 000(元)

国内销售环节应缴纳增值税 = 104 000 - 89 700 = 14 300(元)

【会计处理】

(1) 商品进口后,验收入库:

借:库存商品	690 000	
应交税费——应交增值税(进项税额)	89 700	
贷:应付账款		600 000
银行存款		179 700

(2) 国内销售:

借:银行存款	904 000	

任务六　进口环节增值税核算

073

贷:主营业务收入　　　　　　　　　　　　　　　　　　　800 000

　　应交税费——应交增值税(销项税额)　　　　　　　　104 000

应缴纳增值税＝销项税额－进项税额＝104 000－89 700＝14 300(元)

任务七
出口环节增值税退税核算

　　一国对出口货物、劳务和跨境应税行为实行退(免)税,是国际贸易中通常采用并为世界各国普遍接受的一种税收措施,即对出口货物、劳务和跨境应税行为承担的增值税和消费税等间接税实行退还或者免征。目的在于鼓励各国出口货物公平竞争,由于这项制度比较公平合理,因此它已成为国际社会通行的惯例。

　　我国对报关出口的货物、劳务和跨境应税行为实行零税率(国务院另有规定除外)。有两层含义:一是对本道环节生产或销售货物、劳务和跨境应税行为的增值部分免征增值税;二是对出口货物、劳务和跨境应税行为前道环节所含的进项税额实行退税。

一、增值税退(免)税政策

1. 出口免税并退税

　　出口免税是指对货物、劳务和跨境应税行为在出口销售环节不征增值税、消费税;出口退税是指对货物、劳务和跨境应税行为在出口前实际承担的税收,按规定的退税率计算后予以退还。

2. 出口免税但不退税

　　出口免税与上述第1项的含义相同。

　　出口不退税是指适用这个政策的出口、劳务和跨境应税行为因在前一道生产、销售环节或进口环节是免税的,因此,出口时该货物的价格中本身就不含税,也无须退税。

3. 出口不免税也不退税

　　出口不免税是指对国家限制或禁止出口的某些货物、劳务和跨境应税行为视同内销,照常征税,其前一道环节承担的税款不予退还。

二、出口货物退税率

　　(1) 除财政部和国家税务总局根据国务院决定而明确的增值税出口退税率外,出口货物、服务和无形资产的退税率为其适用税率。目前我国增值税出口退税率分为五档,即 13%、10%、9%、6%和零税率。

　　(2) 退税率的特殊规定:

　　①外贸企业购进按简易办法征税的出口货物、从小规模纳税人购进的出口货物,其退税率分别为简易办法实际执行的征收率、小规模纳税人征收率。上述出口货物取得增值税专用发票的,退税率按照增值税专用发票上的税率和出口货物退税率孰低的原则确定。②出口企业委托加工修理修配货物,其加工修理修配费用的退税率,为出口货物的退税率。③中标机电产品、出口企业向海关报关进入特殊区域销售给特殊区域内生产企业生产耗用的列名原材料、输入特殊区域的水电气,其退税率为适用税率。

（3）适用不同退税率的货物、劳务及跨境应税行为，应分开报关、核算并申报退（免）税，未分开报关、核算或划分不清的，从低适用退税率。

三、增值税出口退（免）税的核算

适用增值税退（免）税政策的出口货物、劳务和应税行为，按照规定实行增值税"免抵退"税或"免退"税办法。

（一）"免抵退"税办法

适用增值税一般计税方法的生产企业出口自产货物与视同自产货物、对外提供加工修理修配劳务，以及列名的 74 家生产企业出口非自产货物，免征增值税，相应的进项税额抵减应纳增值税税额，未抵减完的部分予以退还。

境内的单位和个人提供适用增值税零税率的服务或者无形资产，如果属于适用增值税一般计税方法的，生产企业实行"免抵退"税办法，外贸企业直接将服务或自行研发的无形资产出口，视同生产企业连同其出口货物统一实行"免抵退"税办法。

"免"税是指对生产企业出口的自产货物，免征本企业生产销售环节增值税。

"抵"税是指生产企业出口自产货物所耗用的原材料、零部件、燃料、动力等所含应予退还的进项税额，抵顶内销货物的应纳税额。

"退"税是指生产企业出口的自产货物在当月内应抵顶的进项税额大于应纳税额时，对未抵顶完的部分予以退税。

1. 增值税"免抵退"税计算公式

（1）当期应纳税额的计算：

当期应纳税额＝当期销项税额－（当期进项税额－当期不得免征和抵扣税额）

当期不得免征和抵扣税额＝当期出口货物离岸价×外汇人民币折合率×（出口货物适用税率－出口货物退税率）－当期不得免征和抵扣税额抵减额

当期不得免征和抵扣税额抵减额＝当期免税购进原材料价格×（出口货物适用税率－出口货物退税率）

出口货物离岸价（FOB）以出口发票计算的离岸价为准。实际离岸价应以出口发票上的离岸价为准，但如果出口发票不能反映实际离岸价，主管税务机关有权予以核定。

（2）当期免抵退税额的计算：

当期"免抵退"税额＝当期出口货物离岸价×外汇人民币折合率×出口货物退税率－当期"免抵退"税额抵减额

当期"免抵退"税额抵减额＝当期免税购进原材料价格×出口货物退税率

（3）当期应退税额和免抵税额的计算：

① 当期期末留抵税额≤当期"免抵退"税额，则：

当期应退税额＝当期期末留抵税额

当期免抵税额＝当期"免抵退"税额－当期应退税额

② 当期期末留抵税额＞当期"免抵退"税额，则：

当期应退税额＝当期"免抵退"税额

当期免抵税额＝0

当期期末留抵税额为当期增值税纳税申报表中的"期末留抵税额"。

2.生产企业"免抵退"税举例

【学中做2-59】某自营出口的生产企业为增值税一般纳税人,出口货物的征税税率为13%,退税率为10%。2024年4月,有关经营业务为:购进原材料一批,取得的增值税专用发票注明价款200万元,外购货物准予抵扣进项税额26万元,货物已验收入库。上月月末留抵税款3万元;本月内销货物100万元(不含税);收款113万元存入银行。本月出口货物的销售额折合人民币为200万元。计算该企业当期的"免抵退"税额并作出会计处理。

【解析】本期进项税额26万元和上月月末留抵3万元被分成三个部分,如表2-11所示。

表2-11 进项税额去向表

进项税额	计算过程	解释进项税额的去向
本期进项税26万;上月月末留抵3万元	1.不得免征和抵扣税额:$200 \times (13\% - 10\%) = 6$	本期26万元进项税额中的6万元因征税率13%与退税率10%之差而不得免征和抵扣,进项税额只剩下20万元。6万元进项税额转出计入成本
	2.当期应纳税额:$100 \times 13\% - (26 - 6) - 3 = -10$	内销100万元收入产生13万销项税额,用上月月末留抵税额和本期进项税额抵扣,$13 - 20 - 3 = -10$(万元),负数说明当期不用缴税,进项税额还剩余10万元未抵扣(期末留抵税额)
	3."免抵退"税额:$200 \times 10\% = 20$	出口销售收入和退税率计算的"免抵退"税额20万元大于期末留抵税额10万元,实际只退税10万元

(1)当期"免抵退税不得免征和抵扣税额"$= 200 \times (13\% - 10\%) = 6$(万元)。

(2)当期应纳税额$= 100 \times 13\% - (26 - 6) - 3 = 13 - 20 - 3 = -10$(万元)。

(3)出口货物"免抵退"税额$= 200 \times 10\% = 20$(万元)。

(4)按规定,当期末留抵税额≤当期免抵税额时:

当期应退税额$=$当期期末留抵税额$= 10$(万元)

虽然出口货物"免抵退"税额计算出20万元,但不会退这么多,还要看进项税额留下多少,本例进项税额留抵10万元,所以退税10万元。只退给出口生产企业购进原材料实际承担的未抵扣完的进项税额。

(5)当期免抵税额$=$当期免抵退税额$-$当期应退税额$= 20 - 10 = 10$(万元)

【会计处理】

(1)购进原材料时:

借:原材料 2 000 000

 应交税费——应交增值税(进项税额) 260 000

  贷:银行存款 2 260 000

(2)确认产品内销收入:

借:银行存款 1 130 000

  贷:主营业务收入 1 000 000

   应交税费——应交增值税(销项税额) 130 000

(3)确认产品出口收入,适用零税率:

借:应收账款——外汇账款 2 000 000

  贷:主营业务收入——出口销售 2 000 000

(4)"免抵退税不得免征和抵扣税额"转出计入成本时:

借:主营业务成本 60 000

　　贷:应交税费——应交增值税(进项税额转出)　　　　　　　　　　　　　　60 000

（5）确定应退税额和当期免抵税额时:

借:其他应收款——出口退税款　　　　　　　　　　　　　　　　　　　　　100 000

　　应交税费——应交增值税(出口抵减内销产品应纳税额)　　　　　　　　　100 000

　　贷:应交税费——应交增值税(出口退税)　　　　　　　　　　　　　　　　　　200 000

【学中做 2-60】某自营出口的生产企业为增值税一般纳税人,出口货物的征税税率为 13％,退税率为 10％。2024 年 6 月,有关经营业务为:购进原材料一批,取得的增值税专用发票注明价款 400 万元,外购货物准予抵扣进项税额 52 万元,货已验收入库。上期期末留抵税款 5 万元。本月内销货物取得不含税销售额 100 万元,收款 113 万元存入银行。本月出口货物销售额折合人民币为 200 万元。计算该企业当期的"免抵退"税额并作出会计处理。

【解析】本期进项税额 52 万元和上月月末留抵 5 万元被分成三个部分,如表 2-12 所示。

表 2-12　进项税额去向表

进项税额	计算过程	解释进项税额的去向
本期进项税 52 万;上月月末留抵 5 万元	1. 不得免征和抵扣税额: $200×(13％-10％)=6$	本期 52 万元进项税额中的 6 万元因征税率 13％,退税率 10％而不得免征和抵扣,进项税额只剩下 46 万元。6 万元进项税额转出计入成本
	2. 当期应纳税额: $100×13％-(52-6)-5=-38$	内销 100 万元收入产生 13 万销项税额,用上月月末留抵税额和本期进项税额抵扣,$13-46-5=-38$(万元),负数说明当期不用缴税,进项税额还剩余 38 万元未抵扣(期末留抵税额)
	3. "免抵退"税额: $200×10％=20$	出口销售收入和退税率计算的"免抵退"税额 20 万元小于期末留抵税额 38 万元,实际退税 20 万元,尚有 18 万元进项税额留抵下月

（1）当期"免抵退税不得免征和抵扣税额" $=200×(13％-10％)=6$(万元)

（2）当期应纳税额 $=100×13％-(52-6)-5=13-46-5=-38$(万元)

（3）出口货物"免抵退"税额 $=200×10％=20$(万元)

（4）按规定,如当期末留抵税额＞出口货物"免抵退"税额时:

当期应退税额 $=$ 出口货物"免抵退"税额 $=20$(万元)

（5）当期免抵税额 $=$ 当期免抵退税额 $-$ 当期应退税额 $=20-20=0$(万元)

（6）6 月月末留抵结转下月继续抵扣税额为 $18(38-20)$ 万元

【会计处理】

（1）购进原材料时:

借:原材料　　　　　　　　　　　　　　　　　　　　　　　　　　　　　4 000 000

　　应交税费——应交增值税(进项税额)　　　　　　　　　　　　　　　　　520 000

　　贷:银行存款　　　　　　　　　　　　　　　　　　　　　　　　　　　　4 520 000

（2）确认产品内销收入:

借:银行存款　　　　　　　　　　　　　　　　　　　　　　　　　　　　1 130 000

　　贷:主营业务收入　　　　　　　　　　　　　　　　　　　　　　　　　　1 000 000

　　　　应交税费——应交增值税(销项税额)　　　　　　　　　　　　　　　　130 000

（3）确认产品出口收入,适用零税率:

借:应收账款——外汇账款　　　　　　　　　　　　　　　　　　　　　　2 000 000

　　贷:主营业务收入——出口销售　　　　　　　　　　　　　　　　　　　　2 000 000

（4）"免抵退税不得免征和抵扣税额"转出计入成本时：

借：主营业务成本　　　　　　　　　　　　　　　　　　　　　　　60 000

　　贷：应交税费——应交增值税（进项税额转出）　　　　　　　　　　　60 000

（5）确定应退税额时：

借：其他应收款——出口退税款　　　　　　　　　　　　　　　　　200 000

　　贷：应交税费——应交增值税（出口退税）　　　　　　　　　　　　200 000

【学中做 2-61】A 生产企业 2024 年 4 月发生下列业务：

（1）进口材料，海关审定的关税完税价格为 500 万元，关税税率为 10％，进口增值税税率为 13％。

（2）从国内市场购进原材料支付价款 800 万元，取得的增值税专用发票上注明税金 104 万元，以银行存款支付，货物入库，发票经过认证。

（3）外销货物的离岸价为 1 000 万元人民币。

（4）内销货物的销售额为 1 500 万元（不含税），收到支票。

已知：该企业适用"免抵退"税收政策，上期留抵税额为 50 万元。假定上述货物内销时适用 13％增值税税率，10％出口退税率，按申报数进行出口退税处理。

【会计处理】

（1）进口环节缴纳关税和增值税：

应缴关税 $= 500 \times 10\% = 50$（万元）。

应交增值税 $= (500 + 50) \times 13\% = 71.5$（万元）。

借：材料采购　　　　　　　　　　　　　　　　　　　　　　5 500 000

　　贷：应付账款　　　　　　　　　　　　　　　　　　　　　　5 000 000

　　　　应交税费——应交关税　　　　　　　　　　　　　　　　　500 000

借：应交税费——应交关税　　　　　　　　　　　　　　　　　　500 000

　　　　　　　　——应交增值税（进项税额）　　　　　　　　　　　715 000

　　贷：银行存款　　　　　　　　　　　　　　　　　　　　　　1 215 000

（2）国内采购：

借：材料采购　　　　　　　　　　　　　　　　　　　　　　8 000 000

　　应交税费——应交增值税（进项税额）　　　　　　　　　　　1 040 000

　　贷：银行存款　　　　　　　　　　　　　　　　　　　　　　9 040 000

（3）出口货物销售免税：

借：应收账款——外汇账款　　　　　　　　　　　　　　　　10 000 000

　　贷：主营业务收入——出口销售　　　　　　　　　　　　　　10 000 000

（4）内销货物：

借：银行存款　　　　　　　　　　　　　　　　　　　　　16 950 000

　　贷：主营业务收入　　　　　　　　　　　　　　　　　　　15 000 000

　　　　应交税费——应交增值税（销项税额）　　　　　　　　　　1 950 000

（5）计算出口退税并进行会计处理：

当期不得免征和抵扣税额 $= 1 000 \times (13\% - 10\%) = 30$（万元）

借：主营业务成本　　　　　　　　　　　　　　　　　　　　　300 000

　　贷：应交税费——应交增值税（进项税额转出）　　　　　　　　　300 000

当期应纳税额 $= 195 - (71.5 + 104 - 30) - 50 = -0.5$（万元）

出口货物免抵退税额 = 1 000×10% = 100(万元)

由于期末留抵税额 0.5 万元＜当期免抵退税额 100 万元,当期应退税额为 0.5 万元。

当期免抵税额 = 100 − 0.5 = 99.5(万元)

借:其他应收款——应收出口退税款　　　　　　　　　　　　　　　　　　　5 000

　　应交税费——应交增值税(出口抵减内销产品应纳税额)　　　　　　　995 000

　　　贷:应交税费——应交增值税(出口退税)　　　　　　　　　　　　　　　1 000 000

(二)"免退"税办法

不具有生产能力的出口企业(以下简称"外贸企业")或其他单位出口货物、劳务,免征增值税,相应的进项税额予以退还。适用增值税一般计税方法的外贸企业外购服务或者无形资产出口实行"免退"税办法。外贸企业外购研发服务和设计服务免征增值税,其对应的外购应税服务的进项税额予以退还。

1. 外贸企业出口退税的计算公式

(1)外贸企业出口委托加工修理修配货物以外的货物:

$$增值税应退税额 = 增值税退(免)税计税依据 × 出口货物退税率$$

外贸企业出口货物(委托加工修理修配货物除外)增值税退(免)税的计税依据,为购进出口货物的增值税专用发票注明的金额或海关进口增值税专用缴款书注明的完税价格。

(2)外贸企业出口委托加工修理修配货物:

$$\begin{matrix}出口委托加工修理修配\\货物的增值税应退税额\end{matrix} = \begin{matrix}委托加工修理修配货物的\\增值税退(免)税计税依据\end{matrix} × \begin{matrix}出口货物\\退税率\end{matrix}$$

外贸企业出口委托加工修理修配货物增值税退(免)税的计税依为加工修理修配费用增值税专用发票注明的金额。

2. 外贸企业出口退税核算举例

【学中做 2-62】2024 年 6 月,某进出口公司出口英国草坪割草机若干台,销售收入为 3 600 000 元。该批割草机取得增值税专用发票,列明计税金额 2 800 000 元、增值税 364 000 元。该批货物适用的出口退税率为 13%。

计算当期应退增值税税额并进行会计处理。

【解析】应退增值税税额 = 2 800 000×13% = 364 000(元)

【会计处理】

(1)采购货物时:

借:库存商品　　　　　　　　　　　　　　　　　　　　　　　　　　　2 800 000

　　应交税费——应交增值税(进项税额)　　　　　　　　　　　　　　364 000

　　　贷:应付账款　　　　　　　　　　　　　　　　　　　　　　　　3 164 000

(2)出口销售时:

借:应收账款——外汇账款　　　　　　　　　　　　　　　　　　　　　3 600 000

　　　贷:主营业务收入——出口销售　　　　　　　　　　　　　　　　3 600 000

(3)出口退税时:

借:其他应收款——出口退税款　　　　　　　　　　　　　　　　　　　364 000

　　　贷:应交税费——应交增值税(出口退税)　　　　　　　　　　　　364 000

【学中做 2-63】2024 年 6 月,某进出口公司于购进再生涤棉平纹布一批并委托服装企业加工成服装出口,取得再生涤棉平纹布增值税发票,注明金额 76 500 元、增值税 9 945 元;取得的服装加工费增值税专用发票注明金额 10 000 元、增值税 1 300 元。假设增值税出口退税率为 13%。计算当期应退增值税税额并进行会计处理。

【解析】应退增值税税额 =(76 500 + 10 000)× 13% = 86 500 × 13% = 11 245(元)

【会计处理】

(1) 采购货物时:

借:原材料 76 500

　　应交税费——应交增值税(进项税额) 9 945

　　　贷:应付账款 86 445

(2) 支付加工费时:

借:委托加工物资 10 000

　　应交税费——应交增值税(进项税额) 1 300

　　　贷:银行存款 11 300

(3) 委托加工收回、出口销售、结转销售成本的处理与前文类似,省略。

(4) 出口退税时:

借:其他应收款——出口退税款 11 245

　　贷:应交税费——应交增值税(出口退税) 11 245

3.融资租赁出口货物退税核算

融资租赁出租方将融资租赁出口货物租赁给境外承租方,将融资租赁海洋工程结构物租赁给海上石油天然气开采企业,向融资租赁出租方退还其购进租赁货物所含增值税。

其计算公式为:

$$\text{增值税应退税额} = \frac{\text{购进融资租赁货物的增值税专用发票注明的金额或海关(进口增值税)专用缴款书注明的完税价格}}{} \times \text{融资租赁货物适用的增值税退税率}$$

【学中做 2-64】2024 年 8 月,某融资租赁公司根据合同的规定将一设备以融资租赁方式出租给境外的甲企业使用。该融资租赁公司购进该设备的增值税专用发票上注明人民币金额 500 万元、增值税 65 万元。假设增值税出口退税率为 13%。

【解析】应退增值税税额 = 5 000 000 × 13% = 650 000(元)

【会计处理】

借:其他应收款——出口退税款 650 000

　　贷:应交税费——应交增值税(出口退税) 650 000

任务八
了解增值税的税收优惠政策

一、《增值税暂行条例》规定的免税项目

根据《增值税暂行条例》规定,下列项目免征增值税:

（1）农业生产者销售的自产农业产品。

（2）避孕药品和用具。

（3）古旧图书。

（4）直接用于科学研究、科学实验和教学的进口仪器、设备。

（5）外国政府、国际组织无偿援助的进口物资和设备。

（6）由残疾人组织直接进口供残疾人专用的物品。

（7）个人销售自己使用过的物品。

自己使用过的物品是指其他个人自己使用过的物品。增值税的免税、减税项目由国务院规定。

任何地区、部门均不得规定免税、减税项目。

二、《营业税改征增值税试点过渡政策》规定的免税项目

根据《营业税改征增值税试点过渡政策》的规定，下列项目免征增值税。

（一）销售服务

（1）托儿所、幼儿园提供的保育和教育服务。

公办托儿所、幼儿园免征增值税的收入，是指在省级财政部门和价格主管部门审核报省级人民政府批准的收费标准以内收取的教育费、保育费。

民办托儿所、幼儿园免征增值税的收入，是指在报经当地有关部门备案并公示的收费标准范围内收取的教育费、保育费。

超过规定收费标准的收费，以开办实验班、特色班和兴趣班等为由另外收取的费用以及与幼儿入园挂钩的赞助费、支教费等超过规定范围的收入，不属于免征增值税的收入。

（2）养老机构提供的养老服务。

（3）残疾人福利机构提供的育养服务。

（4）婚姻介绍服务。

（5）殡葬服务。

（6）残疾人员本人为社会提供的服务。

（7）医疗机构提供的医疗服务。

医疗机构是指依据国务院《医疗机构管理条例》及原卫生部《医疗机构管理条例实施细则》的规定，经登记取得《医疗机构执业许可证》的机构，以及军队、武警部队各级各类医疗机构。

（8）从事教育的学校提供的教育服务。

① 从事学历教育的学校提供的教育服务。提供教育服务免征增值税的收入是指对列入规定招生计划的在籍学生提供学历教育服务取得的收入，具体包括：经有关部门审核批准并按规定标准收取的学费、住宿费、课本费、作业本费、考试报名费收入，以及学校食堂提供餐饮服务取得的伙食费收入。除此之外的收入，包括学校以各种名义收取的赞助费、择校费等，不属于免征增值税的范围。

② 政府举办的从事学历教育的高等、中等和初等学校（不含下属单位），举办进修班、培训班取得的全部归该学校所有的收入。

③ 政府举办的职业学校设立的主要为在校学生提供实习场所、并由学校出资办、由学校负责经营管理、经营收入归学校所有的企业，从事"现代服务"（不含融资租赁服务、广告服务和其他现代服务）、"生活服务"（不含文化体育服务、其他生活服务和桑拿、氧吧）业务活动取得

的收入。

（9）学生勤工俭学提供的服务。

（10）农业机耕、排灌、病虫害防治、植物保护、农牧保险及相关技术培训业务，家禽、牲畜、水生动物的配种和疾病防治。

（11）纪念馆、博物馆、文化馆、文物保护单位管理机构、美术馆、展览馆、书画院、图书馆在自己的场所提供文化体育服务取得的第一道门票收入。

（12）寺院、宫观、清真寺和教堂举办文化、宗教活动的门票收入。

（13）福利彩票、体育彩票的发行收入。

（14）社会团体收取的会费，免征增值税。

（15）家政服务企业由员工制家政服务员提供家政服务取得的收入。

（16）随军家属就业。

（17）军队转业干部就业。

（18）提供社区养老、托育、家政等服务取得的收入

（19）对法律援助人员按照《中华人民共和国法律援助法》的规定获得的法律援助补贴。

（20）同时符合规定条件的合同能源管理服务。

（21）台湾航运公司、航空公司从事海峡两岸海上直航、空中直航业务在大陆取得的运输收入。

（22）纳税人提供的直接或者间接国际货物运输代理服务。

（23）国家商品储备管理单位及其直属企业承担商品储备任务，从中央或者地方财政取得的利息补贴收入和价差补贴收入。

（二）销售无形资产

（1）个人转让著作权。

（2）纳税人提供技术转让、技术开发和与之相关的技术咨询、技术服务。

（三）金融服务

（1）国家助学贷款、国债、地方政府债、人民银行对金融机构的贷款、住房公积金管理中心委托发放的个人住房贷款、外汇管理部门委托发放的外汇贷款等利息收入。

（2）被撤销金融机构以货物、不动产、无形资产、有价证券、票据等财产清偿债务。

（3）保险公司开办的一年期以上人身保险产品取得的保费收入。

（4）符合规定条件的金融商品转让收入。

（5）金融同业往来利息收入。

（6）同时符合规定条件的担保机构从事中小企业信用担保或者再担保业务取得的收入（不含信用评级、咨询、培训等收入）3年内免征增值税。

（四）销售不动产

（1）个人销售自建自用住房。

（2）涉及家庭财产分割的个人无偿转让不动产、土地使用权。

（3）为了配合国家住房制度改革，企业、行政事业单位按房改成本价、标准价出售住房取得的收入。

（4）将土地使用权转让给农业生产者用于农业生产。

（5）土地所有者出让土地使用权和土地使用者将土地使用权归还给土地所有者。

（6）县级以上地方人民政府或自然资源行政主管部门出让、转让或收回自然资源使用权（不含土地使用权）。

三、增值税即征即退

（1）下列适用增值税实际税负超过3％的部分实行即征即退政策。

①增值税一般纳税人销售其自行开发生产的软件产品或进口软件产品进行本地化改造后对外销售；②一般纳税人提供管道运输服务；③经人民银行、银保监会（现国家金融监管总局）或者商务部批准从事融资租赁业务的试点纳税人中的一般纳税人，提供有形动产融资租赁服务和有形动产融资性售后回租服务。

增值税实际税负是指纳税人当期提供应税服务实际缴纳的增值税税额占纳税人当期提供应税服务取得的全部价款和价外费用的比例。

（2）安置残疾人的单位和个体工商户按照安置的残疾人数和当月四倍最低工资标准计算即征即退税额。

（3）纳税人销售自产综合利用产品和资源综合利用劳务，符合规定的，可享受增值税即征即退政策。

【学中做2-65】某软件生产企业本月销售自产软件1 200 000元（不含税），销项税额为156 000元，购进计算机及配件等货物取得的增值税专用发票注明金额500 000元、增值税65 000元，发票已通过网上勾选认证，选择用于申报抵扣。

【解析】该软件企业当月应交增值税＝156 000－65 000＝91 000（元）

实际税负率＝91 000÷1 200 000＝7.58％，已经超过3％，按照税法规定可以申请增值税即征即退。

即征即退税额＝91 000－1 200 000×3％＝91 000－36 000＝55 000（元）

在纳税申报表上除正常申报当期销项税额、进项税额等外，还应填报即征即退税额，那么当期实际缴纳增值税款为36 000元，即征即退55 000元。

【会计处理】

（1）期末，转出未交增值税：

借：应交税费——应交增值税（转出未交增值税）	91 000	
贷：应交税费——未交增值税		36 000
营业外收入——政府补助		55 000

（2）下月申报纳税：

借：应交税费——未交增值税	36 000	
贷：银行存款		36 000

四、扣减增值税规定

（一）自主就业退役士兵创业就业有关税收政策

（1）自2023年1月1日至2027年12月31日，自主就业退役士兵从事个体经营的，自办理个体工商户登记当月起，在3年（36个月，下同）内按每户每年20 000元为限额依次扣减其当年实际应缴纳的增值税、城市维护建设税、教育费附加、地方教育附加和个人所得税。限额标准最高可上浮20％，各省、自治区、直辖市人民政府可根据本地区的实际情况在此幅度内确定具体限额标准。

（2）自2023年1月1日至2027年12月31日，企业招用自主就业退役士兵，与其签订1年以上期限劳动合同并依法缴纳社会保险费的，自签订劳动合同并缴纳社会保险当月起，在3年内按实际招用人数予以定额依次扣减增值税、城市维护建设税、教育费附加、地方教育附加和企业所得税优惠。定额标准为每人每年6 000元，最高可上浮50％，各省、自治区、直辖市人

民政府可根据本地区实际情况在此幅度内确定具体定额标准。

纳税年度终了,如果企业实际减免的增值税、城市维护建设税、教育费附加和地方教育附加小于核算减免税总额,企业在企业所得税汇算清缴时以差额部分扣减企业所得税。当年扣减不完的,不再结转以后年度扣减。

(二)重点群体创业就业有关税收政策

(1)自 2023 年 1 月 1 日至 2027 年 12 月 31 日,脱贫人口、持《就业创业证》(注明"自主创业税收政策"或"毕业年度内自主创业税收政策")或《就业失业登记证》(注明"自主创业税收政策")的人员,从事个体经营的,自办理个体工商户登记当月起,在 3 年(36 个月,下同)内按每户每年 20 000 元为限额依次扣减其当年实际应缴纳的增值税、城市维护建设税、教育费附加、地方教育附加和个人所得税。限额标准最高可上浮 20%,各省、自治区、直辖市人民政府可根据本地区实际情况在此幅度内确定具体限额标准。

上述人员具体包括:①纳入全国防止返贫监测和衔接推进乡村振兴信息系统的脱贫人口;②在人力资源和社会保障部门公共就业服务机构登记失业半年以上的人员;③零就业家庭、享受城市居民最低生活保障家庭劳动年龄内的登记失业人员;④毕业年度内高校毕业生。

(2)自 2023 年 1 月 1 日至 2027 年 12 月 31 日,企业招用脱贫人口,以及在人力资源和社会保障部门公共就业服务机构登记失业半年以上且持有《就业创业证》或《就业失业登记证》(注明"企业吸纳税收政策")的人员,与其签订 1 年以上期限劳动合同并依法缴纳社会保险费的,自签订劳动合同并缴纳社会保险当月起,在 3 年内按实际招用人数予以定额依次扣减增值税、城市维护建设税、教育费附加、地方教育附加和企业所得税优惠。定额标准为每人每年6 000 元,最高可上浮 30%,各省、自治区、直辖市人民政府可根据本地区实际情况在此幅度内确定具体定额标准。城市维护建设税、教育费附加、地方教育附加的计税依据是享受本项税收优惠政策前的增值税应纳税额。

(三)金融企业贷款利息优惠

金融企业发放贷款后,自结息日起 90 天内发生的应收未收利息按现行规定缴纳增值税,自结息日起 90 天后发生的应收未收利息暂不缴纳增值税,待实际收到利息时按规定缴纳增值税。

(四)个人销售住房税收优惠

个人将购买不足两年的住房对外销售的,按照 5% 的征收率全额缴纳增值税;个人将购买两年以上(含两年)的住房对外销售的,免征增值税。上述政策适用于京、沪、广、深之外的地区。

个人将购买不足两年的住房对外销售的,按照 5% 的征收率全额缴纳增值税;个人将购买两年以上(含两年)的非普通住房对外销售的,以销售收入减去购买住房价款后的差额按照5% 的征收率缴纳增值税;个人将购买两年以上(含两年)的普通住房对外销售的,免征增值税。上述政策仅适用京、沪、广、深。

由于近几年我国房地产政策变动较大,上述税收优惠可能发生相应变化。

(五)税控系统专用设备和技术维护费用抵减

(1)增值税纳税人初次购买增值税税控系统专用设备(包括分开票机)支付的费用,可凭购买增值税税控系统专用设备取得的增值税专用发票,在增值税应纳税额中全额抵减(抵减额为价税合计额),不足抵减的可结转下期继续抵减。

增值税纳税人非初次购买增值税税控系统专用设备支付的费用,不得在增值税应纳税额中抵减。

(2)增值税纳税人缴纳的技术维护费,可凭技术维护服务单位开具的技术维护费发票在

增值税应纳税额中全额抵减,不足抵减的可结转下期继续抵减。技术维护费按照价格主管部门核定的标准执行。

（3）一般纳税人的上述两项费用已经全额抵减的,其增值税进项税额不得再从销项税额中抵扣。

【学中做 2-66】某增值税一般纳税人开业后第一个月,当期应交增值税 15 000 元。此前初次购买增值税税控系统专用设备支付费用 6 000 元,缴纳技术维护费 2 000 元,两项费用都取得了增值税专用发票。次月月初申报缴纳增值税时,申报税控系统专用设备和技术维护费全额扣除。

【会计处理】

（1）购买税控专用设备和支付技术维护费时:

借:固定资产——税控专用设备 6 000
　　管理费用 2 000
　　贷:银行存款 8 000

（2）按规定抵减增值税应纳税额时:

借:应交税费——应交增值税（减免税款） 8 000
　　贷:递延收益 6 000
　　　　管理费用 2 000

（3）实际缴纳增值税时:

借:应交税费——未交增值税 15 000
　　贷:应交税费——应交增值税（减免税款） 8 000
　　　　银行存款 7 000

按期计提折旧,借记"管理费用"等科目,贷记"累计折旧"科目;同时,借记"递延收益"科目,贷记"管理费用"等科目。

（六）增值税加计抵减优惠

自 2023 年 1 月 1 日至 2023 年 12 月 31 日,增值税加计抵减政策按照以下规定执行:

（1）允许生产性服务业纳税人按照当期可抵扣进项税额加计 5% 抵减应纳税额。生产性服务业纳税人是指提供邮政服务、电信服务、现代服务、生活服务取得的销售额占全部销售额的比例超过 50% 的纳税人。

（2）允许生活性服务业纳税人按照当期可抵扣进项税额加计 10% 抵减应纳税额。生活性服务业纳税人是指提供生活服务取得的销售额占全部销售额的比例超过 50% 的纳税人。

（3）自 2023 年 1 月 1 日至 2027 年 12 月 31 日,允许集成电路设计、生产、封测、装备、材料企业（集成电路企业）,按照当期可抵扣进项税额加计 15% 抵减应纳增值税税额。适用加计抵减政策的集成电路企业采取清单管理。

（4）自 2023 年 1 月 1 日至 2027 年 12 月 31 日,允许先进制造业企业按照当期可抵扣进项税额加计 5% 抵减应纳增值税税额。

五、增值税期末留抵退税

（1）符合条件的小微企业,可以自 2022 年 4 月纳税申报期起向主管税务机关申请退还增量留抵税额。

（2）符合条件的微型企业,可以自 2022 年 4 月纳税申报期起向主管税务机关申请一次性退还存量留抵税额;符合条件的小型企业,可以自 2022 年 5 月纳税申报期起向主管税务机关申请一次性退还存量留抵税额。

（3）符合条件的制造业等行业企业,可以自 2022 年 4 月纳税申报期起向主管税务机关申请退还增量留抵税额。

（4）符合条件的制造业等行业中型企业,可以自 2022 年 5 月纳税申报期起向主管税务机关申请一次性退还存量留抵税额;符合条件的制造业等行业大型企业,可以自 2022 年 6 月纳税申报期起向主管税务机关申请一次性退还存量留抵税额。

（5）符合条件的批发零售业等行业企业,可以自 2022 年 7 月纳税申报期起向主管税务机关申请退还增量留抵税额。

（6）符合条件的批发零售业等行业企业,可以自 2022 年 7 月纳税申报期起向主管税务机关申请一次性退还存量留抵税额。

六、增值税的起征点

增值税起征点的适用范围仅限于个人,且不适用于登记为一般纳税人的个体工商户。纳税人发生应税销售行为的销售额未达到增值税起征点的,免征增值税;达到起征点的,全额计算缴纳增值税。

按期纳税的,为月销售额 5 000 元至 20 000 元(含本数);按次纳税的,为每次(日)销售额 300 元至 500 元(含本数)。起征点的调整由财政部和国家税务总局规定。省、自治区、直辖市财政厅(局)和税务局在规定的幅度内,制定本地区适用的起征点,并报财政部和国家税务总局备案。

七、小规模纳税人的增值税优惠

（1）自 2023 年 1 月 1 日至 2027 年 12 月 31 日,增值税小规模纳税人发生增值税应税销售行为,合计月销售额(扣除本期发生的销售不动产的销售额后)未超过 10 万元,免征增值税。

（2）自 2023 年 1 月 1 日至 2027 年 12 月 31 日,增值税小规模纳税人适用 3% 征收率的应税销售收入,减按 1% 征收率征收增值税;适用 3% 预征率的预缴增值税项目,减按 1% 预征率预缴增值税。

适用上述免征增值税政策的,纳税人可就该笔销售收入选择放弃免税并开具增值税专用发票;减按 1% 征收率征收增值税的,应按照 1% 征收率开具增值税发票,纳税人也可就该笔销售收入选择放弃减税并开具增值税专用发票。

（3）适用增值税差额征税政策的增值税小规模纳税人,以差额后的销售额确定是否可以享受上述免征增值税政策。

（4）其他个人采取一次性收取租金形式出租不动产取得的租金收入,可在对应的租赁期内平均分摊,分摊后的月租金收入未超过 10 万元的,免征增值税。

（5）按照现行规定应当预缴增值税税款的小规模纳税人,凡在预缴地实现的月销售额未超过 10 万元的,当期无需预缴税款。

任务九
增值税申报管理

一、增值税纳税义务发生时间

（1）纳税人发生应税销售行为,为收讫销售款项或者取得索取销售款项凭据的当天;先开

具发票的,为开具发票的当天。具体为:

① 采取直接收款方式销售货物,不论货物是否发出,均为收到销售款或者取得索取销售款凭据的当天。纳税人生产经营活动中采取直接收款方式销售货物,已将货物移送对方并暂估销售收入入账,但既未取得销售款或取得索取销售款凭据又未开具销售发票的,其纳税义务发生时间为取得销售款或取得索取销售款凭据的当天;先开具发票的,为开具发票的当天。

② 采取托收承付和委托银行收款方式销售货物的,为发出货物并办妥托收手续的当天。

③ 采取赊销和分期收款方式销售货物的,为书面合同约定的收款日期的当天,无书面合同的或者书面合同没有约定收款日期的,为货物发出的当天。

④ 采取预收货款方式销售货物的,为货物发出的当天;但生产销售生产工期超过 12 个月的大型机械设备、船舶、飞机等货物的,为收到预收款或者书面合同约定的收款日期的当天。

⑤ 委托其他纳税人代销货物的,为收到代销单位的代销清单或者收到全部或部分货款的当天。未收到代销清单及货款的,为发出代销货物满 180 天的当天。

⑥ 纳税人提供租赁服务采取预收款方式的,为收到预收款的当天。

⑦ 纳税人从事金融商品转让的,为金融商品所有权转移的当天。

⑧ 纳税人发生相关视同销售货物行为的,为货物移送的当天。

⑨ 纳税人发生视同销售劳务、服务、无形资产、不动产情形的,为劳务、服务、无形资产转让完成的当天或者不动产权属变更的当天。

(2) 纳税人进口货物的,其纳税义务发生时间为报关进口的当天。

(3) 增值税扣缴义务发生时间为纳税人增值税纳税义务发生的当天。

二、纳税地点

(1) 固定业户应当向其机构所在地的税务机关申报纳税。总机构和分支机构不在同一县(市)的,应当分别向各自所在地的税务机关申报纳税;经国务院财政、税务部门或者其授权的财政、税务机关批准,可以由总机构汇总向总机构所在地的税务机关申报纳税。

(2) 固定业户到外县(市)销售货物或者劳务,应当向其机构所在地的税务机关报告外出经营事项,并向其机构所在地的税务机关申报纳税;未报告的,应当向销售地或者劳务发生地的税务机关申报纳税;未向销售地或者劳务发生地的税务机关申报纳税的,由其机构所在地的税务机关补征税款。

(3) 非固定业户销售货物或者劳务,应当向销售地或者劳务发生地的税务机关申报纳税;未向销售地或者劳务发生地的税务机关申报纳税的,由其机构所在地或者居住地的税务机关补征税款。

(4) 进口货物,应当向报关地海关申报纳税。

(5) 其他个人提供建筑服务,销售或者租赁不动产,转让自然资源使用权,应向建筑服务发生地、不动产所在地、自然资源所在地税务机关申报纳税。

(6) 扣缴义务人应当向其机构所在地或者居住地的税务机关申报缴纳其扣缴的税款。

三、纳税期限

增值税的纳税期限分别为 1 日、3 日、5 日、10 日、15 日、1 个月或者 1 个季度。纳税人的具体纳税期限,由税务机关根据纳税人应纳税额的大小分别核定;不能按照固定期限纳税的,可以按次纳税。

以 1 个季度为纳税期限的规定适用于小规模纳税人、银行、财务公司、信托投资公司、信用社,以及财政部和国家税务总局规定的其他纳税人。

纳税人以 1 个月或者 1 个季度为 1 个纳税期的,自期满之日起 15 日内申报纳税;以 1 日、

3 日、5 日、10 日或 15 日为 1 个纳税期的,自期满之日起 5 日内预缴税款,于次月 1 日起 15 日内申报纳税并结清上月应纳税款。扣缴义务人解缴税款的期限,依照上述规定执行。

纳税人进口货物,应当自海关填发进口增值税专用缴款书之日起 15 日内缴纳税款。

任务十 增值税智慧化申报实训

实训一 一般纳税人增值税智慧化申报

一、企业信息

企业名称:北京涉税教学有限公司　　　　　企业增值税类型:一般纳税人

信用等级:A　　　　　　　　　　　　　　注册资本:10 000 000 元

企业行业:教学涉及所有行业　　　　　　　企业注册登记类型:有限责任公司

企业所在地区:北京市东城区　　　　　　　组织机构代码:282647106

社会统一信用代码:911101012826471060　　授信总额度:20 000 000 元

企业地址:北京市东城区天坛街道永康路 7460 号　　企业电话:010-69546312

法人代表:陈姿汐

二、企业业务资料

2023 年 3 月份发生下列经济业务:

1. 本期销售情况统计表

本期销售情况统计表如表 2-13 所示。

表 2-13　本期销售情况　　　　　　　　　　金额单位:元(列至角分)

开票情况	应税项目	金额	税率	税额	价税合计
电子发票(增值税专用发票)	空调 * 空调	300 000.00	13%	39 000.00	339 000.00
电子发票(增值税专用发票)	家用制冷器具 * 冰箱	1 640 000.00	13%	213 200.00	1 853 200.00
合计		1 940 000.00		252 200.00	
电子发票(普通发票)	空调 * 空调	348 000.00	13%	45 240.00	393 240.00
电子发票(普通发票)	家用制冷器具 * 冰箱	800 000.00	13%	104 000.00	904 000.00
合计		1 148 000.00		149 240.00	
未开发票	空调 * 空调	180 000.00	13%	23 400.00	203 400.00
未开发票	家用制冷器具 * 冰箱	45 000.00	13%	5 850.00	50 850.00
合计		225 000.00		29 250.00	
电子发票(增值税专用发票)	运输服务 * 国内道路货物运输	90 000.00	9%	8 100.00	98 100.00
电子发票(普通发票)	设计服务 * 电器外观设计	280 000.00	6%	16 800.00	296 800.00
合计		370 000.00		24 900.00	394 900.00

2．开票种类统计：电子发票（增值税专用发票）10 份，电子发票（增值税普通发票）5 份

3．增值税申报进项抵扣汇总

增值税申报进项抵扣情况如表 2-14 所示。

表 2-14　增值税申报进项抵扣

金额单位：元（列至角分）

进项抵扣类型	份数	金额	税额
本期认证相符的增值税专用发票	12	1 535 919.38	141 990.02
海关进口增值税缴款书	3	2 164 420.00	281 374.60

4．董事会决议

企业领用外购 2 吨＊黑色金属冶炼压延品＊钢材作为用于员工宿舍装修，价税合计 4 520 元。

三、增值税一般纳税人纳税申报表及附表填报结果

（一）计算当月计税销售额和增值税应纳税额

（1）13％税率的货物及加工修理修配劳务：

开具增值税专用发票的销售额 = 300 000 + 1 640 000 = 1 940 000（元）

未开具发票的计税销售额 = 180 000 + 45 000 = 225 000（元）

开具其他发票的销售额 = 348 000 + 800 000 = 1 148 000（元）

销项税额 = 252 200 + 149 240 + 29 250 = 430 690（元）

（2）9％税率的服务、不动产和无形资产。

开具增值税专用发票的销售额为 90 000 元，销项税额为 8 100 元。

（3）6％税率的服务、不动产和无形资产。

开具其他发票的销售额为 280 000 元，销项税额为 16 800 元。

（4）购进货物和劳务的金额：

本期认证相符的增值税专用发票金额为 1 535 919.38 元，进项税额为 141 990.02 元。

海关进口增值税缴款书金额为 2 164 420 元，进项税额为 281 374.60 元。

（5）进项税额转出：520 元（4 520÷1.13×13％ = 520）。

（6）本月应纳税额 = 430 690 + 8 100 + 16 800 −（141 990.02 + 281 374.60 − 520）= 32 745.38（元）

（二）一般纳税人增值税申报表填报内容

自 2021 年 8 月 1 日起，增值税与城市维护建设税、教育费附加、地方教育附加申报表整合，一般纳税人启用新的一套增值税及附加税费申报表（一般纳税人适用）包括：

（1）主表：增值税纳税申报表（适用于增值税一般纳税人）。

（2）附表：附列资料（一）本期销售情况明细；附列资料（二）本期进项税额明细；附列资料（三）服务、不动产和无形资产扣除项目明细；附列资料（四）税额抵减情况表；附列资料（五）附加税费情况表；增值税减免税申报明细表。

根据上例业务资料，先填报附列资料（一）本期销售情况明细表，附列资料（二）本期进项税额明细，附列资料（三）服务、不动产和无形资产扣除项目明细，附列资料（四）税额抵减情况表，附列资料（五）附加税费情况表，最后填报主表增值税纳税申报表（适用于增值税一般纳税人）。具体填报如表 2-15—表 2-21 所示。

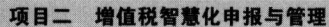

表2-15　增值税及附加税申报表附列资料(一)

(本期销售情况明细)

税款所属时间:2023年3月1日至2023年3月31日

纳税人名称:(公章)北京涉税教学有限公司　　　　　　　　　　　金额单位:元(列至角分)

项目及栏次		开具增值税专用发票		开具其他发票		未开具发票		纳税检查调整		合计			服务、不动产和无形资产扣除项目本期实际扣除金额	扣除后	
		销售额	销项(应纳)税额	销售额	销项(应纳)税额	销售额	销项(应纳)税额	销售额	销项(应纳)税额	销售额	销项(应纳)税额	价税合计		含税(免税)销售额	销项(应纳)税额
		1	2	3	4	5	6	7	8	9=1+3+5+7	10=2+4+6+8	11=9+10	12	13=11-12	$14=13\div(100\%+$税率或征收率$)\times$税率或征收率
一、一般计税方法计税 全部征税项目	1　13%税率的货物及加工修理修配劳务	1 940 000	252 200	1 148 000	149 240	225 000	29 250			3 313 000	430 690	—	—	—	—
	2　13%税率的服务、不动产和无形资产									0	0	—	—	—	—
	3　9%税率的货物及加工修理修配劳务									0	0	—	—	—	—
	4　9%税率的服务、不动产和无形资产	90 000	8 100							90 000	8 100	—	—	90 000	8 100
	5　6%税率			280 000	16 800					280 000	16 800	—	—	280 000	16 800
其中:即征即退项目	6　即征即退货物及加工修理修配劳务			—				—				—			—
	7　即征即退服务、不动产和无形资产			—				—				—			—
二、简易计税方法计税 全部征税项目	8　6%征收率			—				—				—			—
	9a　5%征收率的货物及加工修理修配劳务			—				—				—			—
	9b　5%征收率的服务、不动产和无形资产			—				—				—			—

续 表

项目及栏次		开具增值税专用发票 销售额	销项(应纳)税额	开具其他发票 销售额	销项(应纳)税额	未开具发票 销售额	销项(应纳)税额	纳税检查调整 销售额	销项(应纳)税额	合计 销售额	销项(应纳)税额	价税合计	服务、不动产和无形资产扣除项目本期实际扣除金额	扣除后 含税(免税)销售额	销项(应纳)税额
		1	2	3	4	5	6	7	8	9=1+3+5+7	10=2+4+6+8	11=9+10	12	13=11-12	14=13÷(100%+税率或征收率)×税率或征收率
二、简易计税方法计税	全部征税项目														
	4%征收率 10														
	3%征收率的货物及加工修理修配劳务 11		—	—		—		—				—	—	—	—
	3%征收率的服务、不动产和无形资产 12		—	—		—		—				—	—	—	—
	其中:即征即退项目 预征率 % 13a		—	—	—	—	—	—	—			—	—	—	—
	预征率 % 13b		—	—	—	—	—	—	—			—	—	—	—
	预征率 % 13c		—	—	—	—	—	—	—			—	—	—	—
	即征即退货物及加工修理修配劳务 14		—	—	—	—	—	—	—			—	—	—	—
	即征即退服务、不动产和无形资产 15		—	—	—	—	—	—	—			—	—	—	—
三、免抵退税	货物及加工修理修配劳务 16						232								
	服务、不动产和无形资产 17		—	—	—	—	—	—	—			—	—	—	—
四、免税	货物及加工修理修配劳务 18		—	—	—	—	—	—	—			—	—	—	—
	服务、不动产和无形资产 19		—	—	—	—	—	—	—			—	—	—	—

表 2-16 增值税及附加税申报表附列资料(二)

(本期进项税额明细)

税款所属时间:2023 年 3 月 1 日至 2023 年 3 月 31 日

纳税人名称:(公章)北京涉税教学有限公司 金额单位:元(列至角分)

一、申报抵扣的进项税额				
项　　目	栏次	份数	金额	税额
(一)认证相符的增值税专用发票	1＝2＋3	12	1 535 919.38	141 990.02
其中:本期认证相符且本期申报抵扣	2	12	1 535 919.38	141 990.02
前期认证相符且本期申报抵扣	3			
(二)其他扣税凭证	4＝5＋6＋7＋8a＋8b	3	2 164 420.00	281 374.60
其中:海关进口增值税专用缴款书	5	3	2 164 420.00	281 374.60
农产品收购发票或者销售发票	6			
代扣代缴税收缴款凭证	7		—	
加计扣除农产品进项税额	8a		—	
其他	8b			
(三)本期用于购建不动产的扣税凭证	9			
(四)本期用于抵扣的旅客运输服务扣税凭证	10			
(五)外贸企业进项税额抵扣证明	11		—	—
当期申报抵扣进项税额合计	12＝1＋4＋11	15	3 700 339.38	423 364.62
二、进项税额转出额				
项　　目	栏次	税额		
本期进项税额转出额	13＝14 至 23 之和			
其中:免税项目用	14			
集体福利、个人消费	15	520.00		
非正常损失	16			
简易计税方法征税项目用	17			
免抵退税办法不得抵扣的进项税额	18			
纳税检查调减进项税额	19			
红字专用发票信息表注明的进项税额	20			
上期留抵税额抵减欠税	21			
上期留抵税额退税	22			
异常凭证转出进项税额	23a			
其他应作进项税额转出的情形	23b			

三、待抵扣进项税额				
项　　目	栏次	份数	金额	税额
(一)认证相符的增值税专用发票	24	—	—	—
期初已认证相符但未申报抵扣	25			
本期认证相符且本期未申报抵扣	26			
期末已认证相符但未申报抵扣	27			
其中:按照税法规定不允许抵扣	28			
(二)其他扣税凭证	29＝30至33之和			
其中:海关进口增值税专用缴款书	30			
农产品收购发票或者销售发票	31			
代扣代缴税收缴款凭证	32			—
其他	33			
	34			
四、其他				
项　　目	栏次	份数	金额	税额
本期认证相符的增值税专用发票	35	12	1 535 919.38	141 990.02
代扣代缴税额	36	—		

表 2-17　增值税及附加税申报表附列资料(三)
(服务、不动产和无形资产扣除项目明细)

税款所属时间:2023 年 3 月 1 日至 2023 年 3 月 31 日

纳税人名称:(公章)北京涉税教学有限公司　　　　　　　　　　　金额单位:元(列至角分)

项目及栏次		本期服务、不动产和无形资产价税合计额(免税销售额)	服务、不动产和无形资产扣除项目				
			期初余额	本期发生额	本期应扣除金额	本期实际扣除金额	期末余额
		1	2	3	4＝2＋3	5(5≤1 且 5≤4)	6＝4－5
13%税率的项目	1						
9%税率的项目	2	98 100.00					
6%税率的项目(不含金融商品转让)	3	296 800.00					
6%税率的金融商品转让项目	4						
5%征收率的项目	5						
3%征收率的项目	6						
免抵退税的项目	7						
免税的项目	8						

表 2-18 增值税及附加税申报表附列资料(四)
(税额抵减情况表)

税款所属时间:2023 年 3 月 1 日至 2023 年 3 月 31 日

纳税人名称:(公章)北京涉税教学有限公司　　　　　　　　　　　　　金额单位:元(列至角分)

一、税额抵减情况						
序号	抵减项目	期初余额	本期发生额	本期应抵减税额	本期实际抵减税额	期末余额
		1	2	3 = 1 + 2	4≤3	5 = 3 - 4
1	增值税税控系统专用设备费及技术维护费					
2	分支机构预征缴纳税款					
3	建筑服务预征缴纳税款					
4	销售不动产预征缴纳税款					
5	出租不动产预征缴纳税款					
二、加计抵减情况						
序号	加计抵减项目	期初余额	本期发生额	本期调减额	本期可抵减额	本期实际抵减额	期末余额
		1	2	3	4 = 1 + 2 - 3	5	6 = 4 - 5
6	一般项目加计抵减额计算						
7	即征即退项目加计抵减额计算						
8	合计						

表 2-19 增值税及附加税申报表附列资料(五)
(附加税费情况表)

税款所属时间:2023 年 3 月 1 日至 2023 年 3 月 31 日

纳税人名称:(公章)北京涉税教学有限公司　　　　　　　　　　　　　金额单位:元(列至角分)

税(费)种		计税(费)依据			税(费)率(征收率)(%)	本期应纳税(费)额	本期减免税(费)额		试点建设培育产教融合型企业		本期已缴税(费)额	本期应补(退)税(费)额
		增值税税额	增值税免抵税额	留抵退税本期扣除额			减免性质代码	减免税(费)额	减免性质代码	本期抵免金额		
		1	2	3	4	5 = (1 - 3 + 2) × 4	6	7	8	9	10	11 = 5 - 7 - 9 - 10
城市维护建设税	1	32 745.38			7	2 292.18		—		—		2 292.18
教育费附加	2	32 745.38			3	982.36						982.36
地方教育附加	3	32 745.38			2	654.91						654.91
合计	4	—			—	3 929.45		—				3 929.45

本期是否适用试点建设培育产教融合型企业抵免政策	□是 □否	当期新增投资额	5	
		上期留抵可抵免金额	6	
		结转下期可抵免金额	7	
可用于扣除的增值税留抵退税额使用情况		当期新增可用于扣除的留抵退税额	8	
		上期结存可用于扣除的留抵退税额	9	
		结转下期可用于扣除的留抵退税额	10	

表 2-20　增值税减免税申报明细表

税款所属时间:2023 年 3 月 1 日至 2023 年 3 月 31 日

纳税人名称:(公章)北京涉税教学有限公司　　　　　　　　　　　　　　金额单位:元(列至角分)

一、减税项目						
减税性质代码及名称	栏次	期初余额	本期发生额	本期应抵减税额	本期实际抵减税额	期末余额
		1	2	3 = 1 + 2	4 ≤ 3	5 = 3 - 4
合计	1					
	2					
	3					
	4					
	5					
	6					

二、免税项目						
免税性质代码及名称	栏次	免征增值税项目销售额	免税销售额扣除项目本期实际扣除金额	扣除后免税销售额	免税销售额对应的进项税额	免税额
		1	2	3 = 1 - 2	4	5
合计	7					
出口免税	8		—	—	—	
其中:跨境服务	9		—	—	—	
	10				—	
	11				—	
	12				—	
	13				—	
	14				—	
	15				—	
	16				—	

表 2-21　增值税及附加税申报表

（一般纳税人适用）

根据国家税收法律法规及增值税相关规定制定本表。纳税人不论有无销售额,均应按税务机关核定的纳税期限填写本表,并向当地税务机关申报。

税款所属时间:2023 年 3 月 1 日至 2023 年 3 月 31 日　填表日期:2023 年 4 月 1 日　金额单位:元(列至角分)

纳税人识别号(统一社会信用代码):911101012826471060

纳税人名称:北京涉税教学有限公司		法定代表人姓名	陈姿汐	注册地址	北京市东城区天坛街道永康路 74 号	生产经营地址	北京市东城区天坛街道永康路 74 号
开户银行及账号		建设银行清河路办事处 105100098903		登记注册类型	有限责任公司	电话号码	010-69546312

	项　目	栏次	一般项目		即征即退项目	
			本月数	本年累计	本月数	本年累计
销售额	(一)按适用税率计税销售额	1	3 313 000.00			
	其中:应税货物销售额	2	3 313 000.00			
	应税劳务销售额	3	370 000.00			
	纳税检查调整的销售额	4				
	(二)按简易办法计税销售额	5				
	其中:纳税检查调整的销售额	6				
	(三)免、抵、退办法出口销售额	7			—	—
	(四)免税销售额	8				
	其中:免税货物销售额	9				
	免税劳务销售额	10				
税款计算	销项税额	11	455 590.00			
	进项税额	12	423 364.62			
	上期留抵税额	13				
	进项税额转出	14	520.00			
	免、抵、退应退税额	15			—	—
	按适用税率计算的纳税检查应补缴税额	16				
	应抵扣税额合计	17 = 12 + 13 − 14 − 15 + 16			—	—
	实际抵扣税额	18(如 17<11,则为 17,否则为 11)	422 844.62			
	应纳税额	19 = 11 − 18	32 745.38			
	期末留抵税额	20 = 17 − 18				
	简易计税办法计算的应纳税额	21				
	按简易计税办法计算的纳税检查应补缴税额	22			—	—
	应纳税额减征额	23				
	应纳税额合计	24 = 19 + 21 − 23	32 745.38			

续 表

项　目	栏次	一般项目		即征即退项目	
		本月数	本年累计	本月数	本年累计
期初未缴税额(多缴为负数)	25				
实收出口开具专用缴款书退税额	26			—	—
本期已缴税额	27＝28＋29＋30＋31				
① 分次预缴税额	28			—	—
② 出口开具专用缴款书预缴税额	29			—	—
③ 本期缴纳上期应纳税额	30				
④ 本期缴纳欠缴税额	31				
期末未缴税额(多缴为负数)	32＝24＋25＋26－27	32 745.38			
其中:欠缴税额(≥0)	33＝25＋26－27			—	—
本期应补(退)税额	34＝24－28－29				
即征即退实际退税额	35	—	—		
期初未缴查补税额	36			—	—
本期入库查补税额	37			—	—
期末未缴查补税额	38＝16＋22＋36－37			—	—
城市维护建设税本期应补(退)税额	39	2 292.18		—	—
教育费附加本期应补(退)费额	40	982.36		—	—
地方教育附加本期应补(退)费额	41	654.91		—	—

（第一列自上而下的合并标签：税款缴纳；附加税费）

声明:此表是根据国家税收法律法规及相关规定填写的,本人(单位)对填报内容(及附带资料)的真实性、可靠性、完整性负责。

纳税人(签章):　　　年　月　日

经办人:
经办人身份证号:
代理机构签章:
代理机构统一社会信用代码:

受理人:
受理税务机关(章):　　受理日期:　　年　月　日

四、一般纳税人增值税智慧化申报模拟

步骤1:登录厦门网中网软件有限公司的"EPC金税平台——智能税务申报与管理"教学平台。

以给定的学生账号和密码登录教学平台和已开设的课程,如图2-1、图2-2所示。

进入课程后,实训内容以工作台样式展现出来,如图2-3所示。左侧边栏有"企业信息""任务""学习""工具""智能问答""问答区""考勤"等资料和工具,供教学备查。

主屏分三块区域,左边为实训模拟月份和本月实训进度,右边是"我的待办",提示了未完成的实训内容,中间为实训的各项内容:北京市电子税务局、开票业务、税务数字账户、自然人电子税务局(扣税端)、自然人电子税务局(个人版)、税务分析、财务核算、业务中心、税务优化管理、税务风险管理。

图 2-1　"EPC 金税平台——智能税务申报与管理"教学平台

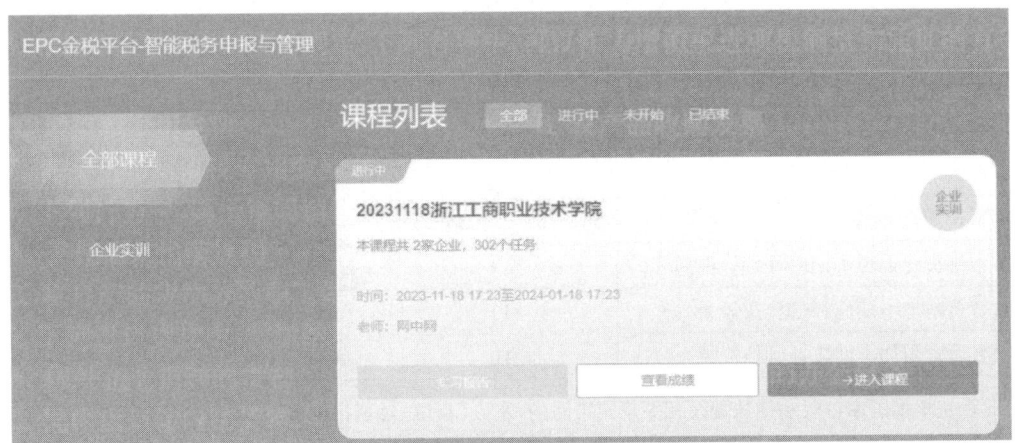

图 2-2　"智能税务申报与管理"课程列表

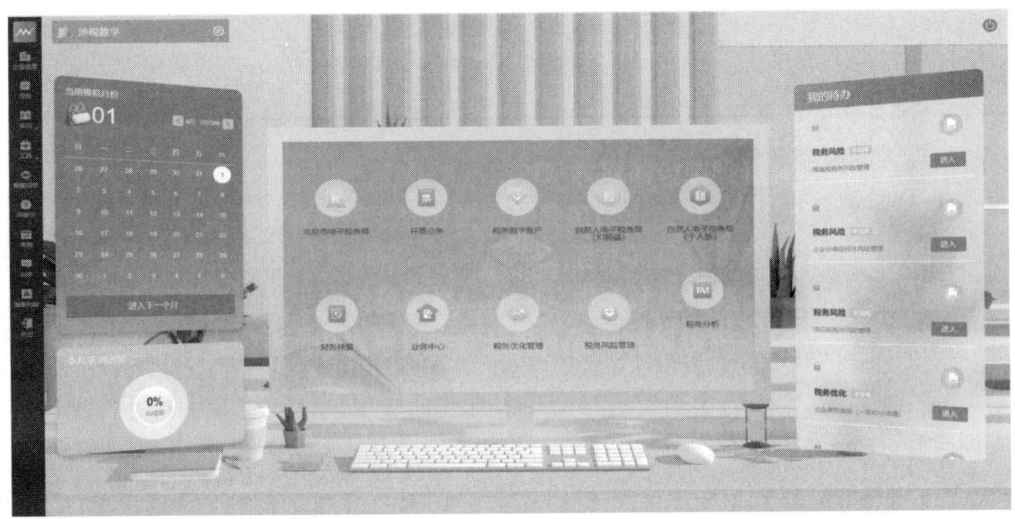

图 2-3　"智能税务申报与管理"实训内容

本实训点击使用"北京市电子税务局"功能,完成增值税一般纳税人的智慧化申报。

步骤2:以教学系统默认的企业统一信用代码和密码登录,点击"验证"后登录进入教学模拟的"国家税务总局北京市电子税务局",如图2-4、图2-5所示。

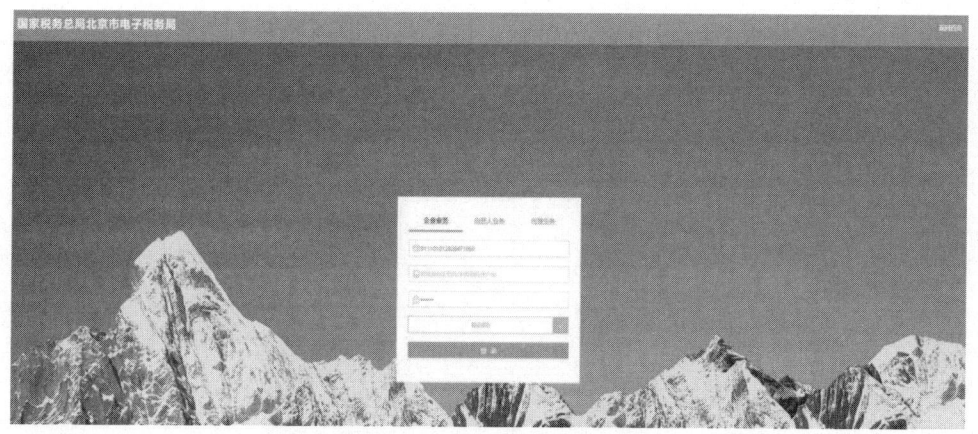

图2-4　登录模拟的"国家税务总局北京市电子税务局"

企业业务	自然人业务	代理业务

911101012826471060

居民身份证号码/手机号码/用户名

••••••

验证成功

登录

图2-5　登录窗口

图2-6　申报税(费)清册——"按期应申报"

　　进入申报清册页面,左侧的"申报税(费)清册"——"按期应申报"中,选择"增值税及附加税费申报表(一般纳税人)",点击"填写申报表"进入增值税申报页面,如图2-6、图2-7所示。

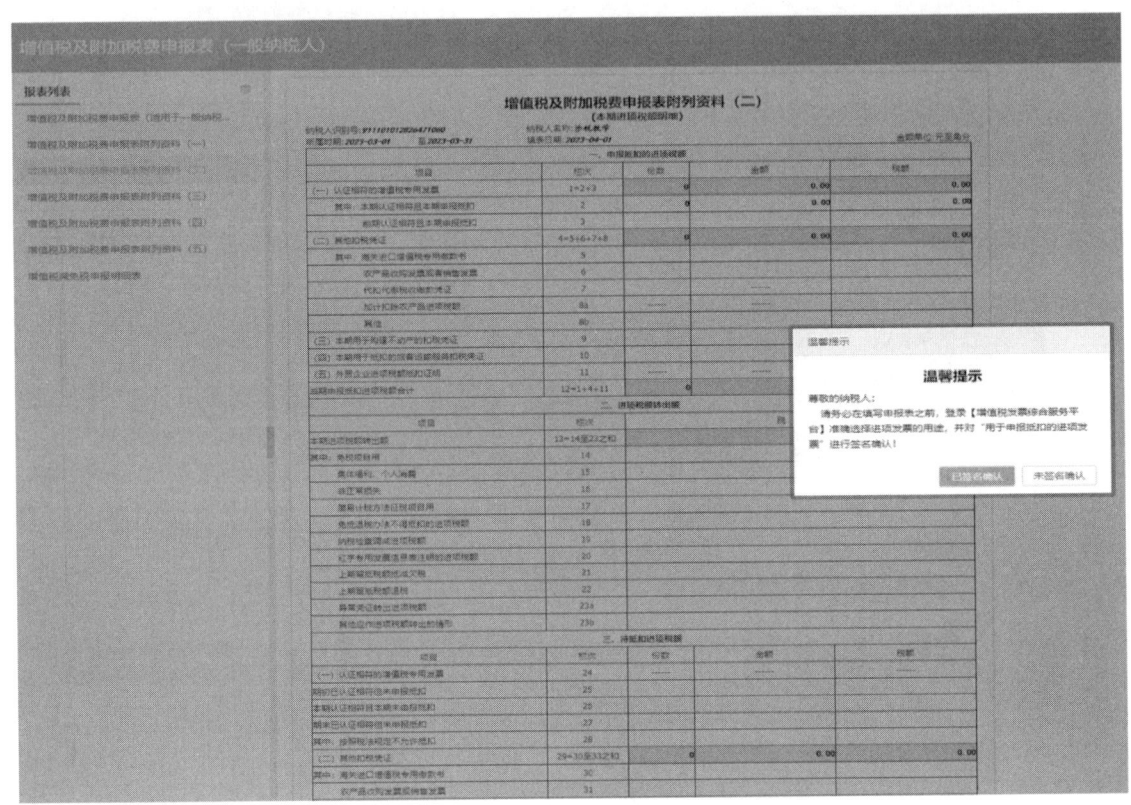

图2-7　增值税填表列表

　　按照提示,点击"已签名确认"后,可见增值税填表列表中包括一张主表六张附表:

　　主表:增值税及附加税费申报表(一般纳税人适用),附列资料(一)本期销售情况明细,附列资料(二)本期进项税额明细,附列资料(三)服务、不动产和无形资产扣除项目明细,附列资料(四)税额抵减情况表,附列资料(五)附加税费情况表和增值税减免税申报明细表。

　　步骤3:根据上例业务资料依次填报或打开申报表附列资料(一)(二)(三)(四)(五)和附表,最后填报增值税及附加税费申报表主表,如图2-8—图2-14所示。

　　1.填报增值税及附加税费申报表附列资料(一)(本期销售情况明细)

　　2.填报增值税及附加税费申报表附列资料(二)(本期进项税额明细)

纳税人识别号:91110012804T1060
纳税人名称:诊费数字
税款所属时间:2023-02-01 至 2023-03-31
填表日期:2023-04-01

增值税及附加税费申报表附列资料（一）
（本期销售情况明细）

金额单位：元（列至角分）

项目及栏次		开具增值税专用发票 销售额 1	开具增值税专用发票 销项(应纳)税额 2	开具其他发票 销售额 3	开具其他发票 销项(应纳)税额 4	未开具发票 销售额 5	未开具发票 销项(应纳)税额 6	纳税检查调整 销售额 7	纳税检查调整 销项(应纳)税额 8	合计 销售额 9=1+3+5+7	合计 销项(应纳)税额 10=2+4+6+8	价税合计 11=9+10	服务、不动产和无形资产扣除项目本期实际扣除金额 12	含税(免税)销售额 13=11-12	销项(应纳)税额 14=13÷(100%+税率或征收率)×税率或征收率
一、一般计税方法计税 项目	13%税率的货物及加工修理修配劳务	1	1940000.00	252200.00	1148000.00	149240.00	225000.00	29250.00		0.00	3313000.00	430690.00		—		—
	13%税率的货物、不动产和无形资产	2	0.00	0.00	0.00	0.00	0.00	0.00		0.00	0.00	0.00	0.00	0.00	0.00	0.00
	9%税率的货物及加工修理修配劳务	3	0.00	0.00	0.00	0.00	0.00	0.00		0.00	0.00	0.00	0.00	0.00	0.00	0.00
	9%税率的服务、不动产和无形资产	4	90000.00	8100.00	0.00	0.00	0.00	0.00		0.00	90000.00	8100.00	98100.00	0.00	98100.00	8100.00
	6%税率	5	—	—	280000.00	16800.00	0.00	0.00		0.00	280000.00	16800.00	296800.00	0.00	296800.00	16800.00
其中：即征即退项目	即征即退货物及加工修理修配劳务	6							—	—						
	即征即退服务、不动产和无形资产	7							—	—						
二、简易计税方法计税 项目	6%征收率	8			0.00	0.00	0.00	0.00		0.00	0.00	0.00	0.00		0.00	0.00
	5%征收率的货物及加工修理修配劳务	9a			0.00	0.00	0.00	0.00		0.00	0.00	0.00	0.00	0.00	0.00	0.00
	5%征收率的服务、不动产和无形资产	9b														
	4%征收率	10			0.00	0.00	0.00	0.00		0.00	0.00	0.00	0.00		0.00	0.00
	3%征收率的货物及加工修理修配劳务	11			0.00	0.00	0.00	0.00		0.00	0.00	0.00	0.00		0.00	0.00
	3%征收率的服务、不动产和无形资产	12														
	预征率 %	13a														
	预征率 %	13b														
	预征率 %	13c														
其中：即征即退项目	即征即退货物及加工修理修配劳务	14														
	即征即退服务、不动产和无形资产	15														
三、免抵退税	货物及加工修理修配劳务	16									0.00					
	服务、不动产和无形资产	17									0.00					
四、免税	货物及加工修理修配劳务	18									0.00					
	服务、不动产和无形资产	19									0.00					

图2-8 增值税及附加税费申报表附列资料（一）（本期销售情况明细）

增值税及附加税费申报表附列资料（二）

（本期进项税额明细）

纳税人识别号：*911101012826471060*　　纳税人名称：*涉税教导*

所属时期：*2023-03-01* 至*2023-03-31*　　填表日期：*2023-04-01*　　　　　　　金额单位：元（列至角分）

一、申报抵扣的进项税额

项目	栏次	份数	金额	税额
（一）认证相符的增值税专用发票	1=2+3	12	1535919.38	141990.02
其中：本期认证相符且本期申报抵扣	2	12	1535919.38	141990.02
前期认证相符且本期申报抵扣	3			
（二）其他扣税凭证	4=5+6+7+8	3	2164420.00	281374.60
其中：海关进口增值税专用缴款书	5	3	2164420.00	281374.60
农产品收购发票或者销售发票	6			
代扣代缴税收缴款凭证	7		------	
加计扣除农产品进项税额	8a		------	------
其他	8b			
（三）本期用于购建不动产的扣税凭证	9			
（四）本期用于抵扣的旅客运输服务扣税凭证	10			
（五）外贸企业进项税额抵扣证明	11		------	
当期申报抵扣进项税额合计	12=1+4+11	15	3700339.38	423364.62

二、进项税额转出额

项目	栏次	税　额
本期进项税额转出额	13=14至23之和	520.00
其中：免税项目用	14	
集体福利、个人消费	15	520.00
非正常损失	16	
简易计税方法征税项目用	17	
免抵退税办法不得抵扣的进项税额	18	
纳税检查调减进项税额	19	
红字专用发票信息表注明的进项税额	20	
上期留抵税额抵减欠税	21	
上期留抵税额退税	22	
异常凭证转出进项税额	23a	
其他应作进项税额转出的情形	23b	

三、待抵扣进项税额

项目	栏次	份数	金额	税额
（一）认证相符的增值税专用发票	24	------	------	------
期初已认证相符但未申报抵扣	25			
本期认证相符且本期未申报抵扣	26			
期末已认证相符但未申报抵扣	27			
其中：按照税法规定不允许抵扣	28			
（二）其他扣税凭证	29=30至33之和	0	0.00	0.00
其中：海关进口增值税专用缴款书	30			
农产品收购发票或销售发票	31			
代扣代缴税收缴款凭证	32		------	
其他	33			
	34			

四、其　他

项目	栏次	份数	金额	税额
本期认证相符的增值税专用发票	35	12	1535919.38	141990.02
代扣代缴税额	36		------	------

图 2-9　增值税及附加税费申报表附列资料（二）（本期进项税额明细）

3.填报增值税纳税申报表附列资料（三）（服务、不动产和无形资产扣除项目明细）

增值税及附加税费申报表附列资料（三） （服务、不动产和无形资产扣除项目明细）

纳税人识别号:911101012826471060　　　　　　纳税人名称:涉税教学
所属时期:2023-03-01　　至2023-03-31　　　　填表日期:2023-04-01　　　　　　　　金额单位:元（列至角分）

项目及栏次		本期服务、不动产和无形资产价税合计额（免税销售额）	服务、不动产和无形资产扣除项目			
			期初余额	本期发生额	本期应扣除金额	本期实际扣除金额	期末余额
		1	2	3	4=2+3	5(5≤1且5≤4)	6=4-5
13%税率的项目	1	0.00	0.00	0.00	0.00	0.00	0.00
9%税率的项目	2	98100.00	0.00	0.00	0.00	0.00	0.00
6%税率的项目（不含金融商品转让）	3	296800.00	0.00	0.00	0.00	0.00	0.00
6%税率的金融商品转让项目	4		0.00	0.00	0.00	0.00	0.00
5%征收率的项目	5	0.00	0.00	0.00	0.00	0.00	0.00
3%征收率的项目	6	0.00	0.00	0.00	0.00	0.00	0.00
免抵退税的项目	7	0.00	0.00	0.00	0.00	0.00	0.00
免税的项目	8	0.00	0.00	0.00	0.00	0.00	0.00

图2-10　增值税纳税申报表附列资料(三)(服务、不动产和无形资产扣除项目明细)

4.本例业务中没有税费减免项目，因此不需填报增值税纳税申报表附列资料（四）税额抵减情况表

增值税及附加税费申报表附列资料（四）
（税额抵减情况表）

纳税人识别号:911101012826471060　　　　　　纳税人名称:涉税教学
所属时期:2023-03-01　　至2023-03-31　　　　填表日期:2023-04-01　　　　　　　　金额单位:元（列至角分）

		一、税额抵减情况				
序号	抵减项目	期初余额	本期发生额	本期应抵减税额	本期实际抵减税额	期末余额
		1	2	3=1+2	4≤3	5=3-4
1	增值税税控系统专用设备费及技术维护费	0.00		0.00		0.00
2	分支机构预征缴纳税款	0.00		0.00		0.00
3	建筑服务预征缴纳税款	0.00		0.00		0.00
4	销售不动产预征缴纳税款	0.00		0.00		0.00
5	出租不动产预征缴纳税款	0.00		0.00		0.00
		二、加计抵减情况				
序号	加计抵减项目	期初余额	本期发生额	本期调减额	本期可抵减额	本期实际抵减额	期末余额
		1	2	3	4=1+2-3	5	6=4-5
6	一般项目加计抵减额计算	0.00			0.00		0.00
7	即征即退项目加计抵减额计算	0.00			0.00		0.00
8	合计	0.00	0.00	0.00	0.00		0.00

图2-11　增值税纳税申报表附列资料(四)(税额抵减情况表)

5.填报增值税及附加税费申报表附列资料（五）（附加税费情况表）
本表根据主表第34行"本期应补（退）税额"自动算出，无需填报。

增值税及附加税费申报表附列资料（五）

(附加税费情况表)

纳税人识别号：91110101282647I060　　　　　纳税人名称：*涉税教学*　　　　　

所属时期：*2023-03-31*　至*2023-03-01*　　　填表日期：*2023-04-01*　　　　金额单位：元(列至角分)

本期是否适用小微企业"六税两费"减免政策					减免政策适用主体			□ 个体工商户　□ 小型微利企业			
				□ 是 ☑ 否	适用减免政策截止时间				年　月至　年　月		

税(费)种		计税(费)依据			税(费)率(征收率)(%)	本期应纳税(费)额	本期减免税(费)额			小微企业"六税两费"减免政策		试点建设培育产教融合型企业		本期已缴税(费)额	本期应补(退)税(费)额
		增值税税额	增值税免抵税额	留抵退税本期扣除额			减免性质代码	减免税(费)额	减征比例(%)	减征额	减免性质代码	本期抵免金额		
		1	2	3	4	5=(1+2-3)×4	6	7	8	9=(5-7)×8	10	11	12	13=5-7-9-11-12
城市维护建设税	1	32745.38			7%	2292.18			%	0.00		--		2292.18
教育费附加	2	32745.38			3%	982.36			%	0.00				982.36
地方教育附加	3	32745.38			2%	654.91			%	0.00				654.91
合计	4	--	--	--	--	3929.45			--	0.00	--			3929.45

本期是否适用试点建设培育产教融合型企业抵免政策	□ 是 ☑ 否	当期新增投资额	5	
		上期留抵可抵免金额	6	0.00
		结转下期可抵免金额	7	
可用于抵除的增值税留抵退税额使用情况		当期新增可用于扣除的留抵退税额	8	
		上期结存可用于扣除的留抵退税额	9	0.00
		结转下期可用于扣除的留抵退税额	10	

图 2-12　增值税及附加税费申报表附列资料(五)(附加税费情况表)

6．本例业务中没有税费减免项目，因此不需填报增值税减免税申报明细表

增值税减免税申报明细表

纳税人识别号：91110101282647I060　　　　　纳税人名称：*涉税教学*

所属时期：*2023-03-01*　至*2023-03-31*　　　填表日期：*2023-04-01*　　　金额单位：元(列至角分)

一、减税项目

减税性质代码及名称	栏次	期初余额	本期发生额	本期应抵减税额	本期实际抵减额	期末余额
		1	2	3=1+2	4<=3	5=3-4
合计		0.00	0.00	0.00	0.00	0.00
请选择			0.00	0.00		0.00
请选择			0.00	0.00		0.00
请选择			0.00	0.00		0.00
请选择			0.00	0.00		0.00
请选择			0.00	0.00		0.00
请选择			0.00	0.00		0.00
请选择			0.00	0.00		0.00
请选择			0.00	0.00		0.00
请选择			0.00	0.00		0.00
请选择			0.00	0.00		0.00

二、免税项目

免税性质代码及名称	栏次	免征增值税项目销售额	免税销售额扣除项目本期实际扣除金额	扣除后免税销售额	免税销售额对应的进项税额	免税额
		1	2	3=1-2	4	5
合计		0.00	0.00	0.00	0.00	0.00
出口免税		--	--	--	--	--
其中：跨境服务		--		--		
请选择				0.00		
请选择				0.00		
请选择				0.00		
请选择				0.00		
请选择				0.00		
请选择				0.00		
请选择				0.00		
请选择				0.00		
请选择				0.00		
请选择				0.00		

图 2-13　增值税减免税申报明细表

7．最后填报主表：增值税纳税申报表（一般纳税人适用）

附列资料填报后，主表相关数据自动引用计算，无需填列附表的项目在主表上直接填列，

确认无误后保存返回。通过"风险检测"后,点击"申报",进入"税款缴纳"环节,按照提示缴款即可,示意图略。

增 值 税 及 附 加 税 费 申 报 表

(一般纳税人适用)

纳税人识别号: *911101012826471060*　　　　纳税人名称: *涉税教学*

所属时期: *2023-03-01*　　至 *2023-03-31*　　填表日期: *2023-04-01*　　　　金额单位:元(列至角分)

	项目	栏次	一般项目		即征即退项目	
			本 月 数	本 年 累 计	本 月 数	本 年 累 计
销售额	(一) 按适用税率计税销售额	1	3683000.00	3683000.00	0.00	0.00
	其中: 应税货物销售额	2	3313000.00	3313000.00		0.00
	应税劳务销售额	3		0.00		0.00
	纳税检查调整的销售额	4	0.00	0.00		0.00
	(二) 按简易办法计税销售额	5	0.00	0.00	0.00	0.00
	其中: 纳税检查调整的销售额	6		0.00		0.00
	(三) 免、抵、退办法出口销售额	7	0.00	0.00	——	——
	(四) 免税销售额	8	0.00	0.00	——	——
	其中: 免税货物销售额	9		0.00	——	——
	免税劳务销售额	10		0.00	——	——
税款计算	销项税额	11	455590.00	455590.00	0.00	0.00
	进项税额	12	423364.62	423364.62	0.00	0.00
	上期留抵税额	13	0.00		0.00	0.00
	进项税额转出	14	520.00	520.00		0.00
	免、抵、退应退税额	15		0.00	——	——
	按适用税率计算的纳税检查应补缴税额	16	0.00	0.00	——	——
	应抵扣税额合计	17=12+13-14-15+16	422844.62	——	0.00	——
	实际抵扣税额	18 (如17<11, 则为17, 否则为11)	422844.62	0.00	0.00	0.00
	应纳税额	19=11-18	32745.38	32745.38	0.00	0.00
	期末留抵税额	20=17-18	0.00		0.00	0.00
	简易计税办法计算的应纳税额	21		0.00	0.00	0.00
	按简易计税办法计算的纳税检查应补缴税额	22		0.00	——	——
	应纳税额减征额	23		0.00	0.00	0.00
	应纳税额合计	24=19+21-23	32745.38	32745.38	0.00	0.00
税款缴纳	期初未缴税额 (多缴为负数)	25	0.00	0.00	0.00	0.00
	实收出口开具专用缴款书退税额	26		0.00		0.00
	本期已缴税额	27=28+29+30+31	0.00	0.00	0.00	0.00
	①分次预缴税额	28	0.00	——		——
	②出口开具专用缴款书预缴税额	29	0.00	——		——
	③本期缴纳上期应纳税额	30	0.00	0.00	0.00	0.00
	④本期缴纳欠缴税额	31		0.00		0.00
	期末未缴税额 (多缴为负数)	32=24+25+26-27	32745.38	32745.38	0.00	0.00
	其中: 欠缴税额 (≥0)	33=25+26-27	0.00	——	0.00	——
	本期应补 (退) 税额	34=24-28-29	32745.38	——	0.00	——
	即征即退实际退税额	35	——	——		0.00
	期初未缴查补税额	36		0.00	——	——
	本期入库查补税额	37		0.00	——	——
	期末未缴查补税额	38=16+22+36-37	0.00	0.00	——	——
附加税费	城市维护建设税本期应补 (退) 税额	39	2292.18	2292.18	——	——
	教育费附加本期应补 (退) 费额	40	982.36	982.36	——	——
	地方教育附加本期应补 (退) 费额	41	654.91	654.91	——	——

图 2-14　增值税纳税申报表(一般纳税人适用)

实训二　小规模纳税人增值税智慧化申报

自 2021 年 8 月 1 日起,增值税与城市维护建设税、教育费附加、地方教育附加申报表整合,小规模纳税人启用增值税及附加税费申报表(小规模纳税人适用),包括:

(1) 主表:增值税纳税申报表(小规模纳税人适用)。

(2) 附表:附列资料(一)(服务、不动产和无形资产扣除项目明细)、附列资料(二)(附加税费情况表)和增值税减免税申报明细表。

一、企业信息

企业名称:乙公司	法人代表:陈明
信用等级:A	企业增值税类型:小规模纳税人
企业行业:服务(住宿、餐饮)	注册资本:1 000 000 元
企业所在地区:北京市东城区	企业注册登记类型:内资企业(有限责任公司)
社会统一信用代码:91110109731217886B	组织机构代码:282647107
企业地址:北京市东城区天坛街道永康路 7470 号	授信总额度:2 000 000 元
	企业电话:010-69546313

二、企业业务资料

(一)乙公司系增值税小规模纳税人,从事餐饮服务等经营项目

2023 年第 1 季度发生业务如下:

(1) 堂食服务取得不含税收入 165 440 元,提供外卖取得不含税收入 78 000 元。其中销售烟酒取得不含税收入 7 780 元。

(2) 销售外购车位取得不含税收入 450 000 元,购买含税价为 178 500 元。

(3) 首次购买税控设备,支付费用 200 元,取得增值税普通发票,并于当月支付全年技术维护服务费 280 元,取得增值税普通发票。

(二)本期销售情况统计表

本期销售情况统计表如表 2-22 所示。

表 2-22　本期销售情况

开票情况	应税项目	金额	税率	税额	备注
增值税普通发票	*餐饮服务*餐费	19 400.00	3%	582.00	
电子普通发票	*餐饮服务*餐费	69 240.00	3%	2 077.20	
增值税普通发票	*不动产*车位	450 000.00	3%	13 500.00	
未开发票	*酒*啤酒	1 280.00	3%	38.40	
未开发票	*餐饮服务*餐费	147 020.00	3%	4 410.60	
未开发票	*烟草*烟	6 500.00	3%	195.00	

按发票种类统计(开票):电子发票(普通发票)开出 19 份。

三、增值税小规模纳税人纳税申报表及附表填报结果

(1) 本季度该企业餐饮服务收入总额为 243 440 元,其中销售烟酒收入 7 780 元,服务收入 235 660 元。季度收入小于 30 万元,适用小规模纳税人免征增值税优惠,本季度免征货物

及劳务、服务应交的增值税。

（2）销售车位取得不含税收入 450 000 元，扣除购买时不含税价 170 000 元，适用 5% 征收率，因此：

不含税销售额 = 450 000 − 170 000 = 280 000（元）

应交增值税 = 280 000 × 5% = 14 000（元）

（3）企业首次购买税控设备支付费用 200 元和支付全年技术维护服务费 280 元，由于取得的是增值税普通发票，不符合在增值税应纳税额中全额抵减的优惠政策，因此不需要填报。

（4）小规模纳税人增值税及附加税费申报表填写结果如下：

主表：增值税及附加税费申报表（小规模纳税人适用）。

附表：

① 增值税及附加税费申报表（小规模纳税人适用）附列资料（一）（服务、不动产和无形资产扣除项目明细）。

② 增值税及附加税费申报表（小规模纳税人适用）附列资料（二）（附加税费情况表）。

③ 增值税减免税申报明细表。

根据上列业务资料先填报附列资料（一）服务、不动产和无形资产扣除项目明细，再填报主表增值税及附加税费申报表（小规模纳税人适用），主表的"本期应补（退）税额"计算得出后，再填报附列资料（二）附加税费情况表，本例没有增值税减免项目，无需填报"增值税减免税申报明细表"。具体结果如表 2-23—表 2-26 所示。

表 2-23　增值税及附加税费申报表（小规模纳税人适用）附列资料（一）
（服务、不动产和无形资产扣除项目明细）

税款所属期：2023 年 1 月 1 日至 2023 年 3 月 31 日　　　　　　　填表日期：2023 年 4 月 14 日

纳税人名称（公章）：乙公司　　　　　　　　　　　　　　　　　　金额单位：元（列至角分）

应税行为（3%征收率）扣除额计算			
期初余额	本期发生额	本期扣除额	期末余额
1	2	3（3≤1+2 之和，且 3≤5）	4 = 1+2−3
应税行为（3%征收率）计税销售额计算			
全部含税收入（适用 3%征收率）	本期扣除额	含税销售额	不含税销售额
5	6 = 3	7 = 5−6	8 = 7÷1.03
应税行为（5%征收率）扣除额计算			
期初余额	本期发生额	本期扣除额	期末余额
9	10	11（11≤9+10 之和，且 11≤13）	12 = 9+10−11
	178 500.00	178 500.00	0.00
应税行为（5%征收率）计税销售额计算			
全部含税收入（适用 5%征收率）	本期扣除额	含税销售额	不含税销售额
13	14 = 11	15 = 13−14	16 = 15÷1.05
472 500.00	178 500.00	294 000.00	280 000.00

表 2-24　增值税及附加税费申报表

（小规模纳税人适用）

纳税人识别号（统一社会信用代码）：91110109731217886B

纳税人名称：乙公司　　　　　　　　　　　　　　　　　　　　金额单位：元（列至角分）

税款所属期：2023 年 1 月 1 日至 2023 年 3 月 31 日　　　　　　填表日期：2023 年 4 月 1 日

项　　目	栏次	本期数		本年累计	
		货物及劳务	服务、不动产和无形资产	货物及劳务	服务、不动产和无形资产
一、计税依据　（一）应征增值税不含税销售额（3% 征收率）	1				
增值税专用发票不含税销售额	2				
其他增值税发票不含税销售额	3				
（二）应征增值税不含税销售额（5% 征收率）	4	—	280 000.00	—	280 000.00
增值税专用发票不含税销售额	5	—		—	
其他增值税发票不含税销售额	6	—	450 000.00	—	450 000.00
（三）销售使用过的固定资产不含税销售额	7(7≥8)		—		—
其中：其他增值税发票不含税销售额	8		—		—
（四）免税销售额	9＝10＋11＋12	7 780.00	235 660.00	7 780.00	235 660.00
其中：小微企业免税销售额	10	7 780.00	235 660.00	7 780.00	235 660.00
未达起征点销售额	11				
其他免税销售额	12				
（五）出口免税销售额	13(13≥14)				
其中：其他增值税发票不含税销售额	14				
二、税款计算　本期应纳税额	15		14 000.00		
本期应纳税额减征额	16				
本期免税额	17	233.40	7 069.80		
其中：小微企业免税额	18	233.40	7 069.80		
未达起征点免税额	19				
应纳税额合计	20＝15－16		14 000.00		
本期预缴税额	21			—	—
本期应补（退）税额	22＝20－21	0	14 000.00	—	—
三、附加税费　城市维护建设税本期应补（退）税额	23		490.00		490.00
教育费附加本期应补（退）费额	24		210.00		210.00
地方教育附加本期应补（退）费额	25		140.00		140.00
声明：此表是根据国家税收法律法规及相关规定填写的，本人（单位）对填报内容（及附带资料）的真实性、可靠性、完整性负责。　　　　　　　　　　　　　　　　　　　纳税人（签章）：　　　年　月　日					
经办人： 经办人身份证号： 代理机构签章： 代理机构统一社会信用代码：		受理人： 受理税务机关（章）： 受理日期：　　年　月　日			

表 2-25　增值税及附加税费申报表(小规模纳税人适用)附列资料(二)

(附加税费情况表)

税(费)款所属时间:2023 年 1 月 1 日至 2023 年 3 月 31 日

纳税人名称:(公章)乙公司　　　　　　　　　　　　　　　　　金额单位:元(列至角分)

税(费)种	计税(费)依据 增值税税额	税(费)率(征收率)(%)	本期应纳税(费)额	本期减免税(费)额		增值税小规模纳税人"六税两费"减征政策		本期已缴税(费)额	本期应补(退)税(费)额
				减免性质代码	减免税(费)额	减征比例(%)	减征额		
	1	2	3=1×2	4	5	6	7=(3-5)×6	8	9=3-5-7-8
城市维护建设税	14 000.00	7%	980.00			50%	490.00		490.00
教育费附加	14 000.00	3%	420.00			50%	210.00		210.00
地方教育附加	14 000.00	2%	280.00			50%	140.00		140.00
合计	—	—	1 680.00	—		—	840.00	0.00	840.00

表 2-26　增值税减免税申报明细表

税(费)款所属时间:2023 年 1 月 1 日至 2023 年 3 月 31 日

纳税人名称:(公章)乙公司　　　　　　　　　　　　　　　　　金额单位:元(列至角分)

一、减税项目						
减税性质代码及名称	栏次	期初余额	本期发生额	本期应抵减税额	本期实际抵减税额	期末余额
		1	2	3=1+2	4≤3	5=3-4
合计	1					
	2					
	3					
	4					
	5					
	6					

二、免税项目						
免税性质代码及名称	栏次	免征增值税项目销售额	免税销售额扣除项目本期实际扣除金额	扣除后免税销售额	免税销售额对应的进项税额	免税额
		1	2	3=1-2	4	5
合计	7					
出口免税	8					
其中:跨境服务	9					
	10					
	11					
	12					
	13					
	14					
	15					
	16					

四、小规模纳税人增值税智慧化申报模拟

步骤1：与实训一的步骤1和步骤2相同，登录"EPC金税平台——智能税务申报与管理"教学平台，进入"税费申报及缴纳"页面，在左侧的"申报税（费）清册"——"按期应申报"中，选择"增值税及附加税费申报表（小规模纳税人）"，点击"填写申报表"进入增值税申报页面，如图2-15所示。

图2-15 申报税（费）清册

步骤2：根据上例业务资料，先填报附列资料（一）服务、不动产和无形资产扣除项目明细，再填报主表增值税纳税申报表（小规模纳税人），附列资料（二）附加税费情况表有关项目金额会自动算出，如图2-16—图2-18所示。具体填报过程如下：

1．填报附列资料（一）服务、不动产和无形资产扣除项目明细表

本季销售外购车位取得不含税收入450 000元，购买含税价为178 500元，应填报下列内容：

应税行为（5％征收率）扣除额计算："本期发生额"和"本期扣除额"都应填报含税金额178 500元。

应税行为（5％征收率）计税销售额计算："全部含税收入（适用5％征收率）"应填报472 500元（450 000×1.05），不含税销售额280 000元会自动算出，主表中对应项目应交增值税14 000元（280 000×5％）自动算出。

2．填报主表：增值税纳税申报表（适用于增值税小规模纳税人）

本季堂食服务取得不含税收入165 440元，提供外卖取得不含税收入78 000元。其中销售烟酒取得不含税收入7 780元。以上收入为免征增值税项目，应填列在"（四）免税销售额"，应交增值税为0。

由于附列资料（一）服务、不动产和无形资产扣除项目明细表中有不动产销售项目，主表自动引用计算应交增值税14 000元，附加税费也会自动引用计算，不需要填报。

3．填报附列资料（二）附加税费情况表

本表引用主表的应交增值税金额会自动计算附加税费，不需要填报。

增值税及附加税费申报表(小规模纳税人适用)附列资料(一)
(服务、不动产和无形资产扣除项目明细)

纳税人识别号:91110109731217886B　　　　纳税人名称:乙公司

所属时期:2023-01-01 至 2023-03-31　　　　填表日期:2023-04-01　　　　金额单位:元(列至角分)

应税行为(3%征收率)扣除额计算			
期初余额	本期发生额	本期扣除额	期末余额
1	2	3(3≤1+2之和,且3≤5)	4=1+2−3
			0.00

应税行为(3%征收率)计税销售额计算			
全部含税收入(适用3%征收率)	本期扣除额	含税销售额	不含税销售额
5	6=3	7=5−6	8=7÷1.03
	0.00	0.00	0.00

应税行为(5%征收率)扣除额计算			
期初余额	本期发生额	本期扣除额	期末余额
9	10	11(11≤9+10之和,且11≤13)	12=9+10−11
		178 500	178 500
			0.00

应税行为(5%征收率)计税销售额计算			
全部含税收入(适用5%征收率)	本期扣除额	含税销售额	不含税销售额
13	14=11	15=13−14	16=15÷1.05
472 500	178 500.00	294 000.00	280 000.00

图 2-16　服务、不动产和无形资产扣除项目明细

增值税及附加税费申报表(小规模纳税人适用)附列资料(二)
(附加税费情况表)

纳税人识别号:91110109731217886B　　　　纳税人名称:乙公司

所属时期:2023-01-01 至 2023-03-31　　　　填表日期:2023-04-01　　　　金额单位:元(列至角分)

税(费)种	计税(费)依据 增值税税额	税(费)率(征收率)(%)	本期应纳税(费)额	本期减免税(费)额		增值税小规模纳税人"六税两费"减征政策		本期已缴税(费)额	本期应补(退)税(费)额
				减免性质代码	减免税(费)额	减征比例(%)	减征额		
	1	2	3=1×2	4	5	6	7=(3−5)×6	8	9=3−5−7−8
城市维护建设税	14 000.00	7%	980.00			50%	490.00		490.00
教育费附加	14 000.00	3%	420.00			50%	210.00		210.00
地方教育附加	14 000.00	2%	280.00			50%	140.00		140.00
合计	—	—	1 680.00	—			840.00	0.00	840.00

图 2-17　附加税费情况表

增值税及附加税费申报表

（小规模纳税人适用）

纳税人识别号：91110109731217886B　　纳税人名称：乙公司

所属时期：2023-01-01 至 2023-03-31　　填表日期：2023-04-01　　　　　金额单位：元（列至角分）

项目		栏次	本期数		本年累计	
			货物及劳务	服务、不动产和无形资产	货物及劳务	服务、不动产和无形资产
一、计税依据	（一）应征增值税不含税销售额（3%征收率）	1			0.00	0.00
	增值税专用发票不含税销售额	2			0.00	0.00
	其他增值税发票不含税销售额	3			0.00	0.00
	（二）应征增值税不含税销售额（5%征收率）	4	—	280 000.00	—	280 000.00
	增值税专用发票不含税销售额	5	—			0.00
	其他增值税发票不含税销售额	6	—	450 000.00		450 000.00
	（三）销售使用过的固定资产不含税销售额	7(7≥8)		—	0.00	
	其中：其他增值税发票不含税销售额	8		—	0.00	
	（四）免税销售额	9＝10＋11＋12	7 780.00	235 660.00	7 780.00	235 660.00
	其中：小微企业免税销售额	10	7 780.00	235 660.00	7 780.00	235 660.00
	未达起征点销售额	11			0.00	0.00
	其他免税销售额	12			0.00	0.00
	（五）出口免税销售额	13(13≥14)			0.00	0.00
	其中：其他增值税发票不含税销售额	14			0.00	0.00
二、税款计算	本期应纳税额	15		14 000.00	0.00	14 000.00
	本期应纳税额减征额	16			0.00	0.00
	本期免税额	17	233.40	7 069.80	233.40	7 069.80
	其中：小微企业免税额	18	233.40	7 069.80	233.40	7 069.80
	未达起征点免税额	19			0.00	0.00
	应纳税额合计	20＝15－16	0.00	14 000.00	0.00	14 000.00
	本期预缴税额	21			—	—
	本期应补（退）税额	22＝20－21	0.00	14 000.00	—	—
三、附加税费	城市维护建设税本期应补（退）税额	23	490.00		490.00	
	教育费附加本期应补（退）费额	24	210.00		210.00	
	地方教育附加本期应补（退）费额	25	140.00		140.00	

图 2-18　增值税纳税申报表（适用于增值税小规模纳税人）

步骤 3：附列资料和主表相关数据确认无误后保存返回。通过"风险检测"后，点击"申报"，进入"税款缴纳"环节，按照提示缴款即可，示意图略。

一、单项选择题

1. 我国现行的增值税为（   ）。
   A. 价内税　　　　　B. 价外税　　　　　C. 定额税　　　　　D. 累进税

2. 下列应税行为中,应按照交通运输服务缴纳增值税的是（   ）。
   A. 管道运输服务　　　　　　　　B. 货运客运场站服务
   C. 装卸搬运服务　　　　　　　　D. 收派服务

3. 某服装厂将自产的服装作为福利发给本厂职工,该批产品制造成本共计 10 万元,利润率为 10%,按当月同类产品的平均售价计算为 18 万元,计征增值税的销售额为（   ）万元。
   A. 10　　　　　B. 9　　　　　C. 11　　　　　D. 18

4. 某单位采取折扣方式销售货物,折扣额单独开发票,增值税销售额的确定是（   ）。
   A. 扣除折扣额的销售额　　　　　B. 不扣除折扣额的销售额
   C. 折扣额　　　　　　　　　　　D. 加上折扣额的销售额

5. 某商场为增值税一般纳税人,因管理不善发生火灾,库存外购冰箱损坏 10 台,每台零售价为 1 440 元,每台进价为 1 000 元(不含税),不得抵扣的进项税额为（   ）元。
   A. 1 300　　　　　B. 1 872　　　　　C. 1 600　　　　　D. 900

6. 某企业为增值税的一般纳税人,其发生（   ）的业务时,应作进项税额转出。
   A. 已抵扣税款的购进货物用于发放给职工
   B. 水灾后损失的产成品所耗用的购进货物
   C. 生产过程废品所耗用的购进货物
   D. 为捐赠而购进的货物对外捐赠

7. 企业本月份将自产的一批生产成本为 20 万元(耗用上月外购材料 15 万元)新开发的食品发给职工,下列说法正确的是（   ）。
   A. 应反映销项税额 2.86 万元　　　B. 应反映销项税额 2.60 万元
   C. 应反映应纳税额 2.60 万元　　　D. 应转出进项税额 1.95 万元

8. 增值税一般纳税人进口应税消费品,下列组成计税价格公式不正确的是（   ）。
   A. 组成计税价格 = 关税完税价格 ×(1 + 关税税率)÷(1 - 消费税税率)
   B. 组成计税价格 = 关税完税价格 + 关税 + 消费税
   C. 组成计税价格 = 关税完税价格 ×(1 + 关税税率)÷(1 + 消费税税率)
   D. 组成计税价格 = (关税完税价格 + 关税)÷(1 - 消费税税率)

9. 某生产企业(具有出口经营权)为增值税一般纳税人,2024 年 2 月从国内采购生产用原材料一批,取得增值税专用发票,注明价款 810 万元、增值税税额 105.3 万元;当月国内销售货物取得不含税销售额 150 万元,出口自产货物取得收入折合人民币 690 万元。已知,适用的增值税税率为 13%,出口退税率为 10%,月初无留抵税额,相关发票均已在当月抵扣。则下列关于该企业增值税的税务处理中,说法正确的是（   ）。
   A. 应缴纳增值税 19.5 万元,免抵增值税税额为 69 万元
   B. 应退增值税 65.1 万元,免抵增值税税额为 0
   C. 应退增值税 69 万元,免抵增值税税额为 0
   D. 应退增值税 65.1 万元,免抵增值税税额为 3.9 万元

10. 根据现行增值税法,下列关于增值税纳税义务发生时间的规定中,错误的是(　　)。

A. 采取收直接收款方式销售货物,不论货物是否发出,均为收到销售额或取得索取销售额的凭据,并将提货单交给买主的当天

B. 采取托收承付和委托银行收款方式销售货物,为发出货物并办妥托收手续的当天

C. 采取赊销和分期收款方式销售货物,为按合同约定的收款日期的当天

D. 委托其他纳税人代销货物,为代销货物交给受托方的当天

二、多项选择题

1. 我国增值税的征收范围包括(　　)。

A. 在中国境内销售货物　　　　　　　B. 在中国境内提供应税劳务

C. 进口货物　　　　　　　　　　　　D. 过境货物

2. 依据增值税的有关规定,不能认定为增值税一般纳税人的有(　　)。

A. 个体经营者以外的其他个人　　　　B. 从事货物零售业务的小规模企业

C. 从事货物生产业务的小规模企业　　D. 不经常发生应税行为的企业

3. 根据增值税法律制度的规定,下列各项中,可以作为增值税进项税额抵扣凭证的有(　　)。

A. 增值税专用发票　　　　　　　　　B. 农产品收购发票

C. 海关进口增值税专用缴款书　　　　D. 农产品销售发票

4. 下列行为中,属于视同销售货物应征增值税的行为有(　　)。

A. 委托他人代销货物　　　　　　　　B. 销售代销货物

C. 将自产的货物分给职工做福利　　　D. 将外购的货物用于非应税项目

5. 下列进口货物中,需缴纳增值税的有(　　)。

A. 国外企业捐赠的货物　　　　　　　B. 进口购进后自用的办公设备

C. 国内出口转内销货物　　　　　　　D. 直接用于教学、科研的进口设备、仪器

6. 增值税法规定,对销售除(　　)以外的其他酒类产品而收取的包装押金,无论是否返还、会计上如何核算,均应并入当期销售额计征增值税。

A. 啤酒　　　　　B. 黄酒　　　　　C. 白酒　　　　　D. 药酒

7. 销售方在销售价格之外,向购货方收取的下列费用应并入销售额计征销项税的项目有(　　)。

A. 收取的违约金　　　　　　　　　　B. 收取的单独核算的包装物押金(1年以内)

C. 收取的手续费　　　　　　　　　　D. 收取的包装物租金

8. 纳税人视同销售的销售额按下列方法顺序确定(　　)。

A. 当月同类货物的最高销售价格　　　B. 当月同类货物的平均销售价格

C. 最近时期同类货物的平均销售价格　D. 组成计税价格

9. 下列关于纳税人以特殊方式销售货物的税务处理的叙述中,正确的有(　　)。

A. 纳税人用以物易物方式销售货物的,双方都必须作购销处理

B. 纳税人用以旧换新方式销售货物(金银首饰除外)的,按新货物的同期销售价格确定销售额

C. 纳税人以折扣方式销售货物的,若将折扣额另开增值税专用发票,可从销售额中减除折扣额

D. 纳税人以还本方式销售货物的,不得从销售额中减除还本支出

10. 根据增值税法律制度的规定,下列各项中,不属于在境内销售的情形有(　　　　)。

A. 境外单位向境内单位销售完全在境外发生的服务

B. 境外单位向境内单位销售完全在境外使用的无形资产

C. 境外单位向境内单位出租完全在境外使用的有形动产

D. 境外个人向境内个人销售完全在境外使用的无形资产

三、思考题

1. 小规模纳税人和一般纳税人身份是如何判定的,小规模纳税人能否自己开具增值税专用发票?

2. 增值税纳税范围有哪些?

3. 纳税人发生视同销售货物行为的,增值税纳税义务时间应如何确定?

4. 如何区别混合销售和兼营行为?

5. 增值税一般计税方法下会计科目如何设置,简易计算方法的如何适用?

6. 取得了增值税专用发票,进项税额都能抵扣吗?

7. 购买加油卡是否可以取得专用发票,旅客动车票、飞机票、轮船票的进项税额都能抵扣吗?

8. 进口货物增值税的组成计税价格是什么?

9. 出口退税政策是什么,"免抵退"办法下如何计算出口退税?

10. 农民销售自己生产的农产品与外购农产品再销售都能免税?

11. 增值税即征即退有哪些情形?

12. 增值税纳税义务发生时间的具体内容有哪些?

项目三
消费税智慧化申报与管理

 学习目标

知识目标

(1) 了解消费税的概念和意义。

(2) 熟悉消费税的纳税人、征税范围,掌握消费税的税目、税率。

(3) 掌握消费税销售额的确定、应纳税额的计算、已纳消费税的扣除。

(4) 了解进口环节应纳消费税的计算,认知出口消费税的税收政策。

(5) 熟悉消费税的纳税申报流程。

能力目标

(1) 能识别消费税的纳税人及征税环节。

(2) 能熟练掌握消费税的税目及税率。

(3) 能正确核算生产销售、自产自用、委托加工、进口环节应纳税额。

(4) 能正确申报消费税。

素养目标

(1) 通过学习消费税的核算与智能申报实训,切实培养爱国、理性消费的观念,强化依法纳税的意识。

(2) 通过智能申报消费税实训,认识纳税智能化的重要性,提升职业技能,培养职业自信。

(3) 通过解读"绿水青山就是金山银山"相关论述与消费税的关系,强化环保意识,并践行社会主义核心价值观。

任务一
消费税征税范围的确定

消费税是指对特定消费品和消费行为征收的一种间接税。消费税的征收范围具有较强的选择性,可以在保证国家财政收入的同时,调节消费行为,引导消费需求,间接调节收入分配和引导产业结构,因而在保证国家财政收入、体现国家经济政策等方面具有十分重要的意义。

我国现行消费税法律主要包括:1993 年 12 月发布、2008 年 11 月修订的《中华人民共和国消费税暂行条例》(以下简称《消费税暂行条例》);2008 年 12 月财政部、国家税务总局颁布的《中华人民共和国消费税暂行条例实施细则》(以下简称《消费税暂行条例实施细则》)。

一、消费税纳税人

在中华人民共和国境内生产、委托加工和进口应税消费品的单位和个人,以及国务院确定的销售应税消费品的其他单位和个人为消费税的纳税人,应当依法缴纳消费税。

消费税的纳税义务人具体包括:

(一)生产应税消费品的单位和个人

(1)自产应税消费品直接对外销售的纳税人于销售时纳税。

(2)纳税人自产的应税消费品,用于连续生产应税消费品的,不纳税;用于其他方面的,于移送使用时纳税。

(二)进口应税消费品的单位和个人

进口报关的单位或个人为消费税的纳税人,进口消费税由海关代征。

跨境电子商务零售进口商品按照货物征收进口环节消费税,购买跨境电子商务零售进口商品的个人作为纳税义务人,电子商务企业、电子商务交易平台企业或物流企业可作为代收代缴义务人。

(三)委托加工应税消费品的单位和个人

委托加工的应税消费品的,委托方为消费税纳税人,其应纳消费税由受托方(受托方为个人除外)在向委托方交货时代收代缴税款。

(四)零售应税消费品的单位和个人

(1)生产、进口和批发金银首饰、铂金首饰、钻石及钻石饰品时不征收消费税,纳税人在零售时纳税。

(2)将超豪华小汽车销售给消费者的单位和个人为超豪华小汽车零售环节的纳税人。

(五)从事卷烟、电子烟批发业务的单位和个人

卷烟、电子烟在批发环节加征的消费税,以批发商为纳税人,在批发商将卷烟、电子烟销售给零售商时征收。

二、消费税税目

根据《消费税暂行条例》及相关法规的规定,消费税税目现有 15 种消费品,部分税目还划分若干子目。

（一）烟

凡是以烟叶为原料加工生产的产品,不论使用何种辅料,均属于本税目的征收范围,本税目设置了 4 个子目:卷烟、雪茄烟、烟丝、电子烟。

卷烟又分为甲类卷烟和乙类卷烟,其中甲类卷烟是指每标准条(200 支)调拨价格在 70 元(不含增值税)以上(含 70 元)的卷烟;乙类卷烟是指每标准条调拨价格在 70 元(不含增值税)以下的卷烟。

自 2022 年 11 月 1 日起,电子烟纳入消费税征收范围,在"烟"税目下增设"电子烟"子目。电子烟是指用于产生气溶胶供人抽吸等的电子传输系统,包括烟弹、烟具以及烟弹与烟具组合销售的电子烟产品。烟弹是指含有雾化物的电子烟组件。烟具是指将雾化物雾化为可吸入气溶胶的电子装置。

（二）酒

酒是酒精度在 1 度以上的各种酒类饮料,本税目设置了 4 个子目:白酒、黄酒、啤酒、其他酒。

啤酒又分为甲类啤酒和乙类啤酒,其中啤酒每吨出厂价(含包装物及包装物押金)在 3 000 元(含 3 000 元,不含增值税)以上的是甲类啤酒;每吨出厂价(含包装物及包装物押金)在 3 000 元(不含增值税)以下的是乙类啤酒。包装物押金不包括重复使用的塑料周转箱的押金。

对饮食业、商业、娱乐业举办的啤酒屋(啤酒房)利用啤酒生产设备生产的啤酒,应当征收消费税。无醇啤酒、啤酒源、菠萝啤酒、果啤按啤酒征收消费税。

葡萄酒消费税适用于"酒"下设的"其他酒"子目。调味料酒不征消费税。

配制酒消费税适用税率按照以下规定执行:

（1）以蒸馏酒或食用酒精为酒基配制的酒,具有国家相关部门批准的国食健字或卫食健字文号,酒精度低于 38 度(含),按消费税税率表"其他酒"10%适用税率征收消费税。

（2）以发酵酒为酒基,酒精度低于 20 度(含)的配制酒,按"其他酒"10%适用税率征收消费税。

（3）其他配制酒,按白酒税率征收消费税。

（三）高档化妆品

本税目包括各类高档美容、修饰类化妆品、高档护肤类化妆品和成套化妆品。所谓高档,是指生产或进口环节销售(完税)价格(不含增值税)在 10 元/毫升(克)或 15 元/片(张)及以上。

舞台、戏剧、影视演员化妆用的上妆油、卸妆油、油彩不属于本税目的征收范围。

（四）贵重首饰及珠宝玉石

本税目征收范围包括以金、银、白金、宝石、珍珠、钻石、翡翠、珊瑚、玛瑙等高贵稀有物质,以及其他金属、人造宝石等制作的各种纯金银首饰及镶嵌首饰和经采掘、打磨、加工的各种珠宝玉石。

对出国人员免税商店销售的金银首饰征收消费税。

（五）鞭炮、烟火

本税目包括各种鞭炮、烟火。体育上用的发令纸、鞭炮药引线,不按本税目征收。

（六）成品油

本税目设置 7 个子目:汽油、柴油、石脑油、溶剂油、润滑油、航空煤油、燃料油。其中:甲醇汽油和乙醇汽油属于本科目征收范围;符合条件的纯生物柴油免征消费税;航空煤油暂缓征收

消费税;变压器油、导热类油等绝缘油类产品不属于润滑油,不征收消费税。

(七) 小汽车

小汽车税目设置了3个子目:乘用车、中轻型商用客车、超豪华小汽车。

乘用车:含驾驶员座位在内最多不超过9个座位(含)的,用于载运乘客和货物的各类乘用车。

中轻型商用客车:含驾驶员座位在内座位数在10~23(含)的,用于载运乘客和货物的各类中轻型商用客车。车身长度大于7米(含),并且座位在10~23座(含)以下的商用客车,不属于中轻型商用客车征税范围,不征收消费税。

超豪华小汽车是指每辆零售价格130万元(不含增值税)及以上的乘用车和中轻型商用客车。

电动汽车及沙滩车、雪地车、卡丁车、高尔夫车等均不属于本税目征税范围,不征消费税。

(八) 摩托车

摩托车包括轻便摩托车和摩托车两种。气缸容量250毫升(不含)以下的小排量摩托车,不征收消费税。

(九) 高尔夫球及球具

本税目征税范围包括高尔夫球、高尔夫球杆、高尔夫球包(袋)等。高尔夫球杆的杆头、杆身和握把属于本税目征税范围。

(十) 高档手表

高档手表指的是销售价格(不含增值税)每只在10 000元(含)以上的各类手表。

(十一) 游艇

本税目征税范围包括艇身长度大于8米(含)小于90米(含),内置发动机,可以在水上移动,一般为私人或团体购置,主要用于水上运动和休闲娱乐等非营利活动的各类机动艇。

(十二) 木制一次性筷子

本税目征收范围包括各种规格的木制一次性筷子。未经打磨、倒角的木制一次性筷子属于本税目的征收范围。

(十三) 实木地板

本税目的征收范围包括各种规格的实木地板、实木指接地板、实木复合地板及用于装饰墙壁、天棚的侧端面为榫、槽的实木装饰板及未经涂饰的素板。

(十四) 电池

本税目的征收范围包括:原电池、蓄电池、燃料电池、太阳能电池和其他电池。

自2015年2月1日起对电池(铅蓄电池除外)征收消费税。自2016年1月1日起对铅蓄电池按4%税率征收消费税。对无汞原电池、金属氢化物镍蓄电池(又称"氢镍蓄电池"或"镍氢蓄电池")、锂原电池、锂离子蓄电池、太阳能电池、燃料电池和全钒液流电池免征消费税。

(十五) 涂料

涂料是指涂于物体表面能形成具有保护、装饰或特殊性能的固态涂膜的一类液体或固体材料的总称。

自2015年2月1日起对涂料征收消费税,施工状态下挥发性有机物(volatile organic compounds,VOC)含量低于420克/升(含)的涂料免征消费税。

三、消费税纳税环节

目前消费税的征税范围主要分布于以下环节。

(一) 生产应税消费品

生产应税消费品销售时是消费税征收的主要环节,因为在一般情况下,消费税具有单一环节征税的特点,对于大多数消费税应税商品而言,在生产销售环节征税以后,流通环节不用再缴纳消费税。纳税人生产应税消费品,除了直接对外销售应征收消费税之外,例如,将生产的应税消费品换取生产资料、消费资料、投资入股、偿还债务,以及用于继续生产应税消费品以外的其他方面都应缴纳消费税。

工业企业以外的单位和个人的下列行为视为应税消费品的生产行为,按规定征收消费税:①将外购的消费税非应税产品以消费税应税产品对外销售的;②将外购的消费税低税率应税产品以高税率应税产品对外销售的。

(二) 委托加工应税消费品

委托加工应税消费品,是指由委托方提供原料和主要材料,受托方只收取加工费和代垫部分辅助材料加工的应税消费品,由受托方提供原材料或其他情形的,一律不能视同加工应税消费品。委托加工的应税消费品收回后,再继续用于生产应税消费品销售且符合现行政策规定的,其加工环节缴纳的消费税款可以扣除。

委托方将收回的应税消费品,以不高于受托方的计税价格出售的,为直接出售,不再缴纳消费税。委托方以高于受托方的计税价格出售,不属于直接出售,需按照规定申报缴纳消费税,在计税时准予扣除受托方已代收代缴的消费税。

(三) 进口应税消费品

单位和个人进口属于消费税征税范围的货物,在进口环节缴纳消费税,并由海关代征。

(四) 零售应税消费品

(1) 商业零售金银首饰、钻石及钻石饰品和铂金首饰,在零售环节征收消费税。

(2) 零售超豪华小汽车。自 2016 年 12 月 1 日起,对超豪华小汽车,在生产(进口)环节按现行税率征收消费税基础上,在零售环节加征消费税。

(五) 批发应税消费品

经国务院批准,自 2015 年 5 月 10 日起,卷烟批发环节加征的消费税从价税税率由 5% 提高至 11%,并按 0.005 元/支加征从量税。烟草批发企业将卷烟销售给其他烟草批发企业的,不再缴纳消费税。

卷烟消费税改为在生产和批发两个环节征收后,批发企业在计算应纳税额时不得扣除已含的生产环节的消费税税款。纳税人兼营卷烟批发和零售业务的,应当分别核算批发和零售环节的销售额、销售数量;未分别核算批发和零售环节销售额、销售数量的,按照全部销售额、销售数量计征批发环节消费税。

四、消费税税率

根据不同应税消费品的实际情况,消费税采用比例税率和定额税率两种形式。特殊情况还同时采用定额税率和比例税率实行复合征收,如表 3-1 所示。

消费税采用列举法按具体应税消费品设置税目税率,征税界限清楚,一般不容易发生错用税率的情况,但在下列情况下,应按适用税率中最高税率征税:①纳税人兼营不同税率的应税消费品未分别核算销售额、销售数量时,按最高税率征税;②将应税消费品和非应税消费品及不同税率的应税消费品组成成套消费品销售的,应根据组合产制品的销售金额按应税消费品中适用最高税率的消费品税率征税。

表 3-1　消费税税目税率表

税　目	税　率
一、烟	
1. 卷烟	
（1）甲类卷烟（生产或进口环节）	56%加 0.003 元/支
（2）乙类卷烟（生产或进口环节）	36%加 0.003 元/支
（3）批发环节	11%加 0.005 元/支
2. 雪茄烟	36%
3. 烟丝	30%
4. 电子烟	
（1）生产、进口环节	36%
（2）批发环节	11%
二、酒	
1. 白酒	20%加 0.5 元/500 克（或者 500 毫升）
2. 黄酒	240 元/吨
3. 啤酒	
（1）甲类啤酒	250 元/吨
（2）乙类啤酒	220 元/吨
4. 其他酒	10%
三、高档化妆品	15%
四、贵重首饰及珠宝玉石	
1. 金银首饰、铂金首饰、钻石及钻石饰品（零售环节）	5%
2. 其他贵重首饰和珠宝玉石	10%
五、鞭炮、焰火	15%
六、成品油	
1. 汽油	1.52 元/升
2. 柴油	1.20 元/升
3. 航空煤油	1.20 元/升
4. 石脑油	1.52 元/升
5. 溶剂油	1.52 元/升
6. 润滑油	1.52 元/升
7. 燃料油	1.20 元/升
七、摩托车	
1. 气缸容量为 250 毫升的	3%
2. 气缸容量为 250 毫升以上的	10%
八、小汽车	
1. 乘用车	

续　表

税　　目	税　　率
(1) 气缸容量(排气量,下同)在 1.0 升(含 1.0 升)以下的	1%
(2) 气缸容量在 1.0 升以上至 1.5 升(含 1.5 升)的	3%
(3) 气缸容量在 1.5 升以上至 2.0 升(含 2.0 升)的	5%
(4) 气缸容量在 2.0 升以上至 2.5 升(含 2.5 升)的	9%
(5) 气缸容量在 2.5 升以上至 3.0 升(含 3.0 升)的	12%
(6) 气缸容量在 3.0 升以上至 4.0 升(含 4.0 升)的	25%
(7) 气缸容量在 4.0 升以上的	40%
2. 中轻型商用客车	5%
3. 超豪华小汽车(零售环节)	10%
九、高尔夫球及球具	10%
十、高档手表	20%
十一、游艇	10%
十二、木制一次性筷子	5%
十三、实木地板	5%
十四、电池	4%
十五、涂料	4%

任务二
消费税的计税依据

按照现行消费税法律制度的规定,消费税实行从价定率、从量定额或者从价定率和从量定额复合计税(以下简称"复合计税")的办法计算应纳税额。从量计征的有啤酒、黄酒、成品油;复合计征的有白酒、卷烟;其他应税消费品实行从价计征。

一、消费税从价计征的依据

在从价定率计算办法下,应纳税额等于应税消费品的销售额乘以适用税率,应纳税额的多少取决于应税消费品的销售额和适用税率两个因素。

$$应纳税额 = 销售额 × 比例税率$$

(一) 销售额的确定

销售额,为纳税人销售应税消费品向购买方收取的全部价款和价外费用。销售,是指有偿转让应税消费品的所有权;有偿,是指从购买方取得货币、货物或者其他经济利益;价外费用,是指价外向购买方收取的手续费、补贴、基金、集资费、返还利润、奖励费、违约金、滞纳金、延期付款利息、赔偿金、代收款项、代垫款项、包装费、包装物租金、储备费、优质费、运输装卸费以及其他各种性质的价外收费。但下列费用不包括在内:

（1）同时符合以下条件的代垫运输费用：承运部门的运输费用发票开具给购买方，纳税人将该项发票转交给购买方的。

（2）同时符合以下条件代为收取的政府性基金或者行政事业性收费：由国务院或者财政部批准设立的政府性基金，由国务院或省级人民政府及其财政、价格主管部门批准设立的行政事业性收费，收取时开具省级以上财政部门印制的财政票据所收款项全额上缴财政。

其他价外费用，无论是否属于纳税人的收入，均应并入销售额计算征税。

实行从价定率办法计算应纳税额的应税消费品连同包装物销售的，无论包装物是否单独计价及在会计上如何核算，均应并入应税消费品的销售额中缴纳消费税。

如果包装物不作价随同产品销售，而是收取押金，此项押金不并入应税消费品的销售额中征税。但对因逾期未收回的包装物不再退还的或者已收取的时间超过12个月的押金，应并入应税消费品的销售额，按照应税消费品的适用税率缴纳消费税。

对既作价随同应税消费品销售，又另外收取押金的包装物的押金，凡纳税人在规定的期限内没有退还的，均应并入应税消费品的销售额，按照应税消费品的适用税率缴纳消费税。

对销售啤酒、黄酒以外的其他酒类产品而收取的包装物押金，无论押金是否返还及会计上如何核算，均应并入酒类产品的销售额，征收消费税。

白酒生产企业向商业销售单位收取的"品牌使用费"是随着应税白酒的销售而向购货方收取的，属于应税白酒销售价款的组成部分；因此，不论企业采取何种方式或以何种名义收取价款，均应并入白酒的销售额中缴纳消费税。

纳税人销售的应税消费品，以外汇结算销售额的，其销售额的人民币折合率可以选择结算的当天或者当月1日的国家外汇牌价（原则上为中间价）。纳税人应事先确定采取何种折合率，确定后一年内不得变更。

（二）含增值税销售额的换算

销售额不包括应向购货方收取的增值税税款，如果纳税人应税消费品的销售额中未扣除增值税税款或者价款和增值税税款合并收取，在计算消费税时，应当换算为不含增值税税款的销售额。其换算公式为：

$$应税消费品的销售额 = 含增值税的销售额 \div (1 + 增值税税率或征收率)$$

二、消费税从量计征的依据

在从量定额计算方法下，应纳税额等于应税消费品的销售数量乘以单位税额，应纳税额的多少取决于应税消费品的销售数量和单位税额两个因素。计算公式为：

$$应纳税额 = 销售数量 \times 比例税率$$

（一）销售数量的确定

销售数量是指纳税人生产、加工和进口应税消费品的数量。具体规定为：

（1）销售应税消费品的，为应税消费品的销售数量。

（2）自产自用应税消费品的，为应税消费品的移送使用数量。

（3）委托加工应税消费品的，为纳税人收回的应税消费品数量。

（4）进口的应税消费品，为海关核定的应税消费品进口数量。

（二）计量单位的换算标准

《消费税暂行条例》规定，黄酒、啤酒是以吨为税额单位；汽油、柴油是以升为税额单位的。

但是,实际销售过程中,一些纳税人会把吨和升这两个计量单位混用,为准确计算应纳税额,《消费税暂行条例实施细则》规定了吨与升的换算标准如表3-2所示。

表 3-2 计量单位换算表

序号	品名	计量单位换算标准
1	黄酒	1 吨＝962 升
2	啤酒	1 吨＝988 升
3	汽油	1 吨＝1 388 升
4	柴油	1 吨＝1 176 升
5	航空煤油	1 吨＝1 246 升
6	石脑油	1 吨＝1 385 升
7	溶剂油	1 吨＝1 282 升
8	润滑油	1 吨＝1 126 升
9	燃料油	1 吨＝1 015 升

三、消费税的复合计征

现行消费税的征税范围中,只有卷烟、白酒采用复合计征方法。应纳税额等于应税销售数量乘以定额税率再加上应税销售额乘以比例税率。计算公式为:

$$应纳税额 = 销售数量 × 定额税率 + 销售额 × 比例税率$$

四、消费税计税依据的其他规定

(一)通用规定

(1)纳税人通过自设非独立核算门市部销售的自产应税消费品,应当按照门市部对外销售额或者销售数量征收消费税。

(2)纳税人用于换取生产资料和消费资料,投资入股和抵偿债务等方面的应税消费品,应当以纳税人同类应税消费品的最高销售价格作为计税依据来计算消费税。

(二)卷烟计税价格的规定

卷烟消费税最低计税价格核定范围,为卷烟生产企业在生产环节销售的所有牌号、规格的卷烟。计税价格由国家税务总局按照卷烟批发环节销售价格扣除卷烟批发毛利核定并发布。

未经国家税务总局核定计税价格的新牌号、新规格卷烟,生产企业应按卷烟调拨价格申报纳税。

已经国家税务总局核定计税价格的卷烟,生产企业实际销售价格高于计税价格的,按实际销售价格确定适用税率,计算并申报纳税;实际销售价格低于计税价格的,按计税价格确定适用税率,计算并申报纳税。

(三)白酒最低计税价格的规定

1. 核定范围

白酒生产企业销售给销售单位的白酒,生产企业消费税计税价格低于销售单位对外销售价格(不含增值税,下同)70%以下的,税务机关应核定消费税最低计税价格。

纳税人将委托加工收回的白酒销售给销售单位,消费税计税价格低于销售单位对外销售价格(不含增值税)70％以下的,税务机关也应核定消费税最低计税价格。

销售单位依据协定价格从白酒生产企业购进白酒,同时承担大部分包装材料等成本费用并负责销售白酒,销售单位与该白酒生产企业存在关联性质。

2. 核定标准

白酒生产企业销售给销售单位的白酒,生产企业消费税计税价格大于等于销售单位对外销售价格 70％的,税务机关暂不核定消费税最低计税价格;而小于 70％的,税务机关核定消费税最低计税价格原则上应为销售单位对外销售价格的 60％。

已核定最低计税价格的白酒,其销售单位对外销售价格持续上涨或下降时间达到 3 个月以上且累计上涨或下降幅度在 20％(含)以上的,税务机关重新核定最低计税价格。

3. 计税价格的适用

已核定最低计税价格的白酒,生产企业实际销售价格高于消费税最低计税价格的,按实际销售价格申报纳税;实际销售价格低于消费税最低计税价格的,按最低计税价格申报纳税。

(四) 金银首饰销售额的规定

销售金银首饰和非金银首饰的生产、经营单位,应分别核算各自的销售额。不能分别核算的,在生产环节销售的,一律从高适用税率征收消费税;在零售环节销售的,一律按金银首饰征收消费税。

金银首饰与其他产品组成成套消费品销售的,应按销售额全额征收消费税。包装物随同金银首饰销售的,应并入金银首饰的销售额征收消费税。

带料加工的金银首饰,应按受托方销售同类金银首饰的销售价格确定计税价格征收消费税,没有同类金银首饰销售价格的,按照组成计税价格计算纳税。

纳税人采用以旧换新(含翻新改制)方式销售的金银首饰,应按实际收取的不含增值税的全部价款确定计税依据征收消费税。

任务三
消费税会计核算

一、消费税的核算内容和科目

核算应交消费税,企业应在“应交税费”科目下设置“应交消费税”明细科目,核算应交消费税的发生、缴纳情况。该科目贷方登记应缴纳的消费税,借方登记已缴纳的消费税,期末贷方余额,反映企业尚未缴纳的消费税,期末借方余额,反映企业多缴纳的消费税。

生产企业销售应税消费品,部分企业批发、零售应税消费品缴纳的消费税应作为生产经营费用,记入“税金及附加”科目。

委托加工环节缴纳的消费税,分两种情况处理。如果收回的加工物资用于连续生产应税消费品的,消费税准予扣除,应记入“应交税费——应交消费税”科目的借方;如果收回的加工物资直接对外出售,消费税应计入加工物资的成本。

进口环节缴纳的消费税应作为进口货物的采购成本,应计入相应的原材料、库存商品、固定资产的成本。

纳税人自产自用的应税消费品,除用于连续生产应税消费品外,凡用于生产非应税消费品、在建工程、管理部门、非生产机构、提供劳务,以及用于馈赠、赞助、集资、广告、样品、职工福利、奖励等方面,应按适用税率缴纳消费税。缴纳的消费税相应计入生产成本、在建工程、管理费用、销售费用,以及应付职工薪酬、营业外支出等。

二、生产销售环节消费税核算

纳税人在生产销售环节应缴纳的消费税,包括直接对外销售应税消费品应缴纳的消费税和自产自用应税消费品应缴纳的消费税。

(一)直接对外销售应纳消费税的核算

纳税人生产应税消费品,直接对外销售的,于销售时根据销售额或销售数量缴纳消费税。根据应税消费品的适用情况,分别按照从价定率、从量定额和从价从量复合计税的方法计算应交消费税并确认。

1. 从价定率计税

【学中做 3-1】呈祥珠宝店为增值税一般纳税人,2024 年 3 月零售金银首饰,开出增值税普通发票,取得不含增值税销售额 100 万元,增值税税额 13 万元;零售珠宝、玉石等,开具增值税普通发票,取得不含增值税销售额 50 万元,增值税税额 6.5 万元。计算该珠宝店当月应缴纳的消费税并进行相关会计处理。

【解析】珠宝店零售金银首饰属于消费税的征税范围,应计算缴纳消费税,而零售珠宝、玉石不属于消费税征收范围。零售金银首饰适用从价定率计算消费税,比例税率为 5%。

当月应纳消费税税额 = 100 × 5% = 5(万元)

【会计处理】

(1)确认销售收入:

借:银行存款		1 695 000
贷:主营业务收入——金银首饰		1 000 000
——珠宝玉石		500 000
应交税费——应交增值税(销项税额)		195 000

(2)核算应交消费税:

借:税金及附加		50 000
贷:应交税费——应交消费税		50 000

2. 从量定额计税

【学中做 3-2】某黄酒生产企业为增值税一般纳税人,2024 年 1 月生产黄酒 220 吨,当月全部销售完毕,销售收入为 452 万元(含增值税)。计算该黄酒生产企业当月应缴纳的消费税并进行相应的会计处理。

【解析】黄酒属于消费税的征税范围,适用从量定额方法计算消费税。黄酒定额税率为 240 元/吨。

当月应纳消费税税额 = 220 × 240 = 52 800(元)

【会计处理】

(1)确认销售收入:

借:银行存款(应收账款等)		4 520 000
贷:主营业务收入——黄酒		4 000 000
应交税费——应交增值税(销项税额)		520 000

（2）核算应交消费税：

借：税金及附加   52 800

  贷：应交税费——应交消费税   52 800

3．从价从量复合计税

【学中做 3-3】某白酒厂为增值税一般纳税人，2024 年 3 月销售自产粮食白酒 20 吨，开具的增值税专用发票上注明销售额 300 万元，增值税 39 万元。另外向经销商收取品牌使用费 45.2 万元，计算该酒厂当月应缴纳的消费税并进行相关会计处理。

【解析】白酒是从价从量复合计税的产品。本例中向经销商收取的白酒品牌使用费应作为价外费用，并按销售额纳税。

（1）从价计征的消费税税额 = [3 000 000 + 452 000 ÷ (1 + 13%)] × 20% = 3 400 000 × 20% = 680 000（元）

（2）从量计征的消费税税额 = 20 × 2 000 × 0.5 = 20 000（元）

（3）当月应纳消费税税额 = 680 000 + 20 000 = 700 000（元）

【会计处理】

（1）确认销售收入：

借：银行存款（应收账款等）   3 842 000

  贷：主营业务收入——粮食白酒   3 000 000

    其他业务收入——品牌使用费   400 000

    应交税费——应交增值税（销项税额）   442 000

（2）核算应交消费税：

借：税金及附加   700 000

  贷：应交税费——应交消费税   700 000

（二）自产自用应纳消费税的核算

自产自用，就是纳税人生产应税消费品用于自己连续生产应税消费品或用于其他方面。这种自产自用应税消费品的情况，在实际经济活动中很常见。例如，企业把自己生产的应税消费品以福利或奖励等形式发给职工；石化企业把自己生产的柴油用于本单位基建工程的车辆、设备；小汽车生产企业将自产小汽车赞助给汽车拉力赛赛手使用，兼作商品广告。以上这些情况，都没有产生现金流入或其他直接收益，可能不符合收入确认条件，会计核算上没有作为收入，但按照税法规定，自产自用的绝大多数都是缴纳消费税的。具体按下列两种情形确定。

1．用于连续生产应税消费品

用于连续生产应税消费品是指纳税人将自产的应税消费品作为直接材料生产最终应税消费品，最终应税消费品销售时也需要缴纳消费税，那么作为原材料的应税消费品，就可以不纳税；如卷烟企业生产的烟丝连续用于生产卷烟。

2．用于其他方面的应税消费品

用于其他方面的应税消费品，是指纳税人将自产应税消费品用于生产非应税消费品、在建工程、管理部门、非生产机构、提供劳务、馈赠、赞助、集资、广告、样品、职工福利、奖励等方面，应于移送使用时纳税。

3．组成计税价格的计算公式

纳税人自产自用的应税消费品，按照纳税人生产的同类消费品的销售价格计算应纳税额。同类消费品的销售价格，是指纳税人或者代收代缴义务人当月销售的同类消费品的销售价格，

如果当月同类消费品各期销售价格高低不同,应按销售数量加权平均计算。但销售价格明显偏低并无正当理由的、无销售价格的,不得列入加权平均计算。

如果当月无销售,应按照同类消费品最近月份的销售价格计算纳税。没有同类消费品销售价格的,按照组成计税价格计算纳税。组成计税价格计算公式如下:

实行从价定率计算纳税:

$$组成计税价格=(成本+利润)÷(1-比例税率)$$
$$应纳税额=组成计税价格×比例税率$$

实行复合计税计算纳税:

$$组成计税价格=(成本+利润+自产自用数量×定额税率)÷(1-比例税率)$$
$$应纳税额=组成计税价格×比例税率+自产自用数量×定额税率$$

上述公式中的"成本"是指应税消费品的生产成本,"利润"是指根据应税消费品的全国平均成本利润率计算的利润。应税消费品全国平均成本利润率根据国家税务总局颁布的《消费税若干具体问题的规定》确定,具体如表 3-3 所示。

表 3-3　平均成本利润率表

序号	货物名称	利润率/%	序号	货物名称	利润率/%
1	甲类卷烟	10	11	贵重首饰及珠宝玉石	6
2	乙类卷烟	5	12	摩托车	6
3	雪茄烟	5	13	高尔夫球及球具	10
4	烟丝	5	14	高档手表	20
5	电子烟	10	15	游艇	10
6	粮食白酒	10	16	木制一次性筷子、实木地板	5
7	薯类白酒	5	17	乘用车	8
8	其他酒	5	18	中轻型商用客车	5
9	高档化妆品	5	19	电池	4
10	鞭炮、烟火	5	20	涂料	7

4. 自产自用应税消费品业务举例

【学中做 3-4】2024 年 8 月,某石化公司基建工程处领用仓库成品油 20 吨,用于本公司厂房建造和设备安装工程。柴油 1 吨 = 1 176 升,定额消费税为 1.20 元/升。该公司柴油平均批发价为 8 200 元/吨,生产成本 5 300 元/吨。计算该公司自产自用柴油当月应交消费税并进行相关会计处理。

【解析】根据消费税法规定,将自产应税消费品用于生产非应税消费品、在建工程的,于移送使用时纳税。所以在建工程领用柴油当月应交消费税。

柴油应交消费税 = 20×1 176×1.20 = 28 224(元)

【会计处理】

借:在建工程　　　　　　　　　　　　　　　　　　　　　　　　155 544

　　贷:库存商品　　　　　　　　　　　　　　　　　　　　　　　106 000

应交税费——应交增值税(销项税额)	21 320
——应交消费税	28 224

【学中做3-5】某地板生产企业 2024 年 3 月销售实木地板两批,第一批 1 000 平方米,每平方米 850 元,取得不含增值税销售收入 85 万元,增值税 11.05 万元;第二批 2 000 平方米,每平方米 800 元,取得不含增值税销售收入 160 万元,增值税 20.80 万元。以 400 平方米实木地板换回小轿车两辆,企业自用。实木地板消费税税率为 5%。计算该地板生产企业当月应缴纳的消费税并进行相关会计处理。

【解析】根据消费税法有关规定,纳税人用于换取生产资料和消费资料,投资入股和抵偿债务等方面的应税消费品,应当以纳税人同类应税消费品的最高销售价格作为计税依据计算消费税。本例中以 400 平方米地板交换汽车的计税价格应以第一批销售单价 850 元来计算。

当月应纳消费税税额 = $(850\ 000 + 1\ 600\ 000) \times 5\% + 400 \times 850 \times 5\% = 2\ 450\ 000 \times 5\% + 340\ 000 \times 5\% = 122\ 500 + 17\ 000 = 139\ 500$(元)

【会计处理】

(1) 销售实木地板:

借:银行存款(应收账款等)	2 768 500
贷:主营业务收入	2 450 000
应交税费——应交增值税(销项税额)	318 500

(2) 换入小汽车入账:

借:固定资产——小汽车	401 200
贷:主营业务收入	340 000
应交税费——应交增值税(销项税额)	44 200
——应交消费税	17 000

(3) 核算销售收入应交消费税:

借:税金及附加	122 500
贷:应交税费——应交消费税	122 500

【学中做3-6】某汽车制造公司 2024 年 1 月把自产的 10 辆小汽车赞助给环沙漠汽车拉力赛车队使用,并兼作商品广告,该批汽车排量为 2.0 升,平均销售单价(含增值税)为 11.3 万元,单位生产成本为 9 万元,适用消费税税率 5%。计算该批赞助小汽车应交消费税并进行相应的会计处理。

【解析】根据消费税法有关规定,纳税人将自产应税消费品用于生产非应税消费品、在建工程、管理部门、非生产机构、提供劳务、馈赠、赞助、集资、广告、样品、职工福利、奖励等方面的,应于移送使用时缴纳消费税。

应纳消费税税额 = $11\ 300 \div (1 + 13\%) \times 10 \times 5\% = 1\ 000\ 000 \times 5\% = 50\ 000$(元)

【会计处理】

借:营业外支出	1 080 000
贷:库存商品	900 000
应交税费——应交增值税(销项税额)	130 000
——应交消费税	50 000

【学中做3-7】某化妆品生产企业是增值税一般纳税人,2024 年 3 月将一批自产高档护肤类化妆品发给职工作为节日福利,生产成本为 35 000 元,市场销售价格(不含增值税)为 80 000 元;将新研制的香水发给经销商作为推广样品,没有市场销售价格,该批香水生产成本为

20 000元,成本利润率为5％。上述两种化妆品适用增值税税率13％,消费税税率15％,上述货物均已全部发出。计算该化妆品企业应缴纳的消费税并进行相应会计处理。

【解析】企业将自产高档护肤类化妆品用于集体福利,将新研制香水用于广告样品,都属于自产应税消费品用于其他方面,需要缴纳消费税。高档护肤类化妆品有销售价格,按照售价计算应纳消费税。新研制香水无同类产品售价,需用组成计税价格来计算应纳消费税。

(1)发给职工作福利的高档护肤类化妆品:

应纳增值税 = 80 000×13％ = 10 400(元)

应纳消费税 = 80 000×15％ = 12 000(元)

(2)新研制香水作为广告样品:

组成计税价格 = 20 000×(1＋5％)÷(1－15％) = 24 705.88(元)

应交增值税 = 24 705.88×13％ = 3 211.76(元)

应交消费税 = 24 705.88×15％ = 3 705.88(元)

【会计处理】

(1)自产产品发给职工作为福利:

借:应付职工薪酬	102 400
贷:主营业务收入	80 000
应交税费——应交增值税(销项税额)	10 400
——应交消费税	12 000

(2)自产产品作为样品:

借:销售费用——样品费	26 917.64
贷:库存商品——香水	20 000.00
应交税费——应交增值税(销项税额)	3 211.76
——应交消费税	3 705.88

三、委托加工环节消费税核算

1.委托加工应税消费品的确定

委托加工应税消费品,是指由委托方提供原料和主要材料,受托方只收取加工费和代垫部分辅助材料加工的应税消费品。

判断是否为委托加工应税消费品的关键是委托方是否提供原料和主要材料。受托方提供原材料生产的应税消费品,或者受托方先将原材料卖给委托方,再接受加工的应税消费品,以及由受托方以委托方名义购进原材料生产的应税消费品,不论在财务上如何核算,都不得作为委托加工应税消费品,而应当按照销售自产应税消费品缴纳消费税。

2.代收代缴税款的规定

委托加工应税消费品的,受托方在向委托方交货时代收代缴税款,委托方为消费税的纳税义务人。委托个人(含个体户)加工的应税消费品,即受托方为个人的,由委托方收回产品后自行缴纳消费税。

3.计税价格的确定

委托加工的应税消费品,按照受托方的同类消费品的销售价格计算纳税,同类消费品的销售价格是指受托方(即税款代收代缴义务人)当月销售的同类消费品的销售价格,如果当月同类消费品销售价格高低不同,应按销售数量加权平均计算。但销售价格明显偏低和无销售价格的应税消费品,不得列入加权平均计算。

　　如果当月无销售价格，应按照同类消费品最近月份的销售价格计算纳税。没有同类消费品销售价格的，按照组成计税价格计算纳税。

　　从价定率的组成计税价格公式：

$$组成计税价格 = (材料成本 + 加工费) \div (1 - 比例税率)$$
$$应纳税额 = 组成计税价格 \times 比例税率$$

　　复合计税的组成计税价格公式：

$$组成计税价格 = (材料成本 + 加工费 + 定额消费税) \div (1 - 比例税率)$$
$$应纳税额 = 组成计税价格 \times 比例税率 + 委托加工数量 \times 定额税率$$

　　上述公式中的"材料成本"是指委托方提供的原料和主要材料的实际成本。"加工费"是指受托方加工应税消费品向委托方所收取的全部费用（包括代垫辅助材料的实际成本）。

　　委托方收回委托加工的应税消费品后，直接出售的，不再缴纳消费税；以高于受托方组成计税价格出售的，需按差额补缴消费税。

　　4．委托加工应税消费品业务举例

　　【学中做 3-8】2024 年 3 月，某化妆品生产企业受托加工一批高档化妆品，委托方提供的原材料成本为 30 000 元，该企业收取加工费 10 000 元、代垫辅助材料款 2 500 元。该企业没有同类化妆品销售价格，按照组成计税价格计税，高档化妆品增值税税率为 13%，消费税税率为 15%。计算该企业加工高档化妆品应代收代缴的消费税并进行会计处理。

　　【解析】委托加工的应税消费品，按照受托方的同类消费品的销售价格计算纳税；没有同类消费品销售价格的，按照组成计税价格计算纳税。本例中该高档化妆品没有同类产品售价，应按组成计税价格计算。

　　（1）组成计税价格 = (30 000 + 10 000 + 2 500) ÷ (1 − 15%) = 42 500 ÷ (1 − 15%) = 50 000(元)

　　（2）当月应纳消费税税额 = 50 000 × 15% = 7 500(元)

　　【会计处理】

　　（1）收到委托方提供的原材料，不作会计分录，只作备查登记。

　　（2）加工完成交货，向委托方收取加工费、增值税、代垫辅料款和消费税。

借：应收账款　　　　　　　　　　　　　　　　　　　　　　　　　21 300
　　贷：主营业务收入　　　　　　　　　　　　　　　　　　　　　　10 000
　　　　应交税费——应交增值税（销项税额）　　　　　　　　　　　　1 300
　　　　　　　　　——应交消费税　　　　　　　　　　　　　　　　　7 500
　　　　银行存款　　　　　　　　　　　　　　　　　　　　　　　　 2 500

　　【学中做 3-9】M 白酒生产企业（以下简称"M 企业"）是增值税一般纳税人，2024 年 3 月接受 N 大药房委托生产一批人参滋补药酒，仓库收到 2 050 斤白酒，价为 22 000 元（不含增值税），人参一批，价值为 30 000 元。M 企业按每斤成品滋补药酒收取加工费（不含税）10 元。当月 N 大药房收回人参滋补药酒 2 000 瓶，每瓶 500 克。白酒消费税为比例税率 20%，定额税率为每 500 克 0.5 元。计算 M 企业代收代缴消费税并进行相应会计处理。

　　【解析】按照税法有关规定，以白酒为酒基加入药材和其他药物、辅料，委托加工制作的滋补药酒，应作为白酒从价从量复合征收消费税。

　　（1）从量计征的消费税额 = 2 000 × 0.5 = 1 000(元)

（2）组成计税价格 = $(22\,000 + 30\,000 + 20\,000 + 1\,000) \div (1 - 20\%) = 73\,000 \div (1 - 20\%)$ = 91 250（元）

从价计征的消费税税额 = $91\,250 \times 20\% = 18\,250$（元）

（3）代收代缴消费税税额 = $18\,250 + 1\,000 = 19\,250$（元）

【会计处理】

（1）收到委托方提供的白酒和人参等原材料时，不作会计分录，只作备查登记。

（2）加工完成交货，向委托方收取加工费、增值税和消费税。

借：应收账款——N大药房　　　　　　　　　　　　　　　　41 850

　　贷：主营业务收入　　　　　　　　　　　　　　　　　20 000

　　　　应交税费——应交增值税（销项税额）　　　　　　 2 600

　　　　　　　　　——应交消费税　　　　　　　　　　　19 250

四、进口环节消费税核算

进口的应税消费品，由进口人或者其代理人向报关地海关申报纳税，进口应税消费品的收货人或办理报关手续的单位和个人为进口应税消费品消费税的纳税义务人，应当自海关填发海关进口消费税专用缴款书之日起15日内缴纳税款。

进口应税消费品消费税的税目、税率（税额）依照消费税税目税率表（表3-1）执行。纳税人进口应税消费品，按照组成计税价格和规定的税率计算应纳税额。计算方法如下：

1. 从价定率办法

组成计税价格 = （关税完税价格 + 关税）÷（1 - 消费税比例税率）

应纳税额 = 组成计税价格 × 消费税比例税率

2. 从量定额办法

应纳税额 = 进口数量 × 消费税定额税率

3. 复合计税办法

组成计税价格 = （关税完税价格 + 关税 + 进口数量 × 消费税定额税率）÷（1 - 消费税比例税率）

应纳税额 = 组成计税价格 × 消费税比例税率

【学中做3-10】 某商贸公司为增值税一般纳税人，2024年3月进口啤酒25 000箱，每箱24罐，每罐500毫升，货款折合人民币157万元，海关核定关税完税价格为157万元，已知进口啤酒关税为零，增值税税率为13%，消费税为250元/吨，啤酒换算单位为1吨 = 988升。计算该公司进口啤酒应缴纳的消费税并进行相应会计处理。

【解析】 啤酒为从量定额计征消费税的商品，进口环节消费税以进口数量与单位税额计算。

（1）应纳关税 = 0（元）

（2）应纳消费税 = $(25\,000 \times 24 \times 0.5 \div 988) \times 250 = 303.643\,7 \times 250 = 75\,910.93$（元）

（3）应纳增值税 = $(1\,570\,000 + 0 + 75\,910.93) \times 13\% = 1\,645\,910.93 \times 13\% = 213\,968.42$（元）

该批啤酒应向海关缴纳消费税75 910.93元，增值税213 968.42元，合计289 879.35元。

【会计处理】

该批啤酒的采购成本 = $1\,570\,000 + 75\,910.93 = 1\,645\,910.93$（元）

借：库存商品——啤酒　　　　　　　　　　　　　　　　 1 645 910.93

　　　　应交税费——应交增值税（进项税额）　　　　　　　　　　213 968.42
　　　　　贷：应付账款——外汇账款　　　　　　　　　　　　　　　1 570 000.00
　　　　　　银行存款　　　　　　　　　　　　　　　　　　　　　　289 879.35

　　【学中做 3-11】某汽车 4S 销售服务公司为增值税一般纳税人,2024 年 3 月进口 300 辆小汽车,海关核定关税完税价格为每辆 15 万元。已知小汽车关税税率为 25％,增值税税率为 13％,适用消费税税率 5％。计算该批进口小汽车应缴纳的消费税并进行相应会计处理。

　　【解析】小汽车为从价计征的应税消费品,消费税税率根据报关小汽车排量确定。进口环节计算消费税采用组成计税价格。

　　（1）应纳关税 = 150 000 × 300 × 25％ = 11 250 000(元)
　　（2）组成计税价格 = (45 000 000 + 11 250 000) ÷ (1 − 5％) = 59 210 526.32(元)
　　（3）应纳消费税 = 59 210 526.32 × 5％ = 2 960 526.32(元)
　　（4）应纳增值税 = 59 210 526.32 × 13％ = 7 697 368.42(元)

　　该批小汽车应向海关缴纳关税 11 250 000 元,消费税 2 960 526.32 元,增值税 7 697 368.42 元,合计 21 907 894.74 元。

　　【会计处理】
　　该批小汽车的采购成本 = 45 000 000 + 11 250 000 + 2 960 526.32 = 59 210 526.32(元)。
　　　借：库存商品——小汽车　　　　　　　　　　　　　　　　　59 210 526.32
　　　　应交税费——应交增值税(进项税额)　　　　　　　　　　7 697 368.42
　　　　　贷：应付账款——外汇账款　　　　　　　　　　　　　　45 000 000.00
　　　　　　银行存款　　　　　　　　　　　　　　　　　　　　21 907 894.74

五、已纳消费税的扣除

　　为了避免重复征税,现行消费税规定,外购和委托加工收回的应税消费品继续生产应税消费品销售的,外购和委托加工收回应税消费品已缴纳的消费税可以扣除。

(一) 外购应税消费品已纳税款的扣除

1. 外购应税消费品连续生产应税消费品

　　由于某些应税消费品是用外购已缴纳消费税的应税消费品作为原料和半成品生产出来的,对外购已税消费品连续生产应税消费品的,税法规定应按当期生产领用数量计算准予扣除外购应税消费品已纳的消费税税款。扣除范围包括:

　　①外购已税烟丝生产的卷烟;②外购已税高档化妆品生产的高档化妆品;③外购已税珠宝、玉石原料生产的贵重首饰及珠宝、玉石;④外购已税鞭炮、焰火生产的鞭炮焰火;⑤外购已税杆头、杆身和握把为原料生产的高尔夫球杆;⑥外购已税木制一次性筷子为原料生产的木制一次性筷子;⑦外购已税实木地板为原料生产的实木地板;⑧外购已税汽油、柴油、石脑油、燃料油、润滑油用于连续生产应税成品油。

　　上述当期准予扣除外购应税消费品已纳消费税税款的计算公式为:

　　当期准予扣除的外购应税消费品已纳税款 = 当期准予扣除的外购应税消费品买价 × 适用税率
　　当期准予扣除的外购应税消费品买价 = 期初库存外购应税消费品的买价 + 当期购进的外购应税消费品买价 − 期末库存的外购应税消费品买价

　　外购已税消费品的买价是指购货发票上注明的销售额(不包括增值税税款)。

　　另外,根据《葡萄酒消费税管理办法(试行)》的规定,自 2015 年 5 月 1 日起,从葡萄酒生产企业购进、进口葡萄酒连续生产应税葡萄酒的,准予从葡萄酒消费税应纳税额中扣除所耗用应税葡萄酒已纳消费税税款。如本期消费税应纳税额不足抵扣,余额留待下期抵扣。

2．外购应税消费品后销售的

对自己不生产应税消费品,而只是购进后再销售应税消费品的工业企业,其销售的化妆品、护肤护发品、鞭炮焰火和珠宝玉石,凡不能构成最终消费品直接进入消费品市场,而需要进一步加工、包装、贴标的或者组合的珠宝玉石、化妆品、酒、鞭炮焰火等,应当征收消费税,同时允许扣除上述外购应税消费品的已纳税款。

(二)委托加工应税消费品已纳税款的扣除

委托加工的应税消费品因为已由受托方代收代缴消费税,因此对委托加工收回的应税消费品连续生产应税消费品的,可按当期生产领用数量计算准予扣除已纳消费税税款。扣除范围包括:

①以委托加工收回的已税烟丝为原料生产的卷烟;②以委托加工收回的已税高档化妆品为原料生产的高档化妆品;③以委托加工收回的已税珠宝、玉石为原料生产的贵重首饰及珠宝、玉石;④以委托加工收回的已税鞭炮、焰火为原料生产的鞭炮、焰火;⑤以委托加工收回的已税杆头、杆身和握把为原料生产的高尔夫球杆;⑥以委托加工收回的已税木制一次性筷子为原料生产的木制一次性筷子;⑦以委托加工收回的已税实木地板为原料生产的实木地板;⑧以委托加工收回的已税汽油、柴油、石脑油、燃料油、润滑油为原料生产的成品油。

上述当期准予扣除委托加工收回的应税消费品已纳消费税税款的计算公式为:

当期准予扣除的委托加工应税消费品已纳税款＝期初库存的委托加工应税消费品已纳税款＋当期收回的委托加工应税消费品已纳税款－期末库存的委托加工应税消费品已纳税款

需要注意的是,纳税人用委托加工收回的已税珠宝玉石生产的改在零售环节征收消费税的金银首饰,在计税时一律不得扣除委托加工收回的珠宝玉石的已纳消费税税款。

(三)已纳消费税扣除核算举例

【学中做3-12】某地板生产企业是增值税一般纳税人,生产的实木地板具有较高知名度。2024年开始从其他企业购入实木地板重新加工,包装成为高档实木地板销售。3月外购实木地板,取得的增值税专用发票上注明价款100万元,增值税税额13万元。外购实木地板期初库存为2万元,期末库存为3万元。本月销售实木地板500万元(不含增值税)。实木地板适用消费税税率5％。计算本月准予扣除消费税、应交消费税并进行相应会计处理。

【解析】外购已税实木地板为原料生产的实木地板,税法规定应按当期生产领用数量计算准予扣除外购应税消费品已纳的消费税税款。

(1)生产领用实木地板的买价＝20 000＋1 000 000－30 000＝990 000(元)

(2)当期准予扣除的消费税＝990 000×5％＝49 500(元)

【会计处理】

(1)外购实木地板:

借:原材料——外购半成品——实木地板	1 000 000
应交税费——应交增值税(进项税额)	130 000
贷:银行存款(应付账款等)	1 130 000

(2)计算当期准予扣除的消费税:

借:应交税费——应交消费税	49 500
贷:税金及附加	49 500

(3)期末计算本月应交消费税:

销售应交消费税＝5 000 000×5％＝250 000(元)

借：税金及附加　　　　　　　　　　　　　　　　　　　　　　250 000
　　贷：应交税费——应交消费税　　　　　　　　　　　　　　　　　　250 000

本月应交消费税 = 250 000 − 49 500 = 200 500（元）

【学中做 3-13】2024 年 3 月，A 化妆品生产企业委托 B 化妆品企业加工一批高档化妆品，发往 B 企业原材料成本 300 000 元，支付加工费、辅料款 125 000 元。B 企业没有同类化妆品销售价格，按照组成计税价格计价，高档化妆品增值税税率为 13%，消费税税率为 15%。A 企业收回高档化妆品继续生产高档化妆品。计算 A 企业收回高档化妆品应支付的消费税并进行相关会计处理。

【解析】委托加工的应税消费品，按照受托方同类消费品的销售价格计算纳税；没有同类消费品销售价格的，按照组成计税价格计算纳税。本例中该高档化妆品没有同类产品售价，应按组成计税价格计算。

（1）组成计税价格 = (300 000 + 125 000) ÷ (1 − 15%) = 425 000 ÷ (1 − 15%) = 500 000（元）

（2）应纳消费税 = 500 000 × 15% = 75 000（元）

应交增值税 = 500 000 × 13% = 65 000（元）

【会计处理】

（1）发出原料材料委托加工：

借：委托加工物资——高档化妆品　　　　　　　　　　　　　　300 000
　　贷：原材料　　　　　　　　　　　　　　　　　　　　　　　　　300 000

（2）支付加工费、增值税和消费税：

借：委托加工物资——高档化妆品　　　　　　　　　　　　　　125 000
　　应交税费——应交增值税（进项税额）　　　　　　　　　　　65 000
　　　　　　　——应交消费税　　　　　　　　　　　　　　　　　75 000
　　贷：银行存款　　　　　　　　　　　　　　　　　　　　　　　　265 000

（3）加工完成，货物收回入库：

借：原材料　　　　　　　　　　　　　　　　　　　　　　　　425 000
　　贷：委托加工物资——高档化妆品　　　　　　　　　　　　　　　425 000

六、消费税出口退税

对纳税人出口应税消费品，免征消费税；国务院另有规定的除外。

（一）消费税出口退税政策

1. 出口免税并退税

有出口经营权的外贸企业购进应税消费品直接出口，以及外贸企业受其他外贸企业委托代理出口应税消费品。外贸企业只有受其他外贸企业委托，代理出口应税消费品才可办理退税，外贸企业受其他企业（主要是非生产性的商贸企业）委托，代理出口应税消费品是不予退（免）税的。

2. 出口免税但不退税

有出口经营权的生产性企业自营出口或生产企业委托外贸企业代理出口自产的应税消费品，依据其实际出口数量免征消费税，不予办理退还消费税。免征消费税是指对生产性企业按其实际出口数量免征生产环节的消费税。不予办理退还消费税，因已免征生产环节的消费税，该应税消费品出口时，已不含有消费税，所以不需要再办理退还消费税。

3. 出口不免税也不退税

除生产企业、外贸企业外的其他企业，具体是指一般商贸企业，这类企业委托外贸企业代

理出口应税消费品一律不予退（免）税。

（二）消费税出口退税的计税依据

出口货物的消费税应退税额的计税依据，按购进出口货物的消费税专用缴款书和海关进口消费税专用缴款书确定。

属于从价定率计征消费税的，为已征且未在内销应税消费品应纳税额中抵扣的购进出口货物金额；属于从量定额计征消费税的，为已征且未在内销应税消费品应纳税额中抵扣的购进出口货物数量；属于复合计征消费税的，按从价定率和从量定额的计税依据分别确定。

（三）消费税出口退税的计算

消费税应退税额的计算公式如下：

消费税应退税额＝从价定率计征消费税的退税计税依据×比例税率＋从量定额计征消费税的退税计税依据×定额税率

任务四
消费税申报管理

一、纳税义务发生时间

消费税纳税义务发生时间，以货款结算方式或行为发生时间分别确定。

（1）纳税人销售应税消费品的，按不同的销售结算方式确定，分别为：

①采取赊销和分期收款结算方式的，为书面合同约定的收款日期的当天，书面合同没有约定收款日期或者无书面合同的，为发出应税消费品的当天；②采取预收货款结算方式的，为发出应税消费品的当天；③采取托收承付和委托收款方式销售应税消费品的，为发出应税消费品并办妥托收手续的当天；④采取其他结算方式的，为收讫销售款或者取得索取销售款凭据的当天。

（2）纳税人自产自用应税消费品的，为移送使用的当天。

（3）纳税人委托加工应税消费品的，为纳税人提货的当天。

（4）纳税人进口应税消费品的，为报关进口的当天。

二、纳税期限

消费税的纳税期限分别为 1 日、3 日、5 日、10 日、15 日、1 个月或者 1 个季度。

纳税人以 1 个月或者 1 个季度为 1 个纳税期的，自期满之日起 15 日内申报纳税；以 1 日、3 日、5 日、10 日或者 15 日为 1 个纳税期的，自期满之日起 5 日内预缴税款，于次月 1 日起 15 日内申报纳税并结清上月应纳税款。

纳税人进口应税消费品，应当自海关填发海关进口消费税专用缴款书之日起 15 日内缴纳税款。

三、纳税地点

（1）纳税人销售的应税消费品，以及自产自用的应税消费品，除国务院财政、税务主管部门另有规定外应当向纳税人机构所在地或居住地的主管税务机关申报纳税。

（2）委托加工的应税消费品，除受托方为个人外，由受托方向机构所在地或居住地的主管

税务机关解缴消费税税款。委托个人加工的应税消费品,由委托方向其机构所在地或者居住地主管税务机关申报纳税。

（3）纳税人到外县(市)销售或者委托外县(市)代销自产应税消费品的,于应税消费品销售后,向机构所在地或者居住地主管税务机关申报纳税。

纳税人的总机构与分支机构不在同一县(市)的,应当分别向各自机构所在地的主管税务机关申报纳税;经财政部、国家税务总局或者其授权的财政、税务机关批准,可以由总机构汇总向总机构所在地的主管税务机关申报纳税。

（4）进口的应税消费品,由进口人或者其代理人向报关地海关申报纳税。此外,个人携带或者邮寄进境的应税消费品,连同关税由海关一并计征。

任务五
消费税智慧化申报实训

一、企业信息

企业名称:北京涉税教学有限公司　　　　企业增值税类型:一般纳税人

信用等级:A　　　　　　　　　　　　注册资本:10 000 000 元

企业行业:涉及所有教学行业　　　　　企业注册登记类型:有限责任公司

企业所在地区:北京市东城区　　　　　组织机构代码:282647106

社会统一信用代码:91110101282647

1060　　　　　　　　　　　　　　　授信总额度:20 000 000 元

企业地址:北京市东城区天坛街道永康路 7460 号　　企业电话:010-69546312

法人代表:陈姿汐

二、企业业务资料

2023 年 3 月酒类销售情况如下:

（1）本月销售夏威夷牌啤酒(500 ml×12 听)49 400 箱,不含税价为每箱 48 元,销售额为 2 371 200 元。

（2）本月销售雪晶牌啤酒(500 ml×12 瓶)29 640 箱,不含税价为每箱 15 元,销售额为 444 600 元。

（3）本月销售菩提牌白酒(500 ml×4 瓶)12 600 箱,共 25.2 吨,销售额为 12 600 000 元。

备注:

（1）啤酒 1 KL = 1/0.988 吨。

（2）白酒 1 KL = 1 吨。

（3）菩提白酒属于粮食白酒。

三、消费税计税和纳税申报表填报

（一）消费税计税

1. 夏威夷牌听装啤酒应交消费税税额

销售 49 400 箱折合吨数 = 49 400×6 升÷1 000÷0.988 = 300(吨)

每吨价格 = 2 371 200÷300 = 7 904(元/吨)

因此,适用定额税率 250 元/吨,应交消费税 = 300×250 = 75 000(元)。

2.夏威夷牌瓶装啤酒应交消费税税额

销售 29 640 箱折合吨数 = 29 640×6 升÷1 000÷0.988 = 180(吨)

每吨价格 = 444 600÷180 = 2 470(元/吨)

因此,适用定额税率 220 元/吨,应交消费税 = 180×220 = 39 600(元)。

3.菩提牌白酒应交消费税税额

应交消费税 = 25 200×2×0.5 + 12 600 000×20% = 2 545 200(元)

(二)消费税及附加税费申报表填报

本实训只填报主表"消费税及附加税费申报表"(表 3-4)和附表六"消费税附加税费计算表"(表 3-11),其他附表无需要填报,仅作列示(表 3-5—表 3-10)。

表 3-4　消费税及附加税费申报表

税款所属期:自 2023 年 3 月 1 日至 2023 年 3 月 31 日

纳税人识别号(统一社会信用代码):911101012826471060

纳税人名称:北京涉税教学有限公司　　　　　　　　　　　　金额单位:人民币元(列至角分)

项　　　目	适用税率		计量单位	本期销售数量	本期销售额	本期应纳税额
	定额税率	比例税率				
	1	2	3	4	5	6 = 1×4 + 2×5
粮食白酒	0.5	20%	500 ml	50 400	12 600 000	2 545 200.00
啤酒	250		吨	300		75 000.00
啤酒	220		吨	180		39 600.00
合计	—	—	—	—	—	2 659 800.00

	栏次	本期税费额
本期减(免)税额	7	
期初留抵税额	8	
本期准予扣除税额	9	
本期应扣除税额	10 = 8 + 9	
本期实际扣除税额	11[10<(6−7),则为 10,否则为 6−7]	
期末留抵税额	12 = 10 − 11	
本期预缴税额	13	
本期应补(退)税额	14 = 6 − 7 − 11 − 13	2 659 800.00
城市维护建设税本期应补(退)税额	15	186 186.00
教育费附加本期应补(退)费额	16	79 794.00
地方教育附加本期应补(退)费额	17	53 196.00

声明:此表是根据国家税收法律法规及相关规定填写,本人(单位)对填报内容(及附带资料)的真实性、可靠性、完整性负责。

纳税人(签章):　　　年　月　日

经办人: 经办人身份证号: 代理机构签章: 代理机构统一社会信用代码:	受理人: 受理税务机关(章): 受理日期:　　年　月　日

表 3-5 本期准予扣除税额计算表(附表 1-1)   金额单位:元(列至角分)

准予扣除项目		应税消费品名称				合计
一、本期准予扣除的委托加工应税消费品已纳税款计算	期初库存委托加工应税消费品已纳税款	1				
	本期收回委托加工应税消费品已纳税款	2				
	期末库存委托加工应税消费品已纳税款	3				
	本期领用不准予扣除委托加工应税消费品已纳税款	4				
	本期准予扣除委托加工应税消费品已纳税款	$5 = 1 + 2 - 3 - 4$				
二、本期准予扣除的外购应税消费品已纳税款计算	(一) 从价计税	期初库存外购应税消费品买价	6			
		本期购进应税消费品买价	7			
		期末库存外购应税消费品买价	8			
		本期领用不准予扣除外购应税消费品买价	9			
		适用税率	10			
		本期准予扣除外购应税消费品已纳税款	$11 = (6 + 7 - 8 - 9) \times 10$			
	(二) 从量计税	期初库存外购应税消费品数量	12			
		本期外购应税消费品数量	13			
		期末库存外购应税消费品数量	14			
		本期领用不准予扣除外购应税消费品数量	15			
		适用税率	16			
		计量单位	17			
		本期准予扣除的外购应税消费品已纳税款	$18 = (12 + 13 - 14 - 15) \times 16$			
三、本期准予扣除税款合计			$19 = 5 + 11 + 18$			

表 3-6 本期准予扣除税额计算表(附表 1-2)

一、扣除税额及库存计算

金额单位:元(列至角分)

扣除油品类别	上期库存数量	本期外购入库数量	委托加工收回连续生产数量	本期准予扣除数量	本期准予扣除税额	本期领用未用于连续生产不准予扣除数量	期末库存数量
1	2	3	4	5	6	7	$8 = 2 + 3 + 4 - 5 - 7$
汽　油							
柴　油							
石脑油							
润滑油							
燃料油							
合　计							

二、润滑油基础油(废矿物油)和变性燃料乙醇领用存

产品名称	上期库存数量	本期入库数量	本期生产领用数量	期末库存数量
1	2	3	4	5 = 2 + 3 − 4
润滑油基础油(废矿物油)				
变性燃料乙醇				

表 3-7　本期减(免)税额明细表(附表 2)　　　　金额单位:元(列至角分)

项　　目	减(免)性质代码	减(免)项目名称	减(免)税销售额	适用税率(从价定率)	减(免)税销售数量	适用税率(从量定额)	减(免)税额
1	2	3	4	5	6	7	8 = 4×5 + 6×7
出口免税							
合　计							

表 3-8　本期委托加工收回情况报告表(附表 3)

一、委托加工收回应税消费品代收代缴税款情况

金额单位:元(列至角分)

应税消费品名称	商品和服务税收分类编码	委托加工收回应税消费品数量	委托加工收回应税消费品计税价格	适用税率		受托方已代收代缴的税款	受托方(扣缴义务人)名称	受托方(扣缴义务人)识别号	税收缴款书(代扣代收专用)号码	税收缴款书(代扣代收专用)开具日期
				定额税率	比例税率					
1	2	3	4	5	6	7 = 3×5 + 4×6	8	9	10	11

二、委托加工收回应税消费品领用存情况

应税消费品名称	商品和服务税收分类编码	上期库存数量	本期委托加工收回入库数量	本期委托加工收回直接销售数量	本期委托加工收回用于连续生产数量	本期结存数量
1	2	3	4	5	6	7 = 3 + 4 − 5 − 6

表 3-9 卷烟批发企业月份销售明细清单(附表 4)
(卷烟批发环节消费税纳税人适用)

卷烟条包装商品条码	卷烟牌号规格	卷烟类别	卷烟类型	销售价格	销售数量	销售额	备注
1	2	3	4	5	6	7	8

表 3-10 卷烟生产企业合作生产卷烟消费税情况报告表(附表 5)
(卷烟生产环节消费税纳税人适用)

品牌输出方		品牌输入方		卷烟条包装商品条码	卷烟牌号规格	销量	销售价格	销售额	品牌输入方已缴纳税款
企业名称	统一社会信用代码	企业名称	统一社会信用代码						
1	2	3	4	5	6	7	8	9	10
合计							—		

表 3-11 消费税附加税费计算表(附表 6) 金额单位:元(列至角分)

本期是否适用小微企业"六税两费"减免政策		□是□否		减免政策适用主体	增值税小规模纳税人:□是□否				
					增值税一般纳税人:□个体工商户□小型微利企业				
				适用减免政策起止时间	年 月 至 年 月				
税(费)种	计税(费)依据	税(费)率(%)	本期应纳税(费)额	本期减免税(费)额		小微企业"六税两费"减免政策		本期已缴税(费)额	本期应补(退)税(费)额
	消费税税额			减免性质代码	减免税(费)额	减征比例(%)	减征额		
	1	2	3＝1×2	4	5	6	7＝(3－5)×6	8	9＝3－5－7－8
城市维护建设税	2 659 800.00	7	186 186.00						186 186.00
教育费附加	2 659 800.00	3	79 794.00						79 794.00
地方教育附加	2 659 800.00	2	53 196.00						53 196.00
合 计	—	—	319 176.00	—					319 176.00

本例,除主表和附表 6 需要填报外,其他附表为零报表

四、消费税智慧化申报模拟

　　步骤 1：登录"EPC 金税平台——智能税务申报与管理"教学平台。以给定的学生账号和密码登录教学平台和已开设的课程，如图 3-1、图 3-2 所示。

图 3-1　"EPC 金税平台——智能税务申报与管理"教学平台

　　进入课程后，点击模拟"北京市电子税务局"按钮，以教学系统默认的企业统一信用代码和密码登录，"验证"登录教学模拟的"国家税务总局北京市电子税务局"，如图 3-2 所示。

图 3-2　"智能税务申报与管理"实训内容

　　步骤 2：进入申报清册页面，左侧的"申报税（费）清册—按期应申报"中，选择"消费税申报—酒类"，点击"填写申报表"进入消费税申报页面，如图 3-3 所示。

图 3-3 申报税(费)清册

步骤 3:本例中除附表"消费税附加税费计算表"需要填报,其他附表均为零报。因此,直接在主表填报粮食白酒和两种啤酒的销售数量、销售额,以及定额税率和比例税率,自动算出应纳税额,如图 3-4 所示。

图 3-4 消费税附加税费申报页面

按照实训资料填报粮食白酒、啤酒的比例税率、不同定额税率,以及销售金额、销售数量后,税额会自动算出,如图 3-5 所示。再分别打开"本期准予扣除税额计算表""本期减(免)税额明细表""本期委托加工收回情况报告表",不需要填报(空报),如图 3-6、图 3-7、图 3-8 所示。

消费税及附加税费申报表

纳税人识别号(统一社会信用代码):91330205711923283R　税款所属期:自 2023-03-01 至 2023-03-31
纳税人名称:建发酒业有限公司　　　　　　　　　　　　　　金额单位:元(列至角分)

应税消费品名称	适用税率		计量单位	本期销售数量	本期销售额	本期应纳税额
	定额税率	比例税率				
	1	2	3	4	5	6=1×4+2×5
粮食白酒	0.5	20%	500 克(毫升)	50 400.00	12 600 000.00	2 545 200.00
啤酒	250	%	吨	300.00	2 371 200.00	75 000.00
啤酒	220	%	吨	180.00	444 600.00	39 600.00
		%				0.00
		%				0.00
合计	—	—	—	—	—	2 659 800.00

	栏次	本期税费额
本期减(免)税额	7	0.00
期初留抵税额	8	0.00
本期准予扣除税额	9	0.00
本期应扣除税额	10=8+9	0.00
本期实际扣除税额	11[10<(6-7),则为10,否则为6-7]	0.00
期末留抵税额	12=10-11	0.00
本期预缴税额	13	
本期应补(退)税额	14=6-7-11-13	2 659 800.00
城市维护建设税本期应补(退)税额	15	186 186.00
教育费附加本期应补(退)费额	16	79 794.00
地方教育附加本期应补(退)费额	17	53 196.00

图 3-5　填报后的消费税附加税费申报表(主表)

本期准予扣除税额计算表　　　　　　　　　　　　　　金额单位:元(列至角分)

准予扣除项目							合计
一、本期准予扣除的委托加工应税消费品已纳税款计算		期初库存委托加工应税消费品已纳税款	1				0.00
		本期收回委托加工应税消费品已纳税款	2				0.00
		期末库存委托加工应税消费品已纳税款	3				0.00
		本期领用不准予扣除委托加工应税消费品已纳税款	4				0.00
		本期准予扣除委托加工应税消费品已纳税款	5=1+2-3-4	0.00	0.00	0.00	0.00
二、本期准予扣除的外购应税消费品已纳税款计算	(一)从价计税	期初库存外购应税消费品买价	6				0.00
		本期购进应税消费品买价	7				0.00
		期末库存外购应税消费品买价	8				0.00
		本期领用不准予扣除外购应税消费品买价	9				0.00
		适用税率	10				
		本期准予扣除外购应税消费品已纳税款	11=(6+7-8-9)×10	0.00	0.00	0.00	0.00
	(二)从量计税	期初库存外购应税消费品数量	12				0.00
		本期外购应税消费品数量	13				0.00
		期末库存外购应税消费品数量	14				0.00
		本期领用不准予扣除外购应税消费品数量	15				0.00
		适用税率	16				
		计量单位	17				
		本期准予扣除的外购应税消费品已纳税款	18=(12+13-14-15)×16	0.00	0.00	0.00	0.00
三、本期准予扣除税款合计			19=5+11+18	0.00	0.00	0.00	0.00

图 3-6　本期准予扣除税额计算表(附表)

本期减（免）税额明细表

金额单位：元（列至角分）

应税消费品名称	减（免）性质代码	减（免）项目名称	减（免）税销售额	适用税率（从价定率）	减（免）税销售数量	适用税率（从量定额）	减（免）税额
1	2	3	4	5	6	7	8 = 4×5 + 6×7
出口免税	--	--	--		--		--
							0.00
							0.00
							0.00
							0.00
							0.00
合计	--	--			--		0.00

图 3-7　本期减（免）税额明细表（附表）

本期委托加工收回情况报告表

金额单位：元（列至角分）

一、委托加工收回应税消费品代收代缴税款情况

应税消费品名称	商品和服务税收分类编码	委托加工收回应税消费品数量	委托加工收回应税消费品计税价格	适用税率		受托方已代收代缴的税款	受托方(扣缴义务人)名称	受托方(扣缴义务人)识别号	税收缴款书(代扣代收专用)号码	税收缴款书(代扣代收专用)开具日期
				定额税率	比例税率	7=3×5+4×6				
1	2	3	4	5	6		8	9	10	11
					%	0.00				
					%	0.00				
					%	0.00				
					%	0.00				

二、委托加工收回应税消费品领用存情况

应税消费品名称	商品和服务税收分类编码	上期库存数量	本期委托加工收回入库数量	本期委托加工收回直接销售数量	本期委托加工收回用于连续生产数量	本期结存数量
1	2	3	4	5	6	7=3+4-5-6
						0.00
						0.00
						0.00
						0.00

图 3-8　本期委托加工收回情况报告表（附表）

步骤 4：打开附表"消费税附加税费计算表"，确认是否根据主表应纳消费税额自动计算填报附加税费的金额，如图 3-9 所示。确认无误后，点击"保存"。点击"风险检测"由系统进行申报表间数据校验，确认无风险数据后，点击"申报"，完成消费税及其附加税费申报，图略。

消费税附加税费计算表

金额单位：元（列至角分）

本期是否适用小微企业"六税两费"减免政策			□是 ☑否	减免政策适用主体		增值税小规模纳税人：□是 □否				
						增值税一般纳税人：□个体工商户 □小型微利企业				
				适用减免政策起止时间		年　月至　　年　月				
税（费）种	计税（费）依据	税（费）率（%）	本期应纳税（费）额	本期减免税（费）额		小微企业"六税两费"减免政策		本期已缴税（费）额	本期应补（退）税（费）额	
	消费税税额			减免性质代码	减免税（费）额	减征比例（%）	减征额			
	1	2	3=1×2	4	5	6	7=（3-5）×6	8	9=3-5-7-8	
城市维护建设税	2659800.00	7%	186186.00			%	0.00		186186.00	
教育费附加	2659800.00	3%	79794.00			%	0.00		79794.00	
地方教育附加	2659800.00	2%	53196.00			%	0.00		53196.00	
合计	--	--	319176.00				0.00		319176.00	

图 3-9　消费税附加税费计算表

 **技能训练**

一、单项选择题

1. 根据消费税法律制度的规定,下列各项中,属于消费税应税消费品的是（　　）。
   A. 调味料酒　　　　　B. 润滑油　　　　　C. 高档手机　　　　　D. 鞭炮药引线

2. 根据消费税法律制度的规定,下列各项中,委托加工收回的应税消费品的已纳税款可以扣除的是（　　）。
   A. 以委托加工收回的已税小汽车为原料生产的小汽车
   B. 以委托加工收回的已税高档化妆品为原料生产的高档化妆品
   C. 以委托加工收回的已税珠宝、玉石为原料生产的金银首饰
   D. 以委托加工收回的已税白酒为原料生产的白酒

3. 下列各项中,可按委托加工应税消费品的规定征收消费税的是（　　）。
   A. 受托方代垫原料和主要材料,委托方提供辅助材料的
   B. 委托方提供原料和主要材料,受托方代垫部分辅助材料的
   C. 受托方负责采购委托方所需原材料的
   D. 受托方提供原材料、材料和全部辅助材料的

4. 某地板制造公司生产实木地板,9月领用上月外购的实木地板继续加工成高档实木地板。销售给某外贸企业,开具的增值税专用发票上注明销售额为500万元;已知上月外购的实木地板不含税价为185万元,取得增值税专用发票,本月生产领用80%。该公司应缴纳消费税（　　）万元。
   A. 17.6　　　　　　B. 25　　　　　　C. 32.4　　　　　　D. 15.75

5. 实行从价定率征收消费税的应税消费品的计税依据是（　　）。
   A. 含增值税不含消费税的销售额　　　　　B. 含增值税含消费税的销售额
   C. 不含增值税不含消费税的销售额　　　　　D. 不含增值税含消费税的销售额

6. 将自产的啤酒分给职工当作福利,征收消费税的依据是（　　）。
   A. 所分数量×不含税（增值税）单价　　　　　B. 所分数量×含税（增值税）单价
   C. 所分数量×适用定额　　　　　D. 所分数量

7. 包装物不作价随同产品销售,而收取押金的,按规定,对逾期未收回而不再退还的这部分押金,应转作销售额征税,但不适用此项规定的类别是（　　）。
   A. 烟类　　　　　B. 酒类　　　　　C. 地板类　　　　　D. 贵重首饰类

8. 进口的应税化妆品,其计算消费税的计税依据是（　　）。
   A. 组成计税价格　　　　　B. 关税完税价格
   C. 关税完税价格加关税　　　　　D. 关税完税价格减关税

9. 纳税人将自产的应税消费品用于换取生产资料、投资入股或抵偿债务等,其计算消费税的计税依据是（　　）。
   A. 按同类应税消费品的成本价　　　　　B. 按同类应税消费品的最低价
   C. 按同类应税消费品的最高价　　　　　D. 按同类应税消费品的加权平均价

10. 我国消费税绝大部分选择在生产销售环节征税,下列项目不在此环节征税的应税消费品是（　　）。
    A. 化妆品　　　　　B. 摩托车　　　　　C. 鞭炮、焰火　　　　　D. 金银首饰

二、多项选择题

1. 根据消费税法律制度的规定,下列各项中,不征收消费税的有(　　　　)。
   A. 料酒生产企业　　　　　　　　　　B. 珠宝首饰批发商
   C. 鞭炮零售商　　　　　　　　　　　D. 红酒进口商

2. 根据消费税法律制度的规定,下列各项中,实行从量定额计征消费税的有(　　　　)。
   A. 小汽车　　　　B. 啤酒　　　　C. 黄酒　　　　D. 成品油

3. 根据消费税法律制度的规定,下列情形中,应以纳税人同类应税消费品的最高销售价格作为计税依据计算消费税的有(　　　　)。
   A. 将自产应税消费品用于换取生产资料　　B. 将自产应税消费品用于投资入股
   C. 将自产应税消费品用于无偿赠送　　　　D. 将自产应税消费品用于抵债

4. 下列各项中,既征收消费税,又征收增值税的有(　　　　)。
   A. 批发卷烟　　　　　　　　　　　　B. 生产销售金银首饰
   C. 零售白酒　　　　　　　　　　　　D. 生产销售高档化妆品

5. 甲企业委托乙企业加工一批粮食白酒和一批黄酒,甲企业提供原材料,实际成本分别为 7 000 元(不含税)和 3 000 元,分别支付加工费(不含税)2 000 元和 1 000 元,另开具普通发票收取代垫粮食白酒材料款 500 元,受托方无同类消费品价格,甲企业共收回粮食白酒 1 000 千克,黄酒 1 000 千克,则下列表述正确的有(　　　　)。
   A. 甲企业收回粮食白酒后直接批发的,不再缴纳消费税
   B. 甲企业实际负担的消费税为 3 050 元
   C. 乙企业代收代缴的消费税为 3 846.84 元
   D. 乙企业代收代缴的消费税为 3 456.84 元

6. 纳税人收回委托加工的应税消费品后,下列情况不需要再缴纳消费税的有(　　　　)。
   A. 用于直接销售　　　　　　　　　　B. 继续加工成应税消费品并销售
   C. 用于对外投资或无偿赠送他人　　　D. 用于职工福利品发放

7. 根据消费税法律制度的规定,下列应税消费品中,采用复合计税方法计征消费税的有(　　　　)。
   A. 卷烟　　　　B. 白酒　　　　C. 化妆品　　　　D. 金银首饰

8. 下列关于零售环节征税的表述中,正确的有(　　　　)。
   A. 改在零售环节征收消费税的金银首饰仅限于金基、银基合金首饰以及金、银和金基、银基合金的镶嵌首饰
   B. 零售环节适用税率为 5%,在纳税人销售金银首饰、钻石及钻石饰品时征收
   C. 金银首饰与其他产品组成成套消费品销售的,应按销售额全额征收消费税
   D. 金银首饰连同包装物销售的,无论包装是否单独计价,也无论会计上如何核算,均应并入金银首饰的销售额计征消费税

9. 某企业生产的某系列高档化妆品,用于下列(　　　　)用途时应征收消费税。
   A. 促销活动中赠送品　　　　　　　　B. 本企业职工运动会奖品
   C. 加工生产其他系列高档化妆品　　　D. 电视广告的样品

10. 下列关于消费税纳税义务发生时间的说法中,正确的有(　　　　)。
   A. 某金银珠宝店销售金银首饰 10 件,收取价款 25 万元,其纳税义务发生时间为收款当天

B. 纳税人进口应税消费品,其纳税义务发生时间为报关进口的当天

C. 某汽车厂采用托收承付结算方式销售汽车,其纳税义务发生时间为发出汽车并办妥托收手续的当天

D. 某化妆品厂销售高档化妆品采用赊销方式,合同规定收款日为 5 月,实际收到货款为 6 月,纳税义务发生时间为 6 月

三、思考题

1. 国家开征收消费税的目的是什么?

2. 消费税的税率形式有几种,具体是如何规定的?

3. 纳税人兼营不同税率的应税消费品,如何适用消费税税率?

4. 自产自用应税消费品是不是都要交税,具体情况怎样?

项目四
附加税费和社会保险费智慧化申报与管理

 学习目标

知识目标

(1) 了解附加税费和社会保险费的概念和意义。

(2) 熟悉附加税费和社会保险费纳税人（缴费人）、征缴范围，掌握税费的税目和税（费）率。

(3) 掌握附加税费和社会保险费的计算和会计核算。

(4) 熟悉社会保险费的纳税申报流程。

能力目标

(1) 能识别附加税费和社会保险费的纳税人（缴费人）及征缴环节。

(2) 能熟练掌握附加税费和社会保险费的税目及税率。

(3) 能正确计算附加税费和社会保险费应纳税额（缴费金额）。

(4) 能正确申报社会保险费。

素养目标

(1) 通过学习附加税费和社会保险费的智慧化申报与管理，培育严谨的工作态度、遵守法律法规的良好道德品质。

(2) 通过学习附加税费和社会保险费的智慧化申报与管理，培养同理心、独立思考能力和创新能力，更好地回馈社会。

(3) 通过智能申报社会保险费实训，认识社会保险费智能申报的重要性，提升职业技能，培养职业自信。

任务一
城市维护建设税智慧化申报与管理

　　现行城市维护建设税的基本法律规范是 2020 年 8 月 11 日十三届全国人大常委会第二十一次会议表决通过,于 2021 年 9 月 1 日施行的《中华人民共和国城市维护建设税法》(以下简称《城市维护建设税法》)。

一、城市维护建设税的纳税人

　　城市维护建设税是对缴纳增值税、消费税的单位和个人征收的一种附加税。

1. 纳税人

　　在我国境内缴纳增值税和消费税(以下简称"两税")的单位和个人是城市维护建设税的纳税人。但进口环节缴纳的增值税和消费税,不附加征收城市维护建设税。

　　采用委托代征、代扣代缴、代收代缴、预缴、补缴等方式缴纳增值税和消费税的,应当同时缴纳城市维护建设税。

2. 扣缴义务人

　　负有扣缴增值税、消费税义务的单位和个人,也是城建税的扣缴义务人。

二、城市维护建设税税率

城市维护建
设税法

　　城市维护建设税按照纳税人所在地不同实行三档差别比例税率,如表 4-1 所示。

表 4-1　城市维护建设税税率表

纳税人所在地	税率
(1) 市区	7%
(2) 县城和镇	5%
(3) 市区、县城和镇以外的其他地区	1%

　　缴纳城市维护建设税的适用税率,一律按其纳税所在地的规定税率执行。

　　(1) 由受托方代扣代缴"两税"的,按受托方所在地适用税率执行。

　　(2) 流动经营等无固定纳税地点的单位和个人,在经营地缴纳"两税"的,按经营地适用税率执行。

三、城市维护建设税的核算

　　城市维护建设税以纳税人实际缴纳的"两税"税额为计税依据。实际缴纳的"两税"税额是指纳税人依照规定应当缴纳的两税税额,不包括进口货物或境外单位和个人向境内销售劳务、服务、无形资产缴纳的"两税"税额,加上增值税免抵税额,扣除直接减免的"两税"税额和期末留抵退税退还的增值税税额后的金额。具体计算公式如下:

　　城市维护建设税计税依据＝实际缴纳的增值税税额＋实际缴纳的消费税税额

　　实际缴纳的增值税税额＝应当缴纳增值税税额＋增值税免抵税额－直接减免增值税税额－

留抵退税额

实际缴纳的消费税税额＝应当缴纳消费税税额－直接减免消费税税额

纳税人违反"两税"有关税法而加收的滞纳金和罚款,是税务机关对纳税人违法行为的经济制裁,不作为城建税的计税依据,但纳税人在被查补"两税"和被处以罚款时,应同时对其偷漏的城建税进行补税和罚款。

城建税按照纳税人实际缴纳的"两税"税额计算。计算公式如下:

应纳税额＝纳税人实际缴纳的增值税、消费税税额之和×适用税率

【学中做 4-1】某企业位于市区,2024 年 8 月实际缴纳增值税 70 000 元。计算该企业当月应缴纳城建税税额并作有关会计处理。

【解析】城建税是以实际缴纳的"两税"之和为计税依据的。本例实际缴纳增值税 7 万元,无消费税税额,又由于该企业位于市区,应当适用 7% 的城建税税率,因此:

8 月应缴纳城建税税额＝70 000×7%＝4 900(元)

【会计处理】

借:税金及附加　　　　　　　　　　　　　　　　　　　　　　　4 900
　　贷:应交税费——应交城建税　　　　　　　　　　　　　　　　　　4 900

四、城市维护建设税的优惠

《城市维护建设税法》自 2021 年 9 月 1 日起施行,税法施行后继续执行的城市维护建设税优惠政策如下:

(1) 自 2022 年 1 月 1 日至 2024 年 12 月 31 日,对增值税小规模纳税人可以在 50% 的税额幅度内减征城市维护建设税。根据《关于进一步实施小微企业"六税两费"减免政策的公告》(财政部　税务总局公告 2022 年第 10 号)的规定执行。

(2) 自 2023 年 1 月 1 日至 2027 年 12 月 31 日,实施扶持自主就业退役士兵创业就业城市维护建设税减免。具体操作按照《关于进一步扶持自主就业退役士兵创业就业有关税收政策的公告》(财政部　税务总局　退役军人事务部公告 2023 年第 14 号)的有关规定执行。

(3) 自 2023 年 1 月 1 日至 2027 年 12 月 31 日,实施支持和促进重点群体创业就业城市维护建设税减免。具体操作按照《关于进一步支持重点群体创业就业有关税收政策的公告》(财政部　税务总局　人力资源社会保障部　农业农村部公告 2023 年第 15 号)的有关规定执行。

五、城市维护建设税申报管理

城市维护建设税的纳税义务发生时间与"两税"的纳税义务发生时间一致,分别在缴纳"两税"的同时一并缴纳相应的城市维护建设税。

由于《城市维护建设税法》规定对进口货物或者境外单位和个人向境内销售劳务、服务、无形资产缴纳的"两税"税额,不征收城市维护建设税。因此,上述的代扣代缴,不含因境外单位和个人向境内销售劳务、服务、无形资产代扣代缴增值税情形。

因纳税人多缴发生的"两税"退税,同时退还已缴纳的城市维护建设税。但"两税"实行先征后返、先征后退、即征即退的,除另有规定外,不予退还随"两税"附征的城市维护建设税。

城市维护建设税的申报见增值税和消费税的智慧化申报相关内容。

任务二
教育费附加智慧化申报与管理

教育费附加和地方教育附加是对缴纳增值税、消费税的单位和个人,就其实际缴纳的税额为计算依据征收的一种附加费。教育费附加是为加快地方教育事业、扩大地方教育经费资金而征收的一项专用基金。它是政府收费项目,属于非税收入。由于它是由税务机关随同"两税"一并收取的,因此通常将其视同税收。

一、教育费附加征收范围和计征依据

教育费附加是对缴纳增值税、消费税的单位和个人征收,其征收范围是缴纳"两税"的纳税人。对进口环节征收的增值税、消费税,不征收教育费附加。

以其实际缴纳的增值税、消费税税款之和为计征依据,分别与增值税、消费税同时缴纳。

二、教育费附加计征比率和核算

教育费附加征收比率为3%;地方教育附加征收比率为2%。

【学中做 4-2】某市区一家企业 5 月实际缴纳增值税 200 000 元,缴纳消费税 400 000 元。计算该企业在缴纳"两税"同时应缴纳的教育费附加和地方教育附加并作相关会计处理。

【解析】

应缴教育费附加 = (200 000 + 400 000) × 3% = 18 000(元)

应缴地方教育附加 = (200 000 + 400 000) × 2% = 12 000(元)

【会计处理】

借:税金及附加　　　　　　　　　　　　　　　　　　　　　　30 000

　　贷:应交税费——应交教育费附加　　　　　　　　　　　　　18 000

　　　　　　　　——应交地方教育附加　　　　　　　　　　　　12 000

三、教育费附加减免规定

(1) 对由于减免"两税"而发生退税的,可同时退还已征收的教育费附加,但对于出口产品退还增值税、消费税的,不退还已征收的教育费附加。

(2) 自 2023 年 1 月 1 日至 2027 年 12 月 31 日,对月销售额 10 万元以下(含本数)的增值税小规模纳税人免征增值税,即同时免征教育费附加和地方教育附加。

四、教育费附加申报管理

教育费附加的申报和缴纳在纳税人实际缴纳"两税"的环节,填报"两税"纳税申报表的同时,计算两项附加并填报。缴纳的"两税"同时,也缴纳两项附加,其纳税期限和纳税地点也与"两税"相同。

任务三
社会保险费智慧化申报与管理

　　现行关于社会保险的法律法规主要有《中华人民共和国社会保险法》(以下简称《社会保险法》)《失业保险条例》《工伤保险条例》《社会保险经办条例》和《实施〈中华人民共和国社会保险法〉若干规定》等法律、法规。根据这些法律法规,我国目前设立的社会保险项目主要有基本养老保险、基本医疗保险、工伤保险、失业保险和生育保险。2019 年 3 月,国务院办公厅印发了《关于全面推进生育保险和职工基本医疗保险合并实施的意见》,将生育保险与基本医疗保险合并实施。

一、基本养老保险

　　基本养老保险制度,是指缴费达到法定期限并且个人达到法定退休年龄后,国家和社会提供物质帮助以保证因年老而退出劳动领域者稳定、可靠的生活来源的社会保险制度。基本养老保险制度由三个部分组成:职工基本养老保险制度、新型农村社会养老保险制度、城镇居民社会养老保险制度。本节只讨论职工基本养老保险制度。

(一)职工基本养老保险基金

　　职工基本养老保险基金由用人单位和个人缴费以及政府补贴等组成。职工应当参加基本养老保险,由用人单位和职工共同缴纳基本养老保险费。无雇工的个体工商户、未在用人单位参加基本养老保险的非全日制从业人员以及其他灵活就业人员可以参加基本养老保险,由个人缴纳基本养老保险费。公务员和参照公务员法管理的工作人员养老保险的办法由国务院规定。

　　国有企业、事业单位职工参加基本养老保险前,视同缴费年限期间应当缴纳的基本养老保险费由政府承担。基本养老保险基金出现支付不足时,政府给予补贴。

(二)职工基本养老保险账户及其缴纳

1. 职工基本养老保险账户

　　基本养老保险实行社会统筹与个人账户相结合。用人单位缴纳基本养老保险费记入基本养老保险统筹基金账户,用于支付职工退休时社会统筹部分养老金(即基础养老金),体现社会互助共济。职工缴纳基本养老保险费,记入个人账户,用于退休后个人账户养老金的支付,体现个人责任。

　　无雇工的个体工商户、未在用人单位参加基本养老保险的非全日制从业人员以及其他灵活就业人员参加基本养老保险的,也按照国家规定缴纳基本养老保险费,分别记入基本养老保险统筹基金和个人账户。

2. 单位缴纳的基本养老保险费

　　用人单位缴纳基本养老保险费的基数是本单位职工工资总额。目前全国大多数省、自治区、直辖市基本养老保险的缴费比例基本相同,用人单位缴费比例为 16%,少数省份不及16%,如浙江省为 15%,广东省为 14%。

3. 职工个人缴纳的基本养老保险费

职工个人缴纳基本养老保险费的缴费基数是本人工资,按国家统计局的规定列入工资总额统计的项目计算,包括工资、奖金、津贴、补贴等收入。在实际工作中,本人工资一般以上一年度本人月平均工资为个人缴费工资基数。本人月平均工资低于缴费基数下限的(低于当地职工平均工资60%),按缴费基数下限缴费;超过缴费基数上限的(超过当地职工平均工资300%),按缴费基数上限缴费。目前,个人缴纳基本养老保险费的比例统一为本人缴费工资的8%。

4. 灵活就业人员缴纳的基本养老保险费

城镇个体工商户和灵活就业人员允许按照当地职工平均工资核定的缴费基数上下限,选择适当的缴费基数缴费。缴费比例为20%,其中8%记入个人账户。

(三)职工基本养老金待遇

基本养老金由统筹养老金和个人账户养老金组成。参加基本养老保险的个人,达到法定退休年龄时累计缴费满15年的,按月领取基本养老金。参加基本养老保险的个人,达到法定退休年龄时累计缴费不足15年的,可以缴费至满15年,按月领取基本养老金;也可以转入新型农村社会养老保险或者城镇居民社会养老保险,按照规定享受相应的养老保险待遇。

参加基本养老保险的个人,因病或者非因工死亡的,其遗属可以领取丧葬补助金和抚恤金;在未达到法定退休年龄时因病或者非因工致残完全丧失劳动能力的,可以领取病残津贴,所需资金从基本养老保险基金中支付。

【学中做 4-3】2022 年职工赵某月平均工资为 2 800 元,公司所在地月最低工资标准为 2 000 元,职工月平均工资为 5 000 元。个人缴费比例为 8%。计算 2023 年公司每月从赵某工资中代扣代缴的职工基本养老保险费。

【解析】缴费工资一般为职工本人上一年度月平均工资。赵某月平均工资 2 800 元低于最低缴费基数 3 000 元(当地职工月平均工资 5 000 元的 60%),应按最低缴费基数计算代扣代缴基本养老保险费。

应代扣代缴基本养老保险费 = 5 000×60%×8% = 240(元)

二、基本医疗保险

(一)基本医疗保险制度

根据《社会保险法》的规定,基本医疗保险制度,是指按照国家规定缴纳一定比例的医疗保险费,参保人因患病或意外伤害而就医诊疗,由医疗保险基金支付其一定医疗费用的社会保险制度。目前我国建立了职工基本医疗保险制度和城乡居民基本医疗保险制度。本任务讲述职工基本医疗保险制度有关内容。

1. 职工基本医疗保险

职工基本医疗保险由用人单位和职工按照国家的规定共同缴纳基本医疗保险费。职工基本医疗保险费的征缴范围包括国有企业、城镇集体企业、外商投资企业、城镇私营企业和其他城镇企业及其职工,国家机关及其工作人员,事业单位及其职工,民办非企业单位及其职工,社会团体及其专职人员。

无雇工的个体工商户、未在用人单位参加基本医疗保险的非全日制从业人员以及其他灵活就业人员可以参加职工基本医疗保险,由个人按照国家的规定缴纳基本医疗保险费。

2. 生育保险和职工基本医疗保险合并

根据国务院办公厅 2019 年 3 月印发的《关于全面推进生育保险和职工基本医疗保险合并

实施的意见》，生育保险基金并入职工基本医疗保险基金，按照用人单位参加生育保险和职工基本医疗保险的缴费比例之和确定用人单位职工基本医疗保险费率，个人不缴纳生育保险费，只缴纳基本医疗保险费。

（二）职工基本医疗保险费的缴纳

基本医疗保险与基本养老保险一样采用"统账结合"模式，即分别设立社会统筹基金和个人账户基金，基本医疗保险基金由统筹基金和个人账户构成。

1. 统筹基金

由统筹地区确定适合当地经济发展水平的基本医疗保险单位缴费率，各地缴费比例并不一致，一般为职工工资总额的 8％左右，单位缴纳的基本医疗保险费用于建立统筹基金。

2. 个人账户

统筹地区确定适合当地职工负担水平的基本医疗保险个人缴费率，一般为本人缴费工资的 2％，划入个人医疗账户。

参加职工基本医疗保险的个人，达到法定退休年龄时累计缴费达到国家规定年限的，退休后不再缴纳基本医疗保险费，按照国家的规定享受基本医疗保险待遇；未达到国家规定年限的，可以缴费至国家规定年限。

三、工伤保险

工伤保险，是指劳动者在工作中或在规定的特殊情况下，遭受意外伤害或患职业病导致暂时或永久丧失劳动能力以及死亡时，劳动者或其遗属从国家和社会获得物质帮助的一种社会保险制度。

工伤保险制度的实行是指通过社会统筹的办法，集中用人单位缴纳的工伤保险费，建立工伤保险基金，对劳动者在生产经营活动中遭受意外伤害或职业病，并由此造成死亡、暂时或永久丧失劳动能力时，给予劳动者实用性法定的医疗救治以及必要的经济补偿。这种补偿既包括医疗、康复所需费用，又包括保障基本生活的费用。

工伤保险费的缴纳：

（1）职工应当参加工伤保险，由用人单位缴纳工伤保险费，职工不缴纳工伤保险费。

（2）用人单位缴纳工伤保险费金额为本单位职工工资总额与单位缴费费率之积。

用人单位缴费率实行行业差别费率和企业浮动费率的原则。为了使用人单位的缴费与所属行业风险挂钩，根据不同行业的工伤保险费使用、工伤发生率等情况，确定不同类别行业的费率，并且在同一行业内设定不同的费率档次。风险程度高的行业，费率相应高，反之则低。

四、失业保险

失业保险，是指国家通过立法强制实行的，由用人单位、职工个人缴费及国家财政补贴等渠道筹集资金建立失业保险基金，对因失业而暂时中断生活来源的劳动者提供物质帮助以保障其基本生活，并通过专业训练、职业介绍等手段为其再就业创造条件的制度。失业保险是社会保障体系的重要组成部分，是社会保险的主要项目之一。

失业保险费由用人单位和职工按照国家规定共同缴纳失业保险费。

根据《失业保险条例》的规定，用人单位按照本单位工资总额的 2％缴纳失业保险费，职工按照本人工资的 1％缴纳失业保险费。2015 年 2 月 25 日，国务院决定将失业保险费率由现行条例规定的 3％统一降至 2％。自 2023 年 5 月 1 日起，继续实施阶段性降低失业保险费率至1％的政策，实施期限延长至 2024 年年底。在省（区、市）行政区域内，单位及个人的费率应当统一，个人费率不得超过单位费率。

五、社会保险费的申报管理

(一) 社会保险登记

1. 用人单位的社会保险登记

根据《社会保险费征缴暂行条例》的规定,企业在办理登记注册时,同步办理社会保险登记。企业以外的缴费单位应当自成立之日起 30 日内,向当地社会保险经办机构申请办理社会保险登记。

2. 个人的社会保险登记

用人单位应当自用工之日起 30 日内为其职工向社会保险经办机构申请办理社会保险登记。

自愿参加社会保险的无雇工的个体工商户、未在用人单位参加社会保险的非全日制从业人员以及其他灵活就业人员,应当向社会保险经办机构申请办理社会保险登记。

(二) 社会保险费用的缴纳

(1) 用人单位应当自行申报、按时足额缴纳社会保险费,非因不可抗力等法定事由不得缓缴、减免。

(2) 职工应当缴纳的社会保险费由用人单位代扣代缴,用人单位应当按月将缴纳社会保险费的明细情况告知本人。缴费单位应当每年向本单位职工公布本单位全年社会保险费缴纳情况,接受职工监督。

无雇工的个体工商户、未在用人单位参加社会保险的非全日制从业人员以及其他灵活就业人员,可以直接向社会保险费征收机构缴纳社会保险费。

(3) 从 2019 年 1 月 1 日起,将基本养老保险费、基本医疗保险费、失业保险费、工伤保险费等各项社会保险费交由税务部门统一征收。

六、社会保险费会计核算

【学中做 4-4】 浙江省宁波市某企业按上年职工月平均工资申报本年社保缴费基数。缴费工资总额分别为生产车间工人 120 000 元,车间管理人员 56 000 元,专设销售机构人员 140 000 元,公司管理人员 100 000 元。社会保险费各险种缴费比例为:养老保险个人 8%,单位 14%;失业保险个人 0.5%,单位 0.5%;工伤保险:个人 0,单位 1%(按行业分类确定费率);医疗保险:个人 2%,单位 9.7%。2023 年 4 月企业的工资分配表和社会保险缴费计算如表 4-2、表 4-3 所示。

根据资料计算社会保险费、住房公积金并进行相应的工资会计处理、社会保险费的缴纳。

表 4-2　个人社会保险缴费计算表　　　　　　　　　　　　　单位:元

部门	应发工资	缴费工资总额	养老保险 8%	医疗保险 2%	失业保险 0.5%	住房公积金 5%	个人所得税	实发工资
生产工人	140 000	120 000	9 600	2 400	600	6 000	0	121 400
车间管理人员	60 000	56 000	4 480	1 120	280	2 800	0	51 320
专设销售机构	158 500	140 000	11 200	2 800	700	7 000	1 105	135 695
公司管理人员	120 000	100 000	8 000	2 000	500	5 000	2 210	102 290
总计	478 500	416 000	33 280	8 320	2 080	20 800	3 315	410 705

注:① 个人社会保险费按缴费工资总额乘相应的缴费比例计算。
　　② 实发工资 = 应发工资 − 养老保险 − 医疗保费 − 失业保险 − 住房公积金 − 个人所得税

表 4-3　单位社会保险缴费计算表

单位:元

部门	缴费工资总额	养老保险14%	医疗保险9.7%	失业保险0.5%	工伤保险1%	住房公积金5%	合计
生产工人	120 000	16 800	11 640	600	1 200	6 000	36 240
车间管理人员	56 000	7 840	5 432	280	560	2 800	16 912
专设销售机构	140 000	19 600	13 580	700	1 400	7 000	42 280
公司管理	100 000	14 000	9 700	500	1 000	5 000	30 200
总计	416 000	58 240	40 352	2 080	4 160	20 800	125 632

注:单位社会保险费按缴费工资总额乘相应的缴费比例计算。

【会计处理】

（1）月末计提职工工资时:

借:生产成本——工资　　　　　　　　　　　　　　　　　　　140 000

　　制造费用——工资　　　　　　　　　　　　　　　　　　　60 000

　　销售费用——工资　　　　　　　　　　　　　　　　　　　158 500

　　管理费用——工资　　　　　　　　　　　　　　　　　　　120 000

　　贷:应付职工薪酬——工资　　　　　　　　　　　　　　　　　　478 500

（2）计提公司负担的社会保险费和住房公积金时:

借:生产成本——工资　　　　　　　　　　　　　　　　　　　36 240

　　制造费用——工资　　　　　　　　　　　　　　　　　　　16 912

　　销售费用——工资　　　　　　　　　　　　　　　　　　　42 280

　　管理费用——工资　　　　　　　　　　　　　　　　　　　30 200

　　贷:应付职工薪酬——社会保险费　　　　　　　　　　　　　　　104 832

　　　　　　　　　　　——住房公积金　　　　　　　　　　　　　　20 800

（3）发放工资时:

借:应付职工薪酬——工资　　　　　　　　　　　　　　　　　478 500

　　贷:其他应付款——代扣社会保险费　　　　　　　　　　　　　　43 680

　　　　　　　　　　——代扣住房公积金　　　　　　　　　　　　　20 800

　　　　应交税费——应交个人所得税　　　　　　　　　　　　　　3 315

　　　　银行存款　　　　　　　　　　　　　　　　　　　　　　410 705

（4）缴纳社会保险费时:

借:应付职工薪酬——社会保险费　　　　　　　　　　　　　　104 832

　　其他应付款——代扣社会保险费　　　　　　　　　　　　　　43 680

　　贷:银行存款　　　　　　　　　　　　　　　　　　　　　　148 512

（5）缴纳住房公积金时:

借:应付职工薪酬——住房公积金　　　　　　　　　　　　　　20 800

　　其他应付款——代扣住房公积金　　　　　　　　　　　　　　20 800

　　贷:银行存款　　　　　　　　　　　　　　　　　　　　　　41 600

（6）缴纳个人所得税时:

借:应交税费——应交个人所得税　　　　　　　　　　　　　　3 315

　　贷:银行存款　　　　　　　　　　　　　　　　　　　　　　3 315

任务四
社会保险费智慧化申报实训

一、企业信息

企业名称:北京涉税教学有限公司　　　　　企业增值税类型:一般纳税人

信用等级:A　　　　　　　　　　　　　　注册资本:10 000 000 元

企业行业:涉及所有教学行业　　　　　　　企业注册登记类型:有限责任公司

企业所在地区:北京市东城区　　　　　　　组织机构代码:282647106

社会统一信用代码:911101012826471060　　授信总额度:20 000 000 元

企业地址:北京市东城区天坛街道永康路 7460 号　　企业电话:010-69546312

法人代表:陈姿汐

二、企业业务资料

(1) 企业现有员工 6 人,按照上年月平均工资作为本人缴费基数计算各项社会保险费的申报。缴费基数和缴费率具体情况如表 4-4 所示。

表 4-4　缴费基数和缴费率

姓 名	本人缴费基数(元)	社会保险种类	单位缴费比例	个人缴费比例
黄日洪	14 000	基本养老保险	12%	8%
周埼淳	7 000	基本医疗保险	7%	2%
吴加减	9 000	基本医疗保险(生育)	0.7%	0
徐 涛	4 000(减退)	失业保险	0.5%	0.5%
赵玥玥	6 500(新增)	工伤保险	0.5%	0
赵坤明	8 000			
赵坤润	8 000			

注:社会保险费缴费比例各地不完全相同,实训平台中的缴费比例是假设的。

(2) 本月新增员工 1 名,有关信息如下:

工号:ssjx-007　姓名:赵玥玥　证件类型:居民身份证　证件号码:110221198809135116

性别:女　出生年月:1988-09-13　国籍(地区):中国　民族:汉　户口性质:城镇

家庭地址:北京市东城区城乡路 201 号 7 楼　联系电话:15022126626

参保人员身份:本市职工　任职岗位:其他人员　任职职业:其他从业人员　入职时间:2023 年 4 月 1 日

上年度月平均工资:6 500 元　当前年度月平均工资:7 500 元

缴费对象:本参保单位

（3）本月离职员工 1 名,有关信息如下:

工号:ssjx-004　姓名:徐涛　证件类型:居民身份证　证件号码:110115198812125653

性别:女　出生年月:1988 年 12 月 12 日　国籍(地区):中国　民族:汉　户口性质:城镇

家庭地址:北京市大兴区青礼路 82 号　联系电话:13855648948

参保人员身份:本市职工　任职岗位:其他人员　任职职业:其他从业人员　离职时间:
2023-04-01

减退原因:调动

三、社会保险费缴费计算结果

根据实训提供的资料,当月全员缴费基数总额 = 14 000 + 7 000 + 9 000 + 6 500 + 8 000 +
8 000 = 52 500(元),如表 4-5 所示。

表 4-5　全员缴费情况

征收险种类别	缴费基数合计/元	单位缴费比例	个人缴费比例	单位应缴部分/元	个人应缴部分/元	合计/元
职工基本养老保险		12%	8%	6 300.00	4 200.00	10 500.00
职工基本医疗保险		7%	2%	3 675.00	1 050.00	4 725.00
职工基本医疗保险(生育)	52 500	0.7%	0	367.50	0	367.50
失业保险		0.5%	0.5%	262.50	262.50	525.00
工伤保险		0.5%	0	262.50	0	262.50
合计				10 867.50	5 512.50	16 380.00

四、社会保险费智慧化缴费申报模拟

步骤 1:以给定的学生账号和密码登录“EPC 金税平台——智能税务申报与管理”教学平
台。进入课程后,以教学系统默认的企业统一信用代码和密码登录教学模拟的“北京市电子税
务局”,如图 4-1 所示。

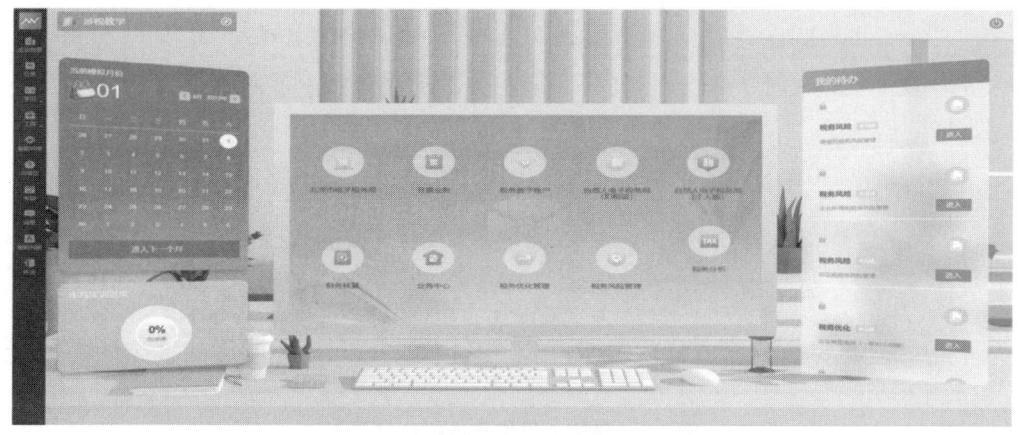

图 4-1　“智能税务申报与管理”实训内容

进入“申报税(费)清册”页面,选择“其他申报”,如图 4-2 所示。

图 4-2　申报税(费)清册

步骤 2: 社会保险税申报涉及"社会保险费信息采集"和"社会保险费申报"两项内容。如果企业申报当月没有人员增减,直接进入"社会保险费申报",不需要采集员工增减信息。

本实训有企业人员增减,应先点击"进入采集",将两名员工增减信息先行申报提交,再进行"社会保险费申报"。

(1)根据实训资料,将新增员工"赵玥玥"和身份证号码信息录入后,点击"新增",将该员工有关信息录入无误,保存退出,点击"提交",完成"单位人员增员申报",如图 4-3、图 4-4 所示。

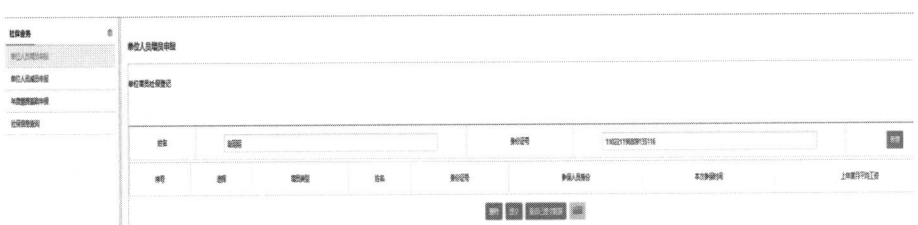

图 4-3　单位人员增员申报

图 4-4　单位人员增员申报信息录入

(2)根据实训资料,将减退员工"徐涛"和身份证号码信息录入后,点击"减员",确认减员信息无误后,保存退出,点击"提交",完成"单位人员减员申报",如图 4-5、图 4-6 所示。

完成员工增减申报后,可以查询企业所有员工"年度缴费基数"和"社保申报信息",了解申报后的结果。确认无误后,返回"按期申报"页面。

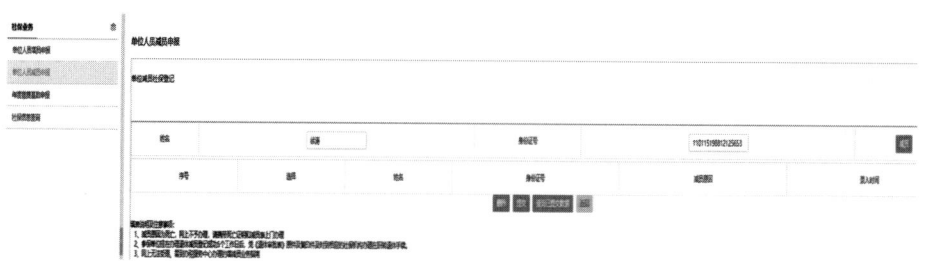

图 4-5 单位人员减员申报

图 4-6 单位人员减员申报信息录入

步骤 3: 点击"填写申报表"进入"社会保险税申报"申报页面,申报表中单位和个人的社会保险费各险种应缴部分均已自动算出,按照表格下方的"申报说明"勾选申报税种即可,如图 4-7 所示。申报后,进入税款缴纳环节,按提示缴纳税款(示意图略),完成所有社会保险费的申报工作。

图 4-7 社会保险费申报

 **技能训练**

一、单项选择题

1. 下列不属于城建税纳税人的是（　　）。

　　A. 仅缴纳进口环节增值税的甲公司　　　　B. 在中国境内缴纳增值税的个人

　　C. 在中国境内缴纳消费税的股份制企业　　D. 在中国境内缴纳增值税的私营企业

2. 甲生产企业地处市区，2024 年 4 月销售货物缴纳增值税 30 万元，缴纳消费税 15 万元，缴纳资源税 20 万元。甲生产企业当月应缴纳城建税（　　）万元。

　　A. 3.5　　　　　　B. 2.1　　　　　　C. 4.55　　　　　　D. 3.15

3. 位于某市市区的甲企业（增值税一般纳税人），2024 年 10 月销售货物，取得不含税销售额 1 000 万元，当月准予抵扣的进项税额为 30 万元。当月出租营改增前购置的仓库，取得不含税收入 100 万元，该企业选择简易计税方法，则该企业 10 月应缴纳的城建税为（　　）万元。

　　A. 7.63　　　　　　B. 9.45　　　　　　C. 7　　　　　　D. 7.35

4. 位于市区的某外贸企业为增值税一般纳税人，经营内销与出口业务。2024 年 12 月内销业务实际向税务机关缴纳增值税 40 万元，出口业务取得增值税出口退税款 6 万元。该企业 2023 年 12 月应缴纳城建税、教育费附加、地方教育附加合计（　　）万元。

　　A. 4.6　　　　　　B. 5.52　　　　　　C. 4.08　　　　　　D. 4.8

5. 某市区一家生产企业（一般纳税人）2024 年 10 月缴纳进口环节增值税 15 万元，进口环节消费税 26.47 万元；本月向税务机关实际缴纳增值税 36 万元，消费税 80 万元。在税务检查过程中发现，该企业上月隐瞒销售废旧的包装物收入 50 万元（含税），本月被查补相关税金，并缴纳有关罚款和滞纳金共 4 万元。该企业 10 月份应缴纳城市维护建设税、教育费附加及地方教育附加合计（　　）万元。

　　A. 13.92　　　　　　B. 18.90　　　　　　C. 19.92　　　　　　D. 14.61

6. 位于市区的某公司 2024 年 12 月应缴纳增值税 170 万元，实际缴纳增值税 210 万元（包括补缴以前年度欠缴的增值税 40 万元），另加收滞纳金 8 万元。则该公司当月应缴纳的城市维护建设税和教育费附加合计为（　　）万元。

　　A. 17.8　　　　　　B. 17　　　　　　C. 21　　　　　　D. 21.8

7. 下列各项中，表述正确的是（　　）。

　　A. 教育费附加征收比率为 2%

　　B. 由于纳税人申报错误多缴纳增值税，后申请退还多缴税款，可同时申请退还多征收的教育费附加

　　C. 增值税一般纳税人月销售额不超过 10 万元的，在缴纳增值税的同时缴纳教育费附加

　　D. 对国家重大水利工程建设基金减半征收城市维护建设税

8. 下列关于城市维护建设税税收优惠的表述中，不正确的是（　　）。

　　A. 对出口货物退还增值税的，可同时退还已缴纳的城市维护建设税

　　B. 海关对进口货物代征的增值税，不征收城市维护建设税

　　C. 对增值税实行先征后退办法的，除另有规定之外，不予退还增值税附征的城市维护建设税

　　D. 对增值税实行即征即退办法的，除另有规定之外，不予退还增值税附征的城市维护建设税

9. 2023 年甲公司职工吴某月平均工资为 10 000 元,甲公司所在地职工月平均工资为 3 000 元。2024 年甲公司每月从吴某工资中代扣代缴的职工基本养老保险费为( )元,已知养老保险缴费率为 8%。

A. 240　　　　　B. 800　　　　　C. 720　　　　　D. 300

10. 为了提高社会保险资金征管效率,将基本养老保险费、基本医疗保险费、失业保险费等各项社会保险费交由( )统一征收。

A. 市场监督管理部门　　　　　　B. 人力资源和社会保障局
C. 税务部门　　　　　　　　　　D. 财政部门

二、多项选择题

1. 下列关于城建税的说法中,正确的有( )。
A. 只有同时缴纳增值税和消费税的单位和个人才是城建税的纳税人
B. 城建税的纳税人包括国有企业、军事单位
C. 采用代收代缴方式缴纳消费税的,应当同时代收代缴城建税
D. 境外单位和个人向境内销售劳务的,不征收城建税

2. 下列各项中,属于城市维护建设税及教育费附加计税依据的有( )。
A. 外商投资企业缴纳的增值税　　　　B. 偷逃消费税加收的滞纳金
C. 出口免抵的增值税税额　　　　　　D. 进口产品征收的消费税

3. 下列关于城建税的特点中,表述正确的有( )。
A. 属于附加税　　　　　　　　　　B. 城建税有特定的课税对象
C. 征收范围较广　　　　　　　　　　D. 根据城镇规模设计地区差别定额税率

4. 下列关于城建税的说法中,表述正确的有( )。
A. 张某销售自己使用过的电视机,不需要缴纳城建税
B. 幼儿园提供教育服务需要缴纳城建税
C. 未在境内设立机构、场所的境外单位向境内销售设计服务,扣缴增值税同时也需要扣缴城建税
D. 城建税随增值税、消费税的减免而减免

5. 下列各项中,符合城市维护建设税相关规定的有( )。
A. 留抵退税额不允许在城市维护建设税计税依据中扣除
B. 城市维护建设税的纳税环节,实际就是纳税人缴纳增值税、消费税的环节
C. 城市维护建设税的纳税义务发生时间与增值税、消费税的纳税义务发生时间一致
D. 对出口产品退还增值税、消费税的,同时退还已缴纳的城市维护建设税

6. 下列行为中,需要缴纳城建税和教育费附加的有( )。
A. 企业出租不动产　　　　　　　　B. 农业生产者销售自产农产品
C. 企业购买办公楼　　　　　　　　D. 化妆品生产企业销售高档化妆品

7. 关于城市维护建设税的适用税率,下列表述正确的有( )。
A. 按纳税人所在地区的不同,设置了两档比例税率
B. 由受托方代收、代扣增值税和消费税的,可按纳税人所在地的规定税率就地缴纳城市维护建设税
C. 流动经营等无固定纳税地点的纳税人可按纳税人缴纳增值税、消费税所在地的规定税率就地缴纳城市维护建设税
D. 纳税人所在地在市区的税率为 7%

8. 下列关于城市维护建设税税收优惠的表述中,正确的有(　　　　)。

A. 免征增值税和消费税时应同时免征城市维护建设税

B. 对出口产品退还增值税的,不退还已缴纳的城市维护建设税

C. 对进口货物缴纳的增值税不征收城市维护建设税

D. 对增值税实行先征后返的,所附征城市维护建设税一律不予返还

9. 下列关于城市维护建设税的纳税地点的说法中,正确的有(　　　　)。

A. 流动经营的单位和个人,按纳税人缴纳"两税"所在地缴纳

B. 代扣代缴增值税、消费税和营业税的,在委托方所在地缴纳

C. 纳税人销售不动产,在不动产所在地缴纳城建税

D. 流动经营的单位和个人,随"两税"在户籍地按适用税率缴纳

10. 下列关于职工基本养老保险待遇的表述中,正确的有(　　　　)。

A. 参保职工未达到法定退休年龄时因病致残完全丧失劳动能力的,可以领取病残津贴

B. 参保职工死亡后,其个人账户中的余额可以全部依法继承

C. 参保职工达到法定退休年龄时累计缴费满 15 年,按月领取基本养老金

D. 参保职工跨统筹地区就业的,其基本养老保险中断,缴费年限重新计算

三、思考题

1. 城市维护建设税和教育费附加的计税依据是什么?

2. 为什么国家强制企业为职工缴纳社会保险,女职工产假期间单位是否仍应缴纳社会保险?

3. 社会保险与商业保险的区别是什么?

4. 员工承诺放弃社保协议有效吗?

项目五
关税智慧化申报与管理

 学习目标

知识目标

（1）掌握进出口关税应纳税额的计算。

（2）掌握进出口货物报关及纳税申报和税款缴纳。

（3）熟悉关税涉税业务的会计处理。

（4）理解关税基本法规知识。

能力目标

（1）能判断哪些进出口业务要征收关税,适用何种税率。

（2）能根据关税完税价格及法律规定的税率计算应纳关税税额。

（3）能办理货物报关过程中关税的缴纳工作。

（4）能根据业务资料进行关税的涉税会计业务处理。

素养目标

（1）通过学习关税的计算与缴纳,加强爱国主义教育、培养依法纳税的观念。

（2）通过智能申报消费税实训,认识纳税智能化的重要性,提升职业技能,培养职业自信。

任务一 征税对象和纳税义务人的确定

关税是依法对进出境货物、物品征收的一种税。关税一般分为进口关税、出口关税和过境关税。我国现对进出境货物征收的关税分为进口关税和出口关税两类。

我国关税的相关法律、法规主要包括全国人大常委会制定的《中华人民共和国海关法》(以下简称《海关法》)、国务院颁布的《中华人民共和国进出口关税条例》(以下简称《进出口关税条例》)、《中华人民共和国进出口税则》(以下简称《进出口税则》)。

一、征税对象

进出口
关税条例

我国准许进出口的货物、进境物品,除法律、行政法规另有规定之外,由海关依照《进出口关税条例》规定征收进出口关税。因此,关税的征税对象就是准许进出口的货物、进境物品。货物是指贸易性商品;物品是指入境旅客随身携带的行李物品、个人邮递物品,各种运输工具上的服务人员携带进口的自用物品、馈赠物品及其他方式进境的个人物品。

二、纳税义务人

进口货物的收货人、出口货物的发货人,进出境物品的所有人,是关税的纳税义务人。

进出口货物的收、发货人是依法取得对外贸易经营权,并进口或者出口货物的法人或者其他社会团体。进出境物品的所有人包括该物品的所有人和推定为所有人的人。一般情况下,对于携带进境的物品,推定其携带人为所有人;对分离运输的行李,推定相应的进出境旅客为所有人;对以邮递方式进境的物品,推定其收件人为所有人;以邮递或其他运输方式出境的物品,推定其寄件人或托运人为所有人。

任务二 了解进出口税则

国务院制定《进出口税则》《进境物品进口税税率表》,规定关税的税目、税则号列和税率,作为《进出口关税条例》的组成部分。

国务院设立关税税则委员会,负责《进出口税则》和《进境物品进口税税率表》的税目、税则号列和税率的调整和解释,报国务院批准后执行;决定实行暂定税率的货物、税率和期限;决定关税配额税率;决定征收反倾销税、反补贴税、保障措施关税、报复性关税以及决定实施其他关税措施;决定特殊情况下税率的适用,以及履行国务院规定的其他职责。

一、进口税则

进口税则包括税目税率表与归类总规则、类注、章注、子目注释、本国子目注释。税目税率表设置序号、税则号列、货品名称、最惠国税率、协定税率、特惠税率、普通税率等栏目。

（一）进口关税税目

关税税目以世界海关组织《商品名称及编码协调制度》（以下简称《协调制度》）为基础，由税则号列（以下简称"税号"）和目录条文等组成。

进出口货物的商品归类，应当按照《进出口税则》规定的目录条文和归类总规则、类注、章注、子目注释、本国子目注释，以及其他归类注释确定，并归入相应的税号。

（二）进口关税税率

进口关税设置最惠国税率、协定税率、特惠税率、普通税率、关税配额税率等税率。对进口货物在一定期限内可以实行暂定税率。

1. 最惠国税率

目前适用最惠国税率的进口货物包括：①原产于共同适用最惠国待遇条款的世界贸易组织成员的进口货物；②原产于与中华人民共和国签订含有相互给予最惠国待遇条款的双边贸易协定的国家或者地区的进口货物；③原产于中华人民共和国境内的进口货物。

2. 协定税率

原产于与中华人民共和国签订含有关税优惠条款的区域性贸易协定的国家或者地区的进口货物，适用协定税率。根据《进出口税则》的规则与说明，目前与我国签订含有关税优惠条款的区域性贸易协定共有18项，原产于该18项协定的国家或地区的进口货物执行协定税率。

3. 特惠税率

原产于与中华人民共和国签订含有特殊关税优惠条款的贸易协定的国家或者地区的进口货物，适用特惠税率。根据《进出口税则》的规则与说明，执行特惠税率的主要是原产于最不发达国家、东盟国家等部分进口货物，适用特惠税率。

4. 普通税率

原产于除适用最惠国税率、协定税率、特惠税率国家或者地区以外的国家或者地区的进口货物，以及原产地不明的进口货物，适用普通税率。

5. 关税配额税率

根据《中华人民共和国加入世界贸易组织议定书》及相关规定，对小麦（包括其粉、粒）、玉米（包括其粉、粒）、大米（包括其粉、粒）、食糖、羊毛、毛条、棉花、化肥等货物实施关税配额管理。实行关税配额管理的进口货物，关税配额内的，适用关税配额税率，关税配额外的依照《进出口关税条例》的有关规定执行。

6. 暂定税率

适用最惠国税率、协定税率、特惠税率、关税配额税率的进口货物在一定期限内可以实行暂定税率。

（三）进口关税税率的适用顺序

当最惠国税率低于或等于协定税率时，协定有规定的，按相关协定的规定执行；协定无规定的，两者从低适用。

适用最惠国税率的进口货物有暂定税率的，应当适用暂定税率；适用协定税率、特惠税率的进口货物有暂定税率的，应当从低适用税率；适用普通税率的进口货物，不适用暂定税率。

二、出口税则

我国出口税则为一栏税率，即出口税率。国家仅对少数资源性产品及易于竞相杀价、盲目出口、需要规范出口秩序的半制成品征收出口关税。根据《进出口税则》的规定，我国鳗鱼苗、铅矿砂及其精矿等102项出口商品征收出口关税，适用出口税率或出口暂定税率。

（一）出口关税税目

关税税目与进口税则相同。税目税率表中仅标示征收出口税率或实行暂定税率的税目。

（二）出口关税税率

出口关税设置出口税率。对出口货物在一定期限内可以实行暂定税率。为鼓励企业出口创汇,我国对绝大多数出口货物不征收出口关税,只对少数资源性产品及易于竞相杀价、盲目出口的产品征收出口关税。

（三）出口关税税率的适用顺序

适用出口税率的出口货物有暂定税率的,适用暂定税率。

三、进境物品的进口税

进境物品的关税以及进口环节海关代征税合并为进口税。

规定数额以内的个人自用进境物品,免征进口税。超过规定数额但仍在合理数量以内的个人自用进境物品,由进境物品的纳税义务人在进境物品放行前按照规定缴纳进口税。超过合理、自用数量的进境物品应当按照进口货物依法办理相关手续。

国务院关税税则委员会规定按货物征税的进境物品,按照进口货物相关规定征收关税。

进境物品进口税应当按照《中华人民共和国进境物品进口税税率表》(表 5-1)确定适用税率。

表 5-1　中华人民共和国进境物品进口税税率表

税目序号	物　品　名　称	税率/%
1	书报、刊物、教育用影视资料;计算机、视频摄录一体机、数字照相机等信息技术产品;食品、饮料;金银;家具;玩具,游戏品、节日或其他娱乐用品;药品①	13
2	运动用品(不含高尔夫球及球具)、钓鱼用品;纺织品及其制成品;电视摄像机及其他电器用具;自行车;税目 1、3 中未包含的其他商品	20
3②	烟、酒;贵重首饰及珠宝玉石;高尔夫球及球具;高档手表;高档化妆品	50

注:① 对国家规定减按 3% 征收进口环节增值税的进口药品,按照货物税率征税。

　　② 税目 3 所列商品的具体范围与消费税征收范围一致。

任务三
关税应纳税额核算

一、关税完税价格的确定

关税完税价格是海关计征关税所使用的计税价格,是海关以该货物的实际成交价格为基础审定的完税价格。

（一）进口货物的完税价格

（1）成交价格估价方法。进口货物的完税价格以该货物的成交价格以及该货物运抵我国境内输入地点起卸前的运输及其相关费用、保险费为基础审查确定。这是以进口货物的成交价格为基础进行调整,从而确定进口货物完税价格的估价方法。

进口货物的成交价格,是指卖方向我国境内销售该货物时买方为进口该货物向卖方实付、应付的,并且按照《完税价格办法》的有关规定调整后的价款总额,包括直接支付的价款和间接支付的价款。

(2) 进口货物海关估价方法。进口货物的价格不符合规定条件或者成交价格不能确定的情况下,海关用以审查确定进口货物完税价格的估价方法。海关经了解有关情况,并且与纳税义务人进行价格磋商后,依次以相同货物成交价格估价方法、类似货物成交价格估价方法、倒扣价格估价方法、计算价格估价方法及其他合理方法审查确定该货物的完税价格。纳税义务人向海关提供有关资料后,可以提出申请,颠倒倒扣价格估价方法和计算价格估价方法的适用次序。

(二) 出口货物的完税价格

1. 以成交价格为基础的完税价格

出口货物的完税价格以该货物的成交价格和该货物运至我国境内输出地点装载前的运输及相关费用、保险费为基础审查确定。

出口货物的成交价格,是指该货物出口销售时,卖方为出口该货物应当向买方直接收取和间接收取的价款总额。出口关税,以及在货物价款中单独列明的货物运至我国境内输出地点装载后的运输及其相关费用、保险费不计入出口货物的完税价格。

2. 出口货物海关估价方法

出口货物的成交价格不能确定时,海关经了解有关情况,并且与纳税义务人进行价格磋商后,依次以下列价格审查确定该货物的完税价格:

(1) 同时或者大约同时向同一国家或者地区出口的相同货物的成交价格。

(2) 同时或者大约同时向同一国家或者地区出口的类似货物的成交价格。

(3) 根据境内生产相同或者类似货物的成本、利润和一般费用(包括直接费用和间接费用)、境内发生的运输及其相关费用、保险费计算所得的价格。

(4) 按照合理方法估定的价格。

二、关税应纳税额的核算

(一) 关税计算公式

进出口货物关税,以从价计征、从量计征或者国家规定的其他方式征收。

1. 关税从价计征公式

$$应纳税额 = 完税价格 \times 关税税率 = 应税进(出)口货物数量 \times 单位完税价格 \times 关税税率$$

2. 关税从量计征公式

$$应纳税额 = 应税进(出)口货物数量 \times 单位货物税额$$

3. 关税复合计征公式

复合税又称混合税,即订立从价、从量两种税率,随着完税价格和进口数量的变化而变化,征收时两种税率合并计征。它是对某种进口货物混合使用从价税和从量税的一种关税计征标准。我国目前仅对录像机、放像机、摄像机、数字照相机和摄录一体机等进口商品征收复合税。

$$关税税额 = 应税进(出)口货物数量 \times 单位货物税额 + 应税进(出)口货物数量$$
$$\times 单位完税价格 \times 税率$$

4. 滑准税计算公式

滑准税是根据货物不同价格适用不同税率的一类特殊的从价关税。它是一种关税税率随进口货物价格由高至低而由低至高设置计征关税的方法。简单地讲,就是进口货物的价格越高,其进口关税税率越低,进口商品的价格越低,其进口关税税率越高。滑准税的特点是可保持实行滑准税商品的国内市场价格的相对稳定,而不受国际市场价格波动的影响。其计算公式为:

$$关税税额 = 应税进(出)口货物数量 \times 单位完税价格 \times 滑准税税率$$

(二)关税核算举例

【学中做 5-1】某商贸公司为增值税一般纳税人,2024 年 2 月进口一批高档化妆品。该批货物在国外的买价折合人民币为 1 200 000 元,货款未付。货物运抵我国入关前的运输费、保险费和其他费用分别为 100 000 元、60 000 元、40 000 元,货物报关后,该公司按规定缴纳了进口环节的增值税和消费税并取得了海关开具的税收专用缴款书。假定化妆品进口关税税率为20%,增值税税率为 13%,消费税税率为 15%。计算该化妆品进口环节应缴纳的关税、增值税、消费税并作会计处理。

【解析】

(1) 关税完税价格 = 1 200 000 + 100 000 + 60 000 + 40 000 = 1 400 000(元)

(2) 应缴纳进口关税 = 1 400 000 × 20% = 280 000(元)

(3) 进口环节的商品组成计税价格 = (1 400 000 + 280 000) ÷ (1 - 15%) = 1 976 470.59(元)

(4) 进口环节应缴纳消费税 = 1 976 470.59 × 15% = 296 470.59(元)

(5) 进口环节应缴纳增值税 = (1 400 000 + 280 000 + 296 470.59) × 13%
$$= 1\ 976\ 470.59 \times 13\% = 256\ 941.18(元)$$

【会计处理】

(1) 确认进口货物应付货款、运费、保险费等费用时:

借:材料采购——化妆品 1 400 000

   贷:应付账款 1 400 000

(2) 支付关税、进口增值税和消费税时:

借:材料采购——化妆品 576 470.59

   应交税费——应交增值税(进项税额) 256 941.18

   贷:银行存款 833 411.77

(3) 进口化妆品采购成本 = 1 400 000 + 280 000 + 296 470.59 = 1 976 470.59(元)

商品进口后,验收入库时:

借:库存商品 1 976 470.59

   贷:材料采购 1 976 470.59

【学中做 5-2】某生产企业有进出口经营权,对外出口一批货物,离岸价折合人民币为280 000 元,该货物应缴纳出口关税,适用出口税率 40%。海关开出关税税款的缴纳凭证,企业以银行存款付讫。计算应缴纳的关税并进行相应会计处理。

【解析】

(1) 商品出口需要报关才能离境,关税是在离境前缴纳的,所以商品离岸价格中包含了关税。因此：

$$离岸价 = 关税完税价格 \times (1 + 出口关税税率)$$

$$关税完税价格 = 离岸价 \div (1 + 出口关税税率)$$

$$应纳出口关税 = 关税完税价格 \times 出口关税税率$$

（2）应纳出口关税 $= 280\,000 \div (1 + 40\%) \times 40\% = 200\,000 \times 40\% = 80\,000$（元）

【会计处理】

借：税金及附加　　　　　　　　　　　　　　　　　　　　　　　80 000

　　贷：应交税费——应交关税　　　　　　　　　　　　　　　　　　80 000

任务四
了解关税的税收优惠政策

关税的优惠政策分为法定减免、特定减免和临时减免。

一、法定减免

法定减免税，是根据《海关法》《进出口关税条例》和《进出口税则》的规定，对下列进出口货物免征关税：

（1）关税税额在人民币 50 元以下的一票货物。

（2）无商业价值的广告品和货样。

（3）外国政府、国际组织无偿赠送的物资。

（4）在海关放行前损失的货物；在海关放行前遭受损坏的货物，可以根据海关认定的受损程度减征关税。

（5）进出境运输工具装载的途中必需的燃料、物料和饮食用品。

（6）法律规定的其他免征或者减征关税的货物，海关根据规定予以免征或者减征。

（7）我国缔结或者参加的国际条约规定减征、免征关税的货物、物品，按照规定予以减免关税。

（8）法律规定减征、免征关税的其他货物、物品。

二、特定减免

特定减免，是指除法定减免之外，由国务院或国务院授权机关颁布的法规、规章特别规定的减免，一般是对特定地区、特定企业或特定用途的进出口货物所实行的减免税。

三、暂时减免

暂时进境或者暂时出境的下列货物，在进境或者出境时纳税义务人向海关缴纳相当于应纳税款的保证金或者提供其他担保的，可以暂不缴纳关税，并应当自进境或者出境之日起 6 个月内复运出境或者复运进境；需要延长复运出境或者复运进境期限的，纳税义务人应当根据海关总署的规定向海关办理延期手续。

（1）在展览会、交易会、会议及类似活动中展示或者使用的货物。

（2）文化、体育交流活动中使用的表演、比赛用品。

（3）进行新闻报道或者摄制电影、电视节目使用的仪器、设备及用品。

（4）开展科研、教学、医疗活动使用的仪器、设备及用品。

（5）在本款第（1）项至第（4）项所列活动中使用的交通工具及特种车辆。

（6）货样。

（7）供安装、调试、检测设备时使用的仪器、工具。

（8）盛装货物的容器。

（9）其他用于非商业目的的货物。

暂时进境货物在规定的期限内未复运出境的，或者暂时出境货物在规定的期限内未复运进境的，海关应当依法征收关税。

可以暂时免征关税范围以外的其他暂时进境货物，应当按照该货物的完税价格和其在境内滞留时间与折旧时间的比例计算征收进口关税。具体办法由海关总署规定。

四、临时减免

临时减免，是指除法定减免和特定减免之外，由国务院针对某个纳税人、某类商品、某个项目或某批进出口货物的特殊情况，临时给予的减免。给予特别照顾，一案一批，专文下达的减免税，一般有单位、品种、期限、金额或数量等限制，不能比照执行。

任务五
关税申报与管理

一、关税缴纳

进口货物的纳税人应当从运输工具申报进境之日起 14 天以内，出口货物的纳税人除了海关特准的之外，应当在货物运抵海关监管区后装货的 24 小时以前，向货物的进（出）境地海关申报。

海关根据税则归类和完税价格计算应缴纳的关税和进口环节代征税，并填发税款缴款书。纳税义务人应当自海关填发税款缴款书之日起 15 日内，向指定银行缴纳税款。如关税缴款期限届满日遇星期六、星期日等休息日或者法定节假日，则关税缴纳期限顺延至休息日或者法定节假日之后的第 1 个工作日。

为方便纳税义务人，经申请且海关同意，进（出）口货物的纳税义务人可以在设有海关的指运地（启运地）办理海关申报、纳税手续。

关税纳税人因不可抗力或者在国家税收政策调整的情况下，不能按期纳税的，经海关总署批准，可以延期纳税，但最长不得超过 6 个月。

二、关税的退还

（一）因退货复运进境或出境的关税退还

有下列情形之一的，纳税义务人自缴纳税款之日起 1 年内，可以申请退还关税，并应当以书面形式向海关说明理由，提供原缴款凭证及相关资料：

（1）已征进口关税的货物，因品质或者规格原因，原状退货复运出境的。

（2）已征出口关税的货物，因品质或者规格原因，原状退货复运进境，并已重新缴纳因出口而退还的国内环节有关税收的。

（3）已征出口关税的货物，因故未装运出口，申报退关的。

海关应当自受理退税申请之日起 30 日内查实并通知纳税义务人办理退还手续。纳税义务人应当自收到通知之日起 3 个月内办理有关退税手续。

按照其他有关法律、行政法规规定应当退还关税的，海关应当按照有关法律、行政法规的规定退税。

（二）海关多征税款的退还

海关发现多征税款的，应当立即通知纳税义务人办理退还手续。

纳税义务人发现多缴税款的，自缴纳税款之日起 1 年内，可以以书面形式要求海关退还多缴的税款并加算银行同期活期存款利息；海关应当自受理退税申请之日起 30 日内查实并通知纳税义务人办理退还手续。

纳税义务人应当自收到通知之日起 3 个月内办理有关退税手续。

三、关税的补征和追征

（1）进出口货物放行后，海关发现少征或者漏征税款的，应当自缴纳税款或者货物放行之日起 1 年内，向纳税义务人补征税款。

（2）因纳税义务人违反规定造成少征或者漏征税款的，海关可以自缴纳税款或者货物放行之日起 3 年内追征税款，并从缴纳税款或者货物放行之日起按日加收少征或者漏征税款万分之五的滞纳金。

海关发现海关监管货物因纳税义务人违反规定造成少征或者漏征税款的，应当自纳税义务人应缴纳税款之日起 3 年内追征税款，并从应缴纳税款之日起按日加收少征或者漏征税款万分之五的滞纳金。

（3）报关企业接受纳税义务人的委托，以纳税义务人的名义办理报关纳税手续，因报关企业违反规定而造成海关少征、漏征税款的，报关企业对少征或者漏征的税款、滞纳金与纳税义务人承担纳税的连带责任。

报关企业接受纳税义务人的委托，以报关企业的名义办理报关纳税手续的，报关企业与纳税义务人承担纳税的连带责任。除不可抗力外，在保管海关监管货物期间，海关监管货物损毁或者灭失的，对海关监管货物负有保管义务的人应当承担相应的纳税责任。

任务六
关税申报实训

一、企业信息

企业名称：宁波环宇贸易有限责任公司

社会统一信用代码：913101143810603672A

经营范围：从事国内贸易、货物及技术进出口业务，拥有进出口经营权

开户银行：中行新港中路支行

账号：2309622573279

二、企业业务资料

2023 年 5 月 23 日,公司从韩国进口聚烯烃弹性体(POE)350 000 千克,每千克 CIF 价格为 2.2 美元,我国海关审定的关税完税价格为 5 415 102 元,与货款相同。聚烯烃弹性体(POE)关税税率为6.5％、增值税税率为13％,进口当日人民币兑美元汇率为 7.032 6。报关单如图 5-1 所示。

公司委托运输企业将货物从海关运回本单位仓库,收到的运输费增值税专用发票注明运费 30 000 元,增值税 2 700 元,款项已经支付。另支付报关报检港杂等费用 3 000 元。6 月 2 日货物验收入库。

<table>
<tr><td colspan="7" align="center">中华人民共和国海关进口货物报关单</td><td>*31042023104995120 0*</td><td>页码/页数:1/1</td></tr>
<tr><td>预录入编号</td><td colspan="2">海关编号　(3104)</td><td>(北仑海关)</td><td colspan="3">仅供核对用</td><td colspan="2"></td></tr>
<tr><td>境内收发人</td><td colspan="2">进境关别　(3104)
北仑海关</td><td>进口日期
20230623</td><td colspan="2">申报日期
20230519</td><td colspan="3">备案号</td></tr>
<tr><td>境外发货人</td><td colspan="2">运输方式 (2)
水路运输</td><td>运输工具名称及航次号
PACIFIC BUSAN/2318W</td><td colspan="2">提运单号</td><td colspan="3">货物存放地点
大榭码头</td></tr>
<tr><td>消费使用单位</td><td colspan="2">监管方式 (0110)
一般贸易</td><td>征免性质 (101)
一般征税</td><td colspan="2">许可证号</td><td colspan="3">启运港 (KOR039)
蔚山(韩国)</td></tr>
<tr><td>合同协议号
8400002494</td><td colspan="2">贸易国(地区)　(KOR)
韩国</td><td>启运国(地区)　(KOR)
韩国</td><td colspan="2">经停港 (KOR039)
蔚山(韩国)</td><td colspan="3">入境口岸 (380801)
宁波大榭港区</td></tr>
<tr><td>包装种类 (06)
包/袋</td><td colspan="2">件数
14000</td><td>毛重(千克)
356217</td><td>净重(千克)
350000</td><td>成交方式 (1)
CIF</td><td>运费</td><td>保费</td><td>杂费</td></tr>
<tr><td colspan="9">随附单证及编号
随附单证1:原产地证书<19　　随附单证2:代理报关委托协议(电子);提/运单;发票;装箱单;合同;原产地证据文件</td></tr>
<tr><td colspan="9">标记唛码及备注
备注:<CY自行陪同查验> N/M　集装箱标箱数及号码　　　　　　　　　　　　　　(详见集装箱附加页)</td></tr>
<tr><td>项号</td><td colspan="2">商品编号　商品名称及规格型号</td><td>数量及单位</td><td colspan="2">单价/总价/币制</td><td>原产国(地区)</td><td>最终目的国(地区)</td><td>境内目的地　征免</td></tr>
<tr><td>1</td><td colspan="2">3901409000聚烯烃弹性体
4|3|半透明乳白色颗粒状|99%乙烯和1-辛烯1%添加
剂|57%乙烯33%1-辛烯|0.88|新</td><td>350000千克

350吨</td><td colspan="2"></td><td>韩国
(KOR)</td><td>中国 (33029/330282)
(CHN)</td><td>宁波其他/宁 照章征税
波市慈溪市　　(1)</td></tr>
<tr><td colspan="9" height="120"></td></tr>
<tr><td>特殊关系确认:是</td><td colspan="2">价格影响确认:否</td><td>支付特许权使用费确认:否</td><td colspan="2">公式定价确认:否</td><td colspan="2">暂不价格确认:否</td><td>自报自缴:是</td></tr>
<tr><td colspan="4">报关人员　　报关人员证号31113612　　电话
申报单位(91330206726421919129)宁波经济技术开发区福洋货柜有限公司</td><td colspan="3">兹申明以上内容承担如实申报、依法纳税之法律责任
申报单位(签章)</td><td colspan="2">海关批注及签章</td></tr>
</table>

图 5-1　报关单示意图

三、关税及相关税费计算和会计处理

1. 根据实训资料,计算 2023 年 5 月 23 日应交关税和进口增值税

关税完税价格 = 350 000×2.2×7.032 6 = 5 415 102(元)

应交关税 = 5 415 102×6.5％ = 351 981.63(元)

应交增值税 = (5 415 102 + 351 981.63)×13％ = 749 720.87(元)

购进货物总成本 = 5 415 102 + 351 981.63 + 30 000 + 3 000 = 5 800 083.63(元)

购进货物单位成本 = 5 800 083.63÷350 000 = 16.57(元)

2. 会计处理

(1) 确认进口货物应付外汇款 770 000 美元:

借:材料采购——聚烯烃弹性体(POE)　　　　　　　　　　　　　　　　5 415 102

　　贷:应付账款——XX 出口商　　　　　　　　　　　　　　　　　　　　5 415 102

（2）支付关税和进口增值税：

借：材料采购——聚烯烃弹性体（POE） 351 981.63

应交税费——应交增值税（进项税额） 749 720.87

贷：银行存款 1 101 702.50

（3）支付运输费用：

借：材料采购——聚烯烃弹性体（POE） 30 000

应交税费——应交增值税（进项税额） 2 700

贷：银行存款 32 700

（4）支付货运代理费用：

借：材料采购——聚烯烃弹性体（POE） 3 000

贷：银行存款 3 000

（5）商品验收入库：

借：库存商品——聚烯烃弹性体（POE） 5 800 083.63

贷：材料采购——聚烯烃弹性体（POE） 5 800 083.63

 技能训练

一、单项选择题

1. 如果一个国家的国境内设有免征关税的自由港或自由贸易区，这时（   ）。

A. 关境与国境一致   B. 关境与国境不一致

C. 关境大于国境   D. 关境小于国境

2. 下列不属于关税纳税人的是（   ）。

A. 进口货物的收货人   B. 出口货物的发货人

C. 进口货物的发货人   D. 进出境物品的所有人

3. 我国关税由（   ）征收。

A. 税务机关   B. 海关

C. 市场监督管理部门   D. 人民政府

4. 出口货物的完税价格不包括（   ）。

A. 向境外销售的成交价格

B. 货物运至我国境内输出地点装载前的运输及其相关费用

C. 货物运至我国境内输出地点装载前的保险费用

D. 离境口岸至境外口岸之间的运输、保管费

5. 出口货物以海关审定的成交价格为基础售予境外的离岸价格，扣除出口关税后作为完税价格。其计算公式为（   ）。

A. 完税价格 = 离岸价格 ÷（1 + 出口税率）

B. 完税价格 = 离岸价格 ÷（1 - 出口税率）

C. 完税价格 = 离岸价格 ×（1 + 出口税率）

D. 完税价格 = 离岸价格 ×（1 - 出口税率）

6. 甲企业 2024 年 5 月 1 日进口一台机器设备，货价为 300 万元，货物运抵我国关境输入地点起卸前的包装费为 2 万元，运费为 5 万元，保险费为 4 万元，甲企业另支付境外采购代理

人买方佣金 10 万元。甲企业进口关税完税价格的下列计算正确的是(　　)。

A. 300 + 2 + 5 + 4 + 10 = 312(万元)　　　　B. 300 + 2 + 5 + 4 = 311(万元)

C. 300 + 5 + 4 + 10 = 319(万元)　　　　D. 300 + 2 + 5 = 307(万元)

7. 某企业 2024 年 3 月进口一台机器设备,设备价款为 80 万元,支付运抵我国关境内输入地点起卸前的包装费、运费共 2 万元,成交价格外另支付卖方佣金 1 万元。进口关税税率为 10%,则该企业应纳进口关税(　　)万元。

A. 8　　　　　　　　B. 8.2　　　　　　　　C. 8.1　　　　　　　　D. 8.3

8. 某汽车企业 2024 年 6 月进口两辆小轿车自用,海关审定的关税完税价格为 25 万元/辆,已知:小轿车关税税率为 28%,消费税税率为 9%,车辆购置税税率为 10%。该企业应缴纳的车辆购置税(　　)万元。

A. 7.03　　　　　　B. 5.00　　　　　　C. 7.50　　　　　　D. 10.55

9.《进出口关税条例》规定,关税税额在人民币(　　)元以下的一票货物,免征关税。

A. 50　　　　　　　　B. 100　　　　　　　　C. 1 000　　　　　　　　D. 10 000

10. 关税纳税义务人向指定银行缴纳税款的期限是(　　)。

A. 自报关进口之日起 7 日内　　　　B. 自报关进口之日起 15 日内

C. 自海关填发税款缴款书之日起 7 日内　　D. 自海关填发税款缴款书之日起 15 日内

二、多项选择题

1. 下列各项中,属于关税征税对象的有(　　)。

A. 贸易性商品

B. 个人邮寄物品

C. 馈赠物品或以其他方式进入国境的个人物品

D. 入境旅客随身携带的行李和物品

2. 根据关税法律制度的规定,下列各项中,应当计入出口关税完税价格的有(　　)。

A. 出口关税

B. 出口货物装船以后发生的费用

C. 出口货物在成交价格中未单独列明的支付给国外的佣金

D. 出口货物在成交价格以外买方另行支付的货物包装费

3. 2024 年 6 月,甲企业进口一辆小汽车自用,支付买价 17 万元、卖方佣金 3 万元,货物运抵我国关境内输入地点起卸前的运费和保险费共计 3 万元,货物运抵我国关境内输入地点起卸后的运费和保险费共计 2 万元,另支付买方佣金 1 万元。已知关税税率为 20%,消费税税率为 25%,增值税税率为 13%,城建税税率为 7%,教育费附加征收比率为 3%。假设无其他纳税事项,则下列关于甲企业进口环节相关税金的计算中,正确的有(　　)。

A. 应纳进口关税 = (17 + 3 + 3) × 20% = 4.6(万元)

B. 应纳进口环节消费税 = (17 + 3 + 3) × (1 + 20%) ÷ (1 − 25%) × 25% = 9.2(万元)

C. 应纳进口环节增值税 = (17 + 3 + 3) × (1 + 20%) ÷ (1 − 25%) × 13% = 4.78(万元)

D. 应纳城建税和教育费附加 = (17 + 3 + 3) × (1 + 20%) ÷ (1 − 25%) × (7% + 3%) = 3.68(万元)

4. 进口货物以海关审定的成交价格为基础的到岸价格作为完税价格。到岸价格包括货价,加上货物运抵中国关境内输入地起卸前的(　　)等费用。

A. 包装费　　　　B. 其他劳务费　　　　C. 保险费　　　　D. 运输费

5. 下列关于关税概念的说法中,正确的有(   )。

A. 关税是海关对进出境货物、物品征收的一种税

B. 通常情况下,一个国家的关境与国境是一致的

C. 我国的关境大于国境

D. 一个国家的关境包括国家全部的领土、领海和领空

6. 下列未包含在进口货物价格中的项目应计入进口货物完税价格的有(   )。

A. 买方负担除购货佣金以外的佣金及经纪费

B. 卖方负担的佣金

C. 由买方负担的与该货物视为一体的容器费用

D. 由买方负担的包装劳务费

7. 在征收方式上,进口应税货物分别实行(   )。

A. 从价税   B. 从量税   C. 复合税   D. 滑准税

8. 在关税会计处理中,借记的账户可能有(   )。

A. 税金及附加   B. 在建工程   C. 银行存款   D. 在途物资

9. 根据关税法律制度的规定,下列各项中,免征关税的有(   )。

A. 无商业价值的广告品

B. 外国政府无偿赠送的物资

C. 一票货物关税税额为人民币 100 元

D. 进出境运输工具装载的途中必需的燃料、物料和饮食用品

10. 根据我国关税法律制度的规定,下列关于关税征收管理的表述中,正确的有(   )。

A. 关税是纳税人在向海关申报后,海关放行前分期缴纳的

B. 由于海关误征而多缴纳税款的,纳税人可以从缴纳税款之日起的两年内申请退税

C. 进出口货物完税后,如发现少征或漏征税款,海关有权在一年内予以补征

D. 海关应当自受理退税申请之日起 30 日内作出书面答复,并通知退税申请人

三、思考题

1. 我国的关境与国境一致吗,为什么?

2. 关税的征税对象包括无形资产吗,知识产权进口是否缴纳关税?

3. 进口货物的完税价格和出口货物的完税价格分别是什么?

4. 关税法定减免优惠有哪些?

项目六
企业所得税智慧化申报与管理

 学习目标

知识目标

(1) 了解企业所得税征税对象和纳税范围。

(2) 掌握应纳税所得额的内容(收入、扣除、纳税调整和弥补亏损)。

(3) 掌握企业所得税应纳税额的计算。

(4) 熟悉企业所得税优惠政策。

(5) 了解企业所得税的申报与缴纳的程序。

(6) 掌握企业所得税核算的资产负债表债务法、应付税款法的会计处理。

能力目标

(1) 能判断居民纳税人、非居民纳税人,适用何种税率。

(2) 能根据业务资料计算应纳企业所得税额。

(3) 会根据业务资料填制企业所得税月(季)度预缴纳税申报表。

(4) 会填制企业所得税年度纳税申报表及相关附表,完成年终企业所得税的汇缴清算工作。

素养目标

(1) 通过学习企业所得税的智慧化申报与管理,形成法治观念,依法计税、节税,办理涉税业务。

(2) 通过学习企业所得税的智慧化申报与管理,形成遵守会计职业道德,不做假账的操守。

(3) 通过完成企业所得税的智慧化申报实训,培养劳动价值观,获得劳动技能。

任务一
纳税义务人、征税对象和税率的确定

　　企业所得税的基本规范是《中华人民共和国企业所得税法》(以下简称《企业所得税法》)和《中华人民共和国企业所得税法实施条例》(以下简称《企业所得税法实施条例》),以及国务院财政、税务主管部门发布的相关规定。

　　企业所得税是对我国境内的企业和其他取得收入的组织的生产经营所得和其他所得征收的一种税。一般情况下,企业的会计利润并不等于应纳税所得额,需要根据企业所得税法的有关规定,把企业的会计利润调整成应纳税所得额,据以缴纳企业所得税。

企业
所得税法

　　会计利润,是指企业在一定会计期间的经营成果,包括收入减去费用后的净额、直接计入当期利润的利得和损失等。

$$会计利润 = 收入 - 费用 + 直接计入当期利润的利得 - 直接计入当期利润的损失$$

　　企业每一纳税年度的收入总额,减除不征税收入、免税收入、各项扣除以及允许弥补的以前年度亏损后的余额,为应纳税所得额。通常是在会计利润基础经过纳税调整,计算出应纳税所得额。

$$应纳税所得额 = 会计利润 \pm 纳税调整金额$$

　　由此可知,会计上的收入、费用、利润或亏损,与所得税法中的收入总额、不征收收入、免税收入、各项扣除、允许弥补的以前年度亏损都不是完全相同的。会计利润与应纳税所得额之间的差异就是会计与税收的差异。

一、纳税义务人

(一)纳税义务人

　　在中华人民共和国境内,企业和其他取得收入的组织为企业所得税的纳税人。《企业所得税法》第一条规定,除个人独资企业、合伙企业不适用《企业所得税法》之外,凡在我国境内,企业和其他取得收入的组织(以下统称企业)为企业所得税的纳税人,依照《企业所得税法》的规定缴纳企业所得税。

　　个人独资企业、合伙企业不是企业所得税的纳税义务人,这两类企业应交个人所得税。

(二)居民企业和非居民企业

　　我国境内的企业分为居民企业和非居民企业。

　　居民企业,是指依法在中国境内成立,或者依照外国(地区)法律成立但实际管理机构在中国境内的企业。依法在中国境内成立的企业包括依照中国法律、行政法规在中国境内成立的企业、事业单位、社会团体以及其他取得收入的组织。实际管理机构是指对企业的生产经营、人员、账务、财产等实施实质性全面管理和控制的机构。

　　非居民企业,是指依照外国(地区)法律成立且实际管理机构不在中国境内,但在中国境内设立机构、场所的,或者在中国境内未设立机构、场所,但有来源于中国境内所得的企业。

机构、场所,是指在中国境内从事生产经营活动的机构、场所,包括:管理机构、营业机构、办事机构;工厂、农场、开采自然资源的场所;提供劳务的场所;从事建筑、安装、装配、修理、勘探等工程作业的场所;其他从事生产经营活动的机构、场所。

非居民企业委托营业代理人在中国境内从事生产经营活动的,包括委托单位或者个人经常代其签订合同,或者储存、交付货物等,该营业代理人视为非居民企业在中国境内设立的机构、场所。

在我国香港特别行政区、澳门特别行政区和台湾地区成立的企业,根据其实际管理机构是否在大陆,确定为居民企业或非居民企业。

二、征税对象

企业所得税的征税对象,是指企业取得的生产经营所得、其他所得和清算所得。

(一) 居民企业的征税对象

居民企业应当就其来源于中国境内、境外的所得缴纳企业所得税。所得包括销售货物所得、提供劳务所得、转让财产所得、股息红利等权益性投资所得、利息所得、租金所得、特许权使用费所得、接受捐赠所得和其他所得。

(二) 非居民企业的征税对象

非居民企业在中国境内设立机构、场所的,应当就其所设机构、场所取得的来源于中国境内的所得,以及发生在中国境外但与其所设机构、场所有实际联系的所得,缴纳企业所得税。

非居民企业在中国境内未设立机构、场所的,或者虽设立机构、场所但取得的所得与其所设机构、场所没有实际联系的,应当就其来源于中国境内的所得缴纳企业所得税。

上述所称实际联系,是指非居民企业在中国境内设立的机构、场所拥有的据以取得所得的股权、债权,以及拥有、管理、控制据以取得所得的财产。

(三) 所得来源地的确定

来源于中国境内、境外的所得,按照以下原则确定:

(1) 销售货物所得,按照交易活动发生地确定。

(2) 提供劳务所得,按照劳务发生地确定。

(3) 转让财产所得。不动产转让所得按照不动产所在地确定;动产转让所得按照转让动产的企业或者机构、场所所在地确定;权益性投资资产转让所得按照被投资企业所在地确定。

(4) 股息、红利等权益性投资所得,按照分配所得的企业所在地确定。

(5) 利息所得、租金所得、特许权使用费所得,按照负担、支付所得的企业或者机构或场所所在地确定,或者按照负担、支付所得的个人的住所地确定。

(6) 其他所得,由国务院财政、税务主管部门确定。

三、企业所得税税率

(1) 基本税率25%。适用于居民企业和在中国境内设有机构、场所且所得与机构、场所有关联的非居民企业。

(2) 低税率为20%。适用于在中国境内未设立机构、场所,或者虽然设立机构、场所但取得的所得与其所设机构、场所没有实际联系的非居民企业。但对这类企业实际征税时适用10%的优惠税率。

(3) 优惠税率15%。国家需要重点扶持的高新技术企业、认定的技术先进型服务企业,减按15%的税率征收所得税。

任务二
应纳税所得额计算

一、应纳税所得额概念

企业所得税的计税依据为应纳税所得额。它是企业每一纳税年度的收入总额,减除不征税收入、免税收入、各项扣除以及允许弥补的以前年度亏损后的余额。

企业应纳税所得额的计算,以权责发生制为原则,属于当期的收入和费用,不论款项是否收付,均作为当期的收入和费用;不属于当期的收入和费用,即使款项已经在当期收付,均不作为当期的收入和费用。企业所得税法及其实施条例、国务院财政、税务主管部门另有规定的除外。

亏损,是指企业依照所得税法有关规定将每一纳税年度的收入总额减除不征税收入、免税收入和各项扣除后小于零的数额。该亏损与会计利润表中的亏损不等同。

企业所得税法所称清算所得,是指企业的全部资产可变现价值或者交易价格减去资产净值、清算费用以及相关税费等后的余额。

二、收入总额

(一) 收入的内容

企业以货币形式和非货币形式从各种来源取得的收入,为收入总额。以非货币形式收入应当按照公允价值确定收入额。

(1) 销售货物收入,是指企业销售商品、产品、原材料、包装物、低值易耗品及其他存货取得的收入。

(2) 提供劳务收入,是指企业从事建筑安装、修理修配、交通运输、仓储租赁、金融保险、邮电通信、咨询经纪、文化体育、科学研究、技术服务、教育培训、餐饮住宿、中介代理、卫生保健、社区服务、旅游、娱乐、加工以及其他劳务服务活动取得的收入。

(3) 转让财产收入,是指企业转让固定资产、生物资产、无形资产、股权、债权等财产取得的收入。企业转让股权收入应于转让协议生效且完成股权变更手续时,确认收入的实现。转让股权收入扣除为取得该股权所发生的成本后,为股权转让所得。企业在计算股权转让所得时,不得扣除被投资企业未分配利润等股东留存收益中按该项股权所可能分配的金额。

(4) 股息、红利等权益性投资收益,是指企业因权益性投资从被投资方取得的收入。股息、红利等权益性投资收益,除国务院财政、税务主管部门另有规定外,按照被投资方做出利润分配决定的日期确认收入的实现。

(5) 利息收入,是指企业将资金提供他人使用但不构成权益性投资,或者因他人占用本企业资金取得的收入,包括存款利息、贷款利息、债券利息、欠款利息等收入。利息收入按照合同约定的债务人应付利息的日期确认收入的实现。

(6) 租金收入,是指企业提供固定资产、包装物或者其他有形资产的使用权取得的收入。租金收入,按照合同约定的承租人应付租金的日期确认收入的实现。

(7) 特许权使用费收入,是指企业提供专利权、非专利技术、商标权、著作权以及其他特许

权的使用权取得的收入。特许权使用费收入,按照合同约定的特许权使用人应付特许权使用费的日期确认收入的实现。

(8) 接受捐赠收入,是指企业接受的来自其他企业、组织或者个人无偿给予的货币性资产、非货币性资产。接受捐赠收入,按照实际收到捐赠资产的日期确认收入的实现。

企业接受捐赠的货币性、非货币资产均并入当期的应纳税所得额。企业接受捐赠的非货币性资产计入应纳税所得额的内容包括捐赠资产价值和由捐赠方代为支付的增值税,不包括由受赠企业另外支付或应付的相关税费。

(9) 其他收入,是指企业取得的除上述收入外的其他收入,包括企业资产溢余收入、逾期未退包装物押金收入、确实无法偿付的应付款项、已作坏账损失处理后又收回的应收款项、债务重组收入、补贴收入、违约金收入、汇兑收益等。

(二) 收入的确认

除企业所得税法对收入特别规定外,企业销售收入的确认应遵循权责发生制和实质重于形式原则。

1. 销售商品收入

①销售商品采用托收承付方式的,在办妥托收手续时确认收入。②销售商品采取预收款方式的,在发出商品时确认收入。③销售商品需要安装和检验的,在购买方接受商品以及安装和检验完毕时确认收入。如果安装程序比较简单,可在发出商品时确认收入。④销售商品采用支付手续费方式委托代销的,在收到代销清单时确认收入。

2. 提供劳务收入

提供劳务在满足收入确认条件下,应按以下规定确认收入:①安装费,应根据安装完工进度确认收入。安装工作是商品销售附带条件的,安装费在确认商品销售实现时确认收入。②宣传媒介的收费,应在相关的广告或商业行为出现于公众面前时确认收入。广告的制作费根据制作广告的完工进度确认收入。③软件费,为特定客户开发软件的收费,应根据开发的完工进度确认收入。④服务费,包含在商品售价内可区分的服务费,在提供服务的期间分期确认收入。⑤艺术表演、招待宴会和其他特殊活动的收费,在相关活动发生时确认收入。收费涉及几项活动的,预收的款项应合理分配给每项活动,分别确认收入。⑥会员费,申请入会或加入会员只允许取得会籍,所有其他服务或商品都要另行收费的,在取得该会员费时确认收入。申请入会或加入会员后,会员在会员期内不再付费就可得到各种服务或商品,或者以低于非会员的价格销售商品或提供服务的,该会员费应在整个受益期内分期确认收入。⑦特许权费,属于提供设备和其他有形资产的特许权费,在交付资产或转移资产所有权时确认收入;属于提供初始及后续服务的特许权费,在提供服务时确认收入。

3. 售后回购

采用售后回购方式销售商品的,销售的商品按售价确认收入,回购的商品作为购进商品处理。有证据表明不符合销售收入确认条件的,收到的款项应确认为负债,回购价格大于原售价的,差额应在回购期间确认为利息费用。

4. 销售商品以旧换新

应当确认为销售商品收入,回收的商品作为购进商品处理。

5. 折扣方式销售收入的确认

商业折扣销售,应当按照扣除商业折扣后的金额确定销售商品收入金额;现金折扣销售,应当按扣除现金折扣前的金额确定销售商品收入金额,现金折扣在实际发生时作为财务费用

扣除;已经确认销售收入的售出商品发生销售折让和销售退回,应当在发生当期冲减销售商品收入。"买一赠一"不属于捐赠,应视为实物折扣,将总的销售金额按各项商品的公允价值的比例来分摊确认各项销售收入。

6. 其他收入的确认

企业取得财产转让收入、债务重组收入、接受捐赠收入、无法偿付的应付款收入等,不论是以货币形式,还是非货币形式体现,除另有规定外,均应一次性计入确认收入的年度并计算缴纳企业所得税。

7. 政府补助收入

企业按照市场价格销售货物、提供劳务服务等,政府财政部门根据企业销售货物、提供劳务服务的数量、金额的一定比例给予全部或部分资金支付的,应当按照《企业会计准则第16号——政府补助》确认收入。

除上述情形外,企业取得的各种政府财政支付,如财政补贴、补助、补偿、退税等,应当按照实际取得收入的时间确认收入。

(三) 特殊收入的确认

(1) 企业的下列生产经营业务可以分期确认收入的实现:以分期收款方式销售货物的,按照合同约定的收款日期确认收入的实现;企业受托加工制造大型机械设备、船舶、飞机,以及从事建筑、安装、装配工程业务或者提供其他劳务等,持续时间超过12个月的,按照纳税年度内完工进度或者完成的工作量确认收入的实现。

(2) 采取产品分成方式取得收入的,按照企业分得产品的日期确认收入的实现,其收入按照产品的公允价值确定。

(3) 企业发生非货币性资产交换,以及将货物、财产、劳务用于捐赠、偿债、赞助、集资、广告、样品、职工福利或者利润分配等用途的,应当视同销售货物、转让财产或者提供劳务,但国务院财政、税务主管部门另有规定的除外。

(4) 居民企业以非货币性资产对外投资确认的非货币性资产转让所得,可在不超过5年的期限内,分期均匀计入相应年度的应纳税所得额,按规定计算缴纳企业所得税。

企业以非货币性资产对外投资,应对非货币性资产进行评估并按评估后的公允价值扣除计税基础后的余额,应于投资协议生效并办理股权登记手续时确认非货币性资产转让所得。

三、不征税收入

收入总额中的下列收入为不征税收入:

①财政拨款。②依法收取并纳入财政管理的行政事业性收费、政府性基金。③国务院规定的其他不征税收入。

根据《财政部国家税务总局关于专项用途财政性资金企业所得税处理问题的通知》(财税〔2011〕70号)的规定,自2011年1月1日起,企业取得的专项用途财政性资金企业所得税处理按以下规定执行:

企业从县级以上各级人民政府财政部门及其他部门取得的应计入收入总额的财政性资金,凡同时符合以下条件的,可以作为不征税收入,在计算应纳税所得额时从收入总额中减除:
①企业能够提供规定资金专项用途的资金拨付文件。②财政部门或其他拨付资金的政府部门对该资金有专门的资金管理办法或具体管理要求。③企业对该资金以及以该资金发生的支出单独进行核算。

四、免税收入

企业的下列收入为免税收入：

(1) 国债利息收入。国债利息收入包括企业持有国务院财政部门发行的国债和地方政府债券取得的利息收入。

企业从发行者直接投资购买的国债持有至到期，其从发行者取得的国债利息收入，全额免征企业所得税。企业到期前转让国债，或者从非发行者投资购买的国债，其持有期间尚未兑付的国债利息收入，免征企业所得税。

企业转让国债，应作为转让财产，其取得的收益（损失）应作为企业应纳税所得额计算纳税。

(2) 符合条件的居民企业之间的股息、红利等权益性投资收益。

(3) 在中国境内设立机构、场所的非居民企业从居民企业取得与该机构、场所有实际联系的股息、红利等权益性投资收益。

该权益性投资收益不包括连续持有居民企业公开发行并上市流通的股票在 1 年（12 个月）以内取得的投资收益。注意投资方只能是在境内有机构的非居民企业才有优惠。如果投资方是境内无机构的非居民企业，则无此优惠。

(4) 符合条件的非营利组织下列收入为免税收入，不包括非营利组织从事营利性活动取得的收入，但国务院财政、税务主管部门另有规定的除外。

①接受其他单位或者个人捐赠的收入；②除《企业所得税法》第七条规定的财政拨款以外的其他政府补助收入，但不包括因政府购买服务取得的收入；③按照省级以上民政、财政部门规定收取的会费；④不征税收入和免税收入孳生的银行存款利息收入；⑤财政部、国家税务总局规定的其他收入。

五、税前扣除

（一）扣除的一般规定

企业实际发生的与取得收入有关的、合理的支出，包括成本、费用、税金、损失和其他支出，准予在计算应纳税所得额时扣除。

1. 与收入有关的、合理的支出

有关的支出，是指与取得收入直接相关的支出。合理的支出，是指符合生产经营活动常规，应当计入当期损益或者有关资产成本的必要和正常的支出。

企业发生的支出应当区分收益性支出和资本性支出。收益性支出在发生当期直接扣除；资本性支出应当分期扣除或者计入有关资产成本，不得在发生当期直接扣除。

企业的不征税收入用于支出所形成的费用或者财产，不得扣除或者计算对应的折旧、摊销扣除。企业实际发生的成本、费用、税金、损失和其他支出，不得重复扣除。

2. 成本

成本是指企业在生产经营活动中发生的销售成本、销货成本、业务支出以及其他耗费，即企业销售商品（产品、材料、下脚料、废料、废旧物资等）、提供劳务、转让固定资产、无形资产（包括技术转让）的成本。

企业必须将经营活动中发生的成本合理划分为直接成本和间接成本。直接成本是可直接计入有关成本计算对象或劳务的经营成本中的直接材料、直接人工等。间接成本是指多个部门为同一成本对象提供服务的共同成本，或者同一种投入可以制造、提供两种或两种以上的产品或劳务的联合成本。

直接成本可根据有关会计凭证、记录直接计入有关成本计算对象或劳务的经营成本中。间接成本必须根据与成本计算对象之间的因果关系、成本计算对象的产量等,以合理的方法分配计入有关成本计算对象中。

3．费用

费用是指企业每一个纳税年度为生产、经营商品和提供劳务等所发生的销售(经营)费用、管理费用和财务费用,已经计入成本的有关费用除外。

销售费用,是指应由企业负担的为销售商品而发生的费用。

管理费用,是指企业的行政管理部门为管理组织经营活动提供各项支援性服务而发生的费用。

财务费用,是指企业筹集经营性资金而发生的费用。

4．税金

税金是指企业发生的除企业所得税和允许抵扣的增值税以外的各项税金及其附加,即企业按规定缴纳的消费税、城市维护建设税、关税、资源税、土地增值税、房产税、车船税、城镇土地使用税、印花税、契税、教育费附加、地方教育附加等税金及附加。这些已纳税金准予在税前扣除,准许扣除的方式有两种:一是在发生当期扣除;二是在发生当期计入相关资产的成本中,在以后各期分摊扣除。

5．损失

损失是指企业在生产经营活动中发生的固定资产和存货的盘亏、毁损、报废损失,转让财产损失,呆账损失,坏账损失,自然灾害等不可抗力因素造成的损失以及其他损失。

企业发生的损失,减除责任人赔偿和保险赔款后的余额,依照国务院财政、税务主管部门的规定扣除。

企业已经作为损失处理的资产,在以后纳税年度又全部收回或者部分收回时,应当计入当期收入。

6．其他支出

其他支出是指除成本、费用、税金、损失外,企业在生产经营活动中发生的与生产经营活动有关的、合理的支出。

(二)具体扣除项目及其标准

在计算应纳税所得额时,下列项目可按照实际发生额或规定的标准扣除。

1．工资、薪金支出

(1)企业发生的合理的工资、薪金支出,准予扣除。

工资、薪金支出是指企业每一纳税年度支付给在本企业任职或者受雇的员工的所有现金形式或者非现金形式的劳动报酬,包括基本工资、奖金、津贴、补贴、年终加薪、加班工资,以及与员工任职或者受雇有关的其他支出。

企业税前扣除的工资、薪金支出,应该是企业实际支付给职工的工资总额,不是应付职工薪酬总额,不包括企业职工福利费、工会经费、职工教育经费和社会保险费、住房公积金。

(2)国有性质的企业,其工资、薪金不得超过政府有关部门给予的限定数额;超过部分,不得计入企业工资、薪金总额,也不得在计算企业应纳税所得额时扣除。

(3)企业因雇用季节工、临时工、实习生、返聘离退休人员所实际发生的费用,应区分为工资、薪金支出和职工福利费支出,并按《企业所得税法》的规定在企业所得税税前扣除。其中属于工资、薪金支出的,准予计入企业工资、薪金总额的基数,作为计算其他各项相关费用扣除的

依据。

（4）企业接受外部劳务派遣用工所实际发生的费用，应分两种情况按规定在税前扣除：按照协议（合同）约定直接支付给劳务派遣公司的费用，应作为劳务费支出；直接支付给员工个人的费用，应作为工资、薪金支出和职工福利费支出。其中属于工资、薪金支出的费用，准予计入企业工资、薪金总额的基数，作为计算其他各项相关费用扣除的依据。

（5）依照《上市公司股权激励管理办法》建立的职工股权激励计划，符合企业会计准则的有关规定，按照实际行权时该股票的公允价格及数量，计算确定为当年上市公司工资、薪金支出，依照税法规定进行税前扣除。

（6）列入企业员工工资、薪金制度，固定与工资、薪金一起发放的福利性补贴，符合合理的工资、薪金支出条件的，可作为企业发生的工资、薪金支出，按规定在税前扣除。

不能同时符合上述合理工资、薪金支出条件的福利性补贴，应作为职工福利费，按规定计算限额税前扣除。

2. 职工福利费

企业发生的职工福利费支出，不超过工资薪金总额14％的部分，准予扣除。

企业职工福利费，包括以下内容：

（1）尚未实行分离办社会职能的企业，其内设福利部门所发生的设备、设施和人员费用，包括职工食堂、职工浴室、理发室、医务所、托儿所、疗养院等集体福利部门的设备、设施及维修保养费用和福利部门工作人员的工资、薪金，社会保险费，住房公积金，劳务费等。

（2）为职工卫生保健、生活、住房、交通等所发放的各项补贴和非货币性福利，包括企业向职工发放的因公外地就医费用、未实行医疗统筹企业职工医疗费用、职工供养直系亲属医疗补贴、供暖费补贴、职工防暑降温费、职工困难补贴、救济费、职工食堂经费补贴、职工交通补贴等。

（3）按照其他规定发生的其他职工福利费，包括丧葬补助费、抚恤费、安家费、探亲假路费等。

企业发生的职工福利费，应该单独设置账册，进行准确核算。没有单独设置账册准确核算的，税务机关应责令企业在规定的期限内进行改正。逾期仍未改正的，税务机关可对企业发生的职工福利费进行合理的核定。

3. 工会经费

企业拨缴的工会经费，不超过工资、薪金总额2％的部分，准予扣除。

企业拨缴的职工工会经费，不超过工资、薪金总额的部分，凭工会组织开具的《工会经费收入专用收据》在企业所得税税前扣除。在委托税务机关代收工会经费的地区，企业拨缴的工会经费，也可凭合法、有效的工会经费代收凭据依法在企业所得税税前扣除。

4. 职工教育经费

除国务院财政、税务主管部门另有规定外，企业发生的职工教育经费支出，不超过工资、薪金总额8％的部分，准予在计算企业所得税应纳税所得额时扣除；超过部分，准予在以后纳税年度结转扣除。

软件生产企业发生的职工教育经费中的职工培训费用，根据有关规定，可以全额在企业所得税前扣除。软件生产企业应准确划分职工教育经费中的职工培训费支出，不能准确划分的，以及准确划分后职工教育经费中扣除职工培训费用的余额，一律按照工资、薪金总额8％的比例扣除。

5．社会保险费

企业依照国务院有关主管部门或者省级人民政府规定的范围和标准为职工缴纳的基本养老保险费、基本医疗保险费、失业保险费、工伤保险费、生育保险费等基本社会保险费和住房公积金，准予扣除。

企业为投资者或者职工支付的补充养老保险费、补充医疗保险费，在国务院财政、税务主管部门规定的范围和标准内（分别不超过职工工资、薪金总额的 5% 比例内），准予扣除。企业依照国家有关规定为特殊工种职工支付的人身安全保险费和符合国务院财政、税务主管部门规定可以扣除的商业保险费准予扣除。企业为投资者或者职工支付的商业保险费，不得扣除。

企业为投资者或者职工支付的商业保险费，不得扣除。

6．借款费用

企业在生产经营活动中发生的合理的不需要资本化的借款费用，准予扣除。

企业为购置、建造固定资产、无形资产和经过 12 个月以上的建造才能达到预定可销售状态的存货发生借款的，在有关资产购置、建造期间发生的合理的借款费用，应当作为资本性支出计入有关资产的成本，按相应的规定计提折旧、摊销和结转成本，在税前扣除。有关资产交付使用后发生的借款利息，可在发生当期扣除。

企业通过发行债券、取得贷款、吸收保户储金等方式融资而发生的合理的费用支出，符合资本化条件的，应计入相关资产成本；不符合资本化条件的，应作为财务费用，准予在企业所得税前据实扣除。

7．利息费用

企业在生产经营活动中发生的下列利息费用，按下列规定扣除：

（1）非金融企业向金融企业借款的利息支出、金融企业的各项存款利息支出和同业拆借利息支出、企业经批准发行债券的利息支出可据实扣除。

（2）非金融企业向非金融企业借款的利息支出，不超过按照金融企业同期同类贷款利率计算的数额的部分可据实扣除，超过部分不允许扣除。

（3）关联方借款利息处理。

企业接受关联方债权性投资与权益性投资的比例超过规定标准而发生的利息支出，不得在税前扣除。债权性投资与权益性投资的比例：金融企业 5∶1；其他企业 2∶1。例如，某非金融企业向关联方借款 5 000 万元，年利率为 8%，接受关联方的投资为 2 000 万元，同期同类银行贷款利率为 5%，则允许该企业税前扣除的支付给关联方利息支出为 200 万元（2 000×2×5% = 200）。

（4）企业向自然人借款的利息处理。

企业向股东或其他与企业有关联关系的自然人借款的利息支出，比照上述关联方借款利息处理。

企业向内部职工或其他人员借款的利息支出，其借款情况同时符合下列条件的，其利息支出在不超过按照金融企业同期同类贷款利率计算的数额的部分，准予扣除。

企业与个人之间的借贷是真实、合法、有效的，并且不具有非法集资目的或其他违反法律、法规的行为；企业与个人之间签订了借款合同。

8．汇兑损失

企业在货币交易中，以及纳税年度终了时将人民币以外的货币性资产、负债按照期末即期人民币汇率中间价折算为人民币时产生的汇兑损失，除已经计入有关资产成本以及与向所有

者进行利润分配相关的部分外,准予扣除。

9. 业务招待费

企业发生的与生产经营活动有关的业务招待费支出,按照发生额的60%扣除,但最高不得超过当年销售(营业)收入的5‰。

业务招待费扣除限额的计算基数为销售(营业)收入合计,包括主营业务收入、其他业务收入和视同销售收入,但不包括营业外收入、投资收益。对从事股权投资业务的企业(包括集团公司总部、创业投资企业等),其从被投资企业所分配的股息、红利以及股权转让收入(股权投资企业获得的投资收益,实际上就是其主营业务收入),可以按规定的比例计算业务招待费扣除限额。

企业在筹建期间,发生的与筹办活动有关的业务招待费支出,可按实际发生额的60%计入企业筹办费,并按有关规定在税前扣除。

10. 广告费和业务宣传费

企业发生的符合条件的广告费和业务宣传费支出,除国务院财政、税务主管部门另有规定外,不超过当年销售(营业)收入15%的部分,准予扣除;超过部分,准予在以后纳税年度结转扣除。

自2021年1月1日起至2025年12月31日止,化妆品制造或销售、医药制造和饮料制造(不含酒类制造)企业发生的广告费和业务宣传费支出,不超过当年销售(营业)收入30%的部分,准予扣除;超过部分,准予结转以后纳税年度扣除。

企业在筹建期间,发生的广告费和业务宣传费,可按实际发生额计入企业筹办费,并按有关规定在税前扣除。

广告费和业务宣传费不分别计算扣除,统一以销售(营业)收入作为计算基数,销售(营业)收入包括主营业务收入、其他业务收入、视同销售收入,但不包括营业外收入、投资收益。广告费和业务宣传费超过限额的部分可以结转以后年度扣除,计算当年扣除额时要注意上一年是否有结转的余额。非广告性赞助支出不属于广告费和业务宣传费,不得税前扣除。

烟草企业的广告费和业务宣传费,一律不得税前扣除。

11. 环境保护专项资金

企业依照法律、行政法规有关规定提取的用于环境保护、生态恢复等方面的专项资金,准予扣除。上述专项资金提取后改变用途的,不得扣除。

12. 财产保险费

企业参加财产保险,按照规定缴纳的保险费,准予扣除。

13. 租赁费

企业根据生产经营活动的需要租入固定资产支付的租赁费,按照以下方法扣除:

(1)以经营租赁方式租入固定资产发生的租赁费支出,按照租赁期限均匀扣除。

(2)以融资租赁方式租入固定资产发生的租赁费支出,按照规定构成融资租入固定资产价值的部分应当提取折旧费用,分期扣除。

14. 劳动保护费

企业发生的合理的劳动保护支出,准予税前扣除。

劳动保护支出主要是工作服、安全保护用品、防暑降温品等合理的支出。劳动保护支出不能发放现金,否则将被视为工资薪金支出或福利费支出。

企业员工服饰费用支出,企业根据其工作性质和特点,由企业统一制作并要求员工工作时统一着装所发生的工作服饰费用,可以作为企业合理的支出给予税前扣除。

15．公益性捐赠支出

企业发生的公益性捐赠支出，不超过年度利润总额 12％的部分，准予扣除。

超过年度利润总额 12％的部分，准予以后 3 年内在计算应纳税所得额时结转扣除。企业在对公益性捐赠支出计算扣除时，应先扣除以前年度结转的捐赠支出，再扣除当年发生的捐赠支出。

公益性捐赠企业通过公益性社会团体或者县级（含县级）以上人民政府及其部门，用于《中华人民共和国公益事业捐赠法》规定的公益事业的捐赠。直接的公益性捐赠和非公益性捐赠不得税前扣除。

年度利润总额，是指企业依照国家统一会计制度的规定计算的年度会计利润。公益性捐赠包括货币捐赠和非货币捐赠；捐赠货币性资产，应当按照实际支付的金额计算；捐赠非货币性资产，应当以其公允价值计算。

非货币性资产对外捐赠，应分解为销售非货币性资产业务和对外捐赠两项业务进行所得税处理。企业将自产货物用于捐赠，还应按公允价值计算缴纳增值税，但会计上不确认收入和利润。

【学中做 6-1】某企业将成本为 200 万元的自产产品通过政府部门向灾区捐赠，该批产品的市场价格 400 万元，适用增值税税率 13％。假设当年该企业的会计利润为 3 000 万元，计算捐赠的税前扣除额并进行会计处理。

【解析】

（1）用自产货物对外捐赠，应视同销售，计算增值税销项税额为 52 万元（400×13％）。

（2）在企业所得税申报时，应调增"视同销售收入"400 万元、"视同销售成本"252 万元，纳税所得因此调增 148 万元（400－252）。

（3）公益性捐赠支出 252 万元，税法允许扣除的公益性捐赠支出限额 360 万元（3 000×12％），因此公益性捐赠支出不需要纳税调整。

【会计处理】

借：营业外支出　　　　　　　　　　　　　　　　　　　　252
　　贷：库存商品　　　　　　　　　　　　　　　　　　　　　200
　　　　应交税费——应交增值税（销项税额）　　　　　　　　52

【学中做 6-2】某制药公司为增值税一般纳税人，该公司 2023 年主营业务收入 5 500 万元，其他业务收入 400 万元，营业外收入 300 万元，主营业务成本 2 800 万元，其他业务成本 300 万元，营业外支出 210 万元，税金及附加 420 万元，管理费用 550 万元，销售费用 900 万元，财务费用 180 万元，投资收益 120 万元。其中：营业外支出包括对外捐赠 140 万元（通过区教育局向某山区小学捐赠 120 万元，直接向某学校捐赠 20 万元）。计算上述业务应调整的应纳税所得额。

【解析】

（1）会计利润＝5 500＋400＋300－2 800－300－210－420－550－900－180＋120＝960（万元）

（2）公益性捐赠扣除限额＝960×12％＝115.2（万元）

应调增纳税所得＝120－115.2＝4.8（万元）

（3）直接向某学校捐赠 20 万元不能作为公益性捐赠在税前扣除。因此，企业所得税纳税申报时应调增应纳税所得额 24.8 万元（4.8＋20）。

16．总机构分摊的费用

非居民企业在中国境内设立的机构、场所，就其中国境外总机构发生的与该机构、场所生产经营有关的费用，能够提供总机构出具的费用汇集范围、定额、分配依据和方法等证明文件，并合理分摊的，准予扣除。

17．有关资产的费用

①在计算应纳税所得额时，企业按照规定计算的固定资产折旧、无形资产摊销费用，准予扣除。②在计算应纳税所得额时，企业发生的下列支出作为长期待摊费用，按照规定摊销的，准予扣除：已足额提取折旧的固定资产的改建支出；租入固定资产的改建支出；固定资产的大修理支出；其他应当作为长期待摊费用的支出。③企业使用或者销售存货，按照规定计算的存货成本，准予在计算应纳税所得额时扣除。④企业转让资产，该项资产的净值，准予在计算应纳税所得额时扣除。

18．资产损失

企业向税务机关申报扣除资产损失，仅需填报企业所得税年度纳税申报表《资产损失税前扣除及纳税调整明细表》，不再报送资产损失相关资料，相关资料由企业留存备查。

19．关于税前扣除规定与企业实际会计处理之间的税务处理

根据规定，对企业依据财务会计制度的规定，并实际在财务会计处理上已确认的支出，凡没有超过《企业所得税法》和有关税收法规规定的税前扣除范围和标准的，可按企业实际会计处理确认的支出，在企业所得税前扣除，计算应纳税所得额。

六、不得扣除的项目

在计算应纳税所得额时，下列支出不得扣除：

①向投资者支付的股息、红利等权益性投资收益款项。②企业所得税税款。③税收滞纳金。④罚金、罚款和被没收财物的损失。⑤超过规定标准的捐赠支出。⑥赞助支出，是指企业发生与生产经营活动无关的各种非广告性质支出。⑦未经核定的准备金支出，是指不符合国务院财政、税务主管部门规定的各项资产减值准备、风险准备等准备金支出。⑧企业之间支付的管理费、企业内营业机构之间支付的租金和特许权使用费，以及非银行企业内营业机构之间支付的利息，不得扣除。⑨与取得收入无关的其他支出。

七、亏损弥补

（1）企业某一纳税年度发生的亏损可以用下一年度的所得弥补，下一年度的所得不足以弥补的，可以逐年延续弥补，但最长不得超过 5 年。企业在汇总计算缴纳企业所得税时，其境外营业机构的亏损不得抵减境内营业机构的盈利。

亏损，是指企业依照《企业所得税法》及其实施条例的规定，将每一纳税年度的收入总额减除不征税收入、免税收入和各项扣除后小于零的数额。

（2）自 2018 年 1 月 1 日起，当年具备高新技术企业或科技型中小企业资格的企业，其具备资格年度之前 5 个年度发生的尚未弥补完的亏损，准予结转以后年度弥补，最长结转年限由 5 年延长至 10 年。

（3）受疫情影响较大的困难行业企业 2020 年度发生的亏损，最长结转年限由 5 年延长至 8 年。

困难行业企业包括交通运输、餐饮、住宿、旅游（指旅行社及相关服务、游览景区管理两类）四大类，具体判断标准按照现行《国民经济行业分类》执行。困难行业企业 2020 年度主营业务收入须占收入总额（剔除不征税收入和投资收益）的 50% 以上。

（4）筹办期间亏损问题。筹办期间不计算为亏损年度，企业应从开始生产经营的年度计算为损益年度。对于筹办期间发生的费用支出，企业可在开始经营之日的当年一次性扣除，也可以按照税法有关长期待摊费用的处理规定处理，但一经选定，不得改变。

【学中做6-3】经税务机关审定的某企业近7年的纳税所得如表6-1所示（金额为"万元"），亏损弥补期为5年。要求确定各期是否缴纳企业所得税。

表6-1　企业近7年应纳税所得额列表　　　　　　　　　　单位：万元

年度	2017年	2018年	2019年	2020年	2021年	2022年	2023年
应纳税所得额	-165	-56	30	30	40	60	60

【解析】

（1）2017年亏损额为165万元，在2018—2022年弥补，-165+30+30+40+60＝-5（万元），尚有亏损5万元未弥补，不得在2023年税前弥补。因此，2017年、2018年因亏损不需要缴纳企业所得税，2019—2022年应纳税所得额用于弥补以前年度亏损，也不需要缴纳企业所得税。

（2）2018年亏损额为56万元，可以在2019—2023年弥补，56万元的亏损额在2023年度税前全部弥补，尚有应纳税所得额4万元。因此，2023年该企业应计算缴纳企业所得税。

任务三
资产和资产损失的所得税处理

企业的各项资产包括固定资产、生物资产、无形资产、长期待摊费用、存货、投资资产等，以历史成本为计税基础。历史成本是指企业取得该项资产时实际发生的支出。企业持有各项资产期间资产增值或者减值，除国务院财政、税务主管部门规定可以确认损益外，不得调整该资产的计税基础。

一、固定资产的税务处理

（一）固定资产

固定资产，是指企业为生产产品、提供劳务、出租或者经营管理而持有的、使用时间超过12个月的非货币性资产，包括房屋、建筑物、机器、机械、运输工具以及其他与生产经营活动有关的设备、器具、工具等。

（二）固定资产的计税基础

固定资产按照以下方法确定计税基础：

（1）外购的固定资产，以购买价款和支付的相关税费以及直接归属于使该资产达到预定用途发生的其他支出为计税基础。

（2）自行建造的固定资产，以竣工结算前发生的支出为计税基础。

（3）融资租入的固定资产，以租赁合同约定的付款总额和承租人在签订租赁合同过程中发生的相关费用为计税基础，租赁合同未约定付款总额的，以该资产的公允价值和承租人在签订租赁合同过程中发生的相关费用为计税基础。

（4）盘盈的固定资产，以同类固定资产的重置完全价值为计税基础。

（5）通过捐赠、投资、非货币性资产交换、债务重组等方式取得的固定资产,以该资产的公允价值和支付的相关税费为计税基础。

（6）改建的固定资产,除已足额提取折旧的固定资产和租入的固定资产以外的其他固定资产,以改建过程中发生的改建支出增加计税基础。

（三）固定资产折旧范围

在计算应纳税所得额时,企业按照规定计算的固定资产折旧,准予扣除。企业应当自固定资产投入使用月份的次月起计算折旧;停止使用的固定资产,应当自停止使用月份的次月起停止计算折旧。

下列固定资产不得计算折旧在税前扣除:

（1）房屋、建筑物以外未投入使用的固定资产。

（2）以经营租赁方式租入的固定资产。

（3）以融资租赁方式租出的固定资产。

（4）已提足折旧仍继续使用的固定资产。

（5）与经营活动无关的固定资产。

（6）单独估价作为固定资产入账的土地。

（7）其他不得计算折旧扣除的固定资产。

（四）固定资产折旧方法

（1）固定资产按照直线法计算的折旧,准予扣除。

（2）企业应当根据固定资产的性质和使用情况,合理确定固定资产的预计净残值。固定资产的预计净残值一经确定,不得变更。

（3）企业的固定资产由于技术进步等原因,确需加速折旧的,可以缩短折旧年限或者采取加速折旧的方法。这些固定资产包括:由于技术进步,产品更新换代较快的固定资产;常年处于强震动、高腐蚀状态的固定资产。

采取缩短折旧年限方法的,折旧年限不得低于规定的最低折旧年限的60%;采取加速折旧方法的,可以采取双倍余额递减法或年数总和法。

具体内容参照"税收优惠"中的"加速折旧优惠"。

（五）固定资产折旧年限

除国务院财政、税务主管部门另有规定外,固定资产计算折旧的最低年限如下:

（1）房屋、建筑物,为20年。

（2）飞机、火车、轮船、机器、机械和其他生产设备,为10年。

（3）与生产经营活动有关的器具、工具、家具等,为5年。

（4）飞机、火车、轮船以外的运输工具,为4年。

（5）电子设备,为3年。

从事开采石油、天然气等矿产资源的企业,在开始商业性生产前发生的费用和有关固定资产的折耗、折旧方法,由国务院财政、税务主管部门另行规定。

（六）固定资产改扩建的税务处理

企业对房屋、建筑物固定资产在未足额提取折旧前进行改扩建的,如属于推倒重置的,该资产原值减除提取折旧后的净值,应并入重置后的固定资产计税成本,并在该固定资产投入使用后的次月起,按照税法规定的折旧年限,一并计提折旧;如属于提升功能、增加面积的,该固定资产的改扩建支出,并入该固定资产计税基础,并从改扩建完工投入使用后的次月起,重新

按税法规定的该固定资产折旧年限计提折旧,如该改扩建后的固定资产尚可使用的年限低于税法规定的最低年限,可以按尚可使用的年限计提折旧。

自有固定资产发生改建支出延长使用年限的,应当适当延长折旧年限。

【学中做 6-4】某企业对厂房进行改造,厂房原值为 2 000 万元,预计使用年限为 20 年,不考虑净残值,已使用 18 年。领用自产产品一批用于改建工程,产品成本为 350 万元,含税售价为 452 万元(增值税税率 13%),改造工程分摊人工费用 100 万元,厂房拆除部分取得变价收入 30 万元。改造后该厂房折旧年限延长 3 年。企业按直线法计提折旧。

【解析】

厂房改扩建后的价值 = 账面净值 + 改建支出 - 变价收入

$$= 2\,000 \times 2 \div 20 + 350 + 452 \div (1 + 13\%) \times 13\% + 100 - 30$$

$$= 672(万元)$$

改造后年折旧额 $= 672 \div (2 + 3) = 134.4(万元)$

(七)固定资产折旧的其他规定

(1)固定资产会计折旧年限如果短于税法规定的最低折旧年限,会计折旧高于税法折旧的部分,应调增当期应纳税所得额。

会计折旧年限已期满且会计折旧已提足,但税法规定的最低折旧年限尚未到期且税收折旧尚未足额扣除的,其未足额扣除的部分准予在剩余的税收折旧年限继续按规定扣除。

(2)会计折旧年限如果长于税法规定的最低折旧年限,应按会计折旧计算扣除,税法另有规定除外。

(3)企业按会计规定提取的固定资产减值准备,不得在税前扣除,仍按税法确定的固定资产计税基础计算折旧在税前扣除。

(4)企业按税法规定实行加速折旧的,其按加速折旧办法计算的折旧额可全额在税前扣除。

(5)石油天然气开采企业在计提油气资产折耗(折旧)时,由于会计与税法规定计算方法不同导致的折耗(折旧)差异,应按税法规定进行纳税调整。

(八)文物、艺术品资产的税务处理

企业购买的文物、艺术品用于收藏、展示、保值增值的,作为投资资产进行税务处理。文物、艺术品资产在持有期间,计提的折旧、摊销费用,不得税前扣除。

二、生物资产的税务处理

(一)生物资产及其分类

生物资产,是指有生命的动物和植物。生物资产分为消耗性生物资产、生产性生物资产和公益性生物资产。消耗性生物资产,是指为出售而持有的,或在将来收获为农产品的生物资产,包括生长中的大田作物、蔬菜、用材林,以及存栏待售的牲畜等。生产性生物资产,是指为产出农产品、提供劳务或出租等目的而持有的生物资产,包括经济林、薪炭林、产畜和役畜等。公益性生物资产,是指以防护、环境保护为主要目的的生物资产,包括防风固沙林、水土保持林和水源涵养林等。

消耗性生物资产比照存货核算。公益性生物资产不提折旧,不摊销,不计提减值准备。

(二)生产性生物资产的计税基础

生产性生物资产按照以下方法确定计税基础:

(1)外购的生产性生物资产,以购买价款和支付的相关税费为计税基础。

(2)通过捐赠、投资、非货币性资产交换、债务重组等方式取得的生产性生物资产,以该资

产的公允价值和支付的相关税费为计税基础。

（三）生产性生物资产的折旧方法、折旧范围和折旧年限

（1）生产性生物资产按照直线法计算的折旧，准予税前扣除。

企业应当根据生产性生物资产的性质和使用情况，合理确定生产性生物资产的预计净残值。生产性生物资产的预计净残值一经确定，不得变更。

（2）企业应当自生产性生物资产投入使用月份的次月起计算折旧；停止使用的生产性生物资产，应当自停止使用月份的次月起停止计算折旧。

（3）生产性生物资产计算折旧的最低年限：林木类生产性生物资产，为 10 年；畜类生产性生物资产，为 3 年。

三、无形资产的税务处理

无形资产，是指企业为生产产品、提供劳务、出租或者经营管理而持有的、没有实物形态的非货币性长期资产，包括专利权、商标权、著作权、土地使用权、非专利技术、商誉等。

（一）无形资产的计税基础

无形资产按照以下方法确定计税基础：

（1）外购的无形资产，以购买价款和支付的相关税费以及直接归属于使该资产达到预定用途发生的其他支出为计税基础。

（2）自行开发的无形资产，以开发过程中该资产符合资本化条件后至达到预定用途前发生的支出为计税基础。

（3）通过捐赠、投资、非货币性资产交换、债务重组等方式取得的无形资产，以该资产的公允价值和支付的相关税费为计税基础。

（二）无形资产摊销范围、摊销方法和摊销年限

（1）在计算应纳税所得额时，企业按照规定计算的无形资产摊销费用，准予扣除。外购商誉的支出，在企业整体转让或者清算时，准予扣除。下列无形资产不得计算摊销费用扣除：①自行开发的支出已在计算应纳税所得额时扣除的无形资产；②自创商誉；③与经营活动无关的无形资产；④其他不得计算摊销费用扣除的无形资产。

（2）无形资产的摊销按照直线法计算，摊销年限不得低于 10 年。

作为投资或者受让的无形资产，有关法律规定或者合同约定了使用年限的，可以按照规定或者约定的使用年限分期摊销。

四、长期待摊费用的税务处理

企业发生的下列支出作为长期待摊费用，按照规定摊销的，准予扣除。

（1）已提足折旧的固定资产的改建支出，按照固定资产预计尚可使用年限分期摊销。

（2）租入固定资产的改建支出，按照合同约定的剩余租赁期限分期摊销。

（3）固定资产的大修理支出，按照固定资产尚可使用年限分期摊销。固定资产的大修理支出是指修理支出达到取得固定资产时的计税基础 50% 以上，且修理后固定资产的使用年限延长两年以上的支出。

（4）其他应当作为长期待摊费用的支出，自支出发生月份的次月起，分期摊销，摊销年限不得低于 3 年。

【学中做 6-5】某企业 2022 年 3 月对刚租入的店面房进行装修，用于门店经营，租期 24 个月，共发生装修费用 24 万元，计入长期待摊费用。

【解析】租入的店面房非自有固定资产，装修费用应当作为其他长期待摊费用，按照租赁期

分期摊销。

2022 年应按 10 个月分摊 10 万元,2023 年应分摊 12 万元,2024 年按两个月应分摊 2 万元,摊销费用可以在税前扣除。

五、存货的税务处理

存货,是指企业持有以备出售的产品或者商品、处在生产过程中的在产品、在生产或者提供劳务过程中耗用的材料和物料等。

(一) 存货的计税基础

存货按照以下方法确定成本:

(1) 通过支付现金方式取得的存货,以购买价款和支付的相关税费为成本。

(2) 通过支付现金以外的方式取得的存货,以该存货的公允价值和支付的相关税费为成本。

(3) 生产性生物资产收获的农产品,以产出或者采收过程中发生的材料费、人工费和分摊的间接费用等必要支出为成本。

(二) 存货的成本计算方法

企业使用或者销售的存货成本,可以在先进先出法、加权平均法、个别计价法中选用一种作为计价方法。计价方法一经选用,不得随意变更。

存货发出的成本计入商品成本、期间费用等,按规定允许税前扣除。

六、投资资产的税务处理

企业所得税法所称投资资产是指企业对外进行权益性投资和债权性投资形成的资产。

企业在转让或者处置投资资产时,投资资产的成本,准予扣除。企业对外投资持有期间,投资资产的成本在计算应纳税所得额时不得扣除。

投资资产按照以下方法确定成本:

(1) 通过支付现金方式取得的投资资产,以购买价款为成本。

(2) 通过支付现金以外的方式取得的投资资产,以该资产的公允价值和支付的相关税费为成本。

企业转让以上各项资产,计算企业应纳税所得额时,资产的净值允许扣除。资产的净值是指有关资产的计税基础减除已经按照规定计提的折旧、折耗、摊销、准备金等后的余额。

除国务院财政、税务主管部门另有规定外,企业在重组过程中,应当在交易发生时确认有关资产的转让所得或者损失,相关资产应当按照交易价格重新确定计税基础。

七、资产损失的所得税处理

(一) 资产损失及其申报扣除

资产损失,是指企业在生产经营活动中实际发生的、与取得应税收入有关的资产损失,包括现金损失,存款损失,坏账损失,贷款损失,股权投资损失,固定资产和存货的盘亏、毁损、报废、被盗损失,自然灾害等不可抗力因素造成的损失以及其他损失。

(1) 准予所得税前扣除的资产损失,是指企业在实际处置、转让资产过程中发生的合理损失(以下简称"实际资产损失"),以及企业虽未实际处置、转让上述资产,但符合《关于企业资产损失税前扣除政策的通知》和《企业资产损失所得税税前扣除管理办法》文件规定的条件,计算确认的损失(以下简称"法定资产损失")。

(2) 企业实际资产损失,应当在其实际发生且会计上已作损失处理的年度,按规定的程序和要求向主管税务机关申报后方能在税前扣除。

法定资产损失,应当向主管税务机关提供证据资料证明该项资产已符合法定资产损失确

认条件,且会计上已作损失处理。

(3) 企业以前年度发生的资产损失未能在当年税前扣除的,可以按照规定向税务机关说明并进行专项申报扣除。因未在税前扣除而多缴的企业所得税税款,可在追补确认年度企业所得税应纳税款中予以抵扣,不足抵扣的,向以后年度递延抵扣。

(二)资产损失的税前扣除政策

(1) 企业清查出的现金短缺减除责任人赔偿后的余额,作为现金损失在计算应纳税所得额时扣除。

(2) 企业将货币性资金存入法定具有吸收存款职能的机构,因该机构依法破产、清算,或者政府责令停业、关闭等原因,确实不能收回的部分,作为存款损失在计算应纳税所得额时扣除。

(3) 企业除贷款类债权外的应收、预付账款符合下列条件之一的,减除可收回金额后确认的无法收回的应收、预付款项,可以作为坏账损失在计算应纳税所得额时扣除:①债务人依法宣告破产、关闭、解散、被撤销,或者被依法注销、吊销营业执照,其清算财产不足清偿的;②债务人死亡,或者依法被宣告失踪、死亡,其财产或者遗产不足清偿的;③债务人逾期 3 年以上未清偿,且有确凿证据证明已无力清偿债务的;④与债务人达成债务重组协议或法院批准破产重整计划后,无法追偿的;⑤因自然灾害、战争等不可抗力导致无法收回的;⑥国务院财政、税务主管部门规定的其他条件。

(4) 企业的股权投资符合下列条件之一的,减除可收回金额后确认的无法收回的股权投资,可以作为股权投资损失在计算应纳税所得额时扣除:①被投资方依法宣告破产、关闭、解散、被撤销,或者被依法注销、吊销营业执照的;②被投资方财务状况严重恶化,累计发生巨额亏损,已连续停止经营 3 年以上,且无重新恢复经营改组计划的;③对被投资方不具有控制权,投资期限届满或者投资期限已超过 10 年,且被投资单位因连续 3 年经营亏损导致资不抵债的;④被投资方财务状况严重恶化,累计发生巨额亏损,已完成清算或清算期超过 3 年的;⑤国务院财政、税务主管部门规定的其他条件。

(5) 对企业盘亏的固定资产或存货,以该固定资产的账面净值或存货的成本减除责任人赔偿后的余额,作为固定资产或存货盘亏损失在计算应纳税所得额时扣除。

(6) 对企业毁损、报废的固定资产或存货,以该固定资产的账面净值或存货的成本减除残值、保险赔款和责任人赔偿后的余额,作为固定资产或存货毁损、报废损失在计算应纳税所得额时扣除。

(7) 对企业被盗的固定资产或存货,以该固定资产的账面净值或存货的成本减除保险赔款和责任人赔偿后的余额,作为固定资产或存货被盗损失在计算应纳税所得额时扣除。

(8) 企业因存货盘亏、毁损、报废、被盗等原因不得从增值税销项税额中抵扣的进项税额,可以与存货损失一起在计算应纳税所得额时扣除。

(9) 企业在计算应纳税所得额时已经扣除的资产损失,在以后纳税年度全部或者部分收回时,其收回部分应当作为收入计入收回当期的应纳税所得额。

(10) 企业境内、境外营业机构发生的资产损失应分开核算,对境外营业机构由于发生资产损失而产生的亏损,不得在计算境内应纳税所得额时扣除。

(11) 企业对其扣除的各项资产损失,应当提供能够证明资产损失确属已实际发生的合法证据,包括具有法律效力的外部证据、具有法定资质的中介机构的经济鉴证证明、具有法定资质的专业机构的技术鉴定证明等。

任务四
了解企业所得税的税收优惠政策

企业所得税法的税收优惠方式包括免税、减税、加计扣除、加速折旧、减计收入、税额抵免等。

一、免税收入优惠

内容见本项目任务二。

二、免征与减征优惠

（一）从事农、林、牧、渔业项目的所得

（1）企业从事下列项目的所得，免征企业所得税：①蔬菜、谷物、薯类、油料、豆类、棉花、麻类、糖料、水果、坚果的种植；②农作物新品种的选育；③中药材的种植；④林木的培育和种植；⑤牲畜、家禽的饲养；⑥林产品的采集；⑦灌溉、农产品初加工、兽医、农技推广、农机作业和维修等农、林、牧、渔服务业项目；⑧远洋捕捞。

（2）企业从事下列项目的所得，减半征收企业所得税：①花卉、茶以及其他饮料作物和香料作物的种植；②海水养殖、内陆养殖。

（3）企业根据委托合同，受托对符合规定的农产品进行初加工服务，其所收取的加工费，可以按照农产品初加工的免税项目处理。

（4）企业从事适用企业所得税减半优惠的种植、养殖项目，并直接进行初加工且符合农产品初加工目录范围的，企业应合理划分不同项目的各项成本、费用支出，分别核算种植、养殖项目和初加工项目的所得，并各按适用的政策享受税收优惠。

（5）企业同时从事适用不同企业所得税政策规定项目的，应分别核算，单独计算优惠项目的计税依据及优惠数额；分别核算不清的，可由主管税务机关按照比例分摊法或其他合理方法进行核定。

（6）企业对外购茶叶进行筛选、分装、包装后进行销售的所得，不享受农产品初加工的优惠政策。

（7）企业购买农产品后直接进行销售的贸易活动产生的所得，不能享受农、林、牧、渔业项目的税收优惠政策。

（二）从事国家重点扶持的公共基础设施项目投资经营的所得

国家重点扶持的公共基础设施项目，是指《公共基础设施项目企业所得税优惠目录》规定的港口码头、机场、铁路、公路、城市公共交通、电力、水利等项目。自项目取得第一笔生产经营收入所属纳税年度起，第1至3年免征企业所得税，第4至6年减半征收企业所得税。

（三）从事符合条件的环境保护、节能节水项目的所得

环境保护、节能节水项目的所得，自项目取得第一笔生产经营收入所属纳税年度起，享受企业所得税"三免三减半"优惠。

（四）符合条件的技术转让所得

（1）符合条件的技术转让所得免征、减征企业所得税，是指一个纳税年度内，居民企业技

术转让所得不超过 500 万元的部分,免征企业所得税;超过 500 万元的部分,减半征收企业所得税。

技术转让中所称技术的范围,包括居民企业转让专利技术、计算机软件著作权、集成电路布图设计权、植物新品种、生物医药新品种、5 年(含)以上非独占许可使用权,以及财政部和国家税务总局确定的其他技术。

(2)符合条件的技术转让所得的计算方法如下:

$$技术转让所得 = 技术转让收入 - 技术转让成本 - 相关税费$$
$$= 技术转让收入 - 无形资产摊销费用 - 相关费用 - 应分摊期间费用$$

其中技术转让收入,指当事人履行技术转让合同后获得的价款,不包括销售或转让设备、仪器、零部件、原材料等非技术性收入。不属于与技术转让项目密不可分的技术咨询、技术服务、技术培训等收入,不得计入技术转让收入。

可以计入技术转让收入的技术咨询、技术服务、技术培训收入,是指转让方为使受让方掌握所转让的技术投入使用、实现产业化而提供的必要的技术咨询、技术服务、技术培训所产生的收入,并应同时符合以下条件:①为在技术转让合同中约定的与该技术转让相关的技术咨询、技术服务、技术培训所产生的收入;②技术咨询、技术服务、技术培训收入与该技术转让项目收入一并收取价款。

【学中做 6-6】甲公司 2024 年将自行开发的一项专利权转让,取得转让收入 900 万元,与该项技术转让有关的转让成本和相关税费为 300 万。专利权转让收入、相关转让成本和税费符合免征、减征企业所得税条件。适用企业所得税税率 25%。计算甲公司该项专利权转让所得应缴纳的企业所得税。

【解析】该项技术转让收入为 900 万元,转让成本和相关税费为 300 万元,转让所得为 600 万元,其中 500 万元部分免征企业所得税,超过 500 万元的部分,减半征收企业所得税。

甲公司应缴纳企业所得税 = (600 - 500)×25%×50% = 12.5(万元)

三、小型微利企业优惠

(一)优惠内容和执行期限

根据《财政部 税务总局关于进一步实施小微企业所得税优惠政策的公告》(财政部 税务总局公告 2022 年第 13 号)、《关于小微企业和个体工商户所得税优惠政策的公告》(财政部 税务总局公告 2023 年第 6 号)和《关于进一步支持小微企业和个体工商户发展有关税费政策的公告》(财政部 税务总局公告 2023 年第 12 号)的相关规定,对小型微利企业年应纳税所得额不超过 300 万元的部分,减按 25% 计入应纳税所得额,按 20% 的税率缴纳企业所得税。执行期限自 2023 年 1 月 1 日至 2027 年 12 月 31 日。

(二)小型微利企业的标准

小型微利企业,是指从事国家非限制和禁止行业,且同时符合年度应纳税所得额不超过 300 万元、从业人数不超过 300 人、资产总额不超过 5 000 万元这三个条件的企业。

从业人数,是指包括与企业建立劳动关系的职工人数和企业接受的劳务派遣用工人数。所称从业人数和资产总额指标,应按企业全年的季度平均值确定。具体计算公式如下:

$$季度平均值 = (季初值 + 季末值) \div 2$$
$$全年季度平均值 = 全年各季度平均值之和 \div 4$$

年度中间开业或者终止经营活动的,以其实际经营期作为一个纳税年度确定上述相关指标。

四、高新技术企业优惠

(一)高新技术企业的企业所得税优惠

(1)国家需要重点扶持的高新技术企业减按 15% 的税率征收企业所得税。

国家需要重点扶持的高新技术企业,是指拥有核心自主知识产权,并同时符合若干条件的企业,具体内容查阅《国家重点支持的高新技术领域》和《高新技术企业认定管理办法》等文件。

(2)企业获得高新技术企业资格后,自高新技术企业证书颁发之日所在年度起享受税收优惠,可依照规定到主管税务机关办理税收优惠手续。

(二)技术先进型服务企业所得税优惠

(1)对经认定的技术先进型服务企业,减按 15% 的税率征收企业所得税。

享受企业所得税优惠政策的技术先进型服务企业必须符合《技术先进型服务业务认定范围(试行)》规定的条件。

(2)经认定的技术先进型服务企业,持相关认定文件到所在地主管税务机关办理企业所得税优惠事宜。

五、加计扣除优惠

加计扣除,指对企业支出项目按规定的比例给予税前扣除的基础上再给予追加扣除。税法规定的加计扣除优惠主要包括以下两项。

(一)研发费用税前加计扣除政策

1.适用主体

除烟草制造业、住宿和餐饮业、批发和零售业、房地产业、租赁和商务服务业、娱乐业等之外,其他行业企业均可享受。

企业当年度无论是盈利或亏损,除不适用加计扣除政策的行业外,只要企业发生的研发费用符合规定的条件的,就可以依法享受研发费加计扣除优惠。

2.研发费用加计扣除的优惠内容

企业开展研发活动中实际发生的研发费用,未形成无形资产计入当期损益的,在按规定据实扣除的基础上,自 2023 年 1 月 1 日起,再按照实际发生额的 100% 在税前加计扣除;形成无形资产的,自 2023 年 1 月 1 日起,按照无形资产成本的 200% 在税前摊销。

3.可加计扣除的研发费用

①人员人工费用。直接从事研发活动人员的工资薪金、基本养老保险费、基本医疗保险费、失业保险费、工伤保险费、生育保险费和住房公积金,以及外聘研发人员的劳务费用。②直接投入费用。研发活动直接消耗的材料、燃料和动力费用;用于中间试验和产品试制的模具、工艺装备开发及制造费,不构成固定资产的样品、样机及一般测试手段购置费,试制产品的检验费;用于研发活动的仪器、设备的运行维护、调整、检验、维修等费用,以及通过经营租赁方式租入的用于研发活动的仪器、设备租赁费。③折旧费用。用于研发活动的仪器、设备的折旧费。④无形资产摊销。用于研发活动的软件、专利权、非专利技术(包括许可证、专有技术、设计和计算方法等)的摊销费用。⑤新产品设计费、新工艺规程制定费、新药研制的临床试验费、勘探开发技术的现场试验费。⑥其他相关费用。与研发活动直接相关的其他费用,如技术图书资料费、资料翻译费、专家咨询费、高新科技研发保险费,研发成果的检索、分析、评议、论证、鉴定、评审、评估、验收费用,知识产权的申请费、注册费、代理费、差旅费、会议费、职工福利费、补充养老保险费、补充医

疗保险费。此类费用总额不得超过可加计扣除研发费用总额的 10%。

（二）企业投入基础研究的加计扣除

优惠内容：

（1）对企业出资给非营利性科学技术研究开发机构（简称科研机构）、高等学校和政府性自然科学基金用于基础研究的支出，在计算应纳税所得额时可按实际发生额在税前扣除，并可按 100% 在税前加计扣除。

（2）对非营利性科研机构、高等学校接收企业、个人和其他组织机构基础研究资金收入，免征企业所得税。

【学中做 6-7】2023 年某化工企业共发生研究开发费用 3 000 万元，其中研究阶段支出 1 000 万元，开发阶段支出 2 000 万元，符合资本化条件形成了无形资产，假定摊销 10 年。假设企业研发支出都符合加计扣除的各项规定，适用企业所得税税率 25%。计算该企业加计扣除金额。

【解析】根据税法关于加计扣除的优惠规定，该企业 2023 年度研究阶段支出的 1 000 万元计入管理费用，可在税前加计扣除 1 000 万元（1 000×100%），合计扣除 2 000 万元。

开发阶段支出 2 000 万元形成的无形资产，可以按照 200% 进行摊销，摊销费用可在税前扣除。假定摊销年限为 10 年，无残值，则每年计入管理费用的无形资产摊销费用为 200 万元，可在税前加计扣除 200 万元，合计扣除 400 万元。

（三）安置残疾人员支付工资的加计扣除

根据《财政部 国家税务总局关于安置残疾人员就业有关企业所得税优惠政策问题的通知》（财税〔2009〕70 号）的规定。企业安置残疾人员的，在按照支付给残疾职工工资据实扣除的基础上，可以在计算应纳税所得额时按照支付给残疾职工工资的 100% 加计扣除。

残疾人员工的范围适用《中华人民共和国残疾人保障法》的有关规定。企业享受加计扣除优惠应符合规定的条件。

六、创业投资企业优惠

（1）创业投资企业从事国家需要重点扶持和鼓励的创业投资，可以按投资额的一定比例抵扣应纳税所得额。

（2）创业投资企业采取股权投资方式直接投资于初创科技型企业满两年（24 个月）的，可以按照投资额的 70% 在股权持有满两年的当年抵扣该公司制创业投资企业的应纳税所得额；当年不足抵扣的，可以在以后纳税年度结转抵扣。

【学中做 6-8】A 公司是创业投资企业，B 公司是未上市的中小高新技术企业，2020 年 6 月 A 公司向 B 公司直接投资 1 000 万元，2021 年至 2023 年 A 公司的应纳税所得额分别为 400 万元、600 万元、900 万元。假设 A 公司满足所有条件，享受创业投资企业抵扣纳税所得优惠，适用企业所得税税率 25%。计算 A 公司 2023 年可抵扣应纳税所得额和应交企业所得税。

【解析】按照创业投资企业优惠规定，A 公司在投资满两年的 2022 年可抵扣应纳税所得额 700 万元（1 000×70%），而 2022 年应纳税所得额为 600 万元，不足抵扣，其余 100 万元可结转到 2023 年继续抵扣，因此：

2023 年应缴纳企业所得税 = （900 - 100）×25% = 200（万元）

七、加速折旧优惠

（一）加速折旧一般规定

可以采取缩短折旧年限或者采取加速折旧方法的固定资产：

（1）由于技术进步,产品更新换代较快固定资产。

（2）常年处于强震动、高腐蚀状态的固定资产。

（二）制造业加速折旧优惠政策

1．优惠内容

（1）自 2019 年 1 月 1 日起,制造业企业新购进的固定资产,可由企业选择缩短折旧年限或采取加速折旧的方法。

（2）制造业小型微利企业新购进的研发和生产经营共用的仪器、设备,单位价值不超过 100 万元的,允许一次性计入当期成本费用在计算应纳税所得额时扣除,不再分年度计算折旧;单位价值超过 100 万元的,可缩短折旧年限或采取加速折旧的方法。

（3）对所有行业企业新购进的专门用于研发的仪器、设备,单位价值不超过 100 万元的,允许一次性计入当期成本费用在计算应纳税所得额时扣除,不再分年度计算折旧;单位价值超过 100 万元的,可缩短折旧年限或采取加速折旧的方法。

（4）对所有行业企业持有的单位价值不超过 5 000 元的固定资产,允许一次性计入当期成本费用,在计算应纳税所得额时扣除,不再分年度计算折旧。

（5）缩短折旧年限的,最低折旧年限不得低于《企业所得税法实施条例》规定折旧年限的 60％;采取加速折旧方法的,可采取双倍余额递减法或者年数总和法。加速折旧方法一经确定,一般不得变更。

（三）设备器具加速折旧优惠

企业在 2024 年 1 月 1 日至 2027 年 12 月 31 日期间新购进的设备、器具（除房屋、建筑物以外的固定资产）,单位价值不超过 500 万元的,允许一次性计入当期成本费用在计算应纳税所得额时扣除,不再分年度计算折旧;单位价值超过 500 万元的,可采取缩短折旧年限或采取加速折旧的方法。

企业选择适用上述政策当年不足扣除形成的亏损,可在以后 5 个纳税年度结转弥补,享受其他延长亏损结转年限政策的企业可按现行规定执行。

【学中做 6-9】某电子设备制造企业有在册员工 80 人,资产 900 万元,2024 年 2 月购入研发专用设备 50 万元、笔记本电脑 6 万元,2024 年该企业会计利润为 74 万元,含研发专用设备和笔记本电脑的折旧费 7 万元。假设该企业享受设备器具加速折旧优惠,符合小型微利企业条件,没有其他纳税调整项目。计算 2024 年度该企业应纳税所得额和应交所得税。

【解析】

（1）2023 年购入的研发专用设备和笔记本电脑合计 56 万元,允许在税前一次性扣除。

2023 年该企业的应纳税所得额 = 74 + 7 − 56 = 25（万元）

（2）该企业符合小型微利企业所得税优惠条件,2023 年可享受减按 25％计算纳税所得,适用 20％企业所得税税率的优惠。

2023 年企业应交所得税 = 25 × 25％ × 20％ = 1.25（万元）

八、减计收入优惠

（1）企业以《资源综合利用企业所得税优惠目录》规定的资源作为主要原材料,生产国家非限制和禁止并符合国家和行业相关标准的产品取得的收入,减按 90％计入收入总额。

（2）自 2019 年 6 月 1 日至 2025 年 12 月 31 日,提供社区养老、托育、家政服务取得的收入,在计算应纳税所得额时,减按 90％计入收入总额。

九、环保、节能节水、安全生产等专用设备抵免所得税优惠

企业购置并实际使用《环境保护专用设备企业所得税优惠目录》《节能节水专用设备企业所得税优惠目录》和《安全生产专用设备企业所得税优惠目录》规定的环境保护、节能节水、安全生产等专用设备的,该专用设备的投资额的10%可以从企业当年的应纳税额中抵免;当年不足抵免的,可以在以后5个纳税年度结转抵免。

(1) 税额抵免是直接抵应纳所得税额,而不是抵免应纳税所得额。这是该条优惠最特殊的地方。

(2) 享受上述规定的企业所得税优惠的企业,应当实际购置并自身实际投入使用上述规定的专用设备。

(3) 企业购置上述专用设备在5年内转让、出租的,应当停止享受企业所得税优惠并补缴已经抵免的企业所得税税款。受让方可以按照该专用设备投资额的10%抵免当年企业所得税应纳税额;当年应纳税额不足抵免的,可以在以后5个纳税年度结转抵免。

十、非居民企业税收优惠

非居民企业减按10%的税率征收企业所得税。非居民企业的下列所得免征企业所得税:

(1) 外国政府向中国政府提供贷款取得的利息所得。

(2) 国际金融组织向中国政府和居民企业提供优惠贷款取得的利息所得。

(3) 经国务院批准的其他所得。

【学中做6-10】 境外A公司在中国境内未设立机构、场所,2024年取得境内甲公司股息、红利100万元,境内乙公司股息、红利50万元。已知连续持有甲公司股票10个月,持有乙公司股票15个月,A公司持有的甲、乙两公司股票均公开发行并上市流通。取得境内丙公司支付的房屋转让收入100万元,该项财产原值为80万元,已计提折旧20万元。计算2024年度该境外公司在我国应缴纳企业所得税。

【解析】 A公司在我国境内未设立机构、场所,权益性投资收益不免税。因此:

房屋的财产净值 = 80 - 20 = 60(万元)

应纳企业所得税 = [100 + 50 + (100 - 60)] × 10% = 19(万元)

十一、特殊地区企业所得税优惠

(一) 民族自治地方的减免税

(1) 民族自治地方的自治机关对本民族自治地方的企业应缴纳的企业所得税中属于地方分享的部分,可以决定减征或者免征。自治州、自治县决定减征或者免征的,须报省、自治区、直辖市人民政府批准。

(2) 对民族自治地方内国家限制和禁止行业的企业,不得减征或者免征企业所得税。

(二) 海南自由贸易港企业所得税优惠

(1) 自2020年1月1日起至2024年12月31日,对注册在海南自由贸易港并实质性运营的鼓励类产业企业,减按15%的税率征收企业所得税。

(2) 对在海南自由贸易港设立的旅游业、现代服务业、高新技术产业企业新增境外直接投资取得的所得,免征企业所得税。

(3) 对在海南自由贸易港设立的企业,新购置(含自建、自行开发)固定资产或无形资产,单位价值不超过500万元(含)的,允许一次性计入当期成本费用在计算应纳税所得额时扣除,不再分年度计算折旧和摊销;新购置(含自建、自行开发)固定资产或无形资产,单位价值超过500万元的,可以缩短折旧、摊销年限或采取加速折旧、摊销的方法。

上述所称固定资产,是指除房屋、建筑物以外的固定资产。

(三) 西部大开发的税收优惠

1.适用范围

政策的适用范围包括重庆市、四川省、贵州省、云南省、西藏自治区、陕西省、甘肃省、宁夏回族自治区、青海省、新疆维吾尔自治区、新疆生产建设兵团、内蒙古自治区和广西壮族自治区(上述地区统称西部地区)。湖南省湘西土家族苗族自治州、湖北省恩施土家族苗族自治州、吉林省延边朝鲜族自治州,可以比照西部地区的税收优惠政策执行。

2.具体内容

(1) 对设在西部地区国家鼓励类产业,自 2021 年 1 月 1 日至 2030 年 12 月 31 日期间,减按 15% 的税率征收企业所得税。

(2) 对在西部地区新办交通、电力、水利、邮政、广播电视企业,上述项目业务收入占企业收入总额 60% 以上的,内资企业自开始生产经营之日起,享受企业所得税"两免三减半"税收优惠。

十二、特殊行业企业所得税优惠

特殊行业企业所得税优惠主要涉及软件产业、集成电路产业、证券投资基金、节能服务公司、电网企业电网新建项目、基础设施领域不动产投资信托基金等,具体优惠措施可以到国家税务总局网站查询。

任务五
应交企业所得税计算

一、居民企业应纳税额的计算

居民企业应纳税额计算公式如下:

$$应纳税额 = 应纳税所得额 \times 适用税率 - 减免税额 - 抵免税额$$

在实际过程中,应纳税所得额的计算一般有两种方法。

(一) 直接计算法

在直接计算法下,企业每一纳税年度的收入总额减除不征税收入、免税收入、各项扣除以及允许弥补的以前年度亏损后的余额为应纳税所得额。计算公式与前述相同,即:

$$应纳税所得额 = 收入总额 - 不征税收入 - 免税收入 - 各项扣除金额 - 弥补亏损$$

(二) 间接计算法

在间接计算法下,在会计利润总额的基础上加或减税法规定的调整项目金额后,即为应纳税所得额。现行企业所得税年度纳税申报表采取该方法。计算公式如下:

$$应纳税所得额 = 会计利润总额 \pm 纳税调整金额$$

纳税调整项目金额包括两方面的内容:一是企业财务会计制度规定的项目范围与税收法规规定的项目范围不一致应予以调整的金额;二是企业财务会计制度规定的扣除标准与税法

规定的扣除标准不一致应予以调整的金额。

【学中做 6-11】某企业为居民企业,从业人数不超过 300 人、资产总额不超过 5 000 万元,执行小企业会计准则。2024 年发生经营业务如下:

(1) 取得产品销售收入 4 000 万元。

(2) 发生产品销售成本 2 600 万元。

(3) 发生销售费用 770 万元(含广告费 650 万元);管理费用 480 万元(其中业务招待费 25 万元,新技术研究开发费用 40 万元);财务费用 60 万元。

(4) 税金及附加 40 万元。

(5) 营业外收入 80 万元,营业外支出 50 万元(含通过公益性社会团体向山区养老院捐款 30 万元,支付税收滞纳金 6 万元)。

(6) 计入成本、费用中的实发工资总额 200 万元,拨缴工会经费 5 万元,发生职工福利费 31 万元,发生职工教育经费 7 万元。

计算该企业 2024 年度实际应缴纳的企业所得税。

【解析】

(1) 会计利润总额 = 4 000 − 2 600 − 770 − 480 − 60 − 40 + 80 − 50 = 80(万元)

(2) 广告费调增应纳税所得额 = 650 − 4 000 × 15% = 650 − 600 = 50(万元)

(3) 业务招待费限额 20 万元(4 000 × 5‰)大于税前允许扣除 15 万元(25 × 60%),因此税前允许扣除额为 15 万元。

业务招待费调增应纳税所得额 = 25 − 25 × 60% = 25 − 15 = 10(万元)

(4) 新技术开发费用可以加计扣除 100%,调减应纳税所得额 = 40 × 100% = 40(万元)

(5) 捐赠支出调增应纳税所得额 = 30 − 80 × 12% = 20.4(万元)

(6) 税收滞纳金调增应纳税所得额 6 万元。

(7) 工会经费调增应纳税所得额 = 5 − 200 × 2% = 1(万元)

(8) 职工福利费调增应纳税所得额 = 31 − 200 × 14% = 3(万元)

(9) 职工教育经费 7 万元,小于税前扣除标准 16 万元(200 × 8%),不需要调整应纳税所得额。

(10) 应纳税所得额 = 80 + 50 + 10 − 40 + 20.4 + 6 + 1 + 3 = 130.4(万元)

由于该企业符合小型微利企业所得税优惠条件,其不超过 300 万元的纳税所得可以减按 25% 计入应纳税所得额,按 20% 的税率缴纳企业所得税。

2024 年应缴企业所得税 = 130.4 × 25% × 20% = 6.52(万元)

【会计处理】

采用应付税款法,会计处理如下:

借:所得税费用   65 200

    贷:应交税费——应交所得税   65 200

【学中做 6-12】某工业企业为居民企业,员工 100 人,年平均总资产 2 500 万元。执行小企业会计准则。假定 2024 年发生经营业务如下:

全年取得产品销售收入 5 600 万元,发生产品销售成本 4 000 万元;其他业务收入 800 万元,其他业务成本 660 万元;取得购买的国债利息收入 40 万元;缴纳增值税以外的税金及附加 300 万元;发生的管理费用 760 万元,其中新技术的研究开发费用 60 万元、业务招待费用 70 万元;发生财务费用 200 万元;直接投资其他居民企业取得的权益性收益 30 万元;取得营业外

收入 100 万元,发生营业外支出 250 万元(其中含符合条件的公益性捐赠 38 万元)。

计算该企业 2023 年应纳的企业所得税。

【解析】

(1)利润总额 = 5 600 + 800 + 40 + 30 + 100 − 4 000 − 660 − 300 − 760 − 200 − 250 = 400(万元)

(2)国债利息收入免征企业所得税,应调减纳税所得 40 万元。

(3)新技术研究开发费按 100% 加计扣除,调减纳税所得 = 60 × 100% = 60(万元)。

(4)按实际发生业务招待费的 60% 计算为:70 × 60% = 42(万元)。

按销售(营业)收入的 5‰ 计算:(5 600 + 800)× 5‰ = 32(万元)。

按照规定允许税前扣除的业务招待费为 32 万元,应调增纳税所得 38 万元(70 − 32)。

(5)直接投资其他居民企业取得的权益性收益属于免税收入,应调减纳税所得 30 万元。

(6)公益性捐赠扣除标准 = 400 × 12% = 48(万元)

实际捐赠额 38 万元小于扣除标准 48 万元,可按实际捐赠额税前扣除,不作纳税调整。

(7)应纳税所得额 = 400 − 40 − 60 + 38 − 30 = 308(万元)

该企业虽然从业人数不超过 300 人、资产总额不超过 5 000 万元,但经过纳税调整后其纳税所得超过 300 万元,未同时符合小型微利企业的标准,因此不能享受小型微利企业的所得税优惠,应适用 25% 企业所得税税率。

该企业 2024 年应缴纳企业所得税 = 308 × 25% = 77(万元)

【会计处理】

采用应付税款法,会计处理如下:

借:所得税费用　　　　　　　　　　　　　　　　　　　　　　770 000

　　贷:应交税费——应交所得税　　　　　　　　　　　　　　　　770 000

二、境外所得抵扣税额的计算

境外所得抵扣税额的计算公式如下:

企业实际应纳所得税额 = 企业境内外所得应纳税总额 − 企业所得税减免、抵免优惠税额
− 境外所得税抵免额

企业取得的下列所得已在境外缴纳的所得税税额,可以从其当期应纳税额中抵免,抵免限额为该项所得依照规定计算的应纳税额;超过抵免限额的部分,可以在以后 5 个年度内,用每年度抵免限额抵免当年应抵税额后的余额进行抵补。

抵免限额 = 中国境内、境外所得按国内税法的规定计算的应纳税总额
× 来源于某国(地区)的应纳税所得额 ÷ 中国境内、境外应纳税所得总额

【学中做 6-13】某企业 2024 年度境内应纳税所得额为 100 万元,适用 25% 的企业所得税税率。该企业分别在 A、B 两国设有分支机构(我国与 A、B 两国已经缔结避免双重征税协定),在 A 国分支机构的应纳税所得额为 50 万元,A 国企业所得税税率为 20%;在 B 国的分支机构的纳税所得额为 30 万元,B 国企业所得税税率为 30%。假设该企业在 A、B 两国所得按我国税法计算的应纳税所得额和按 A、B 两国税法计算的应纳税所得额一致,两个分支机构在 A、B 两国分别缴纳了 10 万元和 9 万元的企业所得税。计算该企业 2024 年度企业所得税汇算清缴时的实际应纳税所得额。

【解析】

（1）该企业按我国税法计算的境内、境外所得的应纳税额：

应纳所得税额＝（100＋50＋30）×25％＝180×25％＝45（万元）

（2）A、B两国的扣除限额：

A国扣除限额＝45×（50÷180）＝12.5（万元）

B国扣除限额＝45×（30÷180）＝7.5（万元）

在A国缴纳的所得税为10万元，低于扣除限额12.5万元，可全额扣除。

在B国缴纳的所得税为9万元，高于扣除限额7.5万元，超过扣除限额1.5万元当年不能扣除，可结转到以后5个年度申请抵免。

（3）2024年度实际应纳所得税额＝45－10－7.5＝27.5（万元）

三、居民企业核定征收应纳税额计算

（一）居民企业核定征收企业所得税的范围

《企业所得税核定征收办法》（试行）规定，核定征收企业所得税只适用于居民企业纳税人。纳税人具有下列情形之一的，核定征收企业所得税：

（1）依照法律、行政法规的规定可以不设置账簿的。

（2）依照法律、行政法规的规定应当设置但未设置账簿的。

（3）擅自销毁账簿或者拒不提供纳税资料的。

（4）虽设置账簿，但账目混乱或者成本资料、收入凭证、费用凭证残缺不全，难以查账的。

（5）发生纳税义务，未按照规定的期限办理纳税申报，经税务机关责令限期申报，逾期仍不申报的。

（6）申报计税依据明显偏低，又无正当理由的。

特殊行业、特殊类型的纳税人和一定规模以上的纳税人不适用核定征收办法。以下类型企业为特定纳税人不适用核定征收办法：

（1）享受《企业所得税法》及其实施条例和国务院规定的一项或几项企业所得税优惠政策的企业（不包括仅享受《企业所得税法》第二十六条规定免税收入优惠政策的企业）。

（2）汇总纳税企业。

（3）上市公司。

（4）银行、信用社、小额贷款公司、保险公司、证券公司、期货公司、信托投资公司、金融资产管理公司、融资租赁公司、担保公司、财务公司、典当公司等金融企业。

（5）会计、审计、资产评估、税务、房地产估价、土地估价、工程造价、律师、价格鉴证、公证机构、基层法律服务机构、专利代理、商标代理以及其他经济鉴证类社会中介机构。

（6）国家税务总局规定的其他企业。

（二）核定征收的办法

税务机关应根据纳税人的具体情况，对核定征收企业所得税的纳税人，核定应税所得率或者核定应纳所得税额。

1. 具有下列情形之一的，核定其应税所得率

（1）能正确核算（查实）收入总额，但不能正确核算（查实）成本费用总额的。

（2）能正确核算（查实）成本费用总额，但不能正确核算（查实）收入总额的。

（3）通过合理方法，能计算和推定纳税人收入总额或成本费用总额的。

纳税人不属于以上情形的，核定其应纳所得税额。

2. 税务机关采用下列方法核定征收企业所得税

（1）参照当地同类行业或者类似行业中经营规模和收入水平相近的纳税人的税负水平核定。

（2）按照应税收入额或成本费用支出额定率核定。

（3）按照耗用的原材料、燃料、动力等推算或测算核定。

（4）按照其他合理方法核定。

采用前款所列一种方法不足以正确核定应纳税所得额或应纳税额的，可以同时采用两种以上的方法核定。采用两种以上方法测算的应纳税额不一致时，可按测算的应纳税额从高核定。各行业应税所得率幅度标准如表 6-2 所示。

表 6-2　应税所得率幅度标准

行　　业	应税所得率/%	行　　业	应税所得率/%
农、林、牧、渔业	3～10	建筑业	8～20
制造业	5～15	饮食业	8～25
批发和零售贸易业	4～15	娱乐业	15～30
交通运输业	7～15	其他行业	10～30

（三）核定征收所得税的计算

采用应税所得率方式核定征收企业所得税的，应纳所得税额计算公式如下：

$$应纳税额 = 应纳税所得额 \times 适用税率$$

$$应纳税所得额 = 应税收入额 \times 应税所得率$$

或：

$$应纳税所得额 = 成本（费用）支出额 \div （1 - 应税所得率） \times 应税所得率$$

【学中做 6-14】某居民企业适用所得税税率 25%，2024 年向主管税务机关申报应税收入总额 120 万元，成本费用总额 128 万元，全年亏损 8 万元。经税务机关检查，成本费用核算准确，但收入总额不能确定。

税务机关对该企业采取核定征收办法，应税所得率为 20%。计算 2024 年该企业应缴纳企业所得税。

【解析】该企业能正确核算（查实）成本费用总额，但不能正确核算（查实）收入总额，应核定其应税所得率，根据下列公式计算应交企业所得税：

应纳税所得额 = 128 ÷ （1 - 20%） × 20% = 160 × 20% = 32（万元）

应交所得税 = 32 × 25% = 8（万元）

四、非居民企业应纳税额的计算

非居民企业在中国境内未设立机构、场所的，或者虽设立机构、场所但取得的所得与其所设机构、场所没有实际联系的，应当就其来源于中国境内的所得缴纳企业所得税。

（1）股息、红利等权益性投资收益和利息、租金、特许权使用费所得，以收入全额为应纳税所得额。

（2）转让财产所得，以收入全额减除财产净值后的余额为应纳税所得额。

（3）其他所得，参照前两项规定的方法计算应纳税所得额。

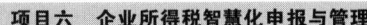

财产净值,是指财产的计税基础减除已经按照规定扣除的折旧、折耗、摊销、准备金等后的余额。

(4) 扣缴义务人在每次向非居民企业支付或者到期应支付所得时,应从支付或者到期应支付的款项中扣缴企业所得税。

扣缴企业所得税应纳税额计算公式如下:

$$扣缴企业应交所得税 = 应纳税所得额 \times 实际征收率$$
$$应纳税所得额 = 收入总额 \times 经税务机关核定的利润率$$
$$应纳税所得额 = 成本费用总额 \div (1 - 经税务机关核定的利润率) \times 经税务机关核定的利润率$$
$$应纳税所得额 = 经费支出总额 \div (1 - 经税务机关核定的利润率) \times 经税务机关核定的利润率$$

应纳税所得额计算公式分别适用于能够正确核算收入或通过合理方法推定收入总额,但不能正确核算成本费用的非居民企业;能够正确核算成本费用,但不能正确核算收入总额的非居民企业;能够正确核算经费支出总额,但不能正确核算收入总额和成本费用的非居民企业。

(5) 税务机关可按照以下标准确定非居民企业的利润率:

①从事承包工程作业、设计和咨询劳务的,利润率为 15%~30%;②从事管理服务的,利润率为 30%~50%;③从事其他劳务或劳务以外经营活动的,利润率不低于 15%

税务机关有根据认为非居民企业的实际利润率明显高于上述标准的,可以按照比上述标准更高的利润率核定其应纳税所得额。

【学中做 6-15】某非居民企业在中国境内设有机构、场所,2024 年度自行申报营业收入总额 350 万元,成本费用总额 360 万元,当年亏损 10 万元,因会计账簿不健全,收入总额不能确定,但成本费用核算是正确的,税务机关决定按照核定的方法征收企业所得税,核定利润率为 20%。该非居民企业适用 10%优惠企业所得税税率。计算该非居民企业 2024 年的应纳税所得额。

【解析】设立机构、场所的非居民企业因会计账簿不健全,资料残缺难以查账,或者其他原因不能准确计算并据实申报其应纳税所得额的,税务机关有权采取核定征收其应纳所得税额。

应纳税所得额 = 360 ÷ (1 - 20%) × 20% = 450 × 20% = 90(万元)
应缴纳企业所得税 = 90 × 10% = 9(万元)

任务六
企业所得税会计核算

一、企业所得税会计核算——应付税款法

执行《小企业会计准则》的企业在利润总额的基础上,按照企业所得税法的规定进行纳税调整,计算出当期应纳税所得额,再与适用的所得税税率为基础计算确定当期应纳税额,减除符合条件的小型微利企业减免企业所得税额后,即为当期应纳所得税,当期应纳的所得税就确

认为所得税费用,这种方法称为应付税款法,如【学中做 6-12】。

年度终了将"所得税费用"余额转入"本年利润"科目,计算出净利润。缴纳企业所得税时,借记"应交税费——应交所得税"科目,贷记"银行存款"科目。

二、企业所得税会计核算——资产负债表债务法

执行《企业会计准则》的企业,所得税核算适用资产负债债务法,在此情况下,利润表中的所得税费用包括当期应交所得税和递延所得税两个部分。

所得税费用＝当期应交所得税＋递延所得税

当期应交所得税＝（会计利润总额±纳税调整项目金额应纳税所得额）×适用税率

递延所得税＝（递延所得税负债的期末余额－递延所得税负债的期初余额）

　　　　　　－（递延所得税资产的期末余额－递延所得税资产的期初余额）

【学中做 6-16】A 公司 2023 年度利润表中利润总额为 3 000 万元,该公司适用的所得税税率为 25%。递延所得税资产及递延所得税负债期初余额为零。2023 年发生的有关交易和事项中,会计处理与税收处理存在差别的有:

(1) 2023 年 1 月开始计提折旧的一项固定资产,成本为 1 500 万元,使用年限为 10 年,净残值为 0,会计上按双倍余额递减法计提折旧,税法规定按直线法计提折旧。假定税法规定的使用年限及净残值与会计规定相同。

(2) 向关联企业捐赠现金 500 万元。按照税法规定,企业向关联方的捐赠不允许税前扣除。

(3) 作为交易性金融资产核算的股票投资,成本为 800 万元,年末公允价值为 1 200 万元。税法规定,以公允价值计量的金融资产持有期间的市价变动不计入应纳税所得额。

(4) 违反环保法规定支付罚款 250 万元。

(5) 期末计提了 75 万元的存货跌价准备,假设存货账面价值为 1 925 万元,计税基础为 2 000 万元。

【解析】

(1) 计算 2023 年应交所得税:

应纳税所得＝3 000＋（300－150）＋500－400＋250＋75＝3 575（万元）

应交所得税＝3 575×25%＝893.75（万元）

(2) 计算 2023 年递延所得税:

固定资产账面价值＝1 500－1 500÷10×2＝1 200（万元）,固定资产计税基础＝1 500－1 500÷10×1＝1 350（万元）,账面价值小于计税基础的 150 万元差异是可抵扣暂时性差异,确认递延所得税资产 37.5 万元。

存货跌价准备 75 万元是可抵扣暂时性差异,确认递延所得税资产 18.75 万元。

交易性金融资产账面价值 1 200 万元大于其计税基础 800 万元的差异为应纳税暂时性差异,确认递延所得税负债 100 万元。

以上暂时性差异和递延所得税项目如表 6-3 所示。

表 6-3　A 公司 2023 年有关资产、负债账面价值、计税基础和暂时性差异　　　　单位:万元

项　　目	账面价值	计税基础	应纳税暂时差异	递延所得税负债	可抵扣暂时差异	递延所得税资产
存货	1 925	2 000			75	18.75

续　表

项　目	账面价值	计税基础	应纳税暂时差异	递延所得税负债	可抵扣暂时差异	递延所得税资产
固定资产	1 200	1 350			150	37.5
以公允价值计量且其变动计入当期损益的金融资产	1 200	800	400	100		
总　计			400	100	225	56.25

（3）计算所得税费用：

所得税费用 = 893.75 + 100 − 56.25 = 937.50（万元）

【会计处理】

借:所得税费用	9 375 000
递延所得税资产	562 500
贷:应交税费——应交所得税	8 937 500
递延所得税负债	1 000 000

【学中做 6-17】沿用【学中做 6-16】，2024 年度经过纳税调整后 A 公司应交所得税为 1 155 万元。有关资产、负债的账面价值与其计税基础相关资料如表 6-4 所示，递延所得税资产、递延所得税负债期初余额如表 6-3 所示。

表 6-4　A 公司 2024 年有关资产、负债账面价值、计税基础和暂时性差异　　单位:万元

项　目	账面价值	计税基础	应纳税暂时差异	递延所得税负债	可抵扣暂时差异	递延所得税资产
存货	2 500	2 700			200	50
固定资产	960	1 200			240	60
以公允价值计量且其变动计入当期损益的金融资产	1 600	1 000	600	150		
预计负债	250	0			250	62.5
总　计			600	150	690	172.5

【解析】

（1）2024 年应交所得税 = 1 155 万元

（2）计算本期递延所得税资产和递延所得税负债。

期末递延所得税资产为 172.5 万元（690×25%），期初递延所得税资产为 56.25 万元。本期递延所得税资产应增加 116.25 万元（172.5 − 56.25）。

期末递延所得税负债为 150 万元（600×25%），期初递延所得税负债为 100 万元。本期递延所得税负债增加 50 万元（150 − 100）。

（3）确认所得税费用。

所得税费用 = 1 155 + 50 − 116.25 = 1 088.75（万元）

【会计处理】

借:所得税费用	10 887 500
递延所得税资产	1 162 500

　　贷:递延所得税负债　　　　　　　　　　　　　　　　　　500 000
　　　　应交税费——应交所得税　　　　　　　　　　　　11 550 000

任务七
企业所得税申报与管理

一、纳税地点

1. 居民企业的纳税地点

除税收法律、行政法规另有规定外,居民企业以企业登记注册地为纳税地点;登记注册地在境外的,以实际管理机构所在地为纳税地点。

2. 非居民企业的纳税地点

非居民企业在中国境内设立机构、场所的,以机构、场所所在地为纳税地点。非居民企业在中国境内设立两个或两个以上机构、场所的,经税务机关审核批准,可以选择由其主要机构、场所汇总缴纳企业所得税。

在中国境内未设立机构、场所的,或者虽设立机构、场所但取得的所得与其所设机构、场所没有实际联系的非居民企业,以扣缴义务人所在地为纳税地点。

二、纳税期限

企业所得税按年计征,分月或者分季预缴,年终汇算清缴,多退少补。

企业所得税的纳税年度,自公历 1 月 1 日起至 12 月 31 日止。企业在一个纳税年度的中间开业,或者终止经营活动,使该纳税年度的实际经营期不足 12 个月的,应当以其实际经营期为 1 个纳税年度。企业清算时,应当以清算期间作为 1 个纳税年度。

按月或按季预缴的,应当自月份或者季度终了之日起 15 日内,向税务机关报送预缴企业所得税纳税申报表,预缴税款。

企业可自年度终了之日起 5 个月内,向税务机关报送年度企业所得税纳税申报表,并汇算清缴,结清应缴应退税款。

企业在年度中间终止经营活动的,应当自实际经营终止之日起 60 日内,向税务机关办理当期企业所得税汇算清缴。

三、纳税申报管理

（1）企业在报送企业所得税纳税申报表时,应当按照规定附送财务会计报告和其他有关资料。

（2）企业应当在办理注销登记前,就其清算所得向税务机关申报并依法缴纳企业所得税。

（3）企业在纳税年度内无论盈利或者亏损,都应当依照《企业所得税法》规定的期限,向税务机关报送预缴企业所得税纳税申报表、年度企业所得税纳税申报表、财务会计报告和税务机关规定应当报送的其他有关资料。

（4）合伙企业以每一个合伙人为纳税义务人。合伙企业合伙人是自然人的,缴纳个人所得税;合伙人是法人和其他组织的,缴纳企业所得税。合伙企业生产经营所得和其他所得采取"先分后税"的原则。

（5）合伙企业的合伙人是法人和其他组织的,合伙人在计算其缴纳企业所得税时,不得用合伙企业的亏损抵减其盈利。

（6）合伙企业的合伙人按照下列原则确定应纳税所得额:

① 合伙企业的合伙人以合伙企业的生产经营所得和其他所得,按照合伙协议约定的分配比例确定应纳税所得额。

② 合伙协议未约定或者约定不明确的,以全部生产经营所得和其他所得,按照合伙人协商决定的分配比例确定应纳税所得额。

③ 协商不成的,以全部生产经营所得和其他所得,按照合伙人实缴出资比例确定应纳税所得额。

④ 无法确定出资比例的,以全部生产经营所得和其他所得,按照合伙人数量平均计算每个合伙人的应纳税所得额。

任务八
企业所得税智慧化申报实训

实际工作中,大多数企业按季度预缴企业所得税。

财务会计制度较为健全,能够认真履行纳税义务的纳税单位,一般实行查账征收,适用企业所得税月(季)度预缴纳税申报表(A 类)。

会计核算不健全,不能认真履行纳税义务的居民企业纳税人实行核定征收,适用企业月(季)度预缴纳税申报表(B 类)。

自年度终了之日起 5 个月内,企业向税务机关报送年度企业所得税纳税申报表,并汇算清缴,结清应缴应退税款。

实训一　查账征收企业所得税月(季)度预缴税申报

一、企业信息

企业名称:北京涉税教学有限公司　　　　　企业增值税类型:一般纳税人

信用等级:A　　　　　　　　　　　　　　注册资本:10 000 000 元

企业行业:涉及所有教学行业　　　　　　　企业注册登记类型:有限责任公司

企业所在地区:北京市东城区　　　　　　　组织机构代码:282647106

社会统一信用代码:911101012826471060　　授信总额度:20 000 000 元

企业地址:北京市东城区天坛街道永康路 7460 号　　企业电话:010-69546312

法人代表:陈姿汐

二、企业(月)季度预缴所得税申报资料

企业被认定为国家需要重点扶持的高新技术企业,2023 年第一季度,收入为 5 000 万元,成本为 2 000 万元,利润总额为 1 000 万元,利润总额包含取得的符合条件的技术转让所得 700 万元,其中 500 万元免税,另外 200 万元减半征收企业所得税。企业适用减按 15% 的企业

所得税税率。2023 年 4 月 1 日申报预缴 2023 年第一季度企业所得税。

三、企业(月)季度预缴所得税计算及申报表填报

根据上列资料,该企业预缴所得税计算如下:

$$预缴所得税 = (1\,000 - 500 - 200 \times 50\%) \times (25\% - 10\%) = 60(万元)$$

填写第二季度企业所得税预缴纳税申报如下:

(1)主表:预缴纳税申报表(A 类)如表 6-5 所示。

利润总额 1 000 万元;符合条件的一般技术转让项目所得减免 600 万元;高新技术企业减按 15% 的税率征收企业所得税减免 40 万元;本期应补(退)所得税额 60 万元。

(2)附表:资产加速折旧、摊销(扣除)优惠明细表和企业所得税汇总纳税分支机构所得税分配表分别如表 6-6、表 6-7 所示,无需填报。

表 6-5　A200000　中华人民共和国企业所得税月(季)度预缴纳税申报表(A 类)

税款所属期间:2023 年 1 月 1 日至 2023 年 3 月 31 日

纳税人识别号(统一社会信用代码):911101012826471060

纳税人名称:北京涉税教学有限公司　　　　　　　　　　　　　金额单位:人民币元(列至角分)

优惠及附报事项有关信息									
项　　目	一季度		二季度		三季度		四季度		季度平均值
	季初	季末	季初	季末	季初	季末	季初	季末	
从业人数									
资产总额(万元)									
国家限制或禁止行业	□是　□否				小型微利企业				□是 □否
附报事项名称									金额或选项
事项 1	(填写特定事项名称)								
事项 2	(填写特定事项名称)								
预缴税款计算									本年累计
1	营业收入								50 000 000.00
2	营业成本								20 000 000.00
3	利润总额								10 000 000.00
4	加:特定业务计算的应纳税所得额								
5	减:不征税收入								
6	减:资产加速折旧、摊销(扣除)调减额(填写 A201020)								
7	减:免税收入、减计收入、加计扣除(7.1 + 7.2 + …)								
7.1	(填写优惠事项名称)								
7.2	(填写优惠事项名称)								
8	减:所得减免(8.1 + 8.2 + …)								

续　表

优惠及附报事项有关信息									
项　目	一季度		二季度		三季度		四季度		季度平均值
	季初	季末	季初	季末	季初	季末	季初	季末	
8.1　符合条件的一般技术转让项目所得减免征收企业所得税									6 000 000.00
8.2　(填写优惠事项名称)									
9　减:弥补以前年度亏损									
10　实际利润额(3+4-5-6-7-8-9)/按照上一纳税年度应纳税所得额平均额确定的应纳税所得额									4 000 000.00
11　税率(25%)									25%
12　应纳所得税额(10×11)									1 000 000.00
13　减:减免所得税额(13.1+13.2+…)									
13.1　国家需要重点扶持的高新技术企业减按15%的税率征收企业所得税									400 000.00
13.2　(填写优惠事项名称)									
14　减:本年实际已缴纳所得税额									0.00
15　减:特定业务预缴(征)所得税额									
16　本期应补(退)所得税额(12-13-14-15)/税务机关确定的本期应纳所得税额									600 000.00
汇总纳税企业总分机构税款计算									
17	总机构	总机构本期分摊应补(退)所得税额(18+19+20)							
18		其中:总机构分摊应补(退)所得税额(16×总机构分摊比例__%)							
19		财政集中分配应补(退)所得税额(16×财政集中分配比例__%)							
20		总机构具有主体生产经营职能的部门分摊所得税额(16×全部分支机构分摊比例__%×总机构具有主体生产经营职能部门分摊比例__%)							
21	分支机构	分支机构本期分摊比例							
22		分支机构本期分摊应补(退)所得税额							
实际缴纳企业所得税计算									
23	减:民族自治地区企业所得税地方分享部分:□ 免征　□ 减征:减征幅度__%	本年累计应减免金额〔(12-13-15)×40%×减征幅度〕							
24	实际应补(退)所得税额								600 000.00

谨声明:本纳税申报表是根据国家税收法律法规及相关规定填报的,是真实的、可靠的、完整的。

　　　　　　　　　　　　　　　　　　　　　　　纳税人(签章)　　　　2023 年 4 月 1 日

经办人:
经办人身份证号:　　　　　　　　　代理机构签章:
代理机构统一社会信用代码:

受理人:
受理税务机关(章):　　　　受理日期:　年　月　日

表 6-6　A201020　资产加速折旧、摊销(扣除)优惠明细表

行次	项　　目	本年享受优惠的资产原值	本年累计折旧\摊销(扣除)金额				
			账载折旧\摊销金额	按照税收一般规定计算的折旧\摊销金额	享受加速政策计算的折旧\摊销金额	纳税调减金额	享受加速政策优惠金额
		1	2	3	4	5	6(4－3)
1	一、加速折旧、摊销(不含一次性扣除,1.1＋1.2＋…)						
1.1	(填写优惠事项名称)						
1.2	(填写优惠事项名称)						
2	二、一次性扣除(2.1＋2.2＋…)						
2.1	(填写优惠事项名称)						
2.2	(填写优惠事项名称)						
3	合计(1＋2)						

表 6-7　A202000　企业所得税汇总纳税分支机构所得税分配表

总机构名称(盖章)：　　　　　税款所属期间：　年　月　日至　年　月　日

总机构纳税人识别号(统一社会信用代码)：　　　　　　　　　　金额单位：元(列至角分)

	应纳所得税额		总机构分摊所得税额	总机构财政集中分配所得税额			分支机构分摊所得税额	
	分支机构纳税人识别号(统一社会信用代码)	分支机构名称		三项因素			分配比例	分配所得税额
				营业收入	职工薪酬	资产总额		
分支机构情况								
	合　　计							

四、企业(月)季度预缴所得税智慧化申报模拟

步骤 1:按照给定账号和密码登录"EPC 金税平台——智能税务申报与管理"教学平台。进入课程后,以教学系统默认的企业统一信用代码和密码登录教学模拟的"北京市电子税务局",如图 6-1 所示。

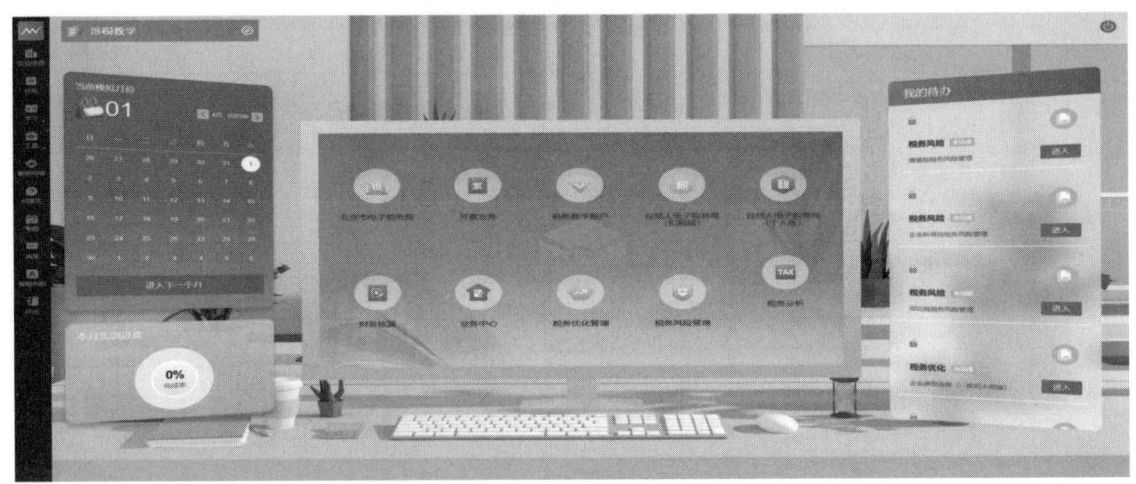

图 6-1　"智能税务申报与管理"实训内容

进入"申报税(费)清册"页面,选择"企业所得税月(季)度预缴纳税申报(A 类)",如图 6-2 所示。

图 6-2　申报税(费)清册

步骤 2:按本实训"三、企业季度预缴所得税结果及申报表填报"填列企业所得税月(季)度预缴纳税申报表(A 类),如图 6-3 所示。资产加速折旧、摊销(扣除)优惠明细表和企业所得税汇总纳税分支机构所得税分配表无需填报,图略。

A200000 中华人民共和国企业所得税月（季）度预缴纳税申报表（A类）

税款所属期间：**2023-01-01** 至 **2023-03-31**

纳税人识别号（统一社会信用代码）：**911101012826471060**

纳税人名称：**步税教学**

金额单位：人民币元（列至角分）

优 惠 及 附 报 事 项 有 关 信 息

项　目	一季度		二季度		三季度		四季度		季度平均值
	季初	季末	季初	季末	季初	季末	季初	季末	
从业人数	*	*							*
资产总额（万元）	*	*							*
国家限制或禁止行业	□ 是　☑ 否				小型微利企业		□ 是　☑ 否		
	附 报 事 项 名 称						金额或选项		
事项1									
事项2									

	预缴税款计算	本年累计
1	营业收入	50000000.00
2	营业成本	20000000.00
3	利润总额	10000000.00
4	加：特定业务计算的应纳税所得额	
5	减：不征税收入	
6	减：资产加速折旧、摊销（扣除）调减额（填写A201020）	0.00
7	减：免税收入、减计收入、加计扣除（7.1+7.2+...）	0.00
8	减：所得减免（8.1+8.2+...）	6000000.00
8.1	符合条件的一般技术转让项目所得减免征收企业所得税	6000000.00
9	减：弥补以前年度亏损	
10	实际利润额（3+4-5-6-7-8-9）\按照上一纳税年度应纳税所得额平均额确定的应纳税所得额	4000000.00
11	税率(25%)	25%
12	应纳所得税额（10×11）	1000000.00
13	减：减免所得税额（13.1+13.2+...）	400000.00
13.1	国家需要重点扶持的高新技术企业减按15%的税率征收企业所得税	400000.00
14	减：本年实际已缴纳所得税额	0.00
15	减：特定业务预缴（征）所得税额	
16	本期应补（退）所得税额（12-13-14-15）\税务机关确定的本期应纳所得税额　❓	600000.00

汇 总 纳 税 企 业 总 分 机 构 税 款 计 算

17	总机构	总机构本期分摊应补（退）所得税额（18+19+20）	0.00
18		其中：总机构分摊应补（退）所得税额（16×总机构分摊比例____%）	0.00
19		财政集中分配应补（退）所得税额（16×财政集中分配比例____%）	0.00
20		总机构具有主体生产经营职能的部门分摊所得税额（16×全部分支机构分摊比例____%×总机构具有主体生产经营职能部门分摊比例____%）	0.00
21	分支机构	分支机构本期分摊比例	
22		分支机构本期分摊应补（退）所得税额	

实 际 缴 纳 企 业 所 得 税 计 算

23	减：民族自治地区企业所得税地方分享部分：□ 免征　☑ 减征：减征幅度____%）	本年累计应减免金额 [（12-13-15）×40%×减征幅度]	
24	实际应补（退）所得税额		

图 6-3　企业所得税月（季）度预缴纳税申报表（A类）

实训二　核定征收企业所得税月(季)度预缴税申报

一、企业信息

企业名称:乙公司　　　　　　　　行业分类:服务(住宿、餐饮)

企业类型:小型微利企业　　　　　　企业注册登记类型:内资企业(有限责任公司)

税务机关核定的应税所得率:4%　　年应纳税所得额不超过100万元

二、企业(月)季度预缴所得税申报资料

该企业2023年第一季度的利润表如表6-8所示。

表6-8　利润表(简表)

编制单位:乙公司　　　　　　　2023年1—3月　　　　　　　会小企02表
　　　　　　　　　　　　　　　　　　　　　　　　　　　　单位:元

项目	行次	本期合计金额	本年累计
一、营业收入	1	213 400.00	213 400.00
减:营业成本	2	138 000.00	138 000.00
税金及附加	3	1.80	1.80
销售费用	11	12 390.00	12 390.00
管理费用	14	17 020.00	17 020.00
财务费用	18	5 050.00	5 050.00
其中:利息费用(收入以"-"号填列)	19	5 050.00	5 050.00
加:投资收益(损失以"-"号填列)	20		
二、营业利润(亏损以"-"号填列)	21	40 938.20	40 938.20
加:营业外收入	22		
其中:政府补助	23		
减:营业外支出	24	4 930.00	4 930.00
三、利润总额(亏损总额以"-"号填列)	30	36 008.20	36 008.20
减:所得税费用	31	213.40	213.40
四、净利润(净亏损以"-"号填列)	32	35 794.80	35 794.80

三、企业(月)季度预缴所得税计算及申报表填报

(1) 根据上列资料,采用应税所得率方式核定征收企业所得税的,应纳所得税额计算公式如下:

应纳税所得额 = 收入总额 × 应税所得率 = 213 400 × 4% = 8 536(元)

该企业符合小型微利企业条件,享受企业所得税优惠政策,年应纳税所得额不超过300万元的部分,减按25%计入应纳税所得额,按20%的税率缴纳企业所得税,预缴时即享受,因此:

应交企业所得税 = 8 536 × 25% × 25% = 426.8(元)

（2）填报企业所得税月（季）度预缴和年度纳税申报表（B类，2018年版），如表6-9所示。

收入总额213 400元；应税收入额213 400元；税务机关核定的应税所得率4％；应纳税所得额8 536元；税率25％；应纳所得税额2 134元；符合条件的小型微利企业减免企业所得税1 707.20元；实际已缴纳所得税额0元；本期实际应补（退）所得税额426.80元。

表6-9　B100000　中华人民共和国企业所得税月（季）度预缴和年度纳税申报表
（B类，2018年版）

税款所属期间：2023年1月1日至2023年3月31日
纳税人识别号（统一社会信用代码）：91110109731217886B
纳税人名称：乙公司　　　　　　　　　　　　　　　　　　　金额单位：人民币元（列至角分）

核定征收方式	☑ 核定应税所得率（能核算收入总额的）　核定应税所得率（能核算成本费用总额的） 核定应纳所得税额								
按季度填报信息									
项　　目	一季度		二季度		三季度		四季度		季度平均值
	季初	季末	季初	季末	季初	季末	季初	季末	
从业人数									
资产总额（万元）									
国家限制或禁止行业	□是　□否				小型微利企业		□是	□否	
按年度填报信息									
从业人数（填写平均值）			资产总额（填写平均值，单位：万元）						
国家限制或禁止行业	□是　□否				小型微利企业		□是	□否	

行次	项　　　　目	本年累计金额
1	收入总额	213 400.00
2	减：不征税收入	
3	减：免税收入（4＋5＋10＋11）	
4	国债利息收入免征企业所得税	
5	符合条件的居民企业之间的股息、红利等权益性投资收益免征企业所得税（6＋7.1＋7.2＋8＋9）	
6	其中：一般股息红利等权益性投资收益免征企业所得税	
7.1	通过沪港通投资且连续持有H股满12个月取得的股息红利所得免征企业所得税	
7.2	通过深港通投资且连续持有H股满12个月取得的股息红利所得免征企业所得税	
8	居民企业持有创新企业CDR取得的股息红利所得免征企业所得税	
9	符合条件的居民企业之间属于股息、红利性质的永续债利息收入免征企业所得税	
10	投资者从证券投资基金分配中取得的收入免征企业所得税	
11	取得的地方政府债券利息收入免征企业所得税	
12	应税收入额（1－2－3）\成本费用总额	213 400.00
13	税务机关核定的应税所得率（％）	4％

续　表

行次	项　　　目	本年累计金额
14	应纳税所得额(第12×13行)\[第12行÷(1-第13行)×第13行]	8 536.00
15	税率(25%)	25%
16	应纳所得税额(14×15)	2 134.00
17	减:符合条件的小型微利企业减免企业所得税	1 707.20
18	减:实际已缴纳所得税额	
L19	减:符合条件的小型微利企业延缓缴纳所得税额(是否延缓缴纳所得税　□是　□否)	
19	本期应补(退)所得税额(16-17-18-L19)\税务机关核定本期应纳所得税额	
20	民族自治地方的自治机关对本民族自治地方的企业应缴纳的企业所得税中属于地方分享的部分减征或免征(□免征　□减征:减征幅度_____%)	
21	本期实际应补(退)所得税额	426.80

四、企业(月)季度预缴所得税智慧化申报模拟

步骤1:按照给定账号和密码登录"EPC金税平台——智能税务申报与管理"教学平台。进入课程后,以教学系统默认的企业统一信用代码和密码登录教学模拟的"北京市电子税务局"。进入"申报税(费)清册"页面,选择"企业所得税月(季)度预缴纳税申报(B类)",如图6-4所示。

图6-4　申报税(费)清册

步骤2:按本实训"三、企业季度预缴所得税结果及申报表填报"填列企业所得税月(季)度预缴和年度纳税申报表(B类,2018年版),如图6-5所示。本表无其他附表。

B100000　中华人民共和国企业所得税月（季）度预缴和年度纳税申报表
（B类，2018年版）

税款所属期间 **2023-01-01**　　　　　至 **2023-03-31**

纳税人识别号（统一社会信用代码）：911101097312178863

纳税人名称：乙公司

金额单位：人民币元（列至角分）

核定征收方式	☑核定应税所得率（能核算收入总额的）	□核定应税所得率（能核算成本费用总额的）	□核定应纳所得税额

按季度填报信息									
项　目	一季度		二季度		三季度		四季度		季度平均值
	季初	季末	季初	季末	季初	季末	季初	季末	
从业人数	*	*							*
资产总额（万元）	*	*							*
国家限制或禁止行业	□是　☑否				小型微利企业		☑是　□否		

按年度填报信息		
从业人数（填写平均值）		资产总额（填写平均值，单位：万元）	
国家限制或禁止行业	□是　□否	小型微利企业	□是　□否

行次	项　目	本年累计金额
1	收入总额	213400.00
2	减：不征税收入	
3	减：免税收入（4+5+10+11）	0.00
4	国债利息收入免征企业所得税	
5	符合条件的居民企业之间的股息、红利等权益性投资收益免征企业所得税（6+7.1+7.2+8+9）	0.00
6	其中：一般股息红利等权益性投资收益免征企业所得税　❓	
7.1	通过沪港通投资且连续持有H股满12个月取得的股息红利所得免征企业所得税	
7.2	通过深港通投资且连续持有H股满12个月取得的股息红利所得免征企业所得税	
8	居民企业持有创新企业CDR取得的股息红利所得免征企业所得税	
9	符合条件的居民企业之间属于股息、红利性质的永续债利息收入免征企业所得税	
10	投资者从证券投资基金分配中取得的收入免征企业所得税	
11	取得的地方政府债券利息收入免征企业所得税	
12	应税收入额（1-2-3）＼成本费用总额	213400.00
13	税务机关核定的应税所得率（%）	4%
14	应纳税所得额（第12×13行）＼[第12行÷（1-第13行）×第13行]	8536.00
15	税率（25%）	25%
16	应纳所得税额（14×15）	2134.00
17	减：符合条件的小型微利企业减免企业所得税	1707.2
18	减：实际已缴纳所得税额	0.00
L19	减：符合条件的小型微利企业延缓缴纳所得税额（是否延缓缴纳所得□ 是 □ 否）	
19	本期应补（退）所得税额（16-17-18-L19）＼税务机关核定本期应纳所得税额	426.80
20	民族自治地方的自治机关对本民族自治地方的企业应缴纳的企业所得税中属于地方分享的部分减征或免征（□免征 □减征：减征幅度＿＿＿%）	
21	本期实际应补（退）所得税额	426.80

图6-5　企业所得税月（季）度预缴和年度纳税申报表（B类，2018年版）

实训三 企业所得税年度纳税申报(年终汇算清缴)

一、企业信息

企业名称:北京涉税教学有限公司　　　　　企业增值税类型:一般纳税人

注册资本:10 000 000 元　　　　　　　　企业行业:涉及所有教学行业

企业注册登记类型:有限责任公司　　　　　企业所在地区:北京市东城区

社会统一信用代码:911101012826471060　　授信总额度:20 000 000 元

企业地址:北京市东城区天坛街道永康路 7460 号　　企业电话:010 - 69546312

法人代表:陈姿汐

所属行业明细代码:1761　　　　　　　　资产总额(万元):6618

从业人数:34 人　　　　　　　　　　　　国家限制或禁止行业:否

非营利组织:否　　　　　　　　　　　　存在境外关联交易:否

上市公司:否　　　　　　　　　　　　　从事股权投资业务:否

企业使用的会计准则或制度:企业会计准则(一般企业)

股东名称	证件类型	证件号码	投资比例	国籍
黄日洪	居民身份证	110115198805027863	60%	中国
周埼淳	居民身份证	110115198704067653	40%	中国

二、企业年度所得税申报资料

1. 企业 2023 年有关经营情况如下

(1)以前年度未发生亏损,当年平均从业人数为 34 人。

(2)企业工资、薪金支出符合合理性标准;当年广告费和业务宣传支出均列支于销售费用中,且符合扣除标准;当年发生的债券投资收益全部为国债利息收入,每半年计提一次利息;固定资产、无形资产采用直线法计提。(原值与计税基础相同,最低折旧或摊销年限为税务局规定的年限);本年不需要计提减值准备;企业仅为职工缴纳基本社会保险费,不缴纳补充养老保险、补充医疗保险;2023 年计提的工资在 2023 年 12 月 31 日全部发放。

2. 有关账户汇总和明细表（表 6-10）

表 6-10　有关账户汇总和明细表　　　　　　　　　　单位:元

一级科目	二级科目	本年累计(借方)	本年累计(贷方)
主营业务收入	销售商品收入	45 800 000.00	45 800 000.00
主营业务成本	销售商品成本	31 940 000.00	31 940 000.00
营业外支出	捐赠支出	3 160 000.00	3 160 000.00
应付职工薪酬	工资新金	1 220 000.00	1 220 000.00
应付职工薪酬	社会保险费	141 603.12	141 603.12
应付职工薪酬	住房公积金	81 600.00	81 600.00
应付职工薪酬	工会经费	28 400.00	28 400.00
应付职工薪酬	职工教育经费	37 000.00	37 000.00
应付职工薪酬	职工福利费	207 000.00	207 000.00
投资收益	国债利息	373 000.00	373 000.00

3．期间费用明细表（表 6-11）

表 6-11　期间费用明细表　　　　　　　　　　　　　　　单位：元

管理费用	本年累计	销售费用	本年累计	财务费用	本年累计
职工薪酬	560 000.00	职工薪酬	400 000.00	手续费	70 000.00
职工福利费	82 000.00	职工福利费	95 000.00	利息支出	1 600 000.00
职工教育经费	15 000.00	职工教育经费	12 000.00		
工会经费	13 036.07	工会经费	9 311.48		
业务招待费	687 000.00	广告费	1 336 483.56		
办公费	356 000.00	业务宣传费	30 000.00		
差旅费	538 517.93	差旅费	809 208.52		
折旧费	960 000.00	社会保险费	31 996.44		
社会保险费	61 446.00	住房公积金	24 000.00		
住房公积金	24 000.00				

注：利息支出是向金融企业借款的利息支出，且符合税收规定允许税前扣除。手续费是银行手续费用。

4．固定资产折旧汇总表（表 6-12）

表 6-12　固定资产折旧汇总表　　　　　　　　　　　金额单位：元

类　　别	房屋建筑物	机器设备	生产工具	运输工具	电子设备	合　　计
取得日期	2021 年 12 月	2021 年 12 月	2021 年 12 月	2021 年 12 月	2021 年 12 月	
折旧年限	20	10	5	4	3	
预计净残值率	5%	5%	5%	5%	5%	
原　　值	20 000 000	10 000 000	9 000 000	800 000	300 000	40 100 000
年折旧额	950 000	950 000	1 710 000	190 000	95 000	3 895 000
累计折旧额	1 900 000	1 900 000	3 420 000	380 000	190 000	7 790 000
固定资产净值	18 100 000	8 100 000	5 580 000	420 000	110 000	32 310 000

5．折旧年限表（表 6-13）

表 6-13　折旧年限表

项　　目	折旧年限	备　　注
一、固定资产		
房屋、建筑物	20 年	
飞机、火车、轮船、机器、机械和其他生产设备	10 年	
与生产经营活动有关的器具、工具、家具等	5 年	残值率定为 5%
飞机、火车、轮船以外的运输工具	4 年	
电子设备	3 年	

项　　目	折旧年限	备　　注
二、生物资产		
林木类	10 年	残值率定为 5%
畜类	3 年	
无形资产	10 年	

6. 利润表（2023 年度）（表 6-14）

表 6-14　2023 年利润表

会企 02 表
单位:元

项　　目	行次	本年累计金额	上年累计金额
一、营业收入	1	45 800 000.00	42 600 000.00
减:营业成本	2	31 940 000.00	30 463 000.00
税金及附加	3	280 000.00	256 000.00
销售费用	4	2 748 000.00	2 857 000.00
管理费用	5	3 297 000.00	3 915 000.00
财务费用	6	1 670 000.00	1 650 000.00
资产减值损失	7		
加:公允价值变动收益(损失以"－"填列)	8		
投资收益(损失以"－"填列)	9	373 000.00	373 000.00
其中:对联营企业和合营企业的投资收益	10		
资产处置收益(损失以"－"号填列)	11		
其他收益	12		
二、营业利润(亏损以"－"填列)	13	6 238 000.00	3 832 000.00
加:营业外收入	14		
减:营业外支出	15	3 160 000.00	
三、利润总额(亏损总额以"－"号填列)	16	3 078 000.00	3 832 000.00
减:所得税费用	17	769 500.00	958 000.00
四、净利润(净亏损以"－"号填列)	18	2 308 500.00	2 874 000.00
（一）持续经营净利润(净亏损以"－"号填列)	19	2 308 500.00	2 874 000.00
（二）终止经营净利润(净亏损以"－"号填列)	20		
五、其他综合收益的税后净额	21		
（一）不能重分类进损益的其他综合收益	22		
1. 重新计量设定受益计划变动额			

项　目	行次	本年累计金额	上年累计金额
2. 权益法下不能转损益的其他综合收益			
（二）将重分类进损益的其他综合收益	23		
1. 权益法下可转损益的其他综合收益			
2. 其他债权投资公允价值变动损益			
3. 金融资产分类计入其他综合收益的金额			
4. 现金流量套期储备			
5. 外币财务报表折算差额			
六、综合收益总额	24	2 308 500.00	2 874 000.00
七、每股收益：	25		
（一）基本每股收益	26		
（二）稀释每股收益	27		

7. 资产负债表（2023 年 12 月 31 日）（表 6-15）

表 6-15　2023 年 12 月 31 日资产负债表

会企 01 表

单位：元

资　产	期末余额	年初余额	负债和所有者权益（或股东权益）	期末余额	年初余额
流动资产：			流动负债：		
货币资金	10 166 000.00	7 679 000.00	短期借款		10 000 000.00
应收票据			应付票据		
应收账款	6 170 000.00	3 186 000.00	应付账款	15 792 250.00	8 834 000.00
预付款项			预收款项		
应收利息		746 000.00	应付职工薪酬		
应收股利			应交税费	1 460 000.00	1 780 000.00
其他应收款	820 000.00	356 000.00	应付利息		
存货	10 814 000.00	8 747 000.00	应付股利		
持有待售资产			其他应付款	1 192 750.00	878 500.00
一年内到期的非流动资产			持有待售负债		
其他流动资产			一年内到期的非流动负债		
流动资产合计	27 970 000.00	20 714 000.00	其他流动负债		

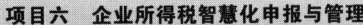

续　表

资　　产	期末余额	年初余额	负债和所有者权益 （或股东权益）	期末余额	年初余额
非流动资产：			流动负债合计	18 445 000.00	21 492 500.00
债权投资		10 000 000.00	**非流动负债：**		
其他债权投资			长期借款	15 000 000.00	15 000 000.00
长期应收款			应付债券		
长期股权投资			长期应付款		
投资性房地产			专项应付款		
固定资产	32 310 000.00	36 205 000.00	预计负债		
在建工程	5 900 000.00		递延收益		
工程物资			递延所得税负债		
固定资产清理			非流动负债合计	15 000 000.00	15 000 000.00
生产性生物资产			负债合计	33 445 000.00	36 492 500.00
油气资产			**所有者权益(或股东权益)：**		
无形资产			实收资本（或股本）	28 000 000.00	28 000 000.00
开发支出			资本公积		
商誉			减:库存股		
长期待摊费用			其他综合收益		
递延所得税资产			盈余公积	462 050.00	231 200.00
其他非流动资产			未分配利润	4 272 950.00	2 195 300.00
非流动资产合计	38 210 000.00	46 205 000.00	所有者权益(或股东权益)合计	32 735 000.00	30 426 500.00
资产总计	66 180 000.00	66 919 000.00	负债和所有者权益 (或股东权益)总计	66 180 000.00	66 919 000.00

8．2023 年 12 月 15 日召开股东会，全体股东同意向北京市第二小学直接捐赠 316 万元现款

9．预缴企业所得税记录表（表 6-16）

表 6-16　预缴企业所得税

税(费)种	所属时间起	所属时间止	实缴金额	缴款日期
企业所得税	2023-01-01	2023-03-31	190 000.00	2023-04-15
企业所得税	2023-04-01	2023-06-30	193 060.00	2023-07-15
企业所得税	2023-07-01	2023-09-30	194 065.00	2023-10-15
企业所得税	2023-10-01	2023-12-31	192 375.00	2024-01-15
合　　计			769 500.00	

根据上述企业信息和业务资料,完成 2023 年度企业所得税纳税申报,申报截止日期为 2024 年 5 月 31 日。

三、年度企业所得税汇算清缴计算及申报表填报

企业 2023 年度所得税纳税申报(年度汇算清缴),按照《A100000 企业所得税年度纳税申报表(A 类)》项目顺序分析计算如下:

(一)利润总额计算

(1)营业收入、营业外收入,详见《A101010 一般企业收入明细表》。

营业收入 45 800 000 元,其中主营业务收入(销售商品收入)45 800 000 元。其他项目无。

(2)营业成本、营业外支出,详见《A102010 一般企业成本支出明细表》。

营业成本 31 940 000 元,其中主营业务成本(销售商品成本)31 940 000 元。其他项目无。

(3)税金及附加,直接在主表(《A100000 企业所得税年度纳税申报表(A 类)》)填列 280 000 元。

(4)期间费用,填报《A104000 期间费用明细表》。

销售费用 274 8000 元,其中职工薪酬 572 307.92 元;广告费和业务宣传费 1 366 483.56 元;差旅费 809 208.52 元。

管理费用 3 297 000 元,其中职工薪酬 755 482.07 元;业务招待费 687 000 元;折旧费 960 000 元;办公费 356 000 元,差旅费 538 517.93 元。

财务费用 1 670 000 元,其中佣金和手续费 70 000 元,利息支出 1 600 000 元。

(5)资产减值损失和公允价值变动收益无,不需要填报。

(6)投资收益,直接在主表填列 373 000 元(系国债利息收入)。

(7)在主表和有关附表填列以上各项数据后,计算出营业利润和利润总额,应与利润表中的数据一致,以上表格在下文"四、企业所得税年度纳税申报表的格式与填写"中填列。

(二)应纳税所得额计算

1. 境外所得

本实训不需要填列。

2. 纳税调整增加额和纳税调整减少额

纳税调整增加额和纳税调整减少额是通过填报《A105000 纳税调整项目明细表》项目计算得出的。该明细表主要包括"收入类调整项目""扣除类调整项目""资产类调整项目""特殊事项调整项目""特别纳税调整应税所得""其他"六大项。具体填报内容如下:

(1)收入类调整项目。本实训无收入类调整项目,不需要填报。

注意:投资收益是填列《A105030 投资收益纳税调整明细表》上的项目,而国债利息收入虽然是投资收益,但这里不作调整,而在《A107010 免税、减计收入及加计扣除优惠明细表》中填列。

(2)扣除类调整项目。

① 职工薪酬在填报《A105050 职工薪酬纳税调整明细表》后自动算出"账载金额"1 715 603.12 元、"税收金额"1 675 403.12 元、"调增金额"40 200 元。该纳税调整明细表填列如下:

工资薪金支出的"账载金额""实际发生额"和"税收金额"均为 1 220 000 元,纳税调整金额为零。

职工福利费支出的"账载金额"和"实际发生额"为 207 000 元,"税收金额"为 107 800 元,纳

税调整金额为 36 200 元。职工福利费纳税调增金额 = 207 000 - 1 220 000 × 14% = 207 000 - 170 800 = 36 200(元)。

职工教育经费支出中"按税收规定比例扣除的职工教育经费"的"账载金额""实际发生额"和"税收金额"均为 37 000 元,纳税调整金额为零。

工会经费支出的"账载金额""实际发生额"均为 28 400 元,"税收金额"为 24 400 元,纳税调整金额为 4 000 元。工会经费纳税调增金额 = 28400 - 1 220 000 × 2% = 28 400 - 24 400 = 4 000(元)。

各类基本社会保障性缴款的"账载金额""实际发生额"和"税收金额"均为 141 603.12 元,纳税调整金额为零。

住房公积金的"账载金额""实际发生额"和"税收金额"均为 816 000 元。

补充养老保险、补充医疗保险、其他均为 0。

② 业务招待费支出直接在《A105000 纳税调整项目明细表》填列"账载金额"687 000 元,会自动算出"税收金额"为 229 000 元,"调增金额"为 458 000 元。

企业实际发生业务招待费 687 000 元,按税法规定计算 60% 的扣除限额为 412 200 元,但不超过营业收入(含视同销售收入)的 5‰,即 229 000 元(45 800 000 × 5‰),业务招待费税收金额为 229 000 元,调增金额 458 000 元(687 000 - 229 000)。

③ 广告费和业务宣传费支出,填报《A105060 广告费和业务宣传费跨年度纳税调整明细表》后,自动计算调增金额或调减金额,本实训调增和调减金额均为零。该纳税调整明细表填报如下:

"本年支出"根据销售费用中广告费 1 336 483.56 元和业务宣传费 30 000 元合计填列 1 366 483.56 元,"本年计算扣除限额的基数"为营业收入(含视同销售收入)45 800 000 元,税收规定扣除率为 15%,可扣除限额为 6 870 000 元,"本年支出"小于扣除限额,不需要纳税调整。

④ 捐赠支出填报《A105070 捐赠支出纳税调整明细表》后会自动算出"账载金额"为 3 160 000 元,"税收金额"为零元,"调增金额"为 3 160 000 元。《A105070 捐赠支出纳税调整明细表》具体填报如下:

企业 2023 年 12 月 15 日股东会全体股东同意,向北京市某小学直接捐赠人民币 316 万元,不符合公益性捐赠的条件,不能在所得税前扣除,应全部调增纳税所得。

非公益性捐赠的"账载金额"填列 3 160 000 元,"纳税调增金额"填列 3 160 000 元。

⑤ 利息支出,直接在《A105000 纳税调整项目明细表》中填列,"账载金额"和"税收金额"均为 1 600 000 元。本实训的利息支出是向金融企业借款的利息支出准予所得税前扣除,无需纳税调整。

本实训不涉及其他扣除类调整项目,不需要填报。

以上扣除类调整项目合计纳税所得调增金额为:40 200 + 458 000 + 3 160 000 = 3 658 200(元)。

(3)资产类调整项目。

资产折旧、摊销,在填报《A105080 资产折旧、摊销及纳税调整明细表》后会自动算出"账载金额"和"税收金额"均为 3 895 000 元,"纳税调整金额"为零。该纳税调整明细表有关项目填列如表 6-17 所示。

表6-17　固定资产账载金额和税收金额明细表　　　　　　　　　　　　　　单位:元

项　目	账载金额			税收金额		
	资产原值	本年折旧	累计折旧	资产计税基础	税收折旧	累计折旧
房屋、建筑物	20 000 000	950 000	1 900 000	20 000 000	950 000	1 900 000
机器、机械和其他生产设备	10 000 000	950 000	1 900 000	10 000 000	950 000	1 900 000
生产用器具、工具、家具等	9 000 000	1 710 000	3 420 000	9 000 000	1 710 000	3 420 000
运输工具	800 000	190 000	380 000	800 000	190 000	380 000
电子设备	300 000	95 000	190 000	300 000	95 000	190 000
合　计	40 100 000	3 895 000	7 790 000	40 100 000	3 895 000	7 790 000

本实训不涉及其他资产类调整项目,不需要填报。

（4）特殊事项调整项目、特别纳税调整应税所得和其他。

本实训不涉及特殊事项调、整特别纳税调整和其他调整事项,不需要填报。

3．免税、减计收入及加计扣除

通过填报《A107010 免税、减计收入及加计扣除优惠明细表》后自动算出,调减纳税所得373 000 元。该优惠明细表具体填报如下:

免税收入:国债持有期间的利息收入 373 000 元。

纳税所得调减金额为 373 000 元。

本实训不涉及其他免税、减计收入及加计扣除优惠项目,不需要填报。

4．境外应税所得抵减境内亏损（A108000《境外所得税收抵免明细表》）

本实训中没有境外所得税抵免项目需要填报。

5．纳税调整后所得

通过上述四点的调整,纳税调整后所得计算如下:

纳税调整后所得＝利润总额－境外所得＋纳税调整增加额－纳税调整减少额－免税、减计收入及加计扣除＋境外应税所得抵减境内亏损＝3 078 000－0＋3 658 200－0－373 000＋0＝6 363 200(元)

6．应纳税所得额

（1）所得减免。

通过填报《A107020 所得减免优惠明细表》计算得出,本实训没有所得减免优惠项目。

（2）弥补以前年度亏损。

通过填报《A106000 企业所得税弥补亏损明细表》计算得出,本实训没有以前年度亏损需要在本年弥补,无需填报此表。

（3）抵扣应纳税所得额。

通过填报《A107030 抵扣应纳税所得额明细表》,本实训没有抵扣应纳税所得额项目。

（4）应纳税所得额计算。

应纳税所得额＝纳税调整后所得－所得减免－弥补以前年度亏损－抵扣应纳税所得额＝6 363 200－0－0－0＝6 363 200(元)

（三）应纳税额计算

应纳所得税额＝应纳税所得额×所得税税率＝6 363 200×25％＝1 590 800（元）。

（四）实际应纳税额计算

由于本实训不涉及"减免所得税额""抵免所得税额""境外所得应纳所得税额""境外所得抵免所得税额"，也没有"总机构分摊本年应补（退）所得税额""财政集中分配本年应补（退）所得税额""总机构主体生产经营部门分摊本年应补（退）所得税额"，因此：

应纳所得税额＝应纳税额＝实际应纳所得税额

本年应补（退）所得税额＝实际应纳所得税额－本年累计实际已预缴的所得税额
$$＝1 590 800－769 500＝821 300（元）$$

四、企业所得税年度纳税申报表的格式与填写

企业所得税年度纳税申报的主表和有关附表如表6-18—表6-30所示。

表 6-18　中华人民共和国企业所得税年度纳税申报表

（A 类，2017 年版）

税款所属期间：2023 年 1 月 1 日至 2023 年 12 月 31 日

纳税人识别号
（统一社会信用代码）：□□□□□□□□□□□□□□□□□□

纳税人名称：北京涉税教学有限公司

金额单位：人民币元（列至角分）

谨声明：本纳税申报表是根据国家税收法律法规及相关规定填报的，是真实的、可靠的、完整的。

纳税人（签章）：

2024 年 4 月 1 日

经办人：	受理人：
经办人身份证号：	受理税务机关（章）：
代理机构签章：	受理日期：　　年　月　日

国家税务总局监制

表 6-19　企业所得税年度纳税申报表填报表单

表单编号	表单名称	是否填报
A000000	企业所得税年度纳税申报基础信息表	✓
A100000	中华人民共和国企业所得税年度纳税申报表（A 类）	✓
A101010	一般企业收入明细表	☑
A101020	金融企业收入明细表	☐
A102010	一般企业成本支出明细表	☑
A102020	金融企业支出明细表	☐
A103000	事业单位、民间非营利组织收入、支出明细表	☐
A104000	期间费用明细表	☑
A105000	纳税调整项目明细表	☑
A105010	视同销售和房地产开发企业特定业务纳税调整明细表	☑
A105020	未按权责发生制确认收入纳税调整明细表	☐
A105030	投资收益纳税调整明细表	☐
A105040	专项用途财政性资金纳税调整明细表	☐
A105050	职工薪酬支出及纳税调整明细表	☑
A105060	广告费和业务宣传费等跨年度纳税调整明细表	☑
A105070	捐赠支出及纳税调整明细表	☑
A105080	资产折旧、摊销及纳税调整明细表	☑
A105090	资产损失税前扣除及纳税调整明细表	☐
A105100	企业重组及递延纳税事项纳税调整明细表	☐
A105110	政策性搬迁纳税调整明细表	☐
A105120	贷款损失准备金及纳税调整明细表	☐
A106000	企业所得税弥补亏损明细表	☐
A107010	免税、减计收入及加计扣除优惠明细表	☑
A107011	符合条件的居民企业之间的股息、红利等权益性投资收益优惠明细表	☐
A107012	研发费用加计扣除优惠明细表	☐
A107020	所得减免优惠明细表	☐
A107030	抵扣应纳税所得额明细表	☐
A107040	减免所得税优惠明细表	☐
A107041	高新技术企业优惠情况及明细表	☐
A107042	软件、集成电路企业优惠情况及明细表	☐
A107050	税额抵免优惠明细表	☐
A108000	境外所得税收抵免明细表	☐
A108010	境外所得纳税调整后所得明细表	☐
A108020	境外分支机构弥补亏损明细表	☐
A108030	跨年度结转抵免境外所得税明细表	☐
A109000	跨地区经营汇总纳税企业年度分摊企业所得税明细表	☐
A109010	企业所得税汇总纳税分支机构所得税分配表	☐
说明：企业应当根据实际情况选择需要填报的表单。		

表 6-20　企业所得税年度纳税申报基础信息表

A000000

基本经营情况（必填项目）			
101 纳税申报企业类型（填写代码）	100	102 分支机构就地纳税比例（%）	
103 资产总额（填写平均值，单位：万元）	6618	104 从业人数（填写平均值，单位：人）	34
105 所属国民经济行业（填写代码）	1210	106 从事国家限制或禁止行业	□是☑否
107 适用会计准则或会计制度（填写代码）	110	108 采用一般企业财务报表格式（2019 年版）	☑是□否
109 小型微利企业	□是☑否	110 上市公司	是（□境内□境外）☑否
有关涉税事项情况（存在或者发生下列事项时必填）			
201 从事股权投资业务	☒是	202 存在境外关联交易	☒是
203 选择采用的境外所得抵免方式	□分国（地区）不分项　□不分国（地区）不分项		
204 有限合伙制创业投资企业的法人合伙人	□是	205 创业投资企业	☒是
206 技术先进型服务企业类型（填写代码）		207 非营利组织	☒是
208 软件、集成电路企业类型（填写代码）		209 集成电路生产项目类型	□130 纳米　□65 纳米
210 科技型中小企业	210-1 年（申报所属期年度）入库编号 1	210-2 入库时间 1	
	210-3 年（所属期下一年度）入库编号 2	210-4 入库时间 2	
211 高新技术企业申报所属期年度有效的高新技术企业证书	211-1 证书编号 1	211-2 发证时间 1	
	211-3 证书编号 2	211-4 发证时间 2	
212 重组事项税务处理方式	□一般性□特殊性	213 重组交易类型（填写代码）	
214 重组当事方类型（填写代码）		215 政策性搬迁开始时间	年　月
216 发生政策性搬迁且停止生产经营无所得年度	□是	217 政策性搬迁损失分期扣除年度	□是
218 发生非货币性资产对外投资递延纳税事项	□是	219 非货币性资产对外投资转让所得递延纳税年度	□是
220 发生技术成果投资入股递延纳税事项	□是	221 技术成果投资入股递延纳税年度	□是
222 发生资产（股权）划转特殊性税务处理事项	□是	223 债务重组所得递延纳税年度	□是

主要股东及分红情况（必填项目）					
股东名称	证件种类	证件号码	投资比例（%）	当年（决议日）分配的股息、红利等权益性投资收益金额	国籍（注册地址）
黄日洪	居民身份证	110115198805027863	60%		中国
周琦淳	居民身份证	110115198704067653	40%		中国
其余股东合计	——	——			——

表 6-21　中华人民共和国企业所得税年度纳税申报表(A 类)

A100000

行次	类别	项　目	金　额
1	利润总额计算	一、营业收入(填写 A101010\101020\103000)	45 800 000.00
2		减:营业成本(填写 A102010\102020\103000)	31 940 000.00
3		减:税金及附加	280 000.00
4		减:销售费用(填写 A104000)	2 748 000.00
5		减:管理费用(填写 A104000)	3 297 000.00
6		减:财务费用(填写 A104000)	1 670 000.00
7		减:资产减值损失	
8		加:公允价值变动收益	
9		加:投资收益	373 000.00
10		二、营业利润(1-2-3-4-5-6-7+8+9)	6 238 000.00
11		加:营业外收入(填写 A101010\101020\103000)	0.00
12		减:营业外支出(填写 A102010\102020\103000)	316 000.00
13		三、利润总额(10+11-12)	3 078 000.00
14	应纳税所得额计算	减:境外所得(填写 A108010)	0.00
15		加:纳税调整增加额(填写 A105000)	3 658 200.00
16		减:纳税调整减少额(填写 A105000)	0.00
17		减:免税、减计收入及加计扣除(填写 A107010)	373 000.00
18		加:境外应税所得抵减境内亏损(填写 A108000)	
19		四、纳税调整后所得(13-14+15-16-17+18)	6 363 200.00
20		减:所得减免(填写 A107020)	0.00
21		减:弥补以前年度亏损(填写 A106000)	0.00
22		减:抵扣应纳税所得额(填写 A107030)	0.00
23		五、应纳税所得额(19-20-21-22)	6 363 200.00
24	应纳税额计算	税率(25%)	25%
25		六、应纳所得税额(23×24)	1 590 800.00
26		减:减免所得税额(填写 A107040)	0.00
27		减:抵免所得税额(填写 A107050)	0.00
28		七、应纳税额(25-26-27)	1 590 800.00
29		加:境外所得应纳所得税额(填写 A108000)	0.00
30		减:境外所得抵免所得税额(填写 A108000)	0.00
31		八、实际应纳所得税额(28+29-30)	1 590 800.00
32		减:本年累计实际已缴纳的所得税额	769 500.00
33		九、本年应补(退)所得税额(31-32)	821 300.00
34		其中:总机构分摊本年应补(退)所得税额(填写 A109000)	
35		财政集中分配本年应补(退)所得税额(填写 A109000)	
36		总机构主体生产经营部门分摊本年应补(退)所得税额(填写 A109000)	
37	实际应纳税额计算	减:民族自治地区企业所得税地方分享部分:(□免征□减征:减征幅度_____%)	
38		十、本年实际应补(退)所得税额(33-37)	821 300.00

表 6-22 一般企业收入明细表

A101010

行 次	项 目	金 额
1	一、营业收入(2+9)	45 800 000.00
2	(一)主营业务收入(3+5+6+7+8)	45 800 000.00
3	1. 销售商品收入	45 800 000.00
4	其中:非货币性资产交换收入	
5	2. 提供劳务收入	
6	3. 建造合同收入	
7	4. 让渡资产使用权收入	
8	5. 其他	
9	(二)其他业务收入(10+12+13+14+15)	0.00
10	1. 销售材料收入	
11	其中:非货币性资产交换收入	
12	2. 出租固定资产收入	
13	3. 出租无形资产收入	
14	4. 出租包装物和商品收入	
15	5. 其他	
16	二、营业外收入(17+18+19+20+21+22+23+24+25+26)	0.00
17	(一)非流动资产处置利得	
18	(二)非货币性资产交换利得	
19	(三)债务重组利得	
20	(四)政府补助利得	
21	(五)盘盈利得	
22	(六)捐赠利得	
23	(七)罚没利得	
24	(八)确实无法偿付的应付款项	
25	(九)汇兑收益	
26	(十)其他	

表 6-23　一般企业成本支出明细表

A102010

行　次	项　目	金　额
1	一、营业成本(2＋9)	31 940 000.00
2	（一）主营业务成本(3＋5＋6＋7＋8)	31 940 000.00
3	1.销售商品成本	31 940 000.00
4	其中:非货币性资产交换成本	
5	2.提供劳务成本	
6	3.建造合同成本	
7	4.让渡资产使用权成本	
8	5.其他	
9	（二）其他业务成本(10＋12＋13＋14＋15)	0.00
10	1.销售材料成本	
11	其中:非货币性资产交换成本	
12	2.出租固定资产成本	
13	3.出租无形资产成本	
14	4.包装物出租成本	
15	5.其他	
16	二、营业外支出(17＋18＋19＋20＋21＋22＋23＋24＋25＋26)	3 160 000.00
17	（一）非流动资产处置损失	
18	（二）非货币性资产交换损失	
19	（三）债务重组损失	
20	（四）非常损失	
21	（五）捐赠支出	3 160 000.00
22	（六）赞助支出	
23	（七）罚没支出	
24	（八）坏账损失	
25	（九）无法收回的债券股权投资损失	
26	（十）其他	

表 6-24 期间费用明细表

A104000

行次	项　　目	销售费用	其中：境外支付	管理费用	其中：境外支付	财务费用	其中：境外支付
		1	2	3	4	5	6
1	一、职工薪酬	572 307.92	*	755 482.07	*	*	*
2	二、劳务费					*	*
3	三、咨询顾问费					*	*
4	四、业务招待费		*	687 000.00	*	*	*
5	五、广告费和业务宣传费	1 366 483.56	*		*	*	*
6	六、佣金和手续费					70 000.00	
7	七、资产折旧摊销费		*	960 000.00	*	*	*
8	八、财产损耗、盘亏及毁损损失		*		*	*	*
9	九、办公费		*	356 000.00	*	*	*
10	十、董事会费				*	*	*
11	十一、租赁费					*	*
12	十二、诉讼费		*		*	*	*
13	十三、差旅费	809 208.52	*	538 517.93	*	*	*
14	十四、保险费		*		*	*	*
15	十五、运输、仓储费					*	*
16	十六、修理费					*	*
17	十七、包装费		*		*	*	*
18	十八、技术转让费					*	*
19	十九、研究费用					*	*
20	二十、各项税费		*		*	*	*
21	二十一、利息收支	*	*	*	*	1 600 000.00	
22	二十二、汇兑差额	*	*	*	*		
23	二十三、现金折扣	*	*	*	*		*
24	二十四、党组织工作经费	*	*		*	*	*
25	二十五、其他						
26	合计(1 + 2 + 3 + … + 25)	2 748 000.00	0.00	3 297 000.00		1 670 000.00	

表 6-25　纳税调整项目明细表

A105000

行次	项　　目	账载金额	税收金额	调增金额	调减金额
		1	2	3	4
1	一、收入类调整项目(2+3+…+8+10+11)	*	*	0.00	0.00
2	(一)视同销售收入(填写 A105010)	*	0.00	0.00	*
3	(二)未按权责发生制原则确认的收入(填写 A105020)	0.00	0.00	0.00	0.00
4	(三)投资收益(填写 A105030)	0.00	0.00	0.00	0.00
5	(四)按权益法核算长期股权投资对初始投资成本调整确认收益	*	*	*	
6	(五)交易性金融资产初始投资调整	*	*		*
7	(六)公允价值变动净损益		*	0.00	0.00
8	(七)不征税收入	*			
9	其中:专项用途财政性资金(填写 A105040)	*		0.00	0.00
10	(八)销售折扣、折让和退回				
11	(九)其他				
12	二、扣除类调整项目(13+14+…+24+26+27+28+29+30)	*	*	3 658 200.00	0.00
13	(一)视同销售成本(填写 A105010)	*	0.00	*	0.00
14	(二)职工薪酬(填写 A105050)	1 715 603.12	1 675 403.12	40 200.00	0.00
15	(三)业务招待费支出	687 000.00	229 000.00	458 000.00	*
16	(四)广告费和业务宣传费支出(填写 A105060)	*	*		0.00
17	(五)捐赠支出(填写 A105070)	3 160 000.00	0.00	3 160 000.00	0.00
18	(六)利息支出	1 600 000.00	1 600 000.00		0.00
19	(七)罚金、罚款和被没收财物的损失		*		*
20	(八)税收滞纳金、加收利息		*		*
21	(九)赞助支出		*		*
22	(十)与未实现融资收益相关在当期确认的财务费用				
23	(十一)佣金和手续费支出(保险企业填写 A105060)				*

续　表

行次	项　　目	账载金额	税收金额	调增金额	调减金额
		1	2	3	4
24	（十二）不征税收入用于支出所形成的费用	＊	＊		＊
25	其中:专项用途财政性资金用于支出所形成的费用（填写 A105040）	＊	＊		＊
26	（十三）跨期扣除项目				
27	（十四）与取得收入无关的支出		＊		＊
28	（十五）境外所得分摊的共同支出	＊	＊		＊
29	（十六）党组织工作经费				
30	（十七）其他				
31	三、资产类调整项目(32＋33＋34＋35)	＊	＊		
32	（一）资产折旧、摊销（填写 A105080）	3 895 000.00	3 895 000.00	0.00	0.00
33	（二）资产减值准备金		＊		
34	（三）资产损失（填写 A105090）				
35	（四）其他				
36	四、特殊事项调整项目(37＋38＋…＋43)	＊	＊		
37	（一）企业重组及递延纳税事项（填写 A105100）				
38	（二）政策性搬迁（填写 A105110）	＊	＊		
39	（三）特殊行业准备金（填写 A105120）				
40	（四）房地产开发企业特定业务计算的纳税调整额（填写 A105010）	＊			
41	（五）合伙企业法人合伙人应分得的应纳税所得额				
42	（六）发行永续债利息支出	＊	＊		
43	（七）其他	＊	＊		
44	五、特别纳税调整应税所得	＊	＊		
45	六、其他	＊	＊		
46	合计(1＋12＋31＋36＋44＋45)			3 658 200.00	0.00

表 6-26　职工薪酬支出及纳税调整明细表

A105050

行次	项　　目	账载金额	实际发生额	税收规定扣除率	以前年度累计结转扣除额	税收金额	纳税调整金额	累计结转以后年度扣除额
		1	2	3	4	5	6(1-5)	7(1+4-5)
1	一、工资薪金支出	1 220 000.00	1 220 000.00	*	*	1 220 000.00	0.00	*
2	其中:股权激励			*	*			*
3	二、职工福利费支出	207 000.00	207 000.00		*	170 800.00	36 200.00	*
4	三、职工教育经费支出	37 000.00	37 000.00	*		37 000.00	0.00	0.00
5	其中:按税收规定比例扣除的职工教育经费	37 000.00	37 000.00	8%		37 000.00	0.00	0.00
6	按税收规定全额扣除的职工培训费用				*			*
7	四、工会经费支出	28 400.00	28 400.00	2%	*	24 400.00	4 000.00	*
8	五、各类基本社会保障性缴款	141 603.12	141 603.12	*	*	141 603.12	0.00	*
9	六、住房公积金	81 600.00	81 600.00	*	*	81 600.00	0.00	*
10	七、补充养老保险				*			*
11	八、补充医疗保险				*			*
12	九、其他			*	*			*
13	合计(1+3+4+7+8+9+10+11+12)	1 715 603.12	1 715 603.12	*		1 675 403.12	40 200.00	

表 6-27　广告费和业务宣传费跨年度纳税调整明细表

A105060

行次	项　　目	广告费和业务宣传费	保险企业手续费及佣金支出
		1	2
1	一、本年支出	1 366 483.56	
2	减:不允许扣除的支出		
3	二、本年符合条件的支出(1-2)	1 366 483.56	
4	三、本年计算扣除限额的基数	45 800 000.00	
5	乘:税收规定扣除率	15%	

行次	项　　目	广告费和业务宣传费	保险企业手续费及佣金支出
		1	2
6	四、本企业计算的扣除限额(4×5)	6 870 000.00	
7	五、本年结转以后年度扣除额(3>6,本行＝3－6;3≤6,本行＝0)	0.00	
8	加:以前年度累计结转扣除额		
9	减:本年扣除的以前年度结转额[3>6,本行＝0;3≤6,本行＝8与(6－3)孰小值]	0.00	
10	六、按照分摊协议归集至其他关联方的金额(10≤3与6孰小值)		
11	按照分摊协议从其他关联方归集至本企业的金额		
12	七、本年支出纳税调整金额(3>6,本行＝2＋3－6＋10－11;3≤6,本行＝2＋10－11－9)	0.00	
13	八、累计结转以后年度扣除额(7＋8－9)	0.00	

表 6-28　捐赠支出及纳税调整明细表

A105070

行次	项　　目	账载金额	以前年度结转可扣除的捐赠额	按税收规定计算的扣除限额	税收金额	纳税调增金额	纳税调减金额	可结转以后年度扣除的捐赠额
		1	2	3	4	5	6	7
1	一、非公益性捐赠	3 160 000.00	*	*	*	3 160 000.00	*	*
2	二、全额扣除的公益性捐赠		*	*	—	*	*	*
3	其中:扶贫捐赠							
4	三、限额扣除的公益性捐赠(4＋5＋6＋7)	0.00	0.00	0.00	0.00	0.00	0.00	0.00
5	前三年度(　年)	*		*	*	*		*
6	前二年度(　年)	*		*	*	*		
7	前一年度(　年)	*		*	*	*		
8	本年(　年)		*			—	*	
9	合计(1＋2＋3)	3 160 000.00	0.00	0.00	0.00	3 160 000.00	0.00	0.00
队列资料	2015年度至本年发生的公益性扶贫捐赠合计金额							

A105080

表 6-29　资产折旧、摊销及纳税调整明细表

行次	项　目	账载金额			税收金额					纳税调整金额
		资产原值	本年折旧、摊销额	累计折旧、摊销额	资产计税基础	税收折旧、摊销额	享受加速折旧政策的资产按税收一般规定计算的折旧、摊销额	加速折旧、摊销统计额	累计折旧、摊销额	9(2-5)
		1	2	3	4	5	6	7(5-6)	8	
1	一、固定资产(2+3+4+5+6+7)	40 100 000	3 895 000	7 790 000	40 100 000	3 895 000	*	*	7 790 000	
2	(一)房屋、建筑物	20 000 000	950 000	1 900 000	20 000 000	950 000	*	*	1 900 000	
3	(二)飞机、火车、轮船、机器、机械和其他生产设备	10 000 000	950 000	1 900 000	10 000 000	950 000	*	*	1 900 000	
4	(三)与生产经营活动有关的器具、工具、家具等	9 000 000	1 710 000	3 420 000	9 000 000	1 710 000	*	*	3 420 000	
5	(四)飞机、火车、轮船以外的运输工具	800 000	190 000	380 000	800 000	190 000	*	*	380 000	
6	(五)电子设备	300 000	95 000	190 000	300 000	95 000	*	*	190 000	
7	(六)其他							*		
8	其中:享受加速折旧政策的资产加速折旧额大于一般折旧额的部分　(一)重要行业固定资产加速折旧(不含一次性扣除)									*
9	(二)其他行业研发设备加速折旧									*
10	(三)特定地区企业固定资产加速折旧(10.1+10.2)									*
10.1	1.海南自由贸易港企业固定资产加速折旧									*
10.2	2.横琴粤澳深度合作区企业固定资产加速折旧							*		*

续　表

行次	项目	账载金额			税收金额					纳税调整金额
		资产原值	本年折旧、摊销额	累计折旧、摊销额	资产计税基础	税收折旧、摊销额	享受加速折旧政策的资产按税收一般规定计算的折旧、摊销额	加速折旧、摊销统计额	累计折旧、摊销额	
		1	2	3	4	5	6	7(5-6)	8	9(2-5)
11	(四)500万元以下设备器具一次性扣除(11.1+11.2)									*
11.1	1.高新技术企业2022年第四季度(10月-12月)购置单价500万元以下设备器具一次性扣除									*
11.2	2.购置单价500万元以下设备器具一次性扣除(不包含高新技术企业2022年第四季度购置)									
12	(五)500万元以上设备器具一次性扣除(12.1+12.2+12.3+12.4)									*
	其中:享受固定资产加速折旧及一次性扣除政策的资产折旧加速折旧额大于一般规定折旧额的部分									
12.1	中小微企业购置单价500万元以上设备器具 1.最低折旧年限为3年的设备器具一次性扣除									*
12.2	2.最低折旧年限为4年、5年的设备器具50%部分一次性扣除									*
12.3	3.最低折旧年限为10年的设备器具50%部分一次性扣除									*

续　表

行次	项目	账载金额			税收金额					纳税调整金额
		资产原值	本年折旧、摊销额	累计折旧、摊销额	资产计税基础	税收折旧、摊销额	享受加速折旧政策的资产按税收一般规定计算的折旧、摊销额	加速折旧、摊销统计额	累计折旧、摊销额	
		1	2	3	4	5	6	7(5－6)	8	9(2－5)
12.4	4.高新技术企业2022年第四季度（10月—12月）购置单价500万元以上设备器具一次性扣除									＊
13	（六）特定地区企业固定资产一次性扣除（13.1＋13.2）									＊
13.1	1.海南自由贸易港企业固定资产一次性扣除									＊
13.2	2.横琴粤澳深度合作区企业固定资产一次性扣除									＊
14	（七）技术进步、更新换代固定资产加速折旧　其中:享受固定资产加速折旧及一次性扣除政策的资产折旧额大于一般折旧额的部分									＊
15	（八）常年强震动、高腐蚀固定资产加速折旧									＊
16	（九）外购软件加速折旧									＊
17	（十）集成电路企业生产设备加速折旧									＊
18	二、生产性生物资产（19＋20）						＊	＊		
19	（一）林木类						＊	＊		
20	（二）畜类						＊	＊		
21	三、无形资产（22＋23＋24＋25＋26＋27＋28＋29）						＊	＊		

续表

行次	项目	账载金额			资产计税基础	税收折旧、摊销额	税收金额			纳税调整金额
		资产原值	本年折旧、摊销额	累计折旧、摊销额			享受加速折旧政策的资产按税收一般规定计算的折旧、摊销额	加速折旧、摊销统计额	累计折旧、摊销额	
		1	2	3	4	5	6	7(5−6)	8	9(2−5)
22	（一）专利权						*	*		
23	（二）商标权						*	*		
24	（三）著作权						*	*		
25	（四）土地使用权						*	*		
26	（五）非专利技术						*	*		
27	（六）特许权使用费						*	*		
28	（七）软件						*	*		
29	（八）其他						*	*		
30	（一）企业外购软件加速摊销									*
31	（二）特定地区企业无形资产加速摊销（31.1＋31.2）									*
31.1	1.海南自由贸易港企业无形资产加速摊销									*
31.2	2.横琴粤澳深度合作区企业无形资产加速摊销									*
32	（三）特定地区企业无形资产一次性摊销（32.1＋32.2）									*
32.1	1.海南自由贸易港企业无形资产一次性摊销									*
32.2	2.横琴粤澳深度合作区企业无形资产一次性摊销									*

所有无形资产（行22—29）

其中：享受无形资产加速摊销及一次性摊销政策的资产加速摊销额大于一般摊销额的部分（行30—32.2）

续　表

行次	项　　目	账载金额			资产计税基础	税收金额			累计折旧、摊销额	纳税调整金额
		资产原值	本年折旧、摊销额	累计折旧、摊销额		税收折旧、摊销额	享受加速折旧政策的资产按税收一般规定计算的折旧、摊销额	加速折旧、摊销统计额		
		1	2	3	4	5	6	7(5－6)	8	9(2－5)
33	四、长期待摊费用(34＋35＋36＋37＋38)							*		
34	(一)已足额提取折旧的固定资产的改建支出						*	*		
35	(二)租入固定资产的改建支出						*	*		
36	(三)固定资产的大修理支出						*	*		
37	(四)开办费						*	*		
38	(五)其他						*	*		
39	五、油气勘探投资						*	*		
40	六、油气开发投资						*	*		
41	合计(1＋18＋21＋33＋39＋40)	40 100 000	3 895 000	7 790 000	40 100 000	3 895 000	0.00	0.00	7 790 000	0.00
附列资料	全民所有制企业公司制改制资产评估增值政策资产						*	*		

表 6-30 免税、减计收入及加计扣除优惠明细表

A107010

行次	项　　目	金额
1	一、免税收入(2+3+9+…+16)	373 000.00
2	(一)国债利息收入免征企业所得税	373 000.00
3	(二)符合条件的居民企业之间的股息、红利等权益性投资收益免征企业所得税(4+5+6+7+8)	
4	1. 一般股息红利等权益性投资收益免征企业所得税(填写 A107011)	
5	2. 内地居民企业通过沪港通投资且连续持有 H 股满 12 个月取得的股息红利所得免征企业所得税(填写 A107011)	
6	3. 内地居民企业通过深港通投资且连续持有 H 股满 12 个月取得的股息红利所得免征企业所得税(填写 A107011)	
7	4. 居民企业持有创新企业 CDR 取得的股息红利所得免征企业所得税(填写 A107011)	
8	5. 符合条件的永续债利息收入免征企业所得税(填写 A107011)	
9	(三)符合条件的非营利组织的收入免征企业所得税	
10	(四)中国清洁发展机制基金取得的收入免征企业所得税	
11	(五)投资者从证券投资基金分配中取得的收入免征企业所得税	
12	(六)取得的地方政府债券利息收入免征企业所得税	
13	(七)中国保险保障基金有限责任公司取得的保险保障基金等收入免征企业所得税	
14	(八)中国奥委会取得北京冬奥组委支付的收入免征企业所得税	
15	(九)中国残奥委会取得北京冬奥组委分期支付的收入免征企业所得税	
16	(十)其他	
17	二、减计收入(18+19+23+24)	
18	(一)综合利用资源生产产品取得的收入在计算应纳税所得额时减计收入	
19	(二)金融、保险等机构取得的涉农利息、保费减计收入(20+21+22)	
20	1. 金融机构取得的涉农贷款利息收入在计算应纳税所得额时减计收入	
21	2. 保险机构取得的涉农保费收入在计算应纳税所得额时减计收入	
22	3. 小额贷款公司取得的农户小额贷款利息收入在计算应纳税所得额时减计收入	
23	(三)取得铁路债券利息收入减半征收企业所得税	
24	(四)其他(24.1+24.2)	
24.1	1. 取得的社区家庭服务收入在计算应纳税所得额时减计收入	
24.2	2. 其他	
25	三、加计扣除(26+27+28+29+30)	
26	(一)开发新技术、新产品、新工艺发生的研究开发费用加计扣除(填写 A107012)	
27	(二)科技型中小企业开发新技术、新产品、新工艺发生的研究开发费用加计扣除(填写 A107012)	
28	(三)企业为获得创新性、创意性、突破性的产品进行创意设计活动而发生的相关费用加计扣除	
29	(四)安置残疾人员所支付的工资加计扣除	
30	(五)其他	
31	合计(1+17+25)	373 000.00

五、年度企业所得税汇算清缴智慧化申报模拟

步骤1：按照给定账号和密码登录"EPC金税平台——智能税务申报与管理"教学平台。进入课程后，以教学系统默认的企业统一信用代码和密码登录教学模拟的"北京市电子税务局"。进入"申报税（费）清册"页面，选择"企业所得税年度纳税申报"，如图 6-6、图 6-7 所示。

图 6-6　申报税（费）清册

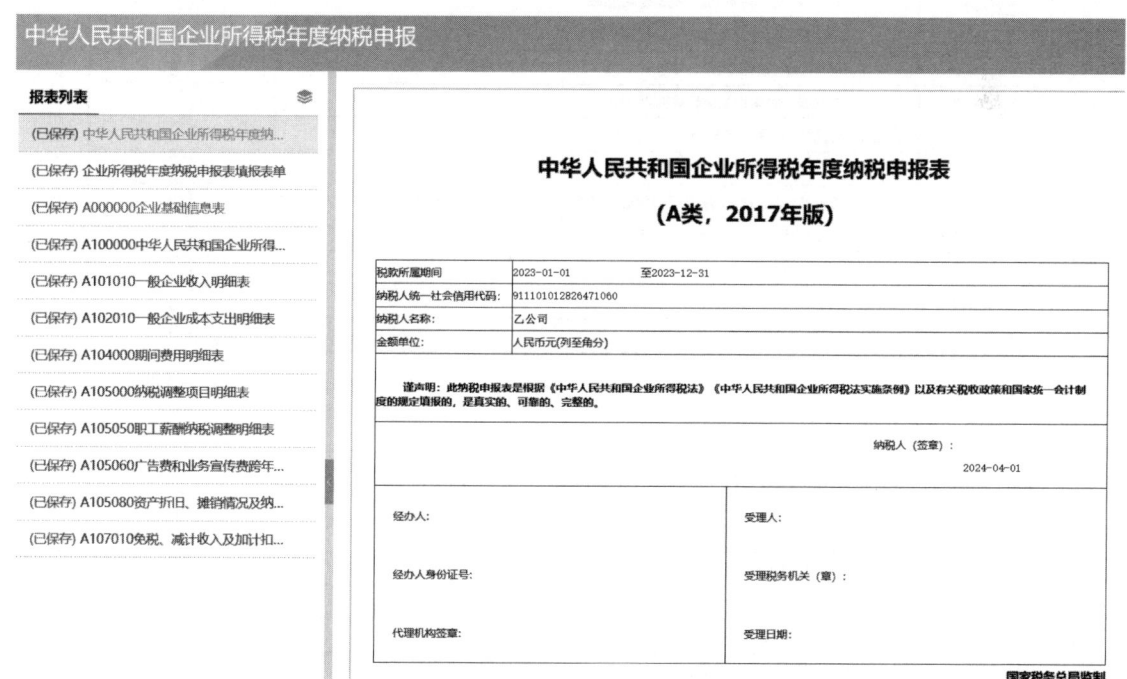

图 6-7　企业所得税年度纳税申报报表列表

步骤2:首先打开"企业所得税年度纳税申报表填报表单"。在填报申报表之前,仔细阅读这些表单的填报信息,并根据实训中涉税业务,选择"是否填报"。选择"填报"的,在"□"内打"√",并完成该表单内容的填报。未选择"填报"的表单,无需填报。本实训填报表单如图6-8所示。

企业所得税年度纳税申报表填报表单

表单编号	表单名称	是否填报
A000000	企业所得税年度纳税申报基础信息表	√
A100000	中华人民共和国企业所得税年度纳税申报表(A类)	√
A101010	一般企业收入明细表	☑
A101020	金融企业收入明细表	□
A102010	一般企业成本支出明细表	☑
A102020	金融企业支出明细表	□
A103000	事业单位、民间非营利组织收入、支出明细表	□
A104000	期间费用明细表	☑
A105000	纳税调整项目明细表	☑
A105010	视同销售和房地产开发企业特定业务纳税调整明细表	□
A105020	未按权责发生制确认收入纳税调整明细表	□
A105030	投资收益纳税调整明细表	□
A105040	专项用途财政性资金纳税调整明细表	□
A105050	职工薪酬支出及纳税调整明细表	☑
A105060	广告费和业务宣传费等跨年度纳税调整明细表	☑
A105070	捐赠支出及纳税调整明细表	☑
A105080	资产折旧、摊销及纳税调整明细表	☑
A105090	资产损失税前扣除及纳税调整明细表	□
A105100	企业重组及递延纳税事项纳税调整明细表	□
A105110	政策性搬迁纳税调整明细表	□
A105120	贷款损失准备金及纳税调整明细表	□
A106000	企业所得税弥补亏损明细表	□
A107010	免税、减计收入及加计扣除优惠明细表	☑
A107011	符合条件的居民企业之间的股息、红利等权益性投资收益优惠明细表	□
A107012	研发费用加计扣除优惠明细表	□
A107020	所得减免优惠明细表	□
A107030	抵扣应纳税所得额明细表	□
A107040	减免所得税优惠明细表	□
A107041	高新技术企业优惠情况及明细表	□
A107042	软件、集成电路企业优惠情况及明细表	□
A107050	税额抵免优惠明细表	□
A108000	境外所得税收抵免明细表	□
A108010	境外所得纳税调整后所得明细表	□
A108020	境外分支机构弥补亏损明细表	□
A108030	跨年度结转抵免境外所得税明细表	□
A109000	跨地区经营汇总纳税企业年度分摊企业所得税明细表	□
A109010	企业所得税汇总纳税分支机构所得税分配表	□

说明:企业应当根据实际情况选择需要填表的表单。

图6-8 企业所得税年度纳税申报表填报表单

步骤 3： 打开"企业所得税年度纳税申报基础信息表"。根据实训提供的企业信息，填报企业的基础信息，如图 6-9 所示。

A000000企业所得税年度纳税申报基础信息表

基础经营情况（必填项目）			
101纳税申报企业类型（填写代码）	**100**	102分支机构就地纳税比例（%）	
103资产总额（填写平均值，单位：万元）	6618	104从业人数（填写平均值，单位：人）	34
105所属国民经济行业（填写代码）	**1210**	106从事国家限制或禁止行业	○ 是 ◉ 否
107适用会计准则或会计制度（填写代码）	**110**	108采用一般企业财务报表格式（2019年版）	◉ 是 ○ 否
109小型微利企业	○ 是 ◉ 否	110上市公司	是（○ 境内 ○ 境外）◉ 否

有关涉税事项情况（存在或者发生下列事项时必填）			
201从事股权投资业务	☐ 是	202存在境外关联交易	☐ 是
203境外所得信息	203-1选择采用的境外所得抵免方式	○ 分国（地区）不分项 ○ 不分国（地区）不分项	
	203-2 新增境外直接投资信息	☐ 是（产业类别：○ 旅游业 ○ 现代服务业 ○ 高新技术产业）	
204有限合伙制创业投资企业的法人合伙人	☐ 是	205创业投资企业	☐ 是
206技术先进型服务企业类型（填写代码）		207非营利组织	☐ 是
208软件、集成电路企业类型（填写代码）		209集成电路生产项目类型	○ 130纳米 ○ 65纳米 ○ 28纳米
210科技型中小企业	210-1 年（申报所属期年度）入库编号1		210-2入库时间1
	210-3 年（所属期下一年度）入库编号2		210-4入库时间2
211高新技术企业申报所属期年度有效的高新技术企业证书	211-1 证书编号1		211-2发证时间1
	211-3 证书编号2		211-4发证时间2
212重组事项税务处理方式	○ 一般性 ○ 特殊性	213重组交易类型（填写代码）	
214重组当事方类型（填写代码）		215政策性搬迁开始时间	年 月
216发生政策性搬迁且停止生产经营无所得年度	☐ 是	217政策性搬迁损失分期扣除年度	☐ 是
218发生非货币性资产对外投资递延纳税事项	☐ 是	219非货币性资产对外投资转让所得递延纳税年度	☐ 是
220发生技术成果投资入股递延纳税事项	☐ 是	221技术成果投资入股递延纳税年度	☐ 是
222发生资产（股权）划转特殊性税务处理事项	☐ 是	223债务重组所得递延纳税年度	☐ 是
224研发支出辅助账样式	☐ 2015 版 ☐ 2021 版 ☐ 自行设计		

主要股东及分红情况（必填项目）					
股东名称	证件种类	证件号码	投资比例	当年（决议日）分配的股息、红利等权益性投资收益金额	国籍（注册地址）
黄日洪	居民身份证	110115198805027863	60%		中国
周坤淳	居民身份证	110115198704067653	40%		中国
其余股东合计	——	——			

图 6-9 企业所得税年度纳税申报基础信息表

步骤 4: 根据主表企业所得税年度纳税申报表(A 类)项目的顺序,填报有关项目的明细表,完成后主表上的对应项目会自动引用计算,无需填报明细表的项目直接填列。具体填报如下:

(1) 根据实训资料三"年度企业所得税汇算清缴结果及申报表填报"的内容填报"一般企业收入明细表(A101010)",如图 6-10 所示。

A101010

一般企业收入明细表(A101010)

行次	项　　　目	金　额
1	一、营业收入 (2+9)	45800000.00
2	(一) 主营业务收入 (3+5+6+7+8)	45800000.00
3	1.销售商品收入	45800000.00
4	其中: 非货币性资产交换收入	
5	2.提供劳务收入	
6	3.建造合同收入	
7	4.让渡资产使用权收入	
8	5.其他	
9	(二) 其他业务收入 (10+12+13+14+15)	0.00
10	1.销售材料收入	
11	其中: 非货币性资产交换收入	
12	2.出租固定资产收入	
13	3.出租无形资产收入	
14	4.出租包装物和商品收入	
15	5.其他	
16	二、营业外收入 (17+18+19+20+21+22+23+24+25+26)	0.00
17	(一) 非流动资产处置利得	
18	(二) 非货币性资产交换利得	
19	(三) 债务重组利得	
20	(四) 政府补助利得	
21	(五) 盘盈利得	
22	(六) 捐赠利得	
23	(七) 罚没利得	
24	(八) 确实无法偿付的应付款项	
25	(九) 汇兑收益	
26	(十) 其他	

图 6-10　一般企业收入明细表

（2）根据实训资料三"年度企业所得税汇算清缴结果及申报表填报"的内容填报"一般企业成本支出明细表（A102010）"，如图 6-11 所示。

A102010

一般企业成本支出明细表(A102010)

行次	项　目	金　额
1	一、营业成本 (2+9)	31940000.00
2	（一）主营业务成本 (3+5+6+7+8)	31940000.00
3	1.销售商品成本	31940000.00
4	其中：非货币性资产交换成本	
5	2.提供劳务成本	
6	3.建造合同成本	
7	4.让渡资产使用权成本	
8	5.其他	
9	（二）其他业务成本 (10+12+13+14+15)	0.00
10	1.销售材料成本	
11	其中：非货币性资产交换成本	
12	2.出租固定资产成本	
13	3.出租无形资产成本	
14	4.包装物出租成本	
15	5.其他	
16	二、营业外支出 (17+18+19+20+21+22+23+24+25+26)	3160000.00
17	（一）非流动资产处置损失	
18	（二）非货币性资产交换损失	
19	（三）债务重组损失	
20	（四）非常损失	
21	（五）捐赠支出	3160000.00
22	（六）赞助支出	
23	（七）罚没支出	
24	（八）坏账损失	
25	（九）无法收回的债券股权投资损失	
26	（十）其他	

图 6-11　一般企业成本支出明细表

（3）根据实训资料三"年度企业所得税汇算清缴结果及申报表填报"的内容填报"期间费用明细表（A104000）"，如图 6-12 所示。

A104000

期间费用明细表(A104000)

行次	项 目	销售费用	其中：境外支付	管理费用	其中：境外支付	财务费用	其中：境外支付
		1	2	3	4	5	6
1	一、职工薪酬	572307.92	——	755482.07	——	——	——
2	二、劳务费					——	——
3	三、咨询顾问费					——	——
4	四、业务招待费		——	687000.00	——		——
5	五、广告费和业务宣传费	1366483.56					
6	六、佣金和手续费					70000.00	
7	七、资产折旧摊销费		——	960000.00	——		——
8	八、财产损耗、盘亏及毁损损失						
9	九、办公费			356000.00			
10	十、董事会费						
11	十一、租赁费					——	
12	十二、诉讼费		——			——	
13	十三、差旅费	809208.52	——	538517.93	——		——
14	十四、保险费					——	
15	十五、运输、仓储费					——	
16	十六、修理费					——	
17	十七、包装费		——		——		——
18	十八、技术转让费						
19	十九、研究费用						
20	二十、各项税费		——		——		——
21	二十一、利息收支	——	——	——	——	1600000.00	
22	二十二、汇兑差额	——	——			——	
23	二十三、现金折扣	——				——	
24	二十四、党组织工作经费	——	——	——	——	——	——
25	二十五、其他						
26	合计(1+2+3+…25)	2748000.00	0.00	3297000.00	0.00	1670000.00	0.00

图 6-12 期间费用明细表

（4）根据实训资料三"年度企业所得税汇算清缴结果及申报表填报"的内容填报"纳税调整项目明细表（A105000）"，如图 6-13 所示。

纳税调整项目明细表(A105000)

行次	项　目	账载金额	税收金额	调增金额	调减金额
		1	2	3	4
1	一、收入类调整项目（2+3+4+5+6+7+8+10+11）	——	——	0.00	0.00
2	（一）视同销售收入（填写A105010）	——	0.00	0.00	——
3	（二）未按权责发生制原则确认的收入（填写A105020）	0.00	0.00	0.00	0.00
4	（三）投资收益（填写A105030）	0.00	0.00	0.00	0.00
5	（四）按权益法核算长期股权投资对初始投资成本调整确认收益	——	——	——	
6	（五）交易性金融资产初始投资调整		——	——	
7	（六）公允价值变动净损益		——	0.00	
8	（七）不征税收入			0.00	0.00
9	其中：专项用途财政性资金（填写A105040）			0.00	0.00
10	（八）销售折扣、折让和退回			0.00	0.00
11	（九）其他			0.00	0.00
12	二、扣除类调整项目（13+14+15+16+17+18+19+20+21+22+23+24+26+27+28+29+30）	——	——	3658200.00	0.00
13	（一）视同销售成本（填写A105010）	——	0.00	——	
14	（二）职工薪酬（填写A105050）	1715603.12	1675403.12	40200.00	
15	（三）业务招待费支出	687000.00	229000.00	458000.00	
16	（四）广告费和业务宣传费支出（填写A105060）			——	
17	（五）捐赠支出（填写A105070）	3160000.00	0.00	3160000.00	
18	（六）利息支出	1600000.00	1600000.00		
19	（七）罚金、罚款和被没收财物的损失		——		
20	（八）税收滞纳金、加收利息		——		
21	（九）赞助支出		——		
22	（十）与未实现融资收益相关在当期确认的财务费用			0.00	0.00
23	（十一）佣金和手续费支出（保险企业填写A105060）			0.00	0.00
24	（十二）不征税收入用于支出所形成的费用	——	——		
25	其中：专项用途财政性资金用于支出所形成的费用（填写A105040）			0.00	
26	（十三）跨期扣除项目			0.00	0.00
27	（十四）与取得收入无关的支出			0.00	
28	（十五）境外所得分摊的共同支出			0.00	
29	（十六）党组织工作经费			0.00	0.00
30	（十七）其他			0.00	0.00
31	三、资产类调整项目（32+33+34+35）	——	——	0.00	0.00
32	（一）资产折旧、摊销（填写A105080）	3895000.00	3895000.00	0.00	0.00
33	（二）资产减值准备金			0.00	0.00
34	（三）资产损失（填写A105090）	——	——	0.00	0.00
35	（四）其他			0.00	0.00
36	四、特殊事项调整项目（37+38+39+40+41+42+43）	——	——	0.00	0.00
37	（一）企业重组及递延纳税事项（填写A105100）	0.00	0.00	0.00	0.00
38	（二）政策性搬迁（填写A105110）	——	——	0.00	0.00
39	（三）特殊行业准备金（39.1+39.2+39.4+39.5+39.6+39.7）	——	——	0.00	0.00
39.1	1.保险公司保险保障基金			0.00	0.00
39.2	2.保险公司准备金			0.00	0.00
39.3	其中：已发生未报案未决赔款准备金			0.00	0.00
39.4	3.证券行业准备金			0.00	0.00
39.5	4.期货行业准备金			0.00	0.00
39.6	5.中小企业融资（信用）担保机构准备金			0.00	0.00
39.7	6.金融企业、小额贷款公司准备金（填写A105120）			0.00	0.00
40	（四）房地产开发企业特定业务计算的纳税调整额（填写A105010）		0.00	0.00	0.00
41	（五）合伙企业法人合伙人应分得的应纳税所得额			0.00	0.00
42	（六）发行永续债利息支出			0.00	0.00
43	（七）其他			0.00	0.00
44	五、特别纳税调整应税所得				
45	六、其他				
46	合计（1+12+31+36+44+45）	——	——	3658200.00	0.00

图 6-13　纳税调整项目明细表

（5）根据实训资料三"年度企业所得税汇算清缴结果及申报表填报"的内容填报"职工薪酬支出及纳税调整明细表(A105050)"，如图 6-14 所示。

职工薪酬支出及纳税调整明细表(A105050)

行次	项　目	账载金额	实际发生额	税收规定扣除率	以前年度累计结转扣除额	税收金额	纳税调整金额	累计结转以后年度扣除额
		1	2	3	4	5	6 (1-5)	7 (2+4-5)
1	一、工资薪金支出	1220000.00	1220000.00	——	——	1220000.00	0.00	——
2	其中：股权激励			——	——	0.00	0.00	——
3	二、职工福利费支出	207000.00	207000.00	14%	——	170800.00	36200.00	——
4	三、职工教育经费支出	37000.00	37000.00	——	0.00	37000.00	0.00	0.00
5	其中：按税收规定比例扣除的职工教育经费	37000.00	37000.00	8%	——	37000.00	0.00	0.00
6	按税收规定全额扣除的职工培训费用			%				
7	四、工会经费支出	28400.00	28400.00	2%	——	24400.00	4000.00	
8	五、各类基本社会保障性缴款	141603.12	141603.12			141603.12	0.00	
9	六、住房公积金	81600.00	81600.00			81600.00	0.00	
10	七、补充养老保险			%			0.00	
11	八、补充医疗保险			%			0.00	
12	九、其他						0.00	
13	合计 (1+3+4+7+8+9+10+11+12)	1715603.12	1715603.12		0.00	1675403.12	40200.00	0.00

图 6-14　职工薪酬支出及纳税调整明细表

（6）根据实训资料三"年度企业所得税汇算清缴结果及申报表填报"的内容填报"广告费和业务宣传费等跨年度纳税调整明细表(A105060)"，如图 6-15 所示。

广告费和业务宣传费等跨年度纳税调整明细表（A105060）

行次	项　目	广告费和业务宣传费	保险企业手续费及佣金支出
1	一、本年支出	1366483.56	
2	减：不允许扣除的支出		
3	二、本年符合条件的支出 (1-2)	1366483.56	0.00
4	三、本年计算扣除限额的基数	45800000.00	
5	乘：税收规定扣除率	15%	%
6	四、本企业计算的扣除限额 (4×5)	6870000.00	0.00
7	五、本年结转以后年度扣除额 (3>6, 本行=3-6; 3≤6, 本行=0)	0.00	
8	加：以前年度累计结转扣除额		
9	减：本年扣除的以前年度结转额[3>6, 本行=0; 3≤6, 本行=8或 (6-3) 孰小值]	0.00	0.00
10	六、按照分摊协议归集至其他关联方的 (10≤3或6孰小值)		*
11	按照分摊协议从其他关联方归集至本企业的金额		*
12	七、本年支出纳税调整金额 (3>6, 本行=2+3-6+10-11; 3≤6, 本行=2+10-11-9)	0.00	0.00
13	八、累计结转以后年度扣除额 (7+8-9)	0.00	0.00

图 6-15　广告费和业务宣传费等跨年度纳税调整明细表

（7）根据实训资料三"年度企业所得税汇算清缴结果及申报表填报"的内容填报"捐赠支出及纳税调整明细表(A105070)"，如图 6-16 所示。

（8）根据实训资料三"年度企业所得税汇算清缴结果及申报表填报"的内容填报"资产折旧、摊销及纳税调整明细表(A105080)"，如图 6-17 所示。

捐赠支出及纳税调整明细表（A105070）

行次	项目	账载金额	以前年度结转可扣除的捐赠额	按税收规定计算的扣除限额	税收金额	纳税调增金额	纳税调减金额	可结转以后年度扣除的捐赠额
		1	2	3	4	5	6	7
1	一、非公益性捐赠	3160000.00	——	——	——	3160000.00	——	——
2	二、限额扣除的公益性捐赠（3+4+5+6）	0.00	0.00	0.00	0.00	0.00	0.00	0.00
3	前三年度（　年）	——						
4	前二年度（　年）	——						
5	前一年度（　年）	——						
6	本年（　年）	——					——	
7	三、全额扣除的公益性捐赠	——	——	——			——	——
8								——
9								——
10								——
11	合计（1+2+7）	3160000.00	0.00	0.00	0.00	3160000.00	0.00	0.00
附列资料	2015年度至本年发生的公益性扶贫捐赠合计金额	——	——	——	——	——	——	——

图 6-16　捐赠支出及纳税调整明细表

A105080

资产折旧、摊销及纳税调整明细表（A105080）

行次	项目	账载金额			税收金额					纳税调整金额
		资产原值	本年折旧、摊销额	累计折旧、摊销额	资产计税基础	税收折旧、摊销额	享受加速折旧政策的资产按税收一般规定计算的折旧、摊销额	加速折旧、摊销额统计额	累计折旧、摊销额	
		1	2	3	4	5	6	7=5-6	8	9(2-5)
1	一、固定资产（2+3+4+5+6+7）	40100000.00	3895000.00	7790000.00	40100000.00	3895000.00	- -	- -	7790000.00	0.00
2	（一）房屋、建筑物	20000000.00	950000.00	1900000.00	20000000.00	950000.00			1900000.00	0.00
3	（二）飞机、火车、轮船、机器、机械和生产设备	10000000.00	950000.00	1900000.00	10000000.00	950000.00			1900000.00	0.00
4	（三）与生产经营活动有关的器具、工具、家具等	9000000.00	1710000.00	3420000.00	9000000.00	1710000.00			3420000.00	0.00
5	（四）飞机、火车、轮船以外的运输工具	800000.00	190000.00	380000.00	800000.00	190000.00			380000.00	0.00
6	（五）电子设备	300000.00	95000.00	190000.00	300000.00	95000.00			190000.00	0.00
7	（六）其他						- -	- -		0.00
8	（一）重要行业固定资产加速折旧（不含一次性扣除）							0.00		- -
9	（二）其他行业研发设备加速折旧							0.00		- -
10	（三）特定地区企业固定资产加速折旧（10.1+10.2）	0.00	0.00	0.00	0.00	0.00	0.00	0.00	0.00	- -
10.1	1.海南自由贸易港企业固定资产加速折旧							0.00		- -
10.2	2.横琴粤澳深度合作区企业固定资产加速折旧							0.00		- -
11	（四）500万元以下设备器具一次性扣除（11.1+11.2）	0.00	0.00	0.00	0.00	0.00	0.00	0.00	0.00	- -
11.1	1.高新技术企业2022年第四季度（10-12月）购置单价500万元以下设备器具一次性扣除							0.00		- -
11.2	2.购置单价500万元以下设备器具一次性扣除（不包含高新技术企业2022年第四季度购置）							0.00		- -
12	（五）500万元以上设备器具一次性扣除（12.1+12.2+12.3+12.4）	0.00	0.00	0.00	0.00	0.00	0.00	0.00	0.00	- -
12.1	1.中小微企业购置单价500万元以上设备器具最低折旧年限为3年的设备器具一次性扣除							0.00		- -
12.2	2.最低折旧年限为4、5年的设备器具50%部分一次性扣除							0.00		- -
12.3	3.最低折旧年限为10年的设备器具50%部分一次性扣除							0.00		- -
12.4	4.高新技术企业2022年第四季度（10-12月）购置单价500万元以上设备器具一次性扣除							0.00		- -
13	（六）特定地区企业固定资产一次性扣除（13.1+13.2）	0.00	0.00	0.00	0.00	0.00	0.00	0.00	0.00	- -
13.1	1.海南自由贸易港企业固定资产一次性扣除							0.00		- -
13.2	2.横琴粤澳深度合作区企业固定资产一次性扣除							0.00		- -
14	（七）技术进步、更新换代固定资产加速折旧							0.00		- -
15	（八）常年强震动、高腐蚀固定资产加速折旧							0.00		- -
16	（九）外购软件加速折旧							0.00		- -
17	（十）集成电路企业生产设备加速折旧							0.00		- -
18	二、生产性生物资产（19+20）	0.00	0.00	0.00	0.00	0.00	- -	- -	0.00	0.00
19	（一）林木类						- -	- -		0.00
20	（二）畜类						- -	- -		0.00
21	三、无形资产（22+23+24+25+26+27+28+29）	0.00	0.00	0.00	0.00	0.00			0.00	0.00
22	（一）专利权						- -	- -		0.00
23	（二）商标权						- -	- -		0.00
24	（三）著作权						- -	- -		0.00
25	（四）土地使用权						- -	- -		0.00
26	（五）非专利技术						- -	- -		0.00
27	（六）特许权使用费						- -	- -		0.00
28	（七）软件						- -	- -		0.00
29	（八）其他						- -	- -		0.00
30	（一）企业外购软件加速摊销							0.00		- -
31	（二）特定地区企业无形资产加速摊销（31.1+31.2）	0.00	0.00	0.00	0.00	0.00		0.00		- -
31.1	1.海南自由贸易港企业无形资产加速摊销							0.00		- -
31.2	2.横琴粤澳深度合作区企业无形资产加速摊销							0.00		- -
32	（三）特定地区企业无形资产一次性摊销（32.1+32.2）	0.00	0.00	0.00	0.00	0.00		0.00		- -
32.1	1.海南自由贸易港企业无形资产一次性摊销							0.00		- -
32.2	2.横琴粤澳深度合作区企业无形资产一次性摊销							0.00		- -
33	四、长期待摊费用（34+35+36+37+38）	0.00	0.00	0.00	0.00	0.00	- -	- -	0.00	0.00
34	（一）已足额提取折旧的固定资产的改建支出						- -	- -		0.00
35	（二）租入固定资产的改建支出						- -	- -		0.00
36	（三）固定资产的大修理支出						- -	- -		0.00
37	（四）开办费						- -	- -		0.00
38	（五）其他						- -	- -		0.00
39	五、油气勘探投资						- -	- -		0.00
40	六、油气开发投资						- -	- -		0.00
41	合计（1+18+21+33+39+40）	40100000.00	3895000.00	7790000.00	40100000.00	3895000.00	0.00	0.00	7790000.00	0.00
附列资料	全民所有制企业制改制资产评估增值资产									0.00

图 6-17　资产折旧、摊销及纳税调整明细表

（9）根据实训资料三"年度企业所得税汇算清缴结果及申报表填报"的内容填报"免税、减计收入及加计扣除优惠明细表（A107010）"，如图 6-18 所示。

A107010

免税、减计收入及加计扣除优惠明细表(A107010)

行次	项 目	金 额
1	一、免税收入 (2+3+9+10+11+12+13+14+15+16)	373000.00
2	（一）国债利息收入免征企业所得税	373000.00
3	（二）符合条件的居民企业之间的股息、红利等权益性投资收益免征企业所得税 (4+5+6+7+8)	0.00
4	1.一般股息红利等权益性投资收益免征企业所得税（填写A107011）	0.00
5	2.内地居民企业通过沪港通投资且连续持有H股满12个月取得的股息红利所得免征企业所得税（填写A107011）	0.00
6	3.内地居民企业通过深港通投资且连续持有H股满12个月取得的股息红利所得免征企业所得税（填写A107011）	0.00
7	4.居民企业持有创新企业CDR取得的股息红利所得免征企业所得税（填写A107011）	0.00
8	5.符合条件的永续债利息收入免征企业所得税（填写A107011）	0.00
9	（三）符合条件的非营利组织的收入免征企业所得税 ❓	
10	（四）中国清洁发展机制基金取得的收入免征企业所得税	
11	（五）投资者从证券投资基金分配中取得的收入免征企业所得税	
12	（六）取得的地方政府债券利息收入免征企业所得税	
13	（七）中国保险保障基金有限责任公司取得的保险保障基金等收入免征企业所得税	
14	（八）中国奥委会取得北京冬奥组委支付的收入免征企业所得税	
15	（九）中国残奥委会取得北京冬奥组委分期支付的收入免征企业所得税	
16	（十）其他 (16.1+16.2)	0.00
16.1	1.取得的基础研究资金收入免征企业所得税	
16.2	2.其他	
17	二、减计收入 (18+19+23+24)	0.00
18	（一）综合利用资源生产产品取得的收入在计算应纳税所得额时减计收入	
19	（二）金融、保险等机构取得的涉农利息、保费减计收入 (20+21+22)	0.00
20	1.金融机构取得的涉农贷款利息收入在计算应纳税所得额时减计收入	
21	2.保险机构取得的涉农保费收入在计算应纳税所得额时减计收入	
22	3.小额贷款公司取得的农户小额贷款利息收入在计算应纳税所得额时减计收入	
23	（三）取得铁路债券利息收入减半征收企业所得税	
24	（四）其他 (24.1+24.2)	0.00
24.1	1.取得的社区家庭服务收入在计算应纳税所得额时减计收入	
24.2	2.其他	
25	三、加计扣除 (26+27+28+29+30)	0.00
26	（一）开发新技术、新产品、新工艺发生的研究开发费用加计扣除（填写A107012）	0.00
27	（二）科技型中小企业开发新技术、新产品、新工艺发生的研究开发费用加计扣除（填写A107012）	0.00
28	（三）企业为获得创新性、创意性、突破性的产品进行创意设计活动而发生的相关费用加计扣除（加计扣除比例及计算方法： 110 ✓ ）	0.00
28.1	其中：第四季度相关费用加计扣除	
28.2	前三季度相关费用加计扣除	
29	（四）安置残疾人员所支付的工资加计扣除	
30	（五）其他 (30.1+30.2+30.3)	0.00
30.1	1.企业投入基础研究支出加计扣除	
30.2	2.高新技术企业设备器具加计扣除	
30.3	3.其他	
31	合计 (1+17+25)	373000.00

图 6-18 免税、减计收入及加计扣除优惠明细表

　　步骤5：根据企业所得税年度纳税申报表（A类）项目的顺序，填报完上述明细表后，打开主表，有关明细表的对应项目已经自动引用计算出结果，无需填报明细表的项目，如税金及附加、资产减值损失、公允价值变动收益、投资收益等项目，根据实际发生的金额直接填列。具体填报如图6-19所示。

企业所得税年度纳税申报表（A类）（A100000）

纳税人识别号：911101012826471060　　　　纳税人名称：乙公司
所属时期：2023-01-01　至2023-12-31　填表日期：2024-04-01　　　　金额单位：元(列至角分)

行次	类别	项目	金额
1	利润总额计算	一、营业收入(填写A101010\101020\103000)	45800000.00
2		减：营业成本(填写A102010\102020\103000)	31940000.00
3		减：税金及附加	280000.00
4		减：销售费用(填写A104000)	2748000.00
5		减：管理费用(填写A104000)	3297000.00
6		减：财务费用(填写A104000)	1670000.00
7		减：资产减值损失	
8		加：公允价值变动收益	
9		加：投资收益	373000.00
10		二、营业利润(1-2-3-4-5-6-7+8+9)	6238000.00
11		加：营业外收入(填写A101010\101020\103000)	0.00
12		减：营业外支出(填写A102010\102020\103000)	3160000.00
13		三、利润总额(10+11-12)	3078000.00
14	应纳税所得额计算	减：境外所得(填写A108010)	0.00
15		加：纳税调整增加额(填写A105000)	3658200.00
16		减：纳税调整减少额(填写A105000)	0.00
17		减：免税、减计收入及加计扣除(填写A107010)	373000.00
18		加：境外应税所得抵减境内亏损(填写A108000)	0.00
19		四、纳税调整后所得(13-14+15-16-17+18)	6363200.00
20		减：所得减免(填写A107020)	0.00
21		减：弥补以前年度亏损(填写A106000)	0.00
22		减：抵扣应纳税所得额(填写A107030)	0.00
23		五、应纳税所得额(19-20-21-22)	6363200.00
24	应纳税额计算	税率(25%)	25%
25		六、应纳所得税额(23×24)	1590800.00
26		减：减免所得税额(填写A107040)	0.00
27		减：抵免所得税额(填写A107050)	0.00
28		七、应纳税额(25-26-27)	1590800.00
29		加：境外所得应纳所得税额(填写A108000)	0.00
30		减：境外所得抵免所得税额(填写A108000)	0.00
31		八、实际应纳所得税额(28+29-30)	1590800.00
32		减：本年累计实际已缴纳的所得税额	769500.00
33		九、本年应补(退)所得税额(31-32)	821300.00
34		其中：总机构分摊本年应补(退)所得税额(填写A109000)	0.00
35		财政集中分配本年应补(退)所得税额(填写A109000)	0.00
36		总机构主体生产经营部门分摊本年应补(退)所得税额(填写A109000)	0.00
37	实际应纳税额计算	减：民族自治地区企业所得税地方分享部分：（☐免征　☐减征：减征幅度____%）	
38		十、本年实际应补(退)所得税额(33-37)	821300.00

图6-19　主表：企业所得税年度纳税申报表(A类)

 **技能训练**

一、单项选择题

1. 根据企业所得税法的规定,下列企业中属于非居民企业的是( )。

A. 依法在外国成立但实际管理机构在中国境内的企业

B. 在中国境内成立的外商投资企业

C. 在中国境内未设立机构、场所,但有来源于中国境内所得的企业

D. 在中国境外依法成立,在中国境内未设立机构、场所,也没有来源于中国境内所得的企业

2. 下列各项中,不属于企业所得税征税对象的是( )。

A. 居民企业来源于境外的所得

B. 设立机构、场所的非居民企业,其机构、场所来源于中国境内的所得

C. 未设立机构、场所的非居民企业来源于中国境外的所得

D. 居民企业来源于中国境内的所得

3. 根据企业所得税的规定,以下项目在计算应纳税所得额时,准予扣除的是( )。

A. 行政罚款   B. 被没收的财物

C. 赞助支出   D. 流动资产盘亏损失

4. 根据企业所得税法律制度的规定,下列各项中不征税是( )。

A. 股权转让收入

B. 因债权人缘故确实无法偿付的应付款项

C. 依法收取并纳入财政管理的行政事业性收入

D. 接受捐赠收入

5. 计算企业所得税时,经营租赁方式租入固定资产发生的租赁费,按照( )。

A. 实际支付数扣除   B. 租赁期限均匀扣除

C. 应当提取折旧费用扣除   D. 当期应付租赁费扣除

6. 下列各项中,符合企业所得税弥补亏损规定的是( )。

A. 被投资企业发生亏损,可用投资方所得弥补

B. 投资企业发生的亏损,可用被投资企业分回的利润弥补

C. 企业境内总机构发生的亏损,只能用总机构以后年度的所得弥补

D. 企业境外分支机构的亏损,可用境内总机构的所得弥补

7. 下列单位中,缴纳企业所得税的是( )。

A. 个人独资企业   B. 合伙企业

C. 公司制企业   D. 个体工商户

8. 企业所得税法规定,全年销售收入为 1 500 万元,其广告费的列支限额是( )万元。

A. 75   B. 225   C. 7.5   D. 180

9. 企业所得税法规定,纳税人境外所得依照中国税法的有关规定计算的应纳税额,其计算方法是( )。

A. 不分项不分国计算   B. 分国不分项计算

C. 分项不分国计算   D. 分国分项计算

10. 下列关于企业所得税纳税申报表述中,不正确的是(　　　　)。

    A. 企业所得税应分月或分季预交

    B. 企业清算时,应当以清算期间作为一个纳税年度

    C. 企业在年度中间终止经营活动的,应当自实际经营终止之日起 45 日内,向税务机关办理当期企业所得税汇算清缴

    D. 企业在一个纳税年度中间开业,或者终止经营活动,使该纳税年度的实际经营期不足十二个月的,应当以其实际经营期为一个纳税年度

二、多项选择题

1. 在计算企业所得税时,不得从收入总额中扣除的税金有(　　　　)。

    A. 土地增值税　　　　B. 企业所得税　　　　C. 增值税　　　　D. 契税

2. 下列项目中,在会计利润的基础上应调减纳税所得的有(　　　　)。

    A. 多提职工福利费　　　　　　　　B. 多列无形资产摊销

    C. 国债利息收入　　　　　　　　　D. 从联营企业分回的利润

3. 下列各项收入中,应当征收企业所得税的有(　　　　)。

    A. 取得的国债利息收入　　　　　　B. 国债转让收入

    C. 股票转让净收益　　　　　　　　D. 接受的非货币资产捐赠

4. 下列项目中在会计利润的基础上应调增应纳税所得额的项目有(　　　　)。

    A. 工会经费超标部分　　　　　　　B. 业务招待费超标部分

    C. 公益性捐赠超标部分　　　　　　D. 税收的滞纳金

5. 计算企业所得税应纳税所得额时,下列支出不得扣除的有(　　　　)。

    A. 税收滞纳金　　　　　　　　　　B. 罚金、罚款和被没收财物的损失

    C. 未经核定的准备金支出　　　　　D. 公益性捐赠支出

6. 企业的下列支出中,准予从收入总额中扣除的有(　　　　)。

    A. 对外投资的支出　　　　　　　　B. 缴纳的增值税

    C. 转让固定资产发生的费用　　　　D. 经营租入固定资产的租赁费

7. 在企业发生的下列利息支出中,在计算应纳税所得额时可以扣除的有(　　　　)。

    A. 向金融机构借款的利息支出

    B. 企业间相互拆借的利息支出

    C. 建造、购置固定资产的利息支出

    D. 固定资产投入使用后的专门借款利息支出

8. 下列项目中,能够在企业所得税前扣除的有(　　　　)。

    A. 资源税　　　　　B. 增值税　　　　C. 土地增值税　　　　D. 印花税

9. 以下关于企业所得税收入确认时间的表述中,正确的有(　　　　)。

    A. 股息、红利等权益性投资收益,以投资方收到分配金额作为收入的实现

    B. 利息收入,按照合同约定的债务人应付利息的日期确认收入的实现

    C. 租金收入,在实际收到租金收入时确认收入的实现

    D. 接受捐赠收入,在实际收到捐赠资产时确认收入的实现

10. 下列各项中,不属于企业所得税工资、薪金支出范围的有(　　　　)。

    A. 支付给员工的集资分红支出　　　B. 员工年终加薪

    C. 按规定为员工缴纳的社会保险费　D. 为员工提供的劳动保护费支出

三、思考题

1. 企业所得税纳税人的居民企业和非居民企业如何判定,区分的意义是什么?

2. 应纳税所得额与会计利润有什么关系,直接计算和间接计算分别是怎样的?

3. 不征税收入和免税收入分别有哪些?

4. 可以税前弥补的亏损是会计利润表上的亏损吗,弥补期限有多长?

5. 能够记入利润表中的费用是不是都能在企业所得税前扣除,不能全额扣除的如何处理? 请举例说明。

6. 会计折旧年限和税法折旧年限是不是一致的,如果不一致怎么处理?

7. 为什么国家要实行企业所得税税收优惠政策,小型微利企业的税收优惠有哪些?

8. 非居民企业取得的所得没有代扣代缴时,纳税人是否需要缴税,如果需要缴税,该如何缴纳?

9. 企业所得税会计核算有哪两种方法? 请详细说明。

10. 关于企业所得税预缴的规定有哪些,企业所得税汇算清缴的作用是什么?

项目七
个人所得税智慧化申报与管理

 学习目标

知识目标

（1）了解个人所得税基本法规知识。

（2）了解居民纳税人、非居民纳税人的区别，个人所得税征税范围。

（3）掌握个人所得税的科目和税率，各项个人所得的内容和计算方法。

（4）熟悉个人所得税自行申报和代扣代缴的申报方式以及汇算清缴。

（5）掌握代扣代缴个人所得税涉税业务的会计核算内容。

能力目标

（1）能判断居民纳税人、非居民纳税人，适用何种税率。

（2）能根据业务资料完成应纳个人所得税额的计算。

（3）能根据个人所得资料填制个人所得税纳税申报表。

（4）能办理个人所得税代扣代缴业务，并进行代扣代缴个人所得税的会计处理。

素养目标

（1）通过学习个人所得税法律知识，了解征收个人所得税能增加财政收入，筹集国家建设资金，调整个人利益和国家长远利益的关系，符合国家和人民的整体利益。

（2）通过学习个人所得税的专项扣除及优惠政策，认识到国家对个人的关爱，促进社会和谐。

（3）通过学习个人所得税法律知识，了解我国城乡居民收入增速较快，但居民收入分配差距较大，有必要完善税制，更好地发挥调节收入分配的作用，有利于实现社会公平。

任务一
个人所得税纳税义务人与征税范围的确定

　　1980 年 9 月 10 日,第五届全国人民代表大会第三次会议制定并颁布了《中华人民共和国个人所得税法》(以下简称《个人所得税法》),目前适用的是 2018 年 8 月 31 日由第十三届全国人民代表大会常务委员会第五次会议修改通过并公布的修订版,自 2019 年 1 月 1 日起施行。

　　个人所得税主要是以自然人取得的各类应税所得为征税对象而征收的一种所得税,是政府利用税收对个人收入进行调节的一种手段。

一、纳税义务人

个人
所得税法

　　个人所得税的纳税义务人,包括中国公民、个体工商业户、个人独资企业和合伙企业投资者、在中国有所得的外籍人员(包括无国籍人员,下同)和香港、澳门、台湾居民。纳税义务人依据住所和居住时间两个标准,分为居民个人和非居民个人,分别承担不同的纳税义务。

(一) 居民个人

　　根据《个人所得税法》的规定,居民个人,是指在中国境内有住所,或者无住所而一个纳税年度在中国境内居住累计满 183 天的个人。居民个人负有无限纳税义务,其来源于中国境内和境外的应纳税所得,都要缴纳个人所得税。

　　在中国境内有住所的个人,是指因户籍、家庭、经济利益关系,而在中国境内习惯性居住的个人。习惯性居住地,是指个人因学习、工作、探亲等原因消除之后,没有理由在其他地方继续居留时,所要回到的地方,而不是指实际居住或在某一个特定时期内的居住地。一个纳税人因学习、工作、探亲、旅游等原因,原来是在中国境外居住,但是在这些原因消除之后,如果必须回到中国境内居住,则中国为该人的习惯性居住地。尽管该纳税义务人在一个纳税年度内,甚至连续几个纳税年度,都未在中国境内居住过 1 天,他仍然是中国的居民个人,应就其来自全球的应纳税所得额,向中国缴纳个人所得税。

　　一个纳税年度在境内居住累计满 183 天,是指在一个纳税年度(即公历 1 月 1 日起至 12 月 31 日止,下同)内,在中国境内居住累计满 183 日。在计算居住天数时,按其一个纳税年度内在境内的实际居住期间确定,取消了原有的临时离境规定。即境内无住所的某人在一个纳税年度内无论出境多少次,只要在我国境内累计住满 183 天,就可判定为我国的居民个人。综上可知,个人所得税的居民个人包括以下两类:

　　(1) 在中国境内定居的中国公民和外国侨民。不包括虽具有中国国籍,却并没有在中国大陆定居,而是侨居海外的华侨和居住在香港、澳门、台湾的同胞。

　　(2) 从公历 1 月 1 日起至 12 月 31 日止,在中国境内累计居住满 183 天的外国人、海外侨胞和香港、澳门、台湾同胞。例如,一个外籍人员从 2018 年 10 月起到中国境内的公司任职,在 2019 年纳税年度内,虽然曾多次离境回国,但由于该外籍个人在我国境内的居住停留时间累

计达 206 天,已经超过了一个纳税年度内在境内累计居住 183 天的标准。因此,该纳税义务人应为居民个人。

（二）非居民个人

《个人所得税法》规定,非居民个人是在中国境内无住所又不居住,或者无住所而一个纳税年度内在境内居住累计不满 183 天的个人。非居民个人承担有限纳税义务,即仅就其来源于中国境内的所得,向中国缴纳个人所得税。在现实生活中,非居民个人实际上只能是在一个纳税年度中,没有在中国境内居住,或者在中国境内居住天数累计不满 183 天的外籍人员、华侨或港澳台同胞。

自 2019 年 1 月 1 日起,无住所个人一个纳税年度内在中国境内累计居住天数按照个人在中国境内累计停留的天数计算。在中国境内停留的当天满 24 小时的,计入中国境内居住天数,否则不计入。

二、征税范围

根据《个人所得税法》第二条,下列各项个人所得,应当缴纳个人所得税:

（1）工资、薪金所得;劳务报酬所得;稿酬所得;特许权使用费所得;经营所得;利息、股息、红利所得;财产租赁所得;财产转让所得;偶然所得。

（2）居民个人取得工资、薪金所得,劳务报酬所得,稿酬所得和特许权使用费所得称为综合所得,按纳税年度合并计算个人所得税。

（3）非居民个人取得工资、薪金所得,劳务报酬所得,稿酬所得和特许权使用费所得,按月或者按次分项计算个人所得税。

（4）纳税人取得经营所得,利息、股息、红利所得,财产租赁所得,财产转让所得,偶然所得,依法分别计算个人所得税。

三、所得来源地的确定

除国务院财政、税务主管部门另有规定之外,下列所得,不论支付地点是否在中国境内,均为来源于中国境内的所得:

（1）因任职、受雇、履约等而在中国境内提供劳务取得的所得。

（2）将财产出租给承租人在中国境内使用而取得的所得。

（3）转让中国境内的不动产等财产或者在中国境内转让其他财产取得的所得。

（4）许可各种特许权在中国境内使用而取得的所得。

（5）从中国境内企业、事业单位、其他组织以及居民个人取得的利息、股息、红利所得。

任务二
个人所得税税率的确定

一、综合所得税税率

综合所得适用七级超额累进税率,税率为 3%～45%（表 7-1）。居民个人每一纳税年度内取得综合所得包括:工资、薪金所得,劳务报酬所得,稿酬所得和特许权使用费所得。

表 7-1 综合所得个人所得税税率表

级 数	全年应纳税所得额	税 率
1	不超过 36 000 元的部分	3%
2	超过 36 000 元至 144 000 元的部分	10%
3	超过 144 000 元至 300 000 元的部分	20%
4	超过 300 000 元至 420 000 元的部分	25%
5	超过 420 000 元至 660 000 元的部分	30%
6	超过 660 000 元至 9 600 000 元的部分	35%
7	超过 9 600 000 元的部分	45%

注:本表所称全年应纳税所得额是指依照本法第六条的规定,居民个人取得综合所得以每一纳税年度收入额减除费用 6 万元以及专项扣除、专项附加扣除和依法确定的其他扣除后的余额。

非居民个人取得工资、薪金所得,劳务报酬所得,稿酬所得和特许权使用费所得,依照本表按月换算后计算应纳税额。

二、经营所得税税率

经营所得适用五级超额累进税率,税率为 5%～35%(表 7-2)。

表 7-2 经营所得个人所得税税率表

级数	全年应纳税所得额	税率
1	不超过 30 000 元的部分	5%
2	超过 30 000 元至 90 000 元的部分	10%
3	超过 90 000 元至 300 000 元的部分	20%
4	超过 300 000 元至 500 000 元的部分	30%
5	超过 500 000 元的部分	35%

注:本表所称全年应纳税所得额是指依照本法第六条的规定,以每一纳税年度的收入总额减除成本、费用以及损失后的余额。

三、其他所得税税率

利息、股息、红利所得,财产租赁所得,财产转让所得和偶然所得,适用 20% 的比例税率(表 7-3)。

表 7-3 利息、股息、红利所得,财产租赁所得,财产转让所得和偶然所得个人所得税税率表

序 号	项 目	应纳税所得额	税 率
1	利息、股息、红利所得	每次收入额	20%
2	财产租赁所得	每次收入额	20%
3	财产转让所得	每次收入额	20%
4	偶然所得	每次收入额	20%

任务三
个人所得税会计核算

计算个人应纳税所得额,需按不同应税项目分项计算。

以应税项目的收入额减去税法规定的该项目费用减除标准后的余额,为该应税项目的应纳税所得额。

一、居民个人综合所得及应纳税额核算

居民个人取得的综合所得包括工资、薪金所得,劳务报酬所得,稿酬所得和特许权使用费所得。

(一) 工资、薪金所得

工资、薪金所得,是指个人因任职或者受雇而取得的工资、薪金、奖金、年终加薪、劳动分红、津贴、补贴以及与任职或者受雇有关的其他所得。

1. 工资、薪金所得的范围

通常情况下,把直接从事生产、经营或服务的劳动者(工人)的收入称为工资,即所谓"蓝领阶层"所得;而将从事社会公职或管理活动的劳动者(公职人员)的收入称为薪金,即所谓"白领阶层"所得。从简便易行的角度考虑,一般将工资、薪金合并为一个项目计征个人所得税。除工资、薪金之外,奖金、年终加薪、劳动分红、津贴、补贴也被确定为工资、薪金所得。

除上述之外,公司职工取得的用于购买企业国有股权的劳动分红,出租汽车经营单位对出租车驾驶员采取单车承包或承租方式运营,出租车驾驶员从事客货营运取得的收入,也都按工资、薪金所得征税。

个人因公务用车和通信制度改革而取得的公务用车、通信补贴收入,扣除一定标准的公务费用后,按照"工资、薪金所得"项目计征个人所得税。

2. 不计入工资、薪金所得的项目

根据我国目前个人收入的构成情况,一些不属于工资、薪金性质的补贴、津贴或者不属于纳税人本人工资、薪金所得项目的收入,不征收个人所得税。这些项目包括:①独生子女补贴。②执行公务员工资制度未纳入基本工资总额的补贴、津贴差额和家属成员的副食品补贴。③托儿补助费。④差旅费津贴、误餐补助。其中,误餐补助是指按照财政部规定,个人因公在城区、郊区工作,不能在工作单位或返回就餐的,根据实际误餐顿数,按规定标准领取的误餐费。单位以误餐补助名义发给职工的补助、津贴不能作为误餐补助,应计入工资、薪金所得征税。⑤外国来华留学生,领取的生活津贴费、奖学金,不属于工资、薪金所得,不征个人所得税。

(二) 劳务报酬所得

劳务报酬所得,是指个人从事各种非雇佣劳务取得的所得,包括从事设计、装潢、安装、制图、化验、测试、医疗、法律、会计、咨询、讲学、翻译、审稿、书画、雕刻、影视、录音、录像、演出、表演、广告、展览、技术服务、介绍服务、经纪服务、代办服务以及其他劳务取得的所得。

(1) 商品营销活动中,企业和单位对营销业绩突出的非雇员以培训班、研讨会、工作考察

等名义组织旅游活动,通过免收差旅费、旅游费对个人实行的营销业绩奖励(包括实物、有价证券等),应根据所发生费用的全额作为该营销人员当期的劳务收入,按照"劳务报酬所得"项目征收个人所得税,由提供上述费用的企业和单位代扣代缴。

(2)判定一项所得是工资、薪金所得,还是属于劳务报酬所得,关键看劳动者是否任职、受雇。任职、受雇表现为单位和劳动者建立劳动关系,签订劳动合同等。工资、薪金所得是在机关、团体、学校、部队、企业、事业单位及其他组织中任职、受雇而得到的报酬;而劳务报酬所得,则是个人独立从事各种技艺、提供各项劳务取得的报酬。

个人担任公司董事、监事,但不在公司任职、受雇而取得董事费收入,属于劳务报酬所得。个人在公司(包括关联公司)任职、受雇,同时兼任董事、监事取得的董事费、监事费属于工资、薪金所得,应与个人工资、薪金合并一起按工资、薪金所得缴纳个人所得税。

(3)劳务报酬所得以收入减除20%的费用后的余额为收入额,个人兼有不同的劳务报酬所得,应当分别减除费用,计算缴纳个人所得税。

(三)稿酬所得

稿酬所得,是指个人因其作品以图书、报刊等形式出版、发表而取得的所得。将稿酬所得独立划归一个征税项目,而不以图书、报刊形式出版、发表的翻译、审稿、书画所得归为劳务报酬所得。

稿酬所得与一般劳务报酬有区别,纳税上有适当的优惠。稿酬所得以收入减除20%的费用后的余额为收入额,稿酬所得的收入额减按70%计算。

(四)特许权使用费所得

特许权使用费所得,是指个人提供专利权、商标权、著作权、非专利技术以及其他特许权的使用权取得的所得;提供著作权的使用权取得的所得,不包括稿酬所得。

个人提供和转让专利权取得的所得,列入特许权使用费所得征收个人所得税。个人提供或转让商标权、著作权、专有技术或技术秘密、技术诀窍取得的所得,应当依法缴纳个人所得税。

特许权使用费所得以收入减除20%的费用后的余额为收入额。

(五)综合所得的扣除

根据《个人所得税法》的规定,居民个人的综合所得,以每一纳税年度的收入额减除费用六万元以及专项扣除、专项附加扣除和依法确定的其他扣除后的余额,为应纳税所得额。因此综合所得的扣除包括:费用、专项扣除、专项附加扣除和其他扣除。

费用、专项扣除和其他扣除在每月预缴个人所得税时扣除,专项附加扣除在办理汇算清缴时减除。

(1)费用,目前《个人所得税法》规定,居民个人的综合所得每一纳税年度可以减除费用6万元。该费用额度国家根据社会经济发展水平、通货膨胀等因素,每隔一段时间会做适当的调整。

(2)专项扣除,包括居民个人按照国家规定的范围和标准缴纳的基本养老保险、基本医疗保险、失业保险等社会保险费和住房公积金等。

(3)专项附加扣除,包括3岁以下婴幼儿照护、子女教育、继续教育、大病医疗、住房贷款利息或者住房租金、赡养老人等支出。

取得综合所得的居民个人可以享受专项附加扣除。目前专项附加扣除的范围和标准是:

① 3岁以下婴幼儿照护和子女教育。纳税人3岁以下婴幼儿照护、子女教育,按照每个婴

幼儿(子女)每月 2 000 元(每年 24 000 元)标准定额扣除。

子女教育包括幼儿园学前教育、义务教育、高中阶段教育、高等教育(专科直至博士研究生教育)。父母可以选择由其中一方按扣除标准的 100%扣除,也可以选择由双方分别按扣除标准的 50%扣除,具体扣除方式在一个纳税年度内不能变更。

纳税人子女在中国境外接受教育的,纳税人应当留存境外学校录取通知书、留学签证等相关教育的证明资料备查。

② 继续教育。纳税人在中国境内接受学历(学位)继续教育的支出,在学历(学位)教育期间按照每月 400 元(每年 4 800 元)定额扣除。同一学历(学位)继续教育的扣除期限不能超过 48 个月(4 年)。纳税人接受技能人员职业资格继续教育、专业技术人员职业资格继续教育支出,在取得相关证书的当年,按照 3 600 元定额扣除。

个人接受本科及以下学历(学位)继续教育,符合税法规定扣除条件的,可以选择由其父母扣除,也可以选择由本人扣除。

纳税人接受技能人员职业资格继续教育、专业技术人员职业资格继续教育的,应当留存相关证书等资料备查。

③ 大病医疗。在一个纳税年度内,纳税人发生的与基本医保相关的医药费用支出,扣除医保报销后个人负担(指医保目录范围内的自付部分)累计超过 15 000 元的部分,由纳税人在办理年度汇算清缴时,在 80 000 元限额内据实扣除。

纳税人发生的医药费用支出可以选择由本人或者其配偶扣除;未成年子女发生的医药费用支出可以选择由其父母一方扣除。纳税人及其配偶、未成年子女发生的医药费用支出,应按前述规定分别计算扣除额。

纳税人应当留存医药服务收费及医保报销相关票据原件(或复印件)等资料备查。

④ 住房贷款利息。纳税人本人或配偶,单独或共同使用商业银行或住房公积金个人住房贷款,为本人或其配偶购买中国境内住房,发生的首套住房贷款利息支出,在实际发生贷款利息的年度,按照每月 1 000 元(每年 12 000 元)的标准定额扣除,扣除期限最长不超过 240 个月(20 年)。纳税人只能享受一套首套住房贷款利息扣除。

首套住房贷款是指购买住房享受首套住房贷款利率的住房贷款。经夫妻双方约定,可以选择由其中一方扣除,具体扣除方式在确定后,一个纳税年度内不得变更。

夫妻双方婚前分别购买住房发生的首套住房贷款,其贷款利息支出,婚后可以选择其中一套购买的住房,由购买方按扣除标准的 100%扣除,也可以由夫妻双方对各自购买的住房分别按扣除标准的 50%扣除,具体扣除方式在一个纳税年度内不能变更。纳税人应当留存住房贷款合同、贷款还款支出凭证备查。

⑤ 住房租金。纳税人在主要工作城市没有自有住房而发生的住房租金支出,可以按照以下标准定额扣除:

直辖市、省会(首府)城市、计划单列市以及国务院确定的其他城市,扣除标准为每月 1 500 元(每年 18 000 元);市辖区户籍人口超过 100 万的城市,扣除标准为每月 1 100 元(每年 13 200 元);市辖区户籍人口不超过 100 万的城市,扣除标准为每月 800 元(每年 9 600 元)。

夫妻双方主要工作城市相同的,只能由一方扣除住房租金支出。住房租金支出由签订租赁住房合同的承租人扣除。纳税人及其配偶在一个纳税年度内不得同时分别享受住房贷款利息和住房租金专项附加扣除。纳税人应当留存住房租赁合同、协议等有关资料备查。

⑥ 赡养老人。纳税人赡养一位及以上被赡养人的赡养支出,统一按以下标准等额扣除:

纳税人为独生子女的,按照每月 3 000 元(每年 36 000 元,下同)的标准定额扣除。

纳税人为非独生子女的,由其与兄弟姐妹分摊每月 3 000 元的扣除额度,每人分摊的额度最高不得超过每月 1 500 元(每年 18 000 元)。可以由赡养人均摊或者约定分摊,也可以由被赡养人指定分摊。约定或者指定分摊的须签订书面分摊协议,指定分摊优于约定分摊。具体分摊方式和额度在一个纳税年度内不得变更。

被赡养人是指年满 60 岁的父母,以及子女均已去世的年满 60 岁的祖父母、外祖父母。

(4) 依法确定的其他扣除,包括个人缴付符合国家规定的企业年金、职业年金,个人购买符合国家规定的商业健康保险、税收递延型商业养老保险的支出,以及国务院规定可以扣除的其他项目。

费用、专项扣除、专项附加扣除和依法确定的其他扣除,以居民个人一个纳税年度的应纳税所得额为限额。一个纳税年度扣除不完的,不结转以后年度扣除。

(六) 居民个人综合所得的应纳税额核算

1. 个人所得税全年所得汇算清缴

首先,工资、薪金所得全额计入收入额;劳务报酬所得、特许权使用费所得的收入额为实际取得劳务报酬、特许权使用费收入扣除 20% 费用后的余额,即收入的 80%;稿酬所得的收入额在扣除 20% 费用基础上,再减按 70% 计算,即稿酬所得的收入额为实际取得稿酬收入的 56%。

其次,居民个人的综合所得,以每一纳税年度的收入额减除费用六万元以及专项扣除、专项附加扣除和依法确定的其他扣除后的余额,为应纳税所得额。因此,应纳税额计算公式为:

$$应纳税额 = (全年收入额 - 60\ 000\ 元 - 专项扣除 - 专项附加扣除 - 其他扣除)$$
$$\times 对应级数的适用税率$$

个人所得税预扣率表一如表 7-4 所示。

表 7-4　综合所得个人所得税税率表(个人所得税预扣率表一)

级　数	全年应纳税所得额	税　率	速算扣除数
1	不超过 36 000 元的部分	3%	0
2	超过 36 000 元至 144 000 元的部分	10%	2 520
3	超过 144 000 元至 300 000 元的部分	20%	16 920
4	超过 300 000 元至 420 000 元的部分	25%	31 920
5	超过 420 000 元至 660 000 元的部分	30%	52 920
6	超过 660 000 元至 9 600 000 元的部分	35%	85 920
7	超过 9 600 000 元的部分	45%	181 920

依据表 7-4 中速算扣除数,居民个人综合所得应纳税额的计算公式变为:

$$应纳税额 = 全年应纳税所得额 \times 适用税率 - 速算扣除数$$

【学中做 7-1】赵明大学毕业后的 3 年一直在宁波某公司工作,是公司管理人员。他每月支付房租 2 000 元。2023 年扣除 16 500 元"三险一金"后的税前工资为 90 000 元,该纳税人除房租外没有专项附加扣除和税法规定的其他扣除。计算该居民个人当年应纳个人所得税并进行会计处理。

【解析】全年收入扣除 6 万元费用、专项扣除、专项附加扣除和其他扣除为个人所得税纳税所得。税前工资已经扣除"三险一金"的专项扣除,还需扣除每年 60 000 元费用和 18 000 元住房租金(宁波是计划单列市,扣除标准每月 1 500 元)。

(1) 全年应纳税所得额 = 90 000 − 60 000 − 18 000 = 12 000(元)

(2) 全年应交个人所得税 = 12 000 × 3% − 0 = 3 600(元)

【会计处理】赵明任职公司根据其一人工资数据进行会计处理。

赵明全年应付工资总额 = 16 500 + 90 000 = 106 500(元)

借:管理费用	106 500
贷:应付职工薪酬——工资	106 500
借:应付职工薪酬——工资	106 500
贷:其他应付款——社保费用和住房公积金	6 500
应交税费——应交个人所得税	3 600
银行存款	86 400
借:其他应付款——社保费用和住房公积	16 500
应交税费——应交个人所得税	3 600
贷:银行存款	20 100

【学中做 7-2】张立是中国居民个人,独生子女,在某公司担任车间管理工作,有两个小孩在读书,父母健在且均已年满 60 岁。2023 年扣除 36 686 元社会保险费和住房公积金后实发工资 200 000 元,另取得劳务报酬 30 000 元,稿酬 20 000 元(劳务报酬和稿酬的支付方均未代扣代缴个人所得税)。计算其当年应纳个人所得税并进行会计处理。

【解析】劳务报酬扣除 20% 费用,稿酬扣除 20% 费用再按 70% 计算。社保费用和住房公积金已经扣除,专项附加扣除中两个小孩的子女教育可以扣除 48 000 元,独生子女赡养老人可以扣除 36 000 元。

(1) 工资、薪金所得全年应纳税所得额 = 200 000 − 60 000 − 24 000 × 2 − 36 000 = 56 000(元)

工资、薪金所得应交个人所得税 = 56 000 × 10% − 2 520 = 3 080(元)

(2) 由于劳务报酬和稿酬的支付方未代扣代缴个人所得税,张立次年个税汇算清缴时应主动申报。

劳务报酬和稿酬的纳税所得 = 30 000 × (1 − 20%) + 20 000 × (1 − 20%) × 70% = 35 200(元)

劳务报酬和稿酬应补交个人所得税 = 35 200 × 10% = 3 520(元)

或:

张立全年应纳税所得额 = 56 000 + 35 200 = 91 200(元)

全年应纳个人所得税税额 = 91 200 × 10% − 2 520 = 6 600(元)

【会计处理】张立任职公司根据其一人工资数据进行会计处理。

借:制造费用	236 686
贷:应付职工薪酬——工资	236 686
借:应付职工薪酬——工资	236 686
贷:其他应付款——社保费用和住房公积金	36 686
应交税费——应交个人所得税	3 080
银行存款	196 920
借:其他应付款——社保费用和住房公积金	36 686

　　　　应交税费——应交个人所得税　　　　　　　　　　　　　　　　3 080
　　　　　贷:银行存款　　　　　　　　　　　　　　　　　　　　　　　39 766

2. 个人所得税预扣申报

根据《个人所得税扣缴申报管理办法(试行)》,2019 年 1 月 1 日起扣缴义务人对工资、薪金所得,劳务报酬所得,稿酬所得,特许权使用费所得,利息、股息、红利所得,财产租赁所得,财产转让所得,偶然所得,应当依法办理全员全额扣缴申报。

扣缴义务人向居民个人支付工资、薪金所得时,应当按照累计预扣法计算预扣税款,并按月办理扣缴申报,适用综合所得个人所得税税率表(个人所得税预扣率表一)(表 7-4)。

累计预扣预缴应纳税所得额 = 累计收入 - 累计免税收入 - 累计基本减除费用 - 累计专项扣除
　　　　　　　　　　　　　 - 累计专项附加扣除 - 累计依法确定的其他扣除

本期应预扣预缴税额 = 累计预扣预缴应纳税所得额 - 累计减免税额 - 累计已预扣预缴税额

劳务报酬所得、稿酬所得、特许权使用费所得以收入减除费用后的余额为收入额;其中,稿酬所得的收入额减按 70% 计算。

减除费用:预扣预缴税款时,劳务报酬所得、稿酬所得、特许权使用费所得每次收入不超过 4 000 元的,减除费用按 800 元计算;每次收入 4 000 元以上的,减除费用按收入的 20% 计算。

应纳税所得额:劳务报酬所得、稿酬所得、特许权使用费所得,以每次收入额为预扣预缴应纳税所得额,计算应预扣预缴税额。劳务报酬所得适用个人所得税预扣率表二(表 7-5),稿酬所得、特许权使用费所得适用 20% 的比例预扣率。

表 7-5　个人所得税预扣率表二

级　数	预扣预缴应纳税所得额	预扣率	速算扣除数
1	不超过 20 000 元的部分	20%	0
2	超过 20 000 元至 50 000 元的部分	30%	2 000
3	超过 50 000 元的部分	40%	7 000

居民个人办理年度综合所得汇算清缴时,应当依法计算劳务报酬所得、稿酬所得、特许权使用费所得的收入额,并入年度综合所得计算应纳税款,税款多退少补。

【学中做 7-3】李某是居民个人,某公司行政部管理人员。2024 年每月工资为 10 000 元,每月缴纳社保费用和住房公积金 1 500 元,该居民个人全年均享受住房贷款利息专项附加扣除 1 000 元。计算公司 2024 年每月代李某预扣预缴的个人所得税税款。

【解析】以 2024 年 3 月为例,其他月份计算如表 7-6 所示。

累计预扣预缴应纳税所得额 = 30 000 - 5 000 × 3 - 1 500 × 3 - 1 000 × 3 = 7 500(元)

本期应预扣预缴税额 = 7 500 × 3% - 75 × 2 = 75(元)

表 7-6　某居民个人工资、薪金所得预扣所得税计算表

月份	收入	费用	社保和公积金	房贷利息	纳税所得	税率	速算扣除数	应纳税额	已缴税额	应补税额
1	10 000	5 000	1 500	1 000	2 500	3%	0	75	0	75
2	20 000	10 000	3 000	2 000	5 000	3%	0	150	75	75

月份	收入	费用	社保和公积金	房贷利息	纳税所得	税率	速算扣除数	应纳税额	已缴税额	应补税额
3	30 000	15 000	4 500	3 000	7 500	3%	0	225	150	75
4	40 000	20 000	6 000	4 000	10 000	3%	0	300	225	75
5	50 000	25 000	7 500	5 000	12 500	3%	0	375	300	75
6	60 000	30 000	9 000	6 000	15 000	3%	0	450	375	75
7	70 000	35 000	10 500	7 000	17 500	3%	0	525	450	75
8	80 000	40 000	12 000	8 000	20 000	3%	0	600	525	75
9	90 000	45 000	13 500	9 000	22 500	3%	0	675	600	75
10	100 000	50 000	15 000	10 000	25 000	3%	0	750	675	75
11	110 000	55 000	16 500	11 000	27 500	3%	0	825	750	75
12	120 000	60 000	18 000	12 000	30 000	3%	0	900	825	75

注：自 2021 年 1 月 1 日起，对符合条件的纳税人累计收入不超过 60 000 元的月份，暂不预扣预缴个人所得税，在其累计收入超过 60 000 元的当月及年内后续月份，再预扣预缴个人所得税。

【学中做 7-4】2024 年 8 月，某非著名歌星王某从星光演艺公司获得税前表演收入 50 000 元。请计算星光演艺公司代王某预扣预缴个人所得税额并作有关会计处理。

【解析】表演收入属于劳务报酬所得，扣除 20% 的费用后纳税所得额为 40 000 元。按照居民个人劳务报酬所得预扣税率表，预扣率为 30%。

应预扣预缴个人所得税额 = 收入 × (1 − 20%) × 预扣率 − 速算扣除数

$$= 50\ 000 × (1 − 20\%) × 30\% − 2\ 000 = 10\ 000（元）$$

【会计处理】

借：主营业务成本　　　　　　　　　　　　　　　　　　　　　　50 000

　　贷：银行存款　　　　　　　　　　　　　　　　　　　　　　　40 000

　　　　应交税费——应交个人所得税　　　　　　　　　　　　　　10 000

【学中做 7-5】某作家为居民个人，2024 年 3 月从出版社取得稿酬收入 90 000 元，请计算其应预扣预缴的个人所得税额并作相应的会计处理。

【解析】稿酬所得的收入减除 20% 的费用，再按 70% 计算应纳税所得额，适用 20% 的所得税预扣率。

应预扣预缴所得税税额 = 90 000 × (1 − 20%) × 70% × 20% = 10 080（元）

【会计处理】

借：主营业务成本　　　　　　　　　　　　　　　　　　　　　　90 000

　　贷：银行存款　　　　　　　　　　　　　　　　　　　　　　　79 920

　　　　应交税费——应交个人所得税　　　　　　　　　　　　　　10 080

【学中做 7-6】大学生小张 7 月在某公司销售部实习，取得实习工资 3 000 元。请计算小张预扣预缴个人所得税并作相应的会计处理。

【解析】小张未毕业工作，其实习工资名为工资，实为劳务报酬所得。按照通常做法，预扣预缴劳务报酬的个人所得税为 480 元[3 000 × (1 − 20%) × 20%]。

但实际工作中,扣缴单位在为其预扣预缴劳务报酬个人所得税时,可采取累计预扣法预扣预缴税款。小张 7 月的累计收入不超过 60 000 元,暂不预扣预缴个人所得税,直到累计收入超过 60 000 元的当月及年内后续月份,再预扣预缴个人所得税。小张每月实习工资不需要预扣预缴个人所得税,也不需要办理年度汇算清缴和退税。

【会计处理】

借:销售费用　　　　　　　　　　　　　　　　　　　　　　　　　　　　　3 000

　　贷:银行存款　　　　　　　　　　　　　　　　　　　　　　　　　　　3 000

二、非居民个人应纳税所得额及应纳税额核算

非居民个人的工资、薪金所得,按月确定应纳税所得额和适用的税率,计算应纳税额。劳务报酬所得、稿酬所得、特许权使用费所得按次确定应纳税所得额,以 20% 的税率计算应纳税额。

(一)一次性收入的确定

对于劳务报酬所得,如从事设计、安装、装潢、制图、化验、测试等劳务,应以每次提供劳务取得的收入为一次。如果一次性劳务报酬收入以分月支付方式取得的,就适用"同一事项连续取得收入,以 1 个月内取得的收入为一次"的规定。

对于稿酬所得,以每次出版、发表取得的收入为一次,不论出版单位是预付还是分笔支付稿酬,或者加印该作品后再付稿酬,均应合并其稿酬所得按一次计征个人所得税。具体细分为:

(1)同一作品再版取得的所得,应视作另一次稿酬所得计征个人所得税。

(2)同一作品先报刊连载,然后出版,或先出版,再报刊连载,应视为两次稿酬所得征税。即连载作为一次,出版作为另一次。

(3)同一作品在报刊上连载取得收入的,以连载完成后取得的所有收入合并为一次。

(4)同一作品在出版和发表时,以预付稿酬或分次支付稿酬等形式取得的稿酬收入,应合并计算为一次。

(5)同一作品出版、发表后,因添加印数而追加稿酬的,应与以前出版、发表时取得的稿酬合并计算为一次。

(6)在两处或两处以上出版、发表或再版同一作品而取得稿酬所得,可分别就各处取得的所得或再版所得按分次所得计征个人所得税。

(7)作者去世后,对取得其遗作稿酬的个人,按"稿酬所得"征收个人所得税。

(8)特许权使用费所得,以某项使用权的一次转让所取得的收入为一次。如果该次转让取得的收入是分笔支付的,则每笔收入相加为一次,计征个人所得税。

(二)同一事项连续收入的确定

同一事项连续取得收入的,在计算其劳务报酬所得时,应视为同一事项的连续性收入,以 1 个月内取得的收入为一次计征个人所得税。例如,某外籍歌手(非居民个人)与一歌厅签约,在半年内每天到歌厅演唱,每次演出后付酬 500 元。此种情况应以一个月内取得的收入为一次,计算应纳税所得额和应交个人所得税。

(三)非居民个人应纳税额核算

非居民个人的工资、薪金所得,以每月收入额减除费用 5 000 元后的余额为应纳税所得额;劳务报酬所得、稿酬所得、特许权使用费所得,以每次收入额为应纳税所得额,适用个人所得税税率表三(表 7-7)计算应纳税额。劳务报酬所得、稿酬所得、特许权使用费所得以收入减除 20% 的费用后的余额为收入额;其中,稿酬所得的收入额减按 70% 计算。

表 7-7　非居民个人纳税所得适用税率表(个人所得税预扣率表三)

(适用工资、薪金所得,劳务报酬所得,稿酬所得,特许使用费所得)

级　　数	全月应纳税所得额	税　　率	速算扣除数
1	不超过 3 000 元的部分	3%	0
2	超过 3 000 元至 12 000 元的部分	10%	210
3	超过 12 000 元至 25 000 元的部分	20%	1 410
4	超过 25 000 元至 35 000 元的部分	25%	2 660
5	超过 35 000 元至 55 000 元的部分	30%	4 410
6	超过 55 000 元至 80 000 元的部分	35%	7 160
7	超过 80 000 元的部分	45%	15 160

非居民个人在一个纳税年度内税款扣缴方法保持不变,达到居民个人条件时,应当告知扣缴义务人基础信息变化情况,年度终了后按照居民个人有关规定办理汇算清缴。

非居民个人取得工资、薪金所得,劳务报酬所得,稿酬所得和特许权使用费所得,应纳税额计算公式为:

非居民个人工资、薪金所得,劳务报酬所得,稿酬所得,特许权使用费所得应纳税额
＝应纳税所得额×税率－速算扣除数

【学中做 7-7】甲企业聘请的外国专家戴维是非居民纳税人,2024 年 2 月戴维取得甲企业发放的税前工资人民币 48 000 元;戴维收到乙企业支付的设计费人民币 25 000 元。请计算当月该专家应纳个人所得税并作有关会计处理。

【解析】非居民个人工资、薪金所得按月计算应交个人所得税,劳务报酬按次计算应交个人所得税。因此本月应分别计算工资、薪金所得和劳务报酬所得的应纳税额。

(1) 当月工资、薪金所得应纳税额 ＝ (48 000 － 5 000)×30% － 4 410 ＝ 8 490(元)

(2) 当次劳务报酬所得应纳税额 ＝ 25 000×(1 － 20%)×20% － 1 410 ＝ 2 590(元)

【会计处理】

甲企业:

借:应付职工薪酬——工资	48 000
贷:银行存款	39 510
应交税费——应交个人所得税	8 490

乙企业:

借:制造费用——产品设计费	25 000
贷:银行存款	22 410
应交税费——应交个人所得税	2 590

三、经营所得及应纳税额核算

(一) 经营所得的内容

经营所得,以每一纳税年度的收入总额减除成本、费用以及损失后的余额,为应纳税所得额。下列属于经营所得:

（1）个体工商户从事生产、经营活动取得的所得。

（2）个人依法从事办学、医疗、咨询以及其他有偿服务活动取得的所得。

（3）个人独资企业投资人、合伙企业的个人合伙人来源于境内注册的个人独资企业、合伙企业生产、经营的所得。

（4）个人对企业、事业单位承包经营、承租经营以及转包、转租取得的所得。

（5）个人从事其他生产、经营活动取得的所得。例如，个人因从事彩票代销业务而取得的所得。从事个体出租车运营的出租车驾驶员取得的收入，包括出租车属个人所有，挂靠出租汽车经营单位或企事业单位，驾驶员向挂靠单位缴纳管理费的，或出租汽车经营单位将出租车所有权转移给驾驶员的。

（6）个人独资企业、合伙企业的个人投资者以企业资金为本人、家庭成员及其相关人员支付与企业生产经营无关的消费性支出及购买汽车、住房等财产性支出，视为企业对个人投资者利润分配，并入投资者个人的生产经营所得。

（二）经营所得的扣除

经营所得可以扣除生产经营中的成本、费用、损失等。

（1）成本、费用，是指生产、经营活动中发生的各项直接支出和分配计入成本的间接费用以及销售费用、管理费用、财务费用；损失，是指生产、经营活动中发生的固定资产和存货的盘亏、毁损、报废损失，转让财产损失，坏账损失，自然灾害等不可抗力因素造成的损失以及其他损失。

（2）取得经营所得的个人，没有综合所得的，计算其每一纳税年度的应纳税所得额时，应当减除6万元费用、专项扣除、专项附加扣除以及依法确定的其他扣除。专项扣除、专项附加扣除的范围和标准与上述综合所得中的内容相同。专项扣除在每月预缴个人所得税时扣除，专项附加扣除在办理汇算清缴时减除。

（3）从事生产、经营活动，未提供完整、准确的纳税资料，不能正确计算应纳税所得额的，由主管税务机关核定应纳税所得额或者应纳税额。

（三）经营所得的应纳税额计算

经营所得，以每一纳税年度的收入总额减除成本、费用以及损失后的余额，为应纳税所得额。经营所得应纳税额的计算公式为：

$$应纳税额 = 全年应纳税所得额 \times 适用税率 - 速算扣除数$$
$$= （全年收入总额 - 成本、费用以及损失）\times 适用税率 - 速算扣除数$$

根据经营所得税税率表换算得到包含速算扣除数的经营所得税税率表（表7-8）。

表7-8　经营所得个人所得税税率表

级　　数	全年应纳税所得额	税　　率	速算扣除数
1	不超过 30 000 元的部分	5%	0
2	超过 30 000 元至 90 000 元的部分	10%	1 500
3	超过 90 000 元至 30 0000 元的部分	20%	10 500
4	超过 300 000 元至 500 000 元的部分	30%	40 500
5	超过 500 000 元的部分	35%	65 500

（四）个体工商户经营所得应纳税额核算

1. 个体工商户个人所得税优惠

根据《国家税务总局关于进一步落实支持个体工商户发展个人所得税优惠政策有关事项的公告》（国家税务总局公告 2023 年第 12 号）的规定，对个体工商户年应纳税所得额不超过 200 万元的部分，减半征收个人所得税。个体工商户在享受现行其他个人所得税优惠政策的基础上，可叠加享受本条优惠政策。个体工商户不区分征收方式，均可享受。

个体工商户在预缴税款时即可享受，并在年度汇算清缴时按年计算、多退少补。若个体工商户从两处以上取得经营所得，需在办理年度汇总纳税申报时，合并个体工商户经营所得年应纳税所得额，重新计算减免税额，多退少补。

个体工商户按照以下方法计算减免税额：

$$减免税额 = (经营所得应纳税所得额不超过 200 万元部分的应纳税额 - 其他政策减免税额 \times 经营所得应纳税所得额不超过 200 万元部分 \div 经营所得应纳税所得额) \times 50\%$$

2. 个体工商户纳税所得额的计税基本规定

个体工商户应纳税所得额的计算，以权责发生制为原则，属于当期的收入和费用，不论款项是否收付，均作为当期的收入和费用；不属于当期的收入和费用，即使款项已经在当期收付，均不作为当期收入和费用。财政部、国家税务总局另有规定的除外。计税基本规定如下：

（1）个体工商户的生产、经营所得，以每一纳税年度的收入总额，减除成本、费用、税金、损失、其他支出以及允许弥补的以前年度亏损后的余额，为应纳税所得额。

（2）个体工商户从事生产经营以及与生产经营有关的活动（以下简称"生产经营"）取得的货币形式和非货币形式的各项收入，为收入总额，包括销售货物收入、提供劳务收入、转让财产收入、利息收入、租金收入、接受捐赠收入、其他收入。

其中，其他收入包括个体工商户资产溢余收入、逾期 1 年以上的未退包装物押金收入、确实无法偿付的应付款项、已作坏账损失处理后又收回的应收款项、债务重组收入、补贴收入、违约金收入、汇兑收益等。

（3）成本、费用、税金、损失、其他支出和亏损。

成本，是指个体工商户在生产经营活动中发生的销售成本、销货成本、业务支出以及其他耗费。

费用，是指个体工商户在生产经营活动中发生的销售费用、管理费用和财务费用，已经计入成本的有关费用除外。

税金，是指个体工商户在生产经营活动中发生的除个人所得税和允许抵扣的增值税以外的各项税金及附加。

损失，是指个体工商户在生产经营活动中发生的固定资产和存货的盘亏、毁损、报废损失，转让财产损失，坏账损失，自然灾害等不可抗力因素造成的损失以及其他损失。个体工商户发生的损失，减除责任人赔偿和保险赔款后的余额，参照财政部、国家税务总局有关企业资产损失税前扣除的规定扣除。个体工商户已经作为损失处理的资产，在以后纳税年度又全部收回或者部分收回时，应当计入收回当期的收入。

其他支出，是指除成本、费用、税金、损失外，个体工商户在生产经营活动中发生的与生产经营活动有关的、合理的支出。

个体工商户发生的支出应当区分收益性支出和资本性支出。收益性支出在发生当期直接

扣除;资本性支出应当分期扣除或者计入有关资产成本,不得在发生当期直接扣除。支出,是指与取得收入直接相关的支出除税收法律法规另有规定外,个体工商户实际发生的成本、费用、税金、损失和其他支出,不得重复扣除。

亏损,是指个体工商户依照规定计算的应纳税所得额小于 0 的数额。

（4）个体工商户下列支出不得扣除:个人所得税税款;税收滞纳金;罚金、罚款和被没收财物的损失;不符合扣除规定的捐赠支出;赞助支出;用于个人和家庭的支出;与取得生产经营收入无关的其他支出;国家税务总局规定不准扣除的支出。

（5）个体工商户生产经营活动中,应当分别核算生产经营费用和个人、家庭费用。对于生产经营与个人、家庭生活混用难以分清的费用,其 40% 视为与生产经营有关费用,准予扣除。

（6）个体工商户纳税年度发生的亏损,准予向以后年度结转,用以后年度的生产经营所得弥补,但结转年限最长不得超过 5 年。

（7）个体工商户使用或者销售存货,按照规定计算的存货成本,准予在计算应纳税所得额时扣除。

（8）个体工商户转让资产,该项资产的净值,准予在计算应纳税所得额时扣除。

（9）个体工商户与企业联营而分得的利润,按"利息、股息、红利所得"项目征收个人所得税。

（10）个体工商户和从事生产、经营的个人,取得与生产、经营活动无关的各项应税所得,应按规定分别计算征收个人所得税。

（11）个体工商户实际支付给从业人员的、合理的工资薪金支出,准予扣除。个体工商户业主的费用扣除标准,确定为 60 000 元/年。个体工商户业主的工资薪金支出不得税前扣除。

（12）个体工商户按照国务院有关主管部门或者省级人民政府规定的范围和标准为其业主和从业人员缴纳的基本养老保险费、基本医疗保险费、失业保险费、生育保险费、工伤保险费和住房公积金,准予扣除。

个体工商户为从业人员缴纳的补充养老保险费、补充医疗保险费,分别在不超过从业人员工资总额 5% 标准内的部分据实扣除;超过部分,不得扣除。

个体工商户业主本人缴纳的补充养老保险费、补充医疗保险费,以当地（地级市）上年度社会平均工资的 3 倍为计算基数,分别在不超过该计算基数 5% 标准内的部分据实扣除;超过部分,不得扣除。

（13）除个体工商户依照国家有关规定为特殊工种从业人员支付的人身安全保险费和财政部、国家税务总局规定可以扣除的其他商业保险费外,个体工商户业主本人或者为从业人员支付的商业保险费,不得扣除。

（14）个体工商户在生产经营活动中发生的合理的不需要资本化的借款费用,准予扣除。

个体工商户为购置、建造固定资产、无形资产和经过 12 个月以上的建造才能达到预定可销售状态的存货发生借款的,在有关资产购置、建造期间发生的合理的借款费用,应当作为资本性支出计入有关资产的成本,并依照本办法的规定扣除。

（15）个体工商户在生产经营活动中发生的下列利息支出,准予扣除:向金融企业借款的利息支出;向非金融企业和个人借款的利息支出,不超过按照金融企业同期同类贷款利率计算的数额的部分。

（16）个体工商户在货币交易中,以及纳税年度终了时将人民币以外的货币性资产、负债按照期末即期人民币汇率中间价折算为人民币时产生的汇兑损失,除已经计入有关资产成本部分外,准予扣除。

（17）个体工商户向当地工会组织拨缴的工会经费、实际发生的职工福利费支出、职工教育经费支出分别在工资薪金总额的 2％、14％、2.5％ 的标准内据实扣除。

工资薪金总额是指允许在当期税前扣除的工资薪金支出数额。

职工教育经费的实际发生数额超出规定比例当期不能扣除的数额,准予在以后纳税年度结转扣除。

个体工商业主本人向当地工会组织缴纳的工会经费、实际发生的职工福利费支出、职工教育经费支出,以当地(地级市)上年度社会平均工资的 3 倍为计算基数,在本条第一款规定比例内据实扣除。

（18）个体工商户发生的与生产经营活动有关的业务招待费,按照实际发生额的 60％ 扣除,但最高不得超过当年销售(营业)收入的 5‰。

业主自申请营业执照之日起至开始生产经营之日止所发生的业务招待费,按照实际发生额的 60％ 计入个体工商户的开办费。

（19）个体工商户每一纳税年度发生的与其生产经营活动直接相关的广告费和业务宣传费不超过当年销售(营业)收入 15％ 的部分,可以据实扣除;超过部分,准予在以后纳税年度结转扣除。

（20）个体工商户代其从业人员或者他人负担的税款,不得税前扣除。

（21）个体工商户按照规定缴纳的摊位费、行政性收费、协会会费等,按实际发生数额扣除。

（22）个体工商户根据生产经营活动的需要租入固定资产支付的租赁费,按照以下方法扣除:以经营租赁方式租入固定资产发生的租赁费支出,按照租赁期限均匀扣除;以融资租赁方式租入固定资产发生的租赁费支出,按照规定构成融资租入固定资产价值的部分应当提取折旧费用,分期扣除。

（23）个体工商户参加财产保险,按照规定缴纳的保险费,准予扣除。

（24）个体工商户发生的合理的劳动保护支出,准予扣除。

（25）个体工商户自申请营业执照之日起至开始生产经营之日止所发生符合规定的费用,除为取得固定资产、无形资产的支出,以及应计入资产价值的汇兑损益、利息支出外,作为开办费,个体工商户可以选择在开始生产经营的当年一次性扣除,也可自生产经营月份起在不短于3 年期限内摊销除,但一经选定,不得改变。

开始生产经营之日为个体工商户取得第一笔销售(营业)收入的日期。

（26）个体工商户通过公益性社会团体或者县级以上人民政府及其部门,用于《中华人民共和国公益事业捐赠法》规定的公益事业的捐赠,捐赠额不超过其应纳税所得额 30％ 的部分可以据实扣除。财政部、国家税务总局规定可以全额在税前扣除的捐赠支出项目,按有关规定执行。个体工商户直接对受益人的捐赠不得扣除。公益性社会团体的认定,按照财政部、国家税务总局、民政部有关规定执行。

（27）赞助支出,是指个体工商户发生的与生产经营活动无关的各种非广告性质支出,不得税前扣除。

（28）个体工商户研究开发新产品、新技术、新工艺所发生的开发费用,以及研究开发新产品、新技术而购置单台价值在 10 万元以下的测试仪器和试验性装置的购置费准予直接扣除;单台价值在 10 万元以上(含 10 万元)的测试仪器和试验性装置,按固定资产管理,不得在当期

直接扣除。

3．应纳税额计算

【学中做 7-8】某个体工商户经营餐饮服务，聘请代理记账，会计核算健全。2023 年 12 月取得经营收入 520 000 元，准许扣除的当月成本、费用（不含业主工资）及相关税金共计 298 000 元。1 月至 11 月累计纳税所得 89 500 元（未扣除业主费用减除标准），1 月至 12 月累计预缴个人所得税 11 200 元（已经减半优惠）。除经营所得外，业主本人没有其他收入，且 2023 年全年均享受赡养老人一项专项附加扣除 36 000 元。不考虑专项扣除和符合税法规定的其他扣除，请计算该个体工商户 2023 年度汇算清缴时应补（退）个人所得税额并作相应会计处理。

【解析】纳税人取得经营所得，按年计算个人所得税，按月（季）预缴纳，次年 3 月 31 日前办理汇算清缴。本例应先计算 12 月的经营利润，加上 1 月至 11 月累计纳税所得，减 6 万元费用和赡养老人专项附加扣除，得出全年纳税所得，确定适用税率后，计算全年应纳税额，扣减当年已预缴税额后得出当年应补（退）税额。

（1）全年应纳税所得额 = (520 000 − 298 000) + 89 500 − 60 000 − 36 000 = 215 500（元）

（2）全年应缴纳个人所得税 = 215 500 × 20% − 10 500 = 32 600（元）

（3）对个体工商户年应纳税所得额不超过 200 万元的部分减半征收个人所得税。

2023 年度应补（退）个人所得税额 = 32 600 × 50% − 11 200 = 5 100（元）

【会计处理】

1 月至 12 月预缴时：

借：所得税费用 　　　　　　　　　　　　　　　　　　　　　　　　11 200

　　贷：应交税费——应交个人所得税　　　　　　　　　　　　　　　　　11 200

借：应交税费——应交个人所得税　　　　　　　　　　　　　　　　　11 200

　　贷：银行存款　　　　　　　　　　　　　　　　　　　　　　　　　　11 200

次年汇算清缴时简化处理：

借：利润分配——未分配利润　　　　　　　　　　　　　　　　　　　5 100

　　贷：应交税费——应交个人所得税　　　　　　　　　　　　　　　　　5 100

（五）个人独资和合伙企业生产经营所得的应纳税额核算

个人独资企业的投资者以全部生产经营所得为应纳税所得额；合伙企业的投资者按照合伙企业的全部生产经营所得和合伙协议约定的分配比例，确定应纳税所得额，合伙协议没有约定分配比例的，以全部生产经营所得和合伙人数量为标准平均计算每个投资者的应纳税所得额。生产经营所得，包括企业分配给投资者个人的所得和企业当年留存的所得（利润）。

（1）个人独资企业和合伙企业对外投资分回的利息或者股息、红利，不并入企业的收入，而应单独作为投资者个人取得的利息、股息、红利所得，按"利息、股息、红利所得"应税项目计算缴纳个人所得税。

（2）残疾人员投资兴办或参与投资兴办个人独资企业和合伙企业的，残疾人员取得的经营所得，符合减征条件的，经本人申请、主管税务机关审核批准，减征个人所得税。

（3）企业的清算所得应当视为年度生产经营所得，由投资者依法缴纳个人所得税。

（4）企业在纳税年度中间开业，或者由于合并、关闭等原因，该纳税年度实际经营期不足 12 个月的，应当以其实际经营期为一个纳税年度。投资者本人的费用扣除标准，应按照实际经营月份数，以每月 5 000 元的减除标准确定。

个人独资企业和合伙企业生产经营所得的应纳个人所得税计算有查账征收和核定征收两种方法。

第一种:查账征收。

(1) 自 2019 年 1 月 1 日起,个人独资企业和合伙企业投资者的生产经营所得依法计征个人所得税时,个人独资企业和合伙企业投资者本人的费用扣除标准统一确定为 60 000 元/年,即 5 000 元/月。投资者的工资不得在税前扣除。

(2) 投资者及其家庭发生的生活费用不允许在税前扣除。投资者及其家庭发生的生活费用与企业生产经营费用混合在一起,并且难以划分的,全部视为投资者个人及其家庭发生的生活费用,不允许在税前扣除。

(3) 企业生产经营和投资者及其家庭生活共用的固定资产,难以划分的,由主管税务机关根据企业的生产经营类型、规模等具体情况,核定准予在税前扣除的折旧费用的数额或比例。

(4) 企业向其从业人员实际支付的合理的工资、薪金支出,允许在税前据实扣除。

(5) 企业拨缴的工会经费、发生的职工福利费、职工教育经费支出分别在工资薪金总额2%、14%、2.5%的标准内据实扣除。

(6) 每一纳税年度发生的广告费和业务宣传费用不超过当年销售(营业)收入 15%的部分,可据实扣除;超过部分,准予在以后纳税年度结转扣除。

(7) 每一纳税年度发生的与其生产经营业务直接相关的业务招待费支出,按照发生额的60%扣除,但最高不得超过当年销售(营业)收入的 5‰。

(8) 企业计提的各种准备金不得扣除。

(9) 投资者兴办两个或两个以上企业的,前述准予扣除的个人费用由投资者选择在其中一个企业的生产经营所得中扣除。

(10) 企业的年度亏损,允许用本企业下一年度的生产经营所得弥补,下一年度所得不足弥补的,允许逐年延续弥补,但最长不得超过 5 年。

投资者兴办两个或两个以上企业的,企业的年度经营亏损不能跨企业弥补。

(11) 投资者来源于中国境外的生产经营所得,已在境外缴纳所得税的,可以按照《个人所得税法》的有关规定计算扣除已在境外缴纳的所得税。

第二种:核定征收。

核定征收方式,包括定额征收、核定应税所得率征收以及其他合理的征收方式。

(1) 有下列情形之一的,主管税务机关应采取核定征收方式征收个人所得税:

①企业依照国家有关规定应当设置但未设置账簿的。②企业虽设置账簿,但账目混乱或者成本资料、收入凭证、费用凭证残缺不全,难以查账的。③纳税人发生纳税义务,未按照规定的期限办理纳税申报,经税务机关责令限期申报,逾期仍不申报的。

(2) 实行核定应税所得率征收方式的,应纳所得税额的计算公式如下,根据适用情况选择:

$$应纳税所得额 = 收入总额 \times 应税所得率$$

或:

$$应纳税所得额 = 成本费用支出额 \div (1 - 应税所得率) \times 应税所得率$$

企业经营多业的,无论其经营项目是否单独核算,均应根据其主营项目确定适用的应税所得率。应税所得率应按规定的标准执行,如表 7-9 所示。

（3）实行核定征税的投资者,不能享受个人所得税的优惠政策。

（4）实行查账征税方式的个人独资企业和合伙企业改为核定征税方式后,在查账征税方式下认定的年度经营亏损未弥补完的部分,不得再继续弥补。

表 7-9　个人所得税核定征收应税所得率表

行　　业	应税所得率/%
工业、交通运输业、商业	5~20
建筑业、房地产开发业	7~20
饮食服务业	7~25
娱乐业	20~40
其他行业	10~30

【学中做 7-9】中国居民张某与李某共同设立合伙企业,出资比例各占一半,约定按出资比例确定各自的应纳税所得额。2023 年合伙企业的会计报表显示:全年业务收入 70 万元,投资收益 10 万元,营业成本 41 万元,税金及附加 4 万元,销售费用 15.5 万元,管理费用 8.5 万元,营业外支出 5 万元,会计利润总额 6 万元。在张某年度个人所得税汇算清缴申报时发现以下事项:

（1）投资收益是合伙企业对境内居民企业投资的分红,对外投资的出资比例是张某与李某各占一半。

（2）营业成本账户列支向每位合伙人支付的年度工资 11.5 万元。

（3）销售费用账户列支广告费和业务宣传费 3 万元。

（4）管理费用账户列支业务招待费 1.35 万元。

（5）营业外支出账户列支市场监管局罚款 2 万元。

（6）张某本人 2023 年度有来自另一合伙企业经营利润 6.5 万元。

假设张某 2023 年 1 月至 12 月预扣预缴个人所得税 1 万元。根据以上资料,请依照现行税法规定进行纳税调整,计算张某生产经营所得应交个人所得税并作相应会计处理。

【解析】先调整合伙企业纳税所得,再按投资比例确定张某纳税所得,然后计算其应交个人所得税。

（1）合伙企业对外投资收益应按照投资人所占比例单独按照"利息、股息、红利所得"与经营所得分别计算个人所得税,应调减合伙企业纳税所得 10 万元。

（2）合伙企业支付给投资者的工资不得在合伙企业的税前扣除,应调增合伙企业纳税所得 23 万元（11.5×2）。

（3）合伙企业广告费和业务宣传费扣除限额 10.5 万元（70×15%）,高于实际发生额 3 万元,不需要纳税调整。

（4）业务招待费实际支出 1.35 万元,发生额的 60% 为 0.81 万元,扣除限额为 0.35 万元（70×5‰）,应调增合伙企业应纳税所得额 1 万元。

（5）行政管理部门的罚款不得在合伙企业的税前扣除,应调增合伙企业应纳税所得额 2 万元。

（6）合伙企业可以按合伙个人分别扣除全年费用 6 万元。

（7）合伙企业纳税所得 $= 6 - 10 + 11.5 \times 2 + 1 + 2 - 6 \times 2 = 10$（万元）

（8）2023年张某全部生产经营所得 $= 10 \div 2 + 6.5 = 11.5$（万元）

按照表7-8经营所得个人所得税税率表，适用20%税率。合伙企业投资人不是个体工商户，不享受个人所得税减半优惠。因此：

张某2023年全部生产经营所得应交个人所得税 $= 11.5 \times 20\% - 1.05 = 1.25$（万元）

张某2024年个人所得税汇算清缴应补交个人所得税 $= 1.25 - 1 = 0.25$（万元）

【会计处理】

2023年年末按会计利润对投资人进行利润分配。合伙企业全年会计利润为6万元，张某和李某投资各占50%，因此：

借：利润分配——未分配利润　　　　　　　　　　　　　　　　　60 000
　　贷：应付利润——张某　　　　　　　　　　　　　　　　　　　　30 000
　　　　　　　　——李某　　　　　　　　　　　　　　　　　　　　30 000

2024年支付利润，代扣代缴张某个人所得税：

借：应付利润——张某　　　　　　　　　　　　　　　　　　　　30 000
　　贷：银行存款　　　　　　　　　　　　　　　　　　　　　　　27 500
　　　　应交税费——应交个人所得税　　　　　　　　　　　　　　　2 500

（六）承包、承租经营所得的应纳税额核算

1. 承包、承租经营所得额的确定

由于目前实行承包、承租经营的形式较多，分配方式也不相同，承包、承租人应按照承包、承租经营合同（协议）规定，确定取得所得的性质，适用不同的税率。

（1）承包、承租人对企业经营成果不拥有所有权，仅是按合同（协议）规定取得一定所得的，其所得按"工资、薪金"所得项目征税。

（2）按合同（协议）的规定承包、承租人只向发包、出租方缴纳一定费用后，企业经营成果归其所有的，承包、承租人取得的所得，按照经营所得征税。

2. 承包、承租经营所得额的扣除

对企事业单位承包经营，承租经营所得是以每一纳税年度的收入总额，减除必要费用后的余额，为应纳税所得额。其中，收入总额是指纳税人按照承包、承租经营合同规定分得的经营利润和工资、薪金性质的所得。

个人的承包、承租经营所得，既有工资、薪金性质，又有生产、经营性质，但考虑到个人按承包、承租经营合同规定分到的是经营利润，涉及的生产、经营成本费用已经扣除。所以，税法规定，"减除必要费用"是指按月减除5 000元。其计算公式为：

$$应纳税所得额 = 个人承包、承租经营收入总额 - 每月费用扣除标准 \times 实际承包或承租月数$$

3. 应纳税额的计算

对企事业单位承包经营、承租经营所得适用五级超额累进税率（表7-2），以其应纳税所得额按适用税率计算应纳税额。计算公式为：

$$应纳税额 = 应纳税所得额 \times 适用税率 - 速算扣除数$$

【学中做7-10】中国居民范某承包富华商店，承包协议规定，承包期限为3年，按照企业税后利润比例分成。2023年年末范某按协议的规定取得承包经营所得200 000元。依照现行税

法的规定,计算范某经营所得应交个人所得税并作相应会计处理。

【解析】

纳税所得 = 200 000 − 5 000 × 12 = 140 000(元)

全年应缴纳个人所得税 = 140 000 × 20% − 10 500 = 17 500(元)

【会计处理】

借:利润分配——未分配利润   200 000

  贷:银行存款   182 500

    应交税费——应交个人所得税   17 500

四、财产租赁所得及应纳税额计算

(一)应纳税所得额的确定

财产租赁所得,是指个人出租不动产、机器设备、车船以及其他财产取得的所得。

财产租赁所得以个人每次取得的收入,定额或定率减除规定费用后的余额为应纳税所得额。每次收入不超过 4 000 元的,定额减除费用 800 元;每次收入在 4 000 元以上的,定率减除 20% 的费用。财产租赁所得以 1 个月内取得的收入为一次。

财产租赁收入,在计算缴纳个人所得税时,应依次扣除以下费用:

(1)财产租赁过程中缴纳的税金和国家能源交通重点建设基金、国家预算调节基金、教育费附加。

(2)由纳税人负担的该出租财产实际开支的修缮费用。允许扣除的修缮费用,以每次 800 元为限,一次扣除不完的,准予在下一次继续扣除,直至扣完为止。

(3)税法规定的费用扣除标准。

应纳税所得额的计算公式为:

(1)每次(月)收入不超过 4 000 元的:

应纳税所得额 = 每次(月)收入额 − 准予扣除项目 − 修缮费用(800 元为限) − 800 元

(2)每次(月)收入超过 4 000 元的:

应纳税所得额 = [每次(月)收入额 − 准予扣除项目 − 修缮费用(800 元为限)] × (1 − 20%)

(二)个人房屋转租的纳税所得确定

个人将承租房屋转租取得的租金收入,属于个人所得税应税所得,应按"财产租赁所得"项目计算缴纳个人所得税。具体规定为:

(1)取得转租收入的个人向房屋出租方支付的租金,凭房屋租赁合同和合法支付凭据允许在计算个人所得税时,从该项转租收入中扣除。

(2)有关财产租赁所得个人所得税前扣除税费的扣除次序调整为:①财产租赁过程中缴纳的税费。②向出租方支付的租金。③由纳税人负担的租赁财产实际开支的修缮费用。④税法规定的费用扣除标准。

(三)应纳税额的计算

财产租赁所得适用 20% 的比例税率。但个人按市场价格出租的居民住房取得的所得,自 2001 年 1 月 1 日起暂减按 10% 的税率征收个人所得税。

【学中做 7-11】中国居民个人李明出租一套商铺,2023 年 8 月收取租金 8 000 元,缴纳了 480 元房产税,实际发生修缮费用 450 元,无其他费用项目,计算李明当月应交个人所得税。

【解析】个人不需要进行会计处理。

当月应纳个人所得税 = $(8\,000 - 320 - 450) \times (1 - 20\%) \times 20\% = 1\,156.8$(元)

【学中做 7-12】2024 年 1 月苏某将住房出租给吴某,租期 1 年,1 月 8 日苏某一次收取一年租金 18 万元,当月实际发生修缮费 1 万元(取得合法有效凭证),请问苏某应缴纳多少个人所得税?

【解析】个人出租财产取得的财产租赁收入,在计算缴纳个人所得税时,应依次扣除以下费用:①财产租赁过程中缴纳的税费;②向出租方支付的租金;③由纳税人负担的租赁财产实际开支的修缮费用;④税法规定的费用扣除标准。个人一般不需要进行会计处理。具体分析如下:

(1)每月折算租金 15 000 元,可以免征增值税和教育费附加。

(2)个人出租、承租住房签订的租赁合同,免征印花税。

(3)出租住房每月需要缴纳房产税,个人出租住房的房产税率为 4%,即 7 200 元(房租总额 18 万元×4%),但可以享受减半优惠,实际缴纳 3 600 元,即每月 300 元。

(4)当月实际发生修缮费用 1 万元,以每次 800 元为限扣除,一次扣除不完的,准予在下一次继续扣除,直至扣完为止。

(5)个人出租住房减按 10% 的税率征收个人所得税。

(6)个人所得税计算如下:

2024 年每月应缴个人所得税 = $(15\,000 - 300 - 800) \times (1 - 20\%) \times 10\% = 1\,112$(元)

2024 年全年缴纳个人所得税 = $1\,112 \times 12 = 13\,344$(元)

五、财产转让所得及应纳税额计算

(一)财产转让所得的内容

财产转让所得,是指个人转让有价证券、股权、合伙企业中的财产份额、不动产、机器设备、车船以及其他财产取得的所得。

1. 股票转让

股票转让所得。国务院决定,对股票转让所得暂不征收个人所得税。

量化资产股份转让。根据国家有关规定,允许集体所有制企业在改制为股份合作制企业时可以将有关资产量化给职工个人。个人取得量化资产的个人所得税按照下列规定处理:

(1)对职工个人以股份形式取得的仅作为分红依据,不拥有所有权的企业量化资产,不征收个人所得税。

(2)对职工个人以股份形式取得的拥有所有权的企业量化资产,暂缓征收个人所得税;待个人将股份转让时,就其转让收入额,减除个人取得该股份时实际支付的费用支出和合理转让费用后的余额,按"财产转让所得"项目计征个人所得税。

(3)对职工个人以股份形式取得的企业量化资产参与企业分配而获得的股息、红利,应按"利息、股息、红利"项目征收个人所得税。

2. 个人住房转让

个人转让住房所得应纳个人所得税的计算具体规定如下:

(1)以实际成交价格为转让收入。纳税人申报的住房成交价格明显低于市场价格且无正当理由的,征收机关依法有权核定其转让收入。

(2)纳税人可凭原购房合同、发票等有效凭证,经税务机关审核后,允许从其转让收入中减除房屋原值、转让住房过程中缴纳的税金及有关合理费用。

（3）纳税人未提供完整、准确的房屋原值凭证，不能正确计算房屋原值和应纳税额的，税务机关可对其实行核定征税，即按纳税人住房转让收入的一定比例（1％至3％）核定应纳个人所得税税额。

3．个人转让股权

按照国家税务总局发布的《股权转让所得个人所得税管理办法（试行）》，个人转让股权，以股权转让收入减除股权原值和合理费用后的余额为应纳税所得额，按"财产转让所得"缴纳个人所得税。

（1）股权转让，是指个人将股权转让给其他个人或法人的行为，包括：出售股权；公司回购股权；发行人首次公开发行新股时，被投资企业股东将其持有的股份以公开发行方式一并向投资者发售；股权被司法或行政机关强制过户；以股权对外投资或进行其他非货币性交易；以股权抵偿债务；其他股权转移行为。

（2）股权转让收入，是指转让方因股权转让而获得的现金、实物、有价证券和其他形式的经济利益。

（二）财产转让所得的扣除

财产转让所得，以转让财产的收入额减除财产原值和合理费用后的余额，为应纳税所得额。财产原值，是指：

（1）有价证券为买入价及买入时按照规定缴纳的有关费用。

（2）建筑物为建造费或者购进价格以及其他有关费用。

（3）土地使用权为取得土地使用权所支付的金额、开发土地的费用以及其他有关费用。

（4）机器设备、车船，为购进价格、运输费、安装费以及其他有关费用。

（5）其他财产，参照以上方法确定。

纳税义务人未提供完整、准确的财产原值凭证，不能正确计算财产原值的，由主管税务机关核定其财产原值。合理费用，是指卖出财产时按照规定支付的有关费用。

（三）财产转让所得的应纳税额计算

财产转让所得应纳税额的计算公式为：

$$应纳税额 = 应纳税所得额 \times 适用税率 = （收入总额 - 财产原值 - 合理税费）\times 20\%$$

【学中做 7-13】赵某个人自建房一幢，造价为 360 000 元，支付其他费用 50 000 元。建成后因故将房屋出售，售价为 600 000 元，在售房过程中按规定支付交易费等相关税费 35 000 元。计算赵某应缴纳个人所得税。

【解析】财产转让应以收入扣除财产原值、交易税金和合理费用后的余额为应纳税所得额，以 20％的税率计算应交个人所得税。个人一般不需要进行会计处理。

（1）应纳税所得额 = 财产转让收入 - 财产原值 - 合理费用

= 600 000 - （360 000 + 50 000）- 35 000 = 155 000（元）

（2）应纳税额 = 155 000×20％ = 31 000（元）

六、利息、股息、红利所得及应纳税额核算

（一）利息、股息、红利所得

利息、股息、红利所得，是指个人拥有债权、股权而取得的利息、股息、红利所得，以每次收入额为应纳税所得额，没有扣除。

利息，是指个人拥有债权而取得的利息，包括存款利息、贷款利息和各种债券的利息。按

税法规定,个人取得的利息所得,除国债和国家发行的金融债券利息、居民储蓄存款利息外,应当依法缴纳个人所得税。

股息、红利,是指个人拥有股权取得的股息、红利,按照一定的比率对每股发给的息金叫股息;公司、企业应分配的利润,按股份分配的叫红利。

(1)除个人独资企业、合伙企业以外的其他企业的个人投资者,以企业资金为本人、家庭成员及其相关人员支付与企业生产经营无关的消费性支出及购买汽车、住房等财产性支出,视为企业对个人投资者的红利分配,依照"利息、股息、红利所得"项目计征个人所得税。企业的上述支出不允许在企业所得税前扣除。

(2)纳税年度内个人投资者从其投资企业(个人独资企业、合伙企业除外)借款,在该纳税年度终了后既不归还又未用于企业生产经营的,其未归还的借款可视为企业对个人投资者的红利分配,依照"利息、股息、红利所得"项目计征个人所得税。

(3)企业为股东购买车辆并将车辆所有权办到股东个人名下,其实质为企业对股东进行了红利性质的实物分配,应按照"利息、股息、红利所得"项目征收个人所得税。考虑到该股东个人名下的车辆同时也为企业经营使用的实际情况,允许合理减除部分所得;减除的具体数额由主管税务机关根据车辆的实际使用情况合理确定。

(二)利息、股息、红利所得的核算

利息、股息、红利所得的计算公式为:

$$应纳税额 = 应纳税所得额 \times 适用税率 = 每次收入额 \times 20\%$$

【学中做 7-14】某企业向张某个人借款 100 万元用于企业生产经营,补充流动资金的不足。约定借款期限 1 年,年利率 10%,到期一次还本付息。

【解析】企业向其他人员借款的利息支出,应符合企业所得税法有关规定才能税前申报扣除。同时在支付利息时代扣代缴个人所得税。

代扣代缴利息的个人所得税 = 100 × 10% × 20% = 2(万元)

【会计处理】

企业还款时:

借:短期借款	1 000 000	
财务费用	100 000	
贷:银行存款		1 080 000
应交税费——应交个人所得税		20 000

【学中做 7-15】某企业 2 月 20 日作出利润分配决议,宣告派发利润 100 万元。其中个人股东李某应分得 20 万元。3 月 1 日利润通过银行支付给所有股东。计算企业代扣代缴个人所得税额并进行会计处理。

【解析】对个人股东分配利润(股利)应按照"利息、股息、红利所得"代扣代缴个人所得税。

代扣代缴利润的个人所得税 = 20 × 20% = 4(万元)

【会计处理】

企业支付利润时:

借:应付利润——对股东分配	200 000	
贷:银行存款		160 000
应交税费——应交个人所得税		40 000

七、偶然所得及应纳税额核算

偶然所得,是指个人得奖、中奖、中彩以及其他偶然性质的所得,以每次收入额为应纳税所得额,没有扣除。

得奖,是指参加各种有奖竞赛活动,取得名次得到的奖金;中奖、中彩,是指参加各种有奖活动,如有奖销售、有奖储蓄或者购买彩票,经过规定程序,抽中、摇中号码而取得的奖金。偶然所得应缴纳的个人所得税税款,一律由发奖单位或机构代扣代缴。个人取得的所得,难以界定应纳税所得项目的,由国务院税务主管部门确定。偶然所得应纳税额的计算公式为:

$$应纳税额 = 应纳税所得额 \times 适用税率 = 每次收入额 \times 20\%$$

【学中做 7-16】某企业在市民广场开展业务宣传活动,向参加有奖活动的现场群众赠送礼品,按照中奖等级分别赠送价值 5 000 元、1 000 元、500 元、100 元的实物礼品,本次活动共赠送的礼品价值为 11.5 万元。企业记录了领奖人个人信息。计算企业代扣代缴个人所得税税额并进行会计处理。

【解析】企业在业务宣传、广告等活动中,随机向本单位以外的个人赠送礼品,对个人取得的礼品所得,按照"偶然所得"项目,全额适用 20% 的税率缴纳个人所得税。领奖人获得的实物礼品应视为税后所得,因此:

代扣代缴偶然所得的个人所得税 = 115 000 ÷ (1 - 20%) × 20% = 143 750 × 20% = 28 750(元)

【会计处理】

(1) 购买礼品企业支付礼品费用时:

借:销售费用　　　　　　　　　　　　　　　　　　　　　　　　　115 000

　　贷:银行存款　　　　　　　　　　　　　　　　　　　　　　　　　115 000

(2) 代扣代缴偶然所得的个人所得税:

借:销售费用　　　　　　　　　　　　　　　　　　　　　　　　　28 750

　　贷:应交税费——应交个人所得税　　　　　　　　　　　　　　28 750

八、个人纳税所得的其他规定

(1) 个人所得的形式包括现金、实物、有价证券和其他形式的经济利益。所得为实物的,应当按照取得的凭证上所注明的价格计算应纳税所得额,无凭证的实物或者凭证上所注明的价格明显偏低的,参照市场价格核定应纳税所得额;所得为有价证券的,根据票面价格和市场价格核定应纳税所得额;所得为其他形式的经济利益的,参照市场价格核定应纳税所得额。

(2) 所得为外币的,按照办理纳税申报或者扣缴申报的上一月最后一日人民币汇率中间价,折合成人民币计算应纳税所得额。

年度终了后办理汇算清缴的,对已经按月、按季或者按次预缴税款的外币所得,不再重新折算;对应当补缴税款的所得部分,按照上一纳税年度最后一日人民币汇率中间价,折合成人民币计算应纳税所得额。

(3) 对年度综合所得收入不超过 12 万元且需要汇算清缴补税的,或者年度汇算清缴补税金额不超过 400 元的居民个人,可免予办理个人所得税综合所得汇算清缴。

任务四
了解个人所得税的税收优惠政策

《个人所得税法》及其实施条例以及财政部、国家税务总局的若干规定等都对个人所得项目给予了减税免税的优惠,主要有:

一、免征个人所得税优惠

(1) 省级人民政府、国务院部委和中国人民解放军军以上单位,以及外国组织颁发(颁布)的科学、教育、技术、文化、卫生、体育、环境保护等方面的奖金(奖学金),免征个人所得税。

对个人获得曾宪梓教育基金会教师奖、参与"长江小小科学家"和"明天小小科学家"活动、国际青少年消除贫困奖、母亲河(波司登)奖、陈嘉庚科学奖、刘东生青年科学家奖和刘东生地球科学奖学金、全国职工职业技能大赛奖金、中华宝钢环境优秀奖、李四光地质科学奖、黄汲清青年地质科学技术奖等的奖金收入,免征个人所得税。

(2) 国债、地方政府债券和国家发行的金融债券利息,免征个人所得税。

(3) 按照国务院规定发给的政府特殊津贴、院士津贴,以及国务院规定免予缴纳个人所得税的其他补贴、津贴,免征个人所得税。

(4) 福利费、抚恤金、救济金,免征个人所得税。

福利费,是指根据国家有关规定,从企业、事业单位、国家机关、社会团体提留的福利费或者工会经费中支付给个人的生活补助费;救济金,是指各级人民政府民政部门支付给个人的生活困难补助费。

(5) 保险赔款,免征个人所得税。

(6) 军人的转业费、复员费、退役金、补贴、津贴,免征个人所得税。

按照有关政策和法规,下列项目不计入军人工资、薪金所得征税:政府特殊津贴;福利补助;夫妻分居补助;随军家属无工作生活困难补助;独生子女保健费;子女保教补助费;机关在职军以上干部公勤费(保姆费);军粮差价补贴。

对以下五项补贴、津贴,暂不征收个人所得税:军人职业津贴;军队设立的艰苦地区补助;专业性补助;基层军官岗位津贴(营连排长岗位津贴);伙食补贴。

退役士兵取得的一次性退役金以及地方政府发放的一次性经济补助,免征个人所得税。

(7) 按照国家统一规定发给干部、职工的安家费、退职费、退休工资、离休工资、离休生活补助费,免征个人所得税。

(8) 对乡、镇(含乡、镇)以上人民政府或经县(含县)以上人民政府主管部门批准成立的有机构、有章程的见义勇为基金或者类似性质组织,奖励见义勇为者的奖金或奖品,经主管税务机关核准,免征个人所得税。

(9) 个人领取原提存的住房公积金、医疗保险金、基本养老保险金时,免征个人所得税。

按照规定比例缴付社会保险金和住房公积金存入银行个人账户所取得的利息收入,免征个人所得税。

(10) 自 2008 年 10 月 9 日起,对居民储蓄存款利息,暂免征收个人所得税。

（11）生育妇女按照生育保险办法取得的生育津贴、生育医疗费或其他属于生育保险性质的津贴、补贴，免征个人所得税。

（12）工伤职工及其近亲属按照《工伤保险条例》的规定取得的工伤保险待遇，免征个人所得税。

工伤保险待遇，包括一次性伤残补助金、伤残津贴、一次性工伤医疗补助金、一次性伤残就业补助金、工伤医疗待遇、住院伙食补助费、外地就医交通食宿费用、工伤康复费用、辅助器具费用、生活护理费等，以及职工因工死亡，其近亲属按照规定取得的丧葬补助金、供养亲属抚恤金和一次性工亡补助金等。

（13）对个体工商户或个人，以及个人独资企业和合伙企业从事种植业、养殖业、饲养业和捕捞业（以下简称"四业"）取得的所得暂不征收个人所得税。

（14）个人举报、协查各种违法、犯罪行为而获得的奖金，免征个人所得税。

（15）个人办理代扣代缴税款手续，按规定取得的扣缴手续费，免征个人所得税。

（16）个人转让自用达 5 年以上并且是唯一的家庭居住用房取得的所得，免征个人所得税。

（17）延长离退休年龄的高级专家，从其劳动人事关系所在单位取得的，单位按国家有关规定向职工统一发放的工资、薪金、奖金、津贴、补贴等收入，视同离休、退休工资，免征个人所得税。

除上述以外各种名目的津补贴收入，以及从其劳动人事关系所在单位之外的其他地方取得的培训费、讲课费、顾问费、稿酬等各种收入，依法计征个人所得税。高级专家是指享受政府特殊津贴的专家、学者；中国科学院、中国工程院院士。

（18）外籍个人从外商投资企业取得的股息、红利所得，免征个人所得税。

（19）符合条件的外籍专家取得的工资、薪金所得可免征个人所得税，具体内容可以到国家税务总局网站上查询。

（20）对被拆迁人按照国家有关城镇房屋拆迁管理办法规定的标准取得的拆迁补偿款（含因棚户区改造而取得的拆迁补偿款），免征个人所得税。

（21）个人投资者从投保基金公司取得的行政和解金，免征个人所得税。

（22）个人转让上市公司股票取得的所得暂免征收个人所得税。

证券市场个人投资者取得的证券交易结算资金利息所得，暂免征收个人所得税。

（23）个人从公开发行和转让市场取得的上市公司股票，持股期限超过 1 年的，股息红利所得暂免征收个人所得税。

个人从公开发行和转让市场取得的上市公司股票，持股期限在 1 个月以内（含 1 个月）的，其股息红利所得全额计入应纳税所得额；持股期限在 1 个月以上至 1 年（含 1 年）的，暂减按50%计入应纳税所得额；上述所得统一适用 20%的税率计征个人所得税。本规定自 2015 年 9 月 8 日起施行。

（24）个人取得单张有奖发票奖金不超过 800 元（含 800 元）、购买社会福利有奖募捐券、体育彩票一次中奖收入不超过 10 000 元，暂免征收个人所得税。

（25）乡镇企业的职工和农民取得的青苗补偿费，属种植业的收益范围，同时，也属经济损失的补偿性收入，暂不征收个人所得税。

（26）法律援助人员按照规定获得的法律援助补贴，免征个人所得税。

（27）科技人员股权奖励，免征个人所得税。

科研机构、高等学校转化职务科技成果以股份或出资比例等股权形式给予科技人员个人奖励,经主管税务机关审核后,暂不征收个人所得税。

(28) 个人与用人单位解除劳动关系取得一次性补偿收入(包括用人单位发放的经济补偿金、生活补助费和其他补助费),在当地上年职工平均工资 3 倍数额以内的部分,免征个人所得税。

超过 3 倍数额的部分,不并入当年综合所得,单独适用综合所得税税率表,计算纳税。按照国家和地方政府规定的比例实际缴纳的住房公积金、医疗保险费、基本养老保险费、失业保险费,可以在计征个人所得税时予以扣除。

(29) 企业依照国家有关法律规定宣告破产,企业职工从该破产企业取得的一次性安置费收入,免征个人所得税。

(30) 经国务院财政部门批准免税的所得。

二、减征个人所得税优惠

(1) 有下列情形之一的,可以减征个人所得税,具体幅度和期限,由省、自治区、直辖市人民政府规定,并报同级人民代表大会常务委员会备案:①残疾、孤老人员和烈属的所得;②因严重自然灾害造成重大损失的;③国务院可以规定其他减税情形,报全国人民代表大会常务委员会备案。

(2) 对一个纳税年度内在船航行时间累计满 183 天的远洋船员,其取得的工资薪金收入减按 50% 计入应纳税所得额,依法缴纳个人所得税。

(3) 对个体工商户年应纳税所得额不超过 200 万元的部分,减半征收个人所得税。个体工商户在享受现行其他个人所得税优惠政策的基础上,可叠加享受本条优惠政策。个体工商户不区分征收方式,均可享受。

(4) 依法批准设立的非营利性研究开发机构和高等学校依据《中华人民共和国促进科技成果转化法》的规定,从职务科技成果转化收入中给予科技人员的现金奖励,可减按 50% 计入科技人员当月"工资、薪金所得",依法缴纳个人所得税。

任务五
熟悉个人所得税特殊问题的规定

一、全年一次性奖金的规定

全年一次性奖金是指行政机关、企事业单位等扣缴义务人根据其全年经济效益和对雇员全年工作业绩的综合考核情况,向雇员发放的一次性奖金。居民个人取得全年一次性奖金,在 2027 年 12 月 31 日前,可选择不并入当年综合所得,按以下计税办法,由扣缴义务人在发放时代扣代缴。

将居民个人取得的全年一次性奖金,除以 12 个月,按其商数依照按月换算后的综合所得税税率表确定适用税率和速算扣除数(表 7-10),计算公式为:

$$应交个人所得税 = 全年一次性奖金总额 \times 适用税率 - 速算扣除数$$

在一个纳税年度内,对每一个纳税人,该计税办法只允许采用一次。居民个人取得全年一次性奖金,也可以选择并入当年综合所得计算纳税。

居民个人取得除全年一次性奖金以外的其他各种名目奖金,如半年奖、季度奖、加班奖、先进奖、考勤奖等,一律与当月工资、薪金收入合并,缴纳个人所得税。

表 7-10 按月换算后的综合所得税税率表

级　数	全月应纳税所得额	税　率	速算扣除数
1	不超过 3 000 元的部分	3%	0
2	超过 3 000 元至 12 000 元的部分	10%	210
3	超过 12 000 元至 25 000 元的部分	20%	1 410
4	超过 25 000 元至 35 000 元的部分	25%	2 660
5	超过 35 000 元至 55 000 元的部分	30%	4 410
6	超过 55 000 元至 80 000 元的部分	35%	7 160
7	超过 80 000 元的部分	45%	15 160

【学中做 7-17】中国居民李某 2024 年 1 月应发工资 10 000 元,公司按缴费基数扣除社保费和住房公积金 2 000 元,当月享受子女教育 2 000 元和赡养老人 1 500 元两项专项附加扣除。当月发放上年年终奖金 120 000 元。计算李某年终奖金应缴纳的个人所得税。

【解析】

第一种方法:工资和年终奖单独计算个人所得税。

$10\ 000 - 2\ 000 - 5\ 000 - 2\ 000 - 1\ 500 < 0$

工资预扣预缴个人所得税 = 0(元)

年终金适用的税率和速算扣除数为:

每月奖金 = 120 000 ÷ 12 = 10 000(元),按照综合所得税税率表确定适用税率 10%、速算扣除数 210。

年终奖应缴纳个人所得税 = 120 000 × 10% - 210 = 11 790(元)

第二种方法:工资和年终奖合并计算个人所得税。

工资和年终奖应缴纳个人所得税 = (120 000 + 10 000 - 2 000 - 5 000 - 2 000 - 1 500) × 10% - 210 = 11 740(元)

二、个人兼职和退休人员再任职取得收入的规定

个人兼职取得的收入应按照"劳务报酬所得"项目缴纳个人所得税。

退休人员再任职取得的收入,在减除按个人所得税法规定的费用扣除标准后,按"工资、薪金所得"应税项目缴纳个人所得税。

三、个人取得公务交通、通信补贴收入的规定

个人因公务用车和通信制度改革而取得的公务用车、通信补贴收入,扣除一定标准的公务费用后,按照"工资、薪金所得"项目计征个人所得税。按月发放的,并入当月"工资、薪金所得"计征个人所得税;不按月发放的,分解到所属月份并与该月份"工资、薪金所得"合并后计征个人所得税。

公务费用扣除标准,由省级地方税务局根据纳税人公务交通、通信费用实际发生情况调查测算,报经省级人民政府批准后确定,并报国家税务总局备案。

四、内部退养人员取得收入的规定

实行内部退养的个人在其办理内部退养手续后至法定离退休年龄之间从原任职单位取得的工资、薪金,不属于离退休工资,应按"工资、薪金所得"项目计征个人所得税。

个人在办理内部退养手续后从原任职单位取得的一次性收入,应按办理内部退养手续后至法定离退休年龄之间的所属月份进行平均,并与领取当月的"工资、薪金"所得合并后减除当月费用扣除标准,以余额为基数确定适用税率,再将当月工资、薪金加上取得的一次性收入,减去费用扣除标准,按适用税率计征个人所得税。

五、关于廉租住房的个人所得税规定

(1) 对个人按《廉租住房保障办法》的规定取得的廉租住房货币补贴,免征个人所得税;对于所在单位以廉租住房名义发放的不符合规定的补贴,应征收个人所得税。

(2) 个人捐赠住房作为廉租住房的,捐赠额未超过其申报的应纳税所得额30%的部分,准予从其应纳税所得额中扣除。

六、房屋赠与个人所得税的确定

(1) 以下情形的房屋产权无偿赠与,对当事双方不征收个人所得税:

①房屋产权所有人将房屋产权无偿赠与配偶、父母、子女、祖父母、外祖父母、孙子女、外孙子女、兄弟姐妹。②房屋产权所有人将房屋产权无偿赠与对其承担直接抚养或者赡养义务的抚养人或者赡养人。③房屋产权所有人死亡,依法取得房屋产权的法定继承人、遗嘱继承人或者受遗赠人。

(2) 除上述情形之外,房屋产权所有人将房屋产权无偿赠与他人的,受赠人因无偿受赠房屋取得的受赠所得,按照"经国务院财政部门确定征税的其他所得"项目缴纳个人所得税,税率为20%。

(3) 对受赠人无偿受赠房屋计征个人所得税时,其应纳税所得额为房地产赠与合同上标明的赠与房屋价值减除赠与过程中受赠人支付的相关税费后的余额。赠与合同标明的房屋价值明显低于市场价格或房地产赠与合同未标明赠与房屋价值的,税务机关可依据受赠房屋的市场评估价格或采取其他合理方式确定受赠人的应纳税所得额。

(4) 受赠人转让受赠房屋的,以其转让受赠房屋的收入减除原捐赠人取得该房屋的实际购置成本以及赠与和转让过程中受赠人支付的相关税费后的余额为受赠人的应纳税所得额,依法计征个人所得税。受赠人转让受赠房屋价格明显偏低且无正当理由的,税务机关可以依据该房屋的市场评估价格或其他合理方式确定的价格核定其转让收入。

七、关于外籍个人有关津贴的政策

(1) 2027年12月31日前,外籍个人符合居民个人条件的,可以选择享受个人所得税专项附加扣除,也可以选择享受住房补贴、语言训练费、子女教育费等津补贴免税优惠政策,但不得同时享受。外籍个人一经选择,在一个纳税年度内不得变更。

(2) 上述可以享受免税优惠的外籍个人津贴包括:

①外籍个人以非现金形式或实报实销形式取得的住房补贴、伙食补贴、搬迁费、洗衣费。外籍个人按合理标准取得的境内、外出差补贴。外籍个人取得的探亲费、语言训练费、子女教育费等,经当地税务机关审核批准为合理的部分。可以享受免征个人所得税优惠的探亲费,仅限于外籍个人在我国的受雇地与其家庭所在地(包括配偶或父母居住地)之间搭乘交通工具,且每年不超过两次的费用。②受雇于我国境内企业的外籍个人(不包括香港澳门居民个人),因家庭等原因居住在香港、澳门,每个工作日往返于内地与香港、澳门等地区,由此境内企业

(包括其关联企业)给予在香港或澳门住房、伙食、洗衣、搬迁等非现金形式或实报实销形式的补贴,凡能提供有效凭证且经主管税务机关审核确认的。③受雇于我国境内企业的外籍个人(不包括香港澳门居民个人)就其在香港或澳门进行语言培训、子女教育而取得的费用补贴,凡能提供有效支出凭证等材料的,经主管税务机关审核确认为合理的部分。

八、企业向个人支付不竞争款项征收个人所得税的规定

不竞争款项,是指资产购买方企业与资产出售方企业自然人股东之间在资产购买交易中,通过签订保密和不竞争协议等方式,约定资产出售方企业自然人股东在交易完成后一定期限内,承诺不从事有市场竞争的相关业务,并负有相关技术资料的保密义务,资产购买方企业则在约定期限内,按一定方式向资产出售方企业自然人股东所支付的款项。

鉴于资产购买方企业向个人支付的不竞争款项,属于个人因偶然因素取得的一次性所得,因此,资产出售方企业自然人股东取得的所得,应按照"偶然所得"项目计算缴纳个人所得税,税款由资产购买方企业在向资产出售方企业自然人股东支付不竞争款项时代扣代缴。

九、个人提前退休取得补贴收入征收个人所得税的规定

自 2019 年 1 月 1 日起,个人提前退休取得一次性补贴收入征收个人所得税按以下规定执行:个人办理提前退休手续而取得的一次性补贴收入,应按照办理提前退休手续至法定离退休年龄之间实际年度数平均分摊,确定适用税率和速算扣除数,单独适用综合所得税税率表(表 7-1)计算纳税。计算公式:

$$应纳税额 = \{[(一次性补贴收入 \div 办理提前退休手续至法定退休年龄的实际年度数)\\ - 费用扣除标准] \times 适用税率 - 速算扣除数\}\\ \times 办理提前退休手续至法定退休年龄的实际年度数$$

十、企业年金、职业年金个人所得税的规定

企业年金,是指根据 2017 年 12 月 18 日人社部和财政部联合颁布《企业年金办法》的规定,企业及其职工在依法参加基本养老保险的基础上,自愿建立的补充养老保险制度。职业年金是指根据《事业单位职业年金办法》的规定,事业单位及其工作人员在依法参加基本养老保险的基础上,建立的补充养老保险制度。

企业年金和职业年金个人所得税的计算征收按以下规定执行:

1. 企业年金和职业年金缴费的个人所得税处理

(1) 单位根据国家规定的办法和标准,为全体职工缴付的企业年金(职业年金)单位缴费部分,在计入个人账户时,个人暂不缴纳个人所得税。

(2) 个人根据国家有关政策的规定缴付的年金个人缴费部分,在不超过本人缴费工资计税基数的 4% 标准内的部分,暂从个人当期的应纳税所得额中扣除。

(3) 超过规定的标准缴付的年金单位缴费和个人缴费部分,应并入个人当期的工资、薪金所得,依法计征个人所得税。

2. 年金基金投资运营收益分配计入个人账户时,个人暂不缴纳个人所得税

3. 领取年金的个人所得税处理

(1) 个人达到国家规定的退休年龄,领取的企业年金、职业年金,符合规定的,不并入综合所得,全额单独计算应纳税款。其中按月领取的,适用月度税率表(表 7-7)计算纳税;按季领取的,平均分摊计入各月,按每月领取额适用月度税率表计算纳税;按年领取的,适用综合所得税

税率表(表 7-1 或表 7-3)计算纳税。

（2）个人因出境定居而一次性领取的年金个人账户资金,或个人死亡后,其指定的受益人或法定继承人一次性领取的年金个人账户余额,适用综合所得税税率表(表 7-1 或表 7-3)计算纳税。对个人除上述特殊原因外一次性领取年金个人账户资金或余额的,适用月度税率表(表 7-7)计算纳税。

十一、企业促销展业赠送礼品个人所得税的规定

自 2011 年 6 月 9 日起,企业和单位(包括企业、事业单位、社会团体、个人独资企业、合伙企业和个体工商户等,以下简称"企业")在营销活动中以折扣折让、赠品、抽奖等方式,向个人赠送现金、消费券、物品、服务等(以下简称"礼品")有关个人所得税的具体规定如下:

（1）企业在销售商品和提供服务过程中向个人赠送礼品,属于下列情形之一的,不征收个人所得税:

①企业通过价格折扣、折让方式向个人销售商品和提供服务。②企业在向个人销售商品和提供服务的同时给予赠品,如通信企业对个人购买手机赠话费、入网费,或者购话费赠手机等。③企业对累积消费达到一定额度的个人按消费积分反馈礼品。

（2）企业向个人赠送礼品,属于下列情形之一的,取得该项所得的个人应依法缴纳个人所得税,按照"偶然所得"项目,全额适用 20% 的税率缴纳个人所得税。税款由赠送礼品的企业代扣代缴:

①企业在业务宣传、广告等活动中,随机向本单位以外的个人赠送礼品。②企业在年会、座谈会、庆典以及其他活动中向本单位以外的个人赠送礼品。③企业对累积消费达到一定额度的顾客,给予额外抽奖机会,个人的获奖所得。

（3）企业赠送的礼品是自产产品(服务)的,按该产品(服务)的市场销售价格确定个人的应税所得;是外购商品(服务)的,按该商品(服务)的实际购置价格确定个人的应税所得。

十二、个人取得拍卖收入征收的个人所得税规定

（1）自 2007 年 5 月 1 日起,个人通过拍卖市场拍卖个人财产,对其取得所得按以下规定征税:

①作者将自己的文字作品手稿原件或复印件拍卖取得的所得,应以其转让收入额减除 800 元(转让收入额 4 000 元以下)或者 20%(转让收入额 4 000 元以上)后的余额为应纳税所得额,按照"特许权使用费"所得项目适用 20% 税率缴纳个人所得税。②个人拍卖除文字作品原稿及复印件外的其他财产,应以其转让收入额减除财产原值和合理费用后的余额为应纳税所得额,按照"财产转让所得"项目适用 20% 税率缴纳个人所得税。

（2）对个人财产拍卖所得征收个人所得税时,以该项财产最终拍卖成交价格为其转让收入额。

（3）个人财产拍卖所得适用"财产转让所得"项目计算应纳税所得额时,纳税人凭合法有效凭证,从其转让收入额中减除相应的财产原值、拍卖财产过程中缴纳的税金及有关合理费用。

财产原值,是指售出方个人取得该拍卖品的价格(以合法有效凭证为准)。具体为:通过商店、画廊等途径购买的,为购买该拍卖品时实际支付的价款;通过拍卖行拍得的,为拍得该拍卖品实际支付的价款及缴纳的相关税费;通过祖传收藏的,为其收藏该拍卖品而发生的费用;通过赠送取得的,为其受赠该拍卖品时发生的相关税费;通过其他形式取得的,参照以上原则确定财产原值。

拍卖财产过程中缴纳的税金,是指在拍卖财产时纳税人实际缴纳的相关税金及附加。

有关合理费用,是指拍卖财产时纳税人按照规定实际支付的拍卖费(佣金)、鉴定费、评估费、图录费、证书费等费用。

十三、个人以非货币资产投资的个人所得税规定

(1) 个人以非货币性资产投资,属于个人转让非货币性资产和投资同时发生。对个人转让非货币性资产的所得,应按照"财产转让所得"项目,依法计算缴纳个人所得税。

(2) 个人以非货币性资产投资,应按评估后的公允价值确认非货币性资产转让收入。非货币性资产转让收入减除该资产原值及合理税费后的余额为应纳税所得额。

十四、个人终止投资经营收回款项征收个人所得税的规定

(1) 个人因各种原因终止投资、联营、经营合作等行为,从被投资企业或合作项目、被投资企业的其他投资者以及合作项目的经营合作人取得股权转让收入、违约金、补偿金、赔偿金及以其他名目收回的款项等,均属于个人所得税应税收入,应按照"财产转让所得"项目适用的规定计算缴纳个人所得税。

(2) 应纳税所得额的计算公式如下:

$$应纳税所得额 = \begin{matrix} 个人取得的股权转让收入、\\ 违约金、补偿金、赔偿金及以\\ 其他名目收回款项合计数 \end{matrix} - \begin{matrix} 原实际出资额(投入额)\\ 及相关税费 \end{matrix}$$

$$应纳税额 = 应纳税所得额 \times 20\%$$

十五、关于保险营销员、证券经纪人佣金收入的政策

保险营销员、证券经纪人取得的佣金收入,属于劳务报酬所得,以不含增值税的收入减除20%费用后的余额为收入额,收入额减去展业成本及附加税费后,并入当年综合所得,并计算缴纳个人所得税。保险营销员、证券经纪人展业成本按照收入额的25%计算。

扣缴义务人向保险营销员、证券经纪人支付佣金收入时,应以《个人所得税扣缴申报管理办法(试行)》(国家税务总局公告2018年第61号)规定的累计预扣法计算预扣税款。

十六、公益慈善事业捐赠个人所得税政策

(一) 限额扣除规定

(1) 个人通过境内公益性社会组织、县级以上人民政府及其部门等国家机关,向教育、扶贫、济困等公益慈善事业的捐赠(以下简称"公益捐赠"),发生的公益捐赠支出可以按照有关规定在计税时扣除。

(2) 个人发生的公益捐赠支出金额,按照以下规定确定:

①捐赠货币性资产的,按照实际捐赠金额确定。②捐赠股权、房产的,按照个人持有股权、房产的财产原值确定。③捐赠除股权、房产以外的其他非货币性资产的,按照非货币性资产的市场价格确定。

(3) 居民个人按照以下规定扣除公益捐赠支出:

①居民个人发生的公益捐赠支出可以在财产租赁所得,财产转让所得,利息、股息、红利所得,偶然所得(以下统称"分类所得"),综合所得或者经营所得中扣除。②居民个人发生的公益捐赠支出,在综合所得、经营所得中扣除的,扣除限额分别为当年综合所得、当年经营所得应纳税所得额的30%;在分类所得中扣除的,在分类所得中扣除的,扣除限额为当月分类所得应纳税所得额的30%。③居民个人自行决定在综合所得、分类所得、经营所得中扣除的公益捐赠支

出的顺序。

（4）在经营所得中扣除公益捐赠支出，应按以下规定处理：

①个体工商户发生的公益捐赠支出，在其经营所得中扣除。②个人独资企业、合伙企业发生的公益捐赠支出，应当按照合伙企业的分配比例，计算归属于每一个人投资者的公益捐赠支出，个人投资者应将其归属的公益捐赠支出和本人的其他公益捐赠支出合并，在其经营所得中扣除。③经营所得采取核定征收方式的，不扣除公益捐赠支出。

（5）非居民个人发生的公益捐赠支出，未超过其在公益捐赠支出发生的当月应纳税所得额30％的部分，可以从其应纳税所得额中扣除。扣除不完的公益捐赠支出，可以在经营所得中继续扣除。

（二）全额扣除规定

个人对特定事项和特定公益组织的捐赠，税前可全额扣除。

（1）对特定事项捐赠包括：①对公益性青少年活动场所的公益捐赠，税前准予全额扣除。②对老年服务机构的公益捐赠，税前准予全额扣除。③对农村义务教育的公益捐赠，准予在税前全额扣除。对农村义务教育与高中在一起的学校公益捐赠，也享受本政策。④对红十字事业的公益捐赠，税前准予全额扣除。⑤对非关联的科研机构和高等学校用于研发的捐赠。非关联科研机构和高校的研发经费经主管税务机关审核确定，其资助支出可以全额在当年度应纳税所得额中扣除。⑥对其他特定事项的公益捐赠，如个人对于地震灾区、新冠疫情、重大体育赛事等的公益捐赠，根据有关税法规定可在税前全额扣除。

（2）对特定公益组织的捐赠。个人向中华慈善总会、宋庆龄基金会、中国福利会、中国残疾人福利基金会、中国扶贫基金会等20多家单位的公益捐赠，准予税前全额扣除。

任务六
个人所得税申报与管理

个人所得税的纳税办法，全国通用实行的有自行申报纳税和全员全额扣缴申报纳税两种。此外，税收征管法还对无法查账征收的纳税人规定了核定征收的方式，核定征收由各地税务局依据自身情况制定当地的细则，此部分内容省略。

一、自行申报纳税的情形

自行申报纳税，是由纳税人自行在税法规定的纳税期限内，向税务机关申报取得的应税所得项目和数额，如实填写个人所得税纳税申报表，并按照税法规定计算应纳税额，据此缴纳个人所得税的一种方法。有下列情形之一的，纳税人应当依法办理纳税申报：

①取得综合所得需要办理汇算清缴；②取得应税所得没有扣缴义务人；③取得应税所得，扣缴义务人未扣缴税款；④取得境外所得；⑤因移居境外注销中国户籍；⑥非居民个人在中国境内从两处以上取得工资、薪金所得；⑦国务院规定的其他情形。

（一）综合所得需办理汇算清缴的纳税申报

取得综合所得且符合下列情形之一的纳税人，应当依法办理汇算清缴：

（1）从两处以上取得综合所得，且综合所得年收入额减除专项扣除后的余额超过6万元。

（2）取得劳务报酬所得、稿酬所得、特许权使用费所得中一项或者多项所得，且综合所得年收入额减除专项扣除的余额超过 6 万元。

（3）纳税年度内预缴税额低于应纳税额。

（4）纳税人申请退税。

需要办理汇算清缴的纳税人，应当在取得所得的次年 3 月 1 日至 6 月 30 日内，向任职、受雇单位所在地主管税务机关办理纳税申报。纳税人有两处以上任职、受雇单位的，选择向其中一处任职、受雇单位所在地主管税务机关办理纳税申报；纳税人没有任职、受雇单位的，向户籍所在地或经常居住地主管税务机关办理纳税申报。

（二）取得经营所得的纳税申报

个体工商户业主、个人独资企业投资者、合伙企业个人合伙人、承包承租经营者个人以及其他从事生产、经营活动的个人取得经营所得，按年计算个人所得税，由纳税人在月度或季度终了后 15 日内，向经营管理所在地主管税务机关办理预缴纳税申报，并报送《个人所得税经营所得纳税申报表（A 表）》。

在取得所得的次年 3 月 31 日前，向经营管理所在地主管税务机关办理汇算清缴，并报送《个人所得税经营所得纳税申报表（B 表）》；从两处以上取得经营所得的，选择向其中一处经营管理所在地主管税务机关办理年度汇总申报，并报送《个人所得税经营所得纳税申报表（C 表）》。

（三）非居民个人两处以上取得工资、薪金所得的纳税申报

非居民个人在中国境内从两处以上取得工资、薪金所得的，应当在取得所得的次月 15 日内，向其中一处任职、受雇单位所在地主管税务机关办理纳税申报，并报送《个人所得税自行纳税申报表（A 表）》。

二、自行申报纳税方式

（一）个人所得税 APP 申报

1. 个人所得税 APP 下载

在各大应用商店搜索"个人所得税"APP，或在自然人电子税务局下载。

2. 个人所得税 APP 注册和登录

打开个税 APP，下方显示"首页""待办""服务""消息""我的"五个按钮，如图 7-1 所示。点击"我的"进入注册/登录页面，如图 7-2 所示。首次登录需要注册，按照个税 APP 提示要求进行"大厅注册码注册"或"人脸识别注册"。注册完成后登录，将个人信息、任职受雇信息、家庭成员信息录入，为方便补税或者退税，按照提示要求添加银行卡。

3. 专项附加扣除的操作

申报个人所得税前，根据国家税务总局制定的《专项附加扣除操作办法（试行）》，纳税人享受子女教育、继续教育、大病医疗、住房贷款利息或者住房租金、赡养老人、3 岁以下婴幼儿照护专项附加扣除的，应当填报《个人所得税专项附加扣除信息表》。

专项附加扣除信息可在"个人所得税"APP 中，点击"服务"按钮再选择"专项附加扣除填报"完成。准备好"子女教育""继续教育""住房贷款利息或者住房租金"等项目资料，按照个税 APP 提示录入相应的信息，保存、提交即可。若需要修改，按原方法重新录入保存、提交。个税 APP"服务"和"专项附加扣除"页面分别如图 7-3、图 7-4 所示。

下一年度纳税申报时，已验证通过的专项附加扣除信息可"一键带入"，不需要再次填报。

图 7-1　个税 APP 首页

图 7-2　个税 APP 注册/登录

图 7-3　个税 APP"服务"页面

图 7-4　个税 APP"专项附加扣除"页面

4. 综合所得年度汇算清缴

步骤 1：年度终了，个人综合所得年度汇算开始后，先查看年度综合所得收入纳税明细，了解综合所得的各项收入情况。

在个税 APP 首页或点击"服务"模块，查询下有"收入纳税明细"，点击进入，选择纳税记录年度，可查看年度的"工资薪金""劳务报酬""稿酬""特许权使用费"四项综合所得的"收入合计"和"已申报税额合计"。

步骤 2：点击首页"202×综合所得年度汇算"专题页"开始申报"按钮，或进入"服务"模块，在"办税"里点击"综合所得年度汇算"，系统会根据纳税人的收入和纳税情况自动选择合适的

申报方式。

推荐纳税人选择"申报表预填服务",系统会自动预填相关信息,然后点击"开始申报",如图 7-5 所示;核对完个人基础信息和汇算地后,点击"下一步"。

步骤 3:收入和税前扣除。进入"收入和税前扣除"页面,如果系统提示"存在奖金,请在详情中进行确认",需要点击"工资薪金"右侧提示框,选择年终奖计税方式,如图 7-6、图 7-7 所示。根据个人纳税情况,选择"全部并入综合所得计税"或"单独计税"。

步骤 4:查看退(补)税情况。确认收入和税前扣除后,点击"下一步",系统会根据计算结果在左下方显示"应退税额"或"应补税额",点击"下一步"即可完成申报,如图 7-8、图 7-9 所示。

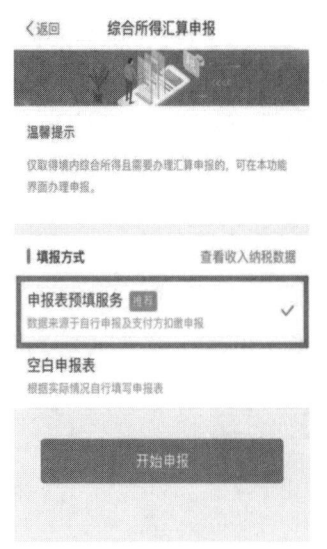

图 7-5　开始申报

图 7-6　年终奖确认

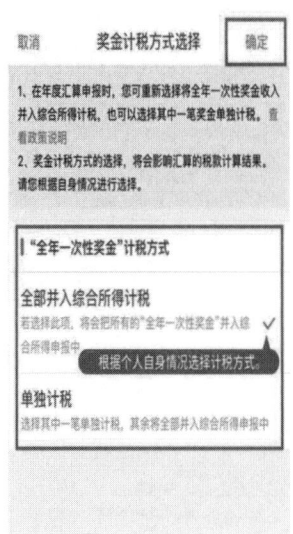

图 7-7　选择年终奖计税方式

图 7-8　退(补)税情况

图 7-9　应退税额或应补税额

（二）自然人电子税务局申报

登录自然人电子税务局，如图 7-10 所示。个人所得税 APP 中所有办税业务，在自然人电子税务局中都可以办理，除此之外还包括了经营所得、其他生产经营所得和个人股权转让所得等纳税申报，如图 7-11 所示。

图 7-10　自然人电子税务局首页

扣除填报	税费申报	我的委托	其他
专项附加扣除填报	综合所得申报	委托代理关系管理	延期申报申请
子女教育	年度汇算（仅取得境内综合所得适用）		
继续教育	年度汇算（取得境外所得适用）		
大病医疗	经营所得申报		
住房贷款利息	经营所得（A表）		
住房租金	经营所得（B表）		
赡养老人	经营所得（C表）		
3岁以下婴幼儿照护	其他生产经营所得（B表）		
个人养老金	分类所得申报		
个人养老金扣除管理	个人股权转让所得 NEW		

图 7-11　自然人电子税务局办税、查询和公众服务等功能

个人根据具体需要，在自然人电子税务可以开具和查询个人纳税记录，可查看税收政策及相关解读、查询办税申请条件、相关流程等办理指南，咨询税务相关问题等。

三、全员全额扣缴申报纳税

根据国家税务总局制定下发的《个人所得税扣缴申报管理办法（试行）》，自 2019 年 1 月 1

日起,扣缴义务人应当在代扣税款的次月 15 日内,向主管税务机关报送其支付所得的所有个人的有关信息、支付所得数额、扣除事项和数额、扣缴税款的具体数额和总额以及其他相关涉税信息资料,称为个人所得税全员全额扣缴申报。

（一）扣缴义务人和代扣预扣税款的范围

（1）扣缴义务人,是指向个人支付所得的单位或者个人,应当依法办理全员全额扣缴申报。

（2）实行个人所得税全员全额扣缴申报的应税所得包括:①工资、薪金所得。②劳务报酬所得。③稿酬所得。④特许权使用费所得。⑤利息、股息、红利所得。⑥财产租赁所得。⑦财产转让所得。⑧偶然所得。

（二）不同项目所得扣缴方法

（1）扣缴义务人向居民个人支付工资、薪金所得时,应当按照累计预扣法计算预扣税款,并按月办理扣缴申报。

（2）扣缴义务人向居民个人支付劳务报酬所得、稿酬所得、特许权使用费所得时,应当按次或者按月预扣预缴税款。

（3）非居民个人取得工资、薪金所得,劳务报酬所得,稿酬所得和特许权使用费所得,有扣缴义务人的,由扣缴义务人按月或者按次代扣代缴税款,不办理汇算清缴。

（4）扣缴义务人支付利息、股息、红利所得,财产租赁所得,财产转让所得或者偶然所得时,应当依法按次或者按月代扣代缴税款。

（5）纳税人需要享受税收协定待遇的,应当在取得应税所得时主动向扣缴义务人提出,并提交相关信息、资料,扣缴义务人代扣代缴税款时按照享受税收协定待遇有关办法办理。

（三）扣缴义务人责任与义务

（1）支付工资、薪金所得的扣缴义务人应当于年度终了后两个月内,向纳税人提供其个人所得和已扣缴税款等信息。

（2）扣缴义务人应当按照纳税人提供的信息计算税款、办理扣缴申报,不得擅自更改纳税人提供的信息。

（3）扣缴义务人对纳税人提供的《个人所得税专项附加扣除信息表》,应当按照规定妥善保存备查。

（4）扣缴义务人应当依法对纳税人报送的专项附加扣除等相关涉税信息和资料保密。

（5）对扣缴义务人按照规定扣缴的税款,按年给 2% 的手续费。不包括税务机关、司法机关等查补或者责令补扣的税款。扣缴手续费可用于提升办税能力、奖励办税人员。

（6）扣缴义务人依法履行代扣代缴义务,纳税人不得拒绝。纳税人拒绝的,扣缴义务人应当及时报告税务机关。

（7）扣缴义务人有未履行法定义务,依照《税收征管法》等相关法律、行政法规处理。

（四）代扣代缴期限

扣缴义务人每月或者每次预扣、代扣的税款,应当在次月 15 日内缴入国库,并向税务机关报送《个人所得税扣缴申报表》。

扣缴义务人首次向纳税人支付所得时,应当按照纳税人提供的纳税人识别号等基础信息,填写《个人所得税基础信息表（A 表）》,并于次月扣缴申报时向税务机关报送。

扣缴义务人对纳税人向其报告的相关基础信息变化情况,应当于次月扣缴申报时向税务机关报送。

任务七
个人所得税智慧化申报实训

一、企业信息

企业名称:北京涉税教学有限公司

信用等级:A

企业行业:涉及所有教学行业

企业所在地区:北京市东城区

社会统一信用代码:91110101282647106

企业地址:北京市东城区天坛街道永康路7460号

法人代表:陈姿汐

企业增值税类型:一般纳税人

注册资本:10 000 000元

企业注册登记类型:有限责任公司

组织机构代码:282647106

授信总额度:20 000 000元

企业电话:010-69546312

二、企业业务资料

(1) 2023年3月工资薪金表(表7-11)。

表7-11　2023年3月工资薪金表　　金额单位:元

工　号	姓　名	身份证号码	本期收入	基本养老保险费	基本医疗保险费	失业保险费	住房公积金	子女教育支出	住房贷款利息支出	住房租金支出
ssjx-001	黄日洪	110115198805027863	15 000	1 120	280	70	1 680	1 000	1 000	0
ssjx-002	周埼淳	110115198704067653	7 900	560	140	35	840	1 000	0	1 500
ssjx-003	吴加减	110115198705087677	9 800	720	180	45	1 080	1 000	0	1 500
ssjx-004	徐涛	110115198812125653	5 000	320	80	20	480	1 000	0	1 500

(2) 本月新增员工一名,有关信息如下:

工号:ssjx-007

证件类型:居民身份证

出生年月:1988-09-13

民族:汉

家庭地址:北京市东城区城乡路201号7楼

联系电话:15022126626

任职岗位:其他人员

入职时间:2023-04-01

当前年度月平均工资:7 500.00元

工资:7 500.00元

姓名:赵玥玥　　性别:女

证件号码:110221198809135116

国籍(地区):中国

户口性质:城镇

参保人员身份:本市职工

任职职业:其他从业人员

上年度月平均工资:6 500.00元

(3) 本月离职员工一名,有关信息如下:

工号:ssjx-004

证件类型:居民身份证

姓名:徐涛　　性别:女

证件号码:110115198812125653

出生年月:1988-12-12　　　　　　　　国籍(地区):中国

民族:汉　　　　　　　　　　　　　　户口性质:城镇

家庭地址:北京市大兴区青礼路 82 号

联系电话:13855648948　　　　　　　参保人员身份:本市职工

任职岗位:其他人员　　　　　　　　　任职职业:其他从业人员

离职时间:2023-04-01　　　　　　　　减退原因:调动

(4) 子女教育专项附加扣除信息。

工号:ssjx-007　　　　　　　　　　　姓名:赵玥玥

证件类型:居民身份证　　　　　　　　证件号码:110221198809135116

子女姓名:赵远(子)　　　　　　　　　证件类型:居民身份证

证件号码:110221201609185116

当前受教育阶段:义务教育　　　　　　受教育日期起:2022-09-01

就读学校名称:北京实验小学　　　　　本人扣除比例:50%

(5) 解除劳动合同一次性补偿金(表 7-12)。

表 7-12　解除劳动合同一次性补偿金　　　　　　　　　　金额单位:元

工　号	姓　名	身份证号码	收入	所在地区上年职工平均工资	备注
ssjx-004	徐　涛	110115198812125653	100 000	25 000	

(6) 劳务报酬(表 7-13)。

表 7-13　劳务报酬

工　号	姓　名	身份证号码	所得项目	劳务报酬所得/元	其他	备注
ssjx-005	胡驭龙	110115198812065679	保险营销员佣金收入	6 500		
ssjx-005	胡驭龙	110115198812065679	一般劳务报酬所得	6 500		

(7) 全年一次性奖金收入(表 7-14)。

表 7-14　全年一次性奖金收入

工　号	姓　名	身份证号码	收入/元	备　注
ssjx-001	黄日洪	110115198805027863	50 000	
ssjx-002	周埼淳	110115198704067653	45 000	
ssjx-003	吴加减	110115198705087677	42 000	
ssjx-004	徐　涛	110115198812125653	40 000	

三、个人所得税代扣代缴计算结果

1. 所得项目:工资薪金所得

税款所属期 2023-03-01 至 2023-03-31,如表 7-15 所示。

2. 所得项目:全年一次性奖金收入

税款所属期 2023-03-01 至 2023-03-31,如表 7-16 所示。

表7-15　工资薪金所得代扣代缴

金额单位:元

工号	姓名	证照号码	累计收入	累计免税收入	累计减除费用	累计扣除项目合计	累计应纳税所得额	累计准予扣除的捐赠额	税率	速算扣除数	累计应纳税额	累计减免税额	已扣缴税额	应补(退)税额	累计扣缴税额
ssjx-001	黄日洪	110115198805027863	45 000.00	0.00	15 000.00	15 450.00	14 550.00	0.00	3%	0.0	436.50	0.00	291.00	145.50	436.50
ssjx-002	周崎淳	110115198704067653	23 700.00	0.00	15 000.00	12 225.00		0.00	3%	0		0.00	0.00	0.00	0.00
ssjx-003	吴加减	110115198705087677	29 400.00	0.00	15 000.00	13 575.00	825.00	0.00	3%	0.0	24.75	0.00	16.50	8.25	24.75
ssjx-004	徐涛	110115198812125653	15 000.00	0.00	15 000.00	10 200.00		0.00	3%	0		0.00	0.00	0.00	0.00

表7-16　全年一次性奖金收入扣代缴

金额单位:元

工号	姓名	证照号码	收入	免税收入	应纳税所得额	扣除项目合计	准予扣除的捐赠额	税率	速算扣除数	应纳税额	减免税额	已扣缴税额	应补(退)税额	应缴税额
ssjx-001	黄日洪	110115198805027863	50 000.00	0.00	50 000.00	0.00	0.00	10%	210.00	4 790.00	0.00	0.00	4 790.00	4 790.00
ssjx-002	周崎淳	110115198704067653	45 000.00	0.00	45 000.00	0.00	0.00	10%	210.00	4 290.00	0.00	0.00	4 290.00	4 290.00
ssjx-003	吴加减	110115198705087677	42 000.00	0.00	42 000.00	0.00	0.00	10%	210.00	3 990.00	0.00	0.00	3 990.00	3 990.00
ssjx-004	徐涛	110115198812125653	40 000.00	0.00	40 000.00	0.00	0.00	10%	210.00	3 790.00	0.00	0.00	3 790.00	3 790.00

表7-17　解除劳动合同一次性补偿金代扣代缴

金额单位:元

工号	姓名	证照号码	收入	免税收入	应纳税所得额	扣除项目合计	准予扣除的捐赠额	税率	速算扣除数	应纳税额	减免税额	已缴税额	应补(退)税额	应缴税额
ssjx-004	徐涛	110115198812125653	100 000	75 000	25 000.00	0.00	0.00	3%	0.0	750.00	0.00	0.00	750.00	750.00

表7-18　保险营销员佣金收入代扣代缴

金额单位:元

工号	姓名	证照号码	累计收入	累计免税收入	累计减除费用	累计扣除项目合计	累计应纳税所得额	准予扣除的捐赠额	税率	速算扣除数	累计应纳税额	累计减免税额	已缴税额	应补(退)税额	累计扣缴税额
ssjx-005	胡驭龙	110115198812065679	6 500	0.00	5 000.00	1 300.00	0.00	0.00	3%	0.0	0.00	0.00	0.00	0.00	0.00

表7-19　一般劳务报酬所得代扣代缴

金额单位:元

工号	姓名	证照号码	收入	费用	扣除项目合计	应纳税所得额	税率	速算扣除数	应纳税额	减免税额	已缴税额	应补(退)税额	应缴税额
ssjx-005	胡驭龙	110115198812065679	6 500	1 300.00	0.00	5 200.00	20%	0.0	1 040.00	0.00	0.00	1 040.00	1 040.00

3．所得项目：解除劳动合同一次性补偿金

税款所属期 2023-03-01 至 2023-03-31，如表 7-17 所示。

4．所得项目：保险营销员佣金收入

税款所属期 2023-03-01 至 2023-03-31，如表 7-18 所示。

【解析】保险营销员、证券经纪人取得的佣金收入，属于劳务报酬所得，以不含增值税的收入减除 20% 的费用后的余额为收入额，收入额减去展业成本及附加税费后，并入当年综合所得，并计算缴纳个人所得税。保险营销员、证券经纪人展业成本按照收入额的 25% 计算，适用工资薪金所得预扣税率表，则：劳务所得 = 劳务收入 - 展业成本和附加税费 - 累计减除费用 = $(6\ 500 - 6\ 500 \times 20\%) - 6\ 500 \times 25\% - 5\ 000 = -1\ 425$（元），当期暂不缴纳个人所得税。

5．所得项目：一般劳务报酬所得

税款所属期 2023-03-01 至 2023-03-31，如表 7-19 所示。

一般劳务报酬所得应预扣预缴个人所得税额 = 收入 ×（1 - 20%）× 预扣率 - 速算扣除数 = $6\ 500 \times (1 - 20\%) \times 20\% - 0 = 1\ 040$（元）

四、个人所得税智慧化申报模拟

步骤 1：登录"EPC 金税平台——智能税务申报与管理"教学平台。以给定的学生账号和密码登录教学平台和已开设的课程，如图 7-12、图 7-13 所示。

图 7-12　"EPC 金税平台——智能税务申报与管理"教学平台

图 7-13　"智能税务申报与管理"实训内容

步骤 2:进入课程后,点击模拟的"自然人电子税务局(扣税端)"按钮,进入单位代扣代缴个人所得税申报页面,如图 7-14 所示。本实训内容包括人员信息采集、专项附加扣除信息采集、个人养老金扣除信息采集、综合所得申报、分类所得申报、非居民所得申报、限售股所得申报、税款缴纳等,按照实训提供的背景单位完成个人所得税申报实训。

图 7-14 单位代扣代缴个人所得税申报内容

步骤 3:根据实训提供的"人员入职信息"在"人员信息采集"里"添加"新员工一名,如图 7-15 所示;完成后保存返回,点击"报送",如图 7-16 所示。完成新增人员信息采集,后续才能录入其他相关信息和进行纳税申报。

步骤 4:根据实训提供的"子女教育专项附加扣除信息"在"专项附加扣除信息采集"里"添加"新员工的专项附加扣除信息,如图 7-17 所示,完成后保存返回,点击"报送"。实际工作中员工本人登录过税务部门的"自然人电子税务局",完成个人专项附加扣除信息采集后,企业可以"下载更新"获得。

步骤 5:根据实训提供的"工资薪金表、解除劳动合同一次性补偿金、劳务报酬(一般劳务、其他非连续性劳务)、劳务报酬(保险营销员、证券经纪人、其他连续劳务)和全年一次性奖金收入"等资料在"综合所得申报"里分别填写对应的纳税申报表,按"收入及减除填写—税款计算—附表填写—申报表报送"四个步骤,即可完成个人所得税代扣代缴申报工作,如图 7-18 至图 7-21 所示。

图 7-15　新增人员信息采集

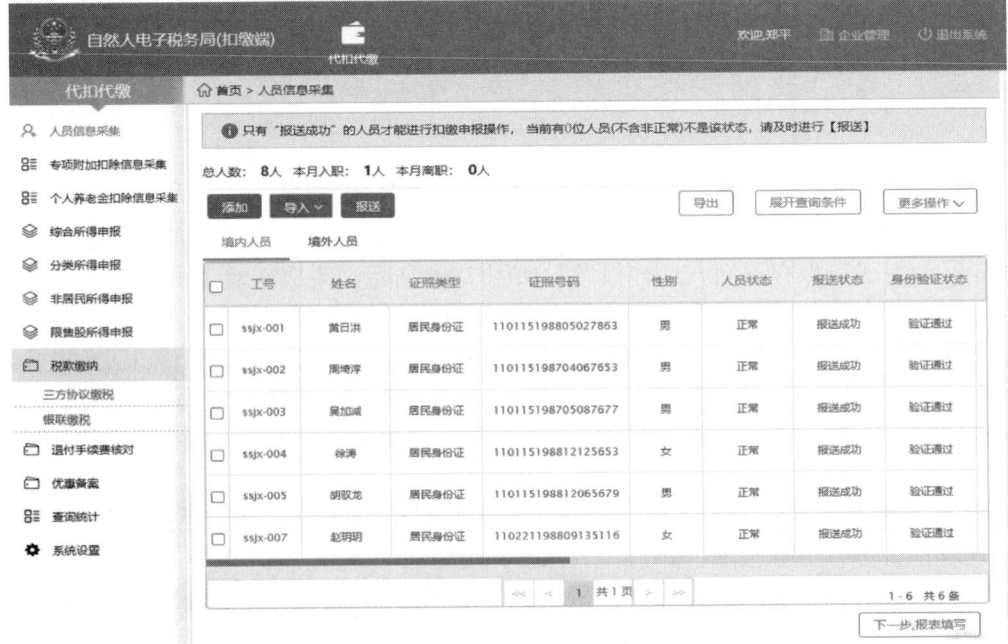

图 7-16　新人员信息采集后报送

图 7-17　添加新员工专项附加扣除信息

图 7-18　综合所得申报(收入及减除填写)

图 7-19 综合所得申报（税款计算）

图 7-20 综合所得申报（附表填写）

图 7-21　综合所得申报(申报表报送)

说明:填写工资薪金、全年一次性奖金收入等数据较多的申报表,可以通过下载模板,在 Excel 上处理完数据后导入申报表。

 技能训练

一、单项选择题

1. 下列补贴中,属于个人所得税"工资、薪金所得"征税范围的是(　　　)。

A. 独生子女补贴　　　　　　　　　　B. 劳动分红

C. 外国来华留学生领取的奖学金　　　D. 差旅费津贴、误餐补助

2. 下列各项中,不属于我国居民纳税人的是(　　　)。

A. 在我国工作两年的外籍专家

B. 在我国有住所,因学习在美国居住半年的李某

C. 被所在公司派来我国进行技术指导、在我国工作 3 个月的美国人迈克

D. 2024 年 1 月 1 日来华学习,9 月回国的朱莉

3. 下列支出中,不属于居民个人的专项附加扣除的是(　　　)。

A. 子女教育支出　　　　　　　　　　B. 赡养老人的支出

C. 按规定缴纳的住房公积金　　　　　D. 住房租金支出

4. 下列各项中,按照利息、股息、红利所得征税的是(　　　)。

A. 从事个体出租车运营的出租车驾驶员取得的收入

B. 兼职律师从律师事务所取得的工资

C. 股份公司(非个人独资企业、合伙企业)的个人投资者以企业资金为本人购买的住房

D. 个人独资企业的个人投资者以企业资金为本人购买的汽车

5. 下列各项中,按经营所得税目缴纳个人所得税的是(　　　)。

A. 个人独资企业的投资者以独资企业资本金进行个人消费

B. 股份制企业以盈余公积转增股本,个人股东获利部分

C. 股份制企业的个人投资者以该企业的资本金进行个人消费

D. 股份制企业的个人投资者从该企业借款,超过 12 个月仍未归还的借款

6. 下列选项应按照"财产转让所得"项目计征个人所得税的是(　　)。

A. 个人取得的转租收入

B. 员工因拥有股权而参与企业税后利润分配取得的所得

C. 股份制企业为个人股东购买住房而支出的款项

D. 个人转让限售股取得的所得

7. 关于综合所得专项附加扣除中的子女教育支出,下列说法错误的是(　　)。

A. 在税前扣除子女教育支出时,必须留存学校录取通知书等相关教育的证明资料备查

B. 纳税人的子女接受全日制学历教育的相关支出,按照每个子女每月 1 000 元的标准定额扣除

C. 年满 3 岁至小学入学前处于学前教育阶段的子女,按照子女教育支出扣除

D. 父母可以选择由其中一方按扣除标准的 100% 扣除,也可以选择由双方分别按扣除标准的 50% 扣除

8. 张欣 2024 年 3 月取得全年一次性奖金 39 000 元,当月张欣的工资收入为 8 000 元,各项扣除合计为 1 240 元。张欣对全年一次性奖金选择单独计算纳税,该项全年一次性奖金应缴纳个人所得税(　　)元。

A. 1 140　　　　　　　B. 3 590　　　　　　　C. 1 380　　　　　　　D. 3 690

9. 某个体工商户发生的下列支出中,允许在个人所得税税前扣除的是(　　)。

A. 家庭生活用电支出

B. 直接向某灾区小学的捐赠

C. 已缴纳的城市维护建设税及教育费附加

D. 代公司员工负担的个人所得税税款

10. 下列关于个人所得税征收管理规定的说法中,错误的是(　　)。

A. 居民纳税人取得综合所得需要办理汇算清缴的,应当在取得所得的次年 3 月 1 日至 6 月 30 日内办理汇算清缴

B. 纳税人取得应税所得没有扣缴义务人的,应当在取得所得的次月 15 日内向税务机关报送纳税申报表,并缴纳税款

C. 纳税人取得应税所得,扣缴义务人未扣缴税款的,纳税人应当在次年 6 月 30 日前,缴纳税款;税务机关通知限期缴纳的,纳税人应当按照期限缴纳税款

D. 纳税人从中国境外取得所得的,应当在取得所得的次年 3 月 31 日前申报纳税

二、多项选择题

1. 下列个人所得按综合所得中"劳务报酬所得"项目缴纳个人所得税的有(　　)。

A. 独立董事的董事费收入　　　　　　　B. 劳动分红

C. 高校教师受聘给企业讲座取得的收入　　D. 在校学生参加勤工俭学活动取得的收入

2. 以下各项所得适用超额累进税率形式的有(　　)。

A. 综合所得

B. 股息所得

C. 财产转让所得

D. 个人独资企业投资者取得的生产经营所得

3. 对个体工商户的生产经营所得在计算个人所得税时,允许对一些支出项目按一定标准予以税前扣除。下列关于税前扣除项目和标准的表述中,正确的有(　　　　)。

A. 个体工商户业主的工资薪金可以据实扣除

B. 实际支付给从业人员合理的工资薪金和缴纳的"五险一金"可以税前扣除

C. 在经营过程中发生的业务招待费可以据实扣除

D. 以经营租赁方式租入固定资产发生的租赁费支出,按照租赁期限均匀扣除

4. 居民个人取得的下列收入中,按照劳务报酬项目预扣预缴个人所得税的有(　　　　)。

A. 保险营销人员取得的佣金收入

B. 企业对非雇员以免费旅游形式给予的营销业绩奖励

C. 仅担任董事而不在该公司任职的个人取得的董事费

D. 公司职工取得的用于购买企业国有股权的劳动分红

5. 非居民个人史密斯先生,2023 年 4 月 12 日从中国境内 A 公司取得特许权使用费 8 000元,取得 B 上市公司股息 5 000 元(已知该股票于 2023 年 3 月 25 日购入,4 月 21 日转让)。下列说法正确的有(　　　　)。

A. 史密斯先生特许权使用费应纳税所得额为 6 400 元

B. A 公司应扣缴个人所得税额 430 元

C. A 公司应扣缴个人所得税额 1 280 元

D. B 上市公司应扣缴个人所得税 1 000 元

6. 下列项目中,适用代扣代缴纳税方式的有(　　　　)。

A. 稿酬所得

B. 利息、股息、红利所得

C. 偶然所得

D. 经营所得

7. 下列关于专项附加扣除的表述中,正确的有(　　　　)。

A. 子女教育支出扣除标准为每个子女每月 1 000 元,多个子女均可扣除

B. 职业资格继续教育支出扣除标准为每年 4 800 元

C. 住房贷款利息扣除标准为每月 1 000 元,扣除期限最长不超过 240 个月

D. 赡养老人支出独生子女扣除标准为每月 2 000 元,多位老人均可扣除

8. 下列各项所得中,应当缴纳个人所得税的有(　　　　)。

A. 个人取得的国库券利息

B. 个人取得的铁路债券利息

C. 个人取得的国家发行的金融债券利息

D. 个人取得持股 1 个月的上市公司股息

9. 下列有关个人所得税税收优惠的表述中,正确的有(　　　　)。

A. 国债利息和保险赔偿款免征个人所得税

B. 个人领取原提存的住房公积金免征个人所得税

C. 残疾、孤老人员和烈属的所得可减征个人所得税

D. 个人举报违法行为获得的奖金免征个人所得税

10. 下列中国公民中,应进行个人所得税自行申报的有(　　　　)。

A. 从我国境外取得专利权转让所得的李某

B. 在两处取得综合所得,且综合所得年收入额扣除专项扣除后的余额为 15 万元的张某

C. 取得经营所得的个体工商户赵某

　　D. 2023 年取得转让某境内上市公司股票所得 16 万元的王某

三、思考题

　　1. 国家征收个人所得税有什么意义,个人所得税缴纳对每一个公民的影响有哪些?

　　2. 综合所得有哪些,适用的税率是多少,这个超额累进税率高不高?

　　3. 如果你的年终奖金是 80 000 元,是并入综合所得一起计税,还是按照全年一次性奖金政策单独计税,怎样选择比较好?

　　4. 健全的会计核算对经营所得的个人所得税准确计算有什么意义? 举例说明。

　　5. 个人出租住房除了缴纳个人所得税,还要缴纳哪些税费?

　　6. 买卖股票获得的收益需要交个人所得税吗,分得股票红利需要交个人所得税吗?

　　7. 请说出至少五项个人所得税优惠。

　　8. 专项附加扣除政策有哪些,有什么现实意义?

　　9. 说明企业代扣代缴个人所得税的账务处理步骤。

项目八

财产和行为税智慧化申报与管理

 学习目标

知识目标

(1) 掌握各项财产和行为税的概念。

(2) 掌握各项财产和行为税的征税范围。

(3) 掌握各项财产和行为税的税目、税率和计税依据。

(4) 掌握各项财产和行为税的税收优惠。

(5) 了解各项财产和行为税的纳税申报的时间、地点和期限。

能力目标

(1) 能认识征收各项财产和行为税对国计民生的重要意义。

(2) 能识别各项财产和行为税纳税人及征税环节。

(3) 能熟练运用各项财产和行为税计税依据、税率及税收优惠,正确计算各项税的应纳税额。

(4) 能熟练进行部分财产和行为税的智能申报纳税。

素养目标

(1) 通过了解各项财产和行为税的概念及意义,认识税收具有调节贫富差距,促进社会公平和谐、经济与自然环境和谐发展、经济高效发展与平衡发展的重要功能,增强纳税的责任意识,培养爱国情怀。

(2) 通过学习各项财产和行为税的征税范围及税收减免政策,认识这些税种在提高人民生活质量方面的作用,提升民族认同感和责任感。

任务一
房产税申报与管理

房产税是以房屋为征税对象,按照房产的计税余值或租金收入,向产权所有人征收的一种财产税。我国现行房产税基本法规是 1986 年 9 月 15 日国务院发布的《中华人民共和国房产税暂行条例》(以下简称《房产税暂行条例》)。

一、房产税征税对象、征税范围

房产税的征税对象是房产,是指有屋面和围护结构(有墙或两边有柱),能够遮风避雨,可供人们在其中生产、学习、工作、娱乐、居住或储藏物资的场所。独立于房屋之外的建筑物,如围墙、烟囱、水塔、室外游泳池等不属于房产。

房产税的征税范围是城市、县城、建制镇和工矿区。具体规定如下:

(1) 城市,是指国务院批准设立的市。城市的征税范围为市区、郊区和市辖县县城,不包括农村。

(2) 县城,是指未设立建制镇的县人民政府所在地。

(3) 建制镇,是指经省、自治区、直辖市人民政府批准设立的建制镇。建制镇的征税范围为镇人民政府所在地,不包括所辖的行政村。

(4) 工矿区,是指工商业比较发达、人口比较集中、符合国务院规定的建制镇标准,但尚未设立建制镇的大中型工矿企业所在地。开征房产税的工矿区须经省、自治区、直辖市人民政府批准。

二、房产税的纳税人

房产税由产权所有人缴纳。产权属于全民所有的,由经营管理的单位缴纳。产权出典的,由承典人缴纳。产权所有人、承典人不在房产所在地的,或者产权未确定及租典纠纷未解决的,由房产代管人或者使用人缴纳。

上述列举的产权所有人、经营管理单位、承典人、房产代管人或者使用人,统称为纳税义务人(以下简称“纳税人”)。

三、房产税计税依据与税率

房产税的计税依据有房产计税价值和房产租金收入两种。

(一) 房产计税价值

(1) 房产计税价值,是指房产原值一次减除 10%～30% 后的余额。具体减除幅度,由省、自治区、直辖市人民政府根据当地具体情况确定。没有房产原值作为依据的,由房产所在地税务机关参考同类房产核定。

(2) 对依照房产原值计税的房产,不论是否记载在会计账簿固定资产科目中,均应按照房屋原价计算缴纳房产税。房屋原价应根据国家有关会计制度规定进行核算。对纳税人未按国家会计制度规定核算并记载的,应按规定予以调整或重新评估。

(3) 自 2010 年 12 月 21 日起,对按照房产原值计税的房产,无论会计上如何核算,房产原值均应包含地价,包括为取得土地使用权支付的价款、开发土地发生的成本费用等。宗地容积

率低于 0.5 的,按房产建筑面积的 2 倍计算土地面积并据此确定计入房产原值的地价。

（4）房产原值应包括与房屋不可分割的各种附属设备或一般不单独计算价值的配套设施。主要有:暖气、卫生、通风、照明、煤气等设备;各种管线,如蒸汽、压缩空气、石油、给水排水等管道及电力、电信、电缆导线;电梯、升降机、过道、晒台等。属于房屋附属设备的水管、下水道、暖气管、煤气管等应从最近的探视井或三通管起,计算原值;电灯网、照明线从进线盒连接管起,计算原值。

自 2006 年 1 月 1 日起,为了维持和增加房屋的使用功能或使房屋满足设计要求,凡以房屋为载体,不可随意移动的附属设备和配套设施,如给排水、采暖、消防、中央空调、电气及智能化楼宇设备等,无论在会计核算中是否单独记账与核算,都应计入房产原值,计征房产税。对于更换房屋附属设备和配套设施的,在将其价值计入房产原值时,可扣减原来相应设备和设施的价值;对附属设备和配套设施中易损坏、需要经常更换的零配件,更新后不再计入房产原值。

（5）纳税人对原有房屋进行改建、扩建的,要相应增加房屋的原值。

（二）房产租金收入

对于企业出租的房产,应以房产租金收入为房产税的计税依据。房产租金收入是指企业出租房产所得到的报酬,包括货币收入和实物收入。对于以劳务或其他形式作为报酬抵付房屋租金收入的,应当根据当地同类房产的租金水平,确定一个标准租金,按规定计征房产税。

个人出租的房产,不分用途,均应按房屋租金收入征收房产税。

此外,关于房产税的从价计征和从租计征,还应注意以下几个问题:

（1）对于投资联营的房产,在计征房产税时应予以区别对待。对于以房产投资联营、投资者参与投资利润分红、共担风险的,按房产余值作为计税依据计征房产税;对以房产投资收取固定收入、不承担联营风险的,实际是以联营名义取得房产租金,应根据《房产税暂行条例》的有关规定由出租方按租金收入计缴房产税。

（2）融资租赁的房产,由承租人自融资租赁合同约定开始日的次月起依照房产余值缴纳房产税。合同未约定开始日的,由承租人自合同签订的次月起依照房产余值缴纳房产税。

（3）居民住宅区内业主共有的经营性房产应缴纳房产税。从 2007 年 1 月 1 日起,对居民住宅区内业主共有的经营性房产,由实际经营（包括自营和出租）的代管人或使用人缴纳房产税。其中自营的,依照房产原值减除 10%～30% 后的余值计征;没有房产原值或不能将业主共有房产与其他房产的原值准确划分开的,由房产所在地税务机关参照同类房产核定房产原值;出租的,依照租金收入计征。

（三）房产税税率

房产税采用比例税率、从价计征。

依照房产余值计算缴纳的,年税率为 1.2%;依照房产租金收入计算缴纳的,年税率为 12%。个人出租居民住房的租金收入,年税率为 4%。

四、房产税的计算和会计核算

房产税的计算有以下两种方法:

（1）房产原值一次减除 10%～30% 后的余值计算。其计算公式为:

$$年应纳税额 = 房产账面原值 \times (1 - 减除比例) \times 1.2\%$$

（2）按租金收入计算,其计算公式为:

$$年应纳税额 = 年租金收入 \times 适用税率(12\% 或 4\%)$$

以上方法是按年计征的,如按半年、季、月缴纳,则相应按期平均计算应纳税额。

【学中做 8-1】某房地产开发公司城区有办公楼一幢,"固定资产——房屋"账面原值为5 800 万元;企业另有两幢写字楼,专门用于出租,每年租金收入为 1 200 万元。当地政府规定,按房产原值扣除 30% 后作为房产的计税余值,每半年缴纳一次房产税。计算房地产开发公司应纳的房产税并作会计处理。

【解析】

(1) 自用办公楼年应纳房产税税额 = 5 800 × (1 − 30%) × 1.2% = 48.72(万元)

半年应纳税额 = 年应纳税额 ÷ 2 = 48.72 ÷ 2 = 24.36(万元)

(2) 出租写字楼的租金收入年应纳房产税税额 = 1 200 × 12% = 144(万元)

半年应纳税额 = 144 ÷ 2 = 72(万元)

【会计处理】

借:税金及附加   96.36

　　贷:应交税费——应交房产税   96.36

五、房产税的免税优惠

(1) 国家机关、人民团体、军队自用的房产,是指这些单位本身的办公用房和公务用房。

(2) 由国家财政部门拨付事业经费的单位自用的房产,是指这些单位本身的业务用房。

(3) 宗教寺庙、公园、名胜古迹自用的房产。宗教寺庙自用的房产,是指举行宗教仪式等的房屋和宗教人员使用的生活用房屋。公园、名胜古迹自用的房产,是指供公共参观游览的房屋及其管理单位的办公用房屋。

公园、名胜古迹中附设的营业单位(如影剧院、饮食部、茶社、照相馆等)使用的房产及出租的房产,应征收房产税。

(4) 个人所有的非营业用的房产。

(5) 财政部批准的其他免税房产。

(6) 纳税单位与免税单位共同使用的房屋,应划分清楚,按规定分别确定征免房产税;如划分不清楚,则一律征收房产税。

(7) 企业办的各类学校、医院、托儿所、幼儿园自用的房产,可以比照由国家财政部门拨付事业经费的单位自用的房产,免征房产税。

对非营利性医疗机构、疾病控制机关和妇幼保健机构等卫生机构自用的房产免征房产税。

(8) 根据房产税暂行条例的规定,不在开征地区范围之内的工厂、仓库,不征收房产税。

(9) 经有关部门鉴定,对毁损不堪居住的房屋和危险房屋,在停止使用后,可免征房产税。

(10) 房屋大修停用在半年以上的,在大修期间可免征房产税。

(11) 房地产开发企业建造的商品房,在出售前不征收房产税。但出售前房地产开发企业已使用或出租、出借的商品房,应按规定征收房产税。

(12) 凡是在基建工地为建设服务的各种工棚、材料棚、休息棚、办公室、食堂、茶炉房、汽车房等临时性房屋,交施工企业使用的,在施工期间,一律免征房产税。

在基建工程结束后,施工企业将这种临时性房屋交还或者低价转让给基建单位的,应当从基建单位接收的次月起,依照规定缴纳房产税。

(13) 为推进国有经营性文化事业单位转企改制,对由财政部门拨付事业经费的文化事业单位转制为企业的,自转制注册之日起 5 年内对其自用房产免征房产税。2018 年 12 月 31 日之前已完成转制的企业,自 2019 年 1 月 1 日起,对其自用房产可继续免征 5 年房产税。

　　（14）自2019年6月1日至2025年12月31日，为社区提供养老、托育、家政等服务的机构自用或其通过承租、无偿使用等方式取得并用于提供社区养老、托育、家政服务的房产免征房产税。

六、房产税的申报管理

1. 纳税义务发生时间

　　将原有房产用于生产经营的，从生产经营之月起；自建的房屋用于生产经营的，自建成之日的次月起；委托施工企业建设的房屋，从办理验收手续之日的次月起；购置新建商品房，自房屋交付使用之次月起；购置存量房，自房登记机关签发房屋权属证书之次月起；出租、出借房产，自交付房产之次月起；房地产开发企业自用、出租、出借本企业建造的商品房，自房屋使用或交付之次月起。

2. 纳税期限

　　房产税实行按年计算、分期缴纳的征收方法，具体纳税期限由省、自治区、直辖市人民政府确定。

3. 纳税地点

　　房产税由房产所在地的税务机关征收。房产不在一地的纳税人，应按房产的坐落地点，分别向房产所在地的税务机关缴纳房产税。

4. 纳税申报表

　　自2021年6月1日起，纳税人申报缴纳城镇土地使用税、房产税、车船税、印花税、耕地占用税、资源税、土地增值税、契税、环境保护税、烟叶税中一个或多个税种时，使用财产和行为税纳税申报表、财产和行为税减免税明细申报附表，如表8-1和表8-2所示。纳税人新增税源或税源变化时，需先填报财产和行为税税源明细表，再填报城镇土地使用税 房产税税源明细表，如表8-3所示。

任务二
契税申报与管理

　　契税，是以在中华人民共和国境内转移土地、房屋权属为征税对象，向承受权属的单位和个人征收的一种财产税。现行契税法的基本规范是2020年8月11日第十三届全国人民代表大会常务委员会第二十一次会议表决通过，并于2021年9月1日开始施行的《中华人民共和国契税法》（以下简称《契税法》）。

一、契税的纳税人和征收范围

（一）契税的纳税人

　　在我国境内转移土地、房屋权属，承受的单位和个人为契税的纳税人。

（二）契税的征收范围

　　契税以在我国境内转移土地、房屋权属的行为作为征税对象，征收契税的土地、房屋权属，具体为土地使用权、房屋所有权，包括：

　　（1）土地使用权出让。

　　（2）土地使用权转让，包括出售、赠与、互换；不包括土地承包经营权和土地经营权的转移。

表 8-1　财产和行为税纳税申报表

纳税人识别号（统一社会信用代码）：□□□□□□□□□□□□□□□□□□

纳税人名称：

金额单位：人民币元（列至角分）

序号	税种	税目	税款所属期起	税款所属期止	计税依据	税率	应纳税额	减免税额	已缴税额	应补（退）税额
1										
2										
3										
4										
5										
6										
7										
8										
9										
10										
11	合计	—	—	—	—	—				

声明：此表是根据国家税收法律法规及相关规定填写的，本人（单位）对填报内容（及附带资料）的真实性、可靠性、完整性负责。

纳税人（签章）：　　　　　　　　年　　月　　日

	受理人：
	受理税务机关（章）：
	受理日期：　　年　　月　　日

经办人：

经办人身份证号：

代理机构签章：

代理机构统一社会信用代码：

纳税人识别号(统一社会信用代码)：□□□□□□□□□□□□□□□□□□

纳税人名称：　　　　　　　　　　　　　　　　　　　　　金额单位：人民币元(列至角分)

表8-2 财产和行为税减免税明细申报附表

本期是否适用增值税小规模纳税人减征政策	□是 □否	本期适用增值税小规模纳税人减征政策起始时间		年 月
		本期适用增值税小规模纳税人减征政策终止时间		年 月
合计减免税额				

城镇土地使用税

序号	土地编号	税款所属期起	税款所属期止	减免性质代码和项目名称	减免税额
1					
2					
小计	—			—	

房产税

序号	房产编号	税款所属期起	税款所属期止	减免性质代码和项目名称	减免税额
1					
2					
小计	—			—	

车船税

序号	车辆识别代码/船舶识别码	税款所属期起	税款所属期止	减免性质代码和项目名称	减免税额
1					
2					
小计	—			—	

印花税

序号	税目	税款所属期起	税款所属期止	减免性质代码和项目名称	减免税额
1					
2					
小计	—			—	

资源税

序号	税目	子目	税款所属期起	税款所属期止	减免性质代码和项目名称	减免税额
1						
2						
小计	—				—	

 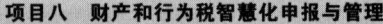
续　表

耕地占用税

序号	税源编号	税款所属期起	税款所属期止	减免性质代码和项目名称	减免税额
1					
2	—			—	
小计					

契税

序号	税源编号	税款所属期起	税款所属期止	减免性质代码和项目名称	减免税额
1					
2	—			—	
小计					

土地增值税

序号	项目编号	税款所属期起	税款所属期止	减免性质代码和项目名称	减免税额
1					
2	—			—	
小计					

环境保护税

序号	税源编号	污染物类别	污染物名称	税款所属期起	税款所属期止	减免性质代码和项目名称	减免税额
1							
2	—	—				—	
小计							

声明：此表是根据国家税收法律法规及相关规定填写的，本人（单位）对填报内容（及附带资料）的真实性、可靠性、完整性负责。

纳税人（签章）：　　　　　　　　　受理人：

经办人：　　　　　　　　　　　　　受理税务机关（章）：

经办人身份证号：

代理机构统一社会信用代码：　　　　代理机构签章：　　　受理税务日期：　年　月　日

　　　　　　　　　　　　　　　　　　　　　　　　　　　　　　　　　　　　年　月　日

表 8-3　城镇土地使用税　房产税税源明细表

纳税人识别号(统一社会信用代码)：□□□□□□□□□□□□□□□□□□

纳税人名称：

金额单位：人民币元(列至角分)；面积单位：平方米

一、城镇土地使用税税源明细

纳税人类型	土地使用权人□　集体土地使用人□　无偿使用人□　代管人□　实际使用人□(必选)		土地使用权人纳税人识别号(统一社会信用代码)		土地使用权人名称	
土地编号	*		土地名称		不动产权证号	
不动产单元号			宗地号		土地性质	国有□　集体□(必选)
土地取得方式	划拨□　出让□　转让□　租赁□　其他□(必选)		土地用途		工业□　商业□　居住□　综合□　房地产开发企业的开发用地□　其他□(必选)	
土地坐落地址(详细地址)	省(自治区、直辖市)　　市(区)　　县(区)　　乡镇(街道)(必填)					
土地所属主管税务所(科、分局)						
土地取得时间	年　月	纳税义务终止(权属转移□　信息项变更(土地面积变更□　税变更□　其他□)　土地等级变更□　减免□　其他□)		变更类型	变更时间	年　月
占用土地面积	土地等级			税额标准		
地价	其中取得土地使用权支付金额			其中土地开发成本		

减免税部分	序号	减免项目名称	减免性质代码	减免起止时间		减免税土地面积	月减免税金额
				起始月份	终止月份		
				年　月	年　月		
	1						
	2						
	3						

321

续表

二、房产税税源明细

（一）从价计征房产税明细

纳税人类型	产权所有人□　经营管理人□　承典人□　房屋代管人□　房屋使用人□　融资租赁承租人□（必选）	所有权人名称	所有权人纳税人识别号（统一社会信用代码）（必填）
房产编号	*	房产名称	
不动产权证号		不动产单元号	
房屋坐落地址（详细地址）	省（自治区、直辖市）　市（区）　县（区）　乡镇（街道）	（必填）	
房产所属主管税务所（科、分局）			
房屋所在土地编号	*		
房产用途	工业□　商业及办公□　住房□　其他□（必选）		
房产取得时间	年　月		
变更类型	纳税义务终止（权属转移□　其他□）信息项变更（房产原值变更□　出租房产原值变更□　减免税变更□　其他□）	变更时间	年　月
建筑面积（必填）		其中：出租房产面积	
房产原值（必填）		其中：出租房产原值	计税比例　系统设定

减免税部分	序号	减免性质代码	减免项目名称	减免税房产原值	计税比例	减免起止时间		月减免税金额
						起始月份	终止月份	
	1							
	2							
	3							

续表

(二)从租计征房产税明细

房产编号	*		
房产名称			(必填)
房产用途	工业□ 商业及办公□ 住房□ 其他□		
房产坐落地址(详细地址)	省(自治区、直辖市) 市(区) 县(区) 乡镇(街道)		
房产所属主管税务所(科、分局)			
承租方纳税人识别号(统一社会信用代码)		承租方名称	
出租面积		合同租金总收入	
合同约定租赁期起		合同约定租赁期止	
申报租金收入	申报租金所属租赁期起		申报租金所属租赁期止
减免性质代码	减免项目名称		享受减免税租金收入
减免税额			

声明:此表是根据国家税收法律法规及相关规定填写的,本人(单位)对填报内容(及附带资料)的真实性、可靠性、完整性负责。

纳税人(签章): 年 月 日

受理人:
受理税务机关(章): 年 月 日
受理日期:

经办人:
经办人身份证号:
代理机构签章:
代理机构统一社会信用代码:

（3）房屋买卖、赠与、交换。

（4）以作价投资（入股）、偿还债务、划转、奖励等方式转移土地、房屋权属的，应当依法征收契税。

（5）下列情形发生土地、房屋权属转移的，承受方应当依法缴纳契税：

①因共有不动产份额变化的。②因共有人增加或者减少的。③因人民法院、仲裁委员会的生效法律文书或者监察机关出具的监察文书等因素，发生土地、房屋权属转移的。

二、契税的税率

契税税率为 3%～5%。

契税的具体适用税率，由省、自治区、直辖市人民政府在规定的税率幅度内提出，报同级人民代表大会常务委员会决定，并报全国人民代表大会常务委员会和国务院备案。

省、自治区、直辖市可以依照规定的程序对不同主体、不同地区、不同类型的住房的权属转移确定差别税率。

三、契税的计税依据和核算

（一）契税的计税依据

（1）土地使用权出让、出售，房屋买卖，为土地、房屋权属转移合同确定的成交价格，包括应交付的货币及实物、其他经济利益对应的价款。

（2）土地使用权互换、房屋互换，为所互换的土地使用权、房屋价格的差额。

（3）土地使用权赠与、房屋赠与及其他没有价格的转移土地、房屋权属行为，为税务机关参照土地使用权出售、房屋买卖的市场价格依法核定的价格。

（4）纳税人申报的成交价格、互换价格差额明显偏低且无正当理由的，由税务机关依照《税收征管法》的规定核定。

（二）计税依据的具体情形

（1）以划拨方式取得的土地使用权，经批准改为出让方式重新取得该土地使用权的，应由该土地使用权人以补缴的土地出让价款为计税依据缴纳契税。

（2）先以划拨方式取得土地使用权，后经批准转让房地产，划拨土地性质改为出让的，承受方应分别以补缴的土地出让价款和房地产权属转移合同确定的成交价格为计税依据缴纳契税。

（3）先以划拨方式取得土地使用权，后经批准转让房地产，划拨土地性质未发生改变的，承受方应以房地产权属转移合同确定的成交价格为计税依据缴纳契税。

（4）土地使用权及所附建筑物、构筑物等（包括在建的房屋、其他建筑物、构筑物和其他附着物）转让的，计税依据为承受方应交付的总价款。

（5）土地使用权出让的，计税依据包括土地出让金、土地补偿费、安置补助费、地上附着物和青苗补偿费、征收补偿费、城市基础设施配套费、实物配建房屋等应交付的货币以及实物、其他经济利益对应的价款。

（6）房屋附属设施（包括停车位、机动车库、非机动车库、顶层阁楼、储藏室及其他房屋附属设施）与房屋为同一不动产单元的，计税依据为承受方应交付的总价款，并适用与房屋相同的税率；房屋附属设施与房屋为不同不动产单元的，计税依据为转移合同确定的成交价格，并按当地确定的适用税率计税。

（7）承受已装修房屋的，应将包括装修费用在内的费用计入承受方应交付的总价款。

（8）土地使用权互换、房屋互换，互换价格相等的，互换双方计税依据为零；互换价格不相等的，以其差额为计税依据，由支付差额的一方缴纳契税。

（9）契税的计税依据不包括增值税。

（三）应纳税额的核算

契税应纳税额计算公式如下：

$$应纳税额 = 计税依据 \times 税率$$

【学中做 8-2】居民张某将一套住房出售给居民李某,成交价为 2 000 000 元;居民钱某将一套住房与居民孙某交换,支付孙某换房价差 600 000 元,假定该地区适用契税税率 1.5%。计算居民张某、李某、钱某和孙某分别应缴纳的契税税额。

【解析】在我国境内转移土地、房屋权属,承受的单位和个人为契税的纳税人。因此,张某出售房屋不需要缴纳契税。承受方李某应缴纳契税。

李某应纳契税 = 2 000 000 × 1.5% = 30 000(元)

土地使用权互换、房屋互换,互换价格相等的,互换双方计税依据为零;互换价格不相等的,以其差额为计税依据,由支付差额的一方缴纳契税。因此,钱某应按支付的换房价差计算缴纳契税,孙某不缴纳契税。

钱某应纳契税 = 600 000 × 1.5% = 9 000(元)

【学中做 8-3】2024 年 10 月,甲企业因无力偿还乙企业到期债务 6 000 万元,经双方协商甲企业同意以自有一处房屋抵偿债务,该房屋原值为 5 000 万元,账面净值为 2 000 万元,评估现值为 9 000 万元,双方以评估现值成交,乙企业支付差价款 3 000 万元,双方办理了产权过户手续。该地区契税税率为 3%。乙企业将该债权记入"应收账款"账户,并为此计提了 1 200 万元坏账准备。计算乙企业应缴契税并作会计处理。

【解析】乙企业承受抵债房屋,应按照房屋的现值计算缴纳契税,即按照 9 000 万元计算缴纳契税。契税应计入取得的资产成本,本例的契税就计入债务重组获得的房屋成本。

应纳契税税额 = 9 000 × 3% = 270(万元)

【会计处理】

借:坏账准备	1 200	
贷:信用减值损失		1 200
借:固定资产——房屋	9 270	
贷:应收账款		6 000
银行存款		3 270

四、契税的免征和减征优惠

（一）法定免征

（1）国家机关、事业单位、社会团体、军事单位承受土地、房屋权属用于办公、教学、医疗、科研、军事设施。

（2）非营利性的学校、医疗机构、社会福利机构承受土地、房屋权属用于办公、教学、医疗、科研、养老、救助。上述三类单位应为依法登记的非营利法人和非营利组织。

（3）承受荒山、荒地、荒滩土地使用权用于农、林、牧、渔业生产。

（4）婚姻关系存续期间夫妻之间变更土地、房屋权属。

（5）法定继承人通过继承承受土地、房屋权属。

（6）依照法律规定应当予以免税的外国驻华使馆、领事馆和国际组织驻华代表机构承受土地、房屋权属。

（二）省、自治区、直辖市决定的免征或者减征

（1）因土地、房屋被县级以上人民政府征收、征用,重新承受土地、房屋权属。

（2）因不可抗力灭失住房，重新承受住房权属。

（3）对个人购买家庭唯一住房，面积为 90 平方米及以下的，减按 1% 的税率征收契税；面积为 90 平方米以上的，减按 1.5% 的税率征收契税。对个人购买家庭第二套改善性住房，面积为 90 平方米及以下的，减按 1% 的税率征收契税；面积为 90 平方米以上的，减按 2% 的税率征收契税；京、沪、广、深等地有所不同，当地规定的契税税率为 3%。

（4）对个人购买经济适用住房，在法定税率基础上减半征收契税。

（5）个人首次购买 90 平方米以下改造安置住房，按 1% 的税率计征契税；购买超过 90 平方米，但符合普通住房标准的改造安置住房，按法定税率减半计征契税。个人因房屋征收取得货币补偿或房屋产权调换，并购买（取得）改造安置住房，按有关规定减免契税。

以上减免契税的具体办法，由省、自治区、直辖市人民政府提出，报同级人民代表大会常务委员会决定，并报全国人民代表大会常务委员会和国务院备案。纳税人改变有关土地、房屋的用途，或者有其他不再属于免征、减征契税情形的，应当缴纳已经免征、减征的税款。

五、契税的申报管理

（1）契税的纳税义务发生时间，为纳税人签订土地、房屋权属转移合同的当日，或者纳税人取得其他具有土地、房屋权属转移合同性质凭证的当日。

（2）纳税人应当在依法办理土地、房屋权属登记手续前申报缴纳契税并取得契税完税、减免税凭证。未按照规定缴纳契税的，不动产登记机构不予办理土地、房屋权属登记。

（3）在依法办理土地、房屋权属登记前，权属转移合同、权属转移合同性质凭证不生效、无效、被撤销或者被解除的，纳税人可以向税务机关申请退还已缴纳的税款，税务机关应当依法办理。

（4）纳税人缴纳契税后发生下列情形，可依照有关法律法规申请退税：

①因人民法院判决或者仲裁委员会裁决导致土地、房屋权属转移行为无效、被撤销或者被解除，且土地、房屋权属变更至原权利人的。②在出让土地使用权交付时，因容积率调整或实际交付面积小于合同约定面积需退还土地出让价款的。③在新建商品房交付时，因实际交付面积小于合同约定面积需返还房价款的。

（5）纳税申报表。契税申报使用财产和行为税纳税申报表与财产和行为税减免税明细申报附表（表 8-1、表 8-2）。纳税人新增税源或税源变化时，按规定填报财产和行为税税源明细表中的契税税源明细表，如表 8-4 所示。

表 8-4　契税税源明细表

纳税人识别号（统一社会信用代码）：□□□□□□□□□□□□□□□□□□

纳税人名称：　　　　　　　　　　　　　　　　金额单位：人民币元（列至角分）；面积单位：平方米

*税源编号		*土地房屋坐落地址		不动产单元代码	
合同编号		*合同签订日期		*共有方式	□单独所有/按份共有 □共同共有 （共有人：___）
*权属转移对象		*权属转移方式		*用途	
*成交价格		*权属转移面积		*成交单价	
*评估价格			*计税价格		
*适用税率			减免性质代码和项目名称		

任务三
土地增值税申报与管理

　　土地增值税,是对有偿转让国有土地使用权及地上建筑物和其他附着物产权,取得增值收入的单位和个人征收的一种税。现行土地增值税的基本规范是 1993 年 12 月 13 日国务院颁布的《中华人民共和国土地增值税暂行条例》(以下简称《土地增值税暂行条例》)。2019 年 7 月财政部会同国家税务总局起草了《中华人民共和国土地增值税法(征求意见稿)》,向社会公开征求意见,目前该法尚未修订完成。

一、土地增值税的纳税人和征税范围

(一) 纳税人

　　土地增值税的纳税人为转让国有土地使用权、地上建筑物及其附着物并取得收入的单位和个人。房地产开发企业以房地产开发经营为主要业务,因而是土地增值税的主要纳税人。

(二) 征税范围

　　(1) 转让国有土地使用权。土地使用者通过出让方式,向政府缴纳了土地出让金,有偿受让土地使用权后,仅对土地进行通水、通电、通路和平整地面等土地开发,不进行房产开发,然后直接将空地出售。

　　(2) 地上的建筑物及其附着物连同国有土地使用权一并转让。纳税人取得国有土地使用权后进行房屋开发建造然后出售,房地产开发即是此种情形。虽然此种情形通常被称作卖房,但卖房的同时土地使用权也随之发生转让,属于土地增值税的征税范围。

　　(3) 存量房地产的买卖。存量房地产买卖通常指二手房买卖,房屋买卖要办理房产产权和土地使用权的转移变更手续,属于土地增值税的征税范围;原土地使用权属于无偿划拨的,还应到土地管理部门补交土地出让金。

　　另外,国家以土地所有者的身份将土地使用权让与土地使用者,收取土地使用权出让金,它与国有土地使用权转让是不同的。收取土地出让金是政府,政府不对自己征税,所以国有土地使用权出让不属于土地增值税征收范围。

　　土地使用权、房产产权未转让的(如房地产的出租),不征收土地增值税。

(三) 征税范围的其他情形

　　(1) 房地产的继承。房地产继承虽然发生了房地产的权属变更,但继承行为没有产生任何收入。因此,房地产的继承不属于土地增值税的征税范围。

　　(2) 房地产的赠与。房地产赠与仅指房屋产权、土地使用权赠与直系亲属或承担直接赡养义务的人。

　　房产所有人、土地使用权所有人通过中国境内非营利的社会团体、国家机关将房屋产权、土地使用权赠与教育、民政和其他社会福利、公益事业,没有取得任何收入的,此类房地产赠与不属于土地增值税的征税范围。

　　(3) 房地产的出租。房地产出租,出租人虽取得了收入,但没有发生权属变更。因此,不

属于土地增值税的征税范围。

（4）房地产的抵押。抵押期间房地产没有发生权属的变更，因此，房地产抵押，不征收土地增值税。抵押期满，若以房地产抵债而发生房地产权属转让，应列入土地增值税的征税范围。

（5）房地产的交换。交换产生了房地产权属变更，交换双方也取得了实物形态的收入，应属于土地增值税的征税范围，但对个人互换自有居住用房地产的，经当地税务机关核实，可以免征土地增值税。

（6）国家收回或征收的房地产。指国家收回国有土地使用权、征收地上建筑物及附着物，虽然发生了权属的变更，原房地产所有人也取得了收入，但按照《土地增值税暂行条例》的有关规定，免征土地增值税。

（7）合作建房。对于一方出地，一方出资金，双方合作建房，建成后按比例分房自用的，暂免征收土地增值税；建成后转让的，应征收土地增值税。

（8）房地产的代建。指房地产开发公司代客户进行房地产的开发，开发完成后向客户收取代建收入的行为。对于房地产开发公司而言，虽然取得了收入，但没有发生房地产权属的转移，其收入属于劳务收入性质，不属于土地增值税的征税范围。

（9）房地产的重新评估。指国有企业在清产核资时对房地产进行重新估值，房地产即使有增值，但没有发生房地产权属变更，所有人也未取得收入，所以不属于土地增值税的征税范围。

二、土地增值税的税率

土地增值税实行四级超率累进税率，是我国唯一采用超率累进税率的税种，如表 8-5 所示。

表 8-5　土地增值税税率表

级次	增值额占扣除项目金额的比例	税率/%	速算扣除系数/%
1	50%（含）以下	30	0
2	50%～100%（含）	40	5
3	100%～200%（含）	50	15
4	200%以上（含）	60	35

三、土地增值税的核算

（一）土地增值税的计税依据

土地增值税的计税依据是纳税人转让房地产所取得的增值额，即纳税人转让房地产所取得收入额减除规定的扣除项目金额后的余额，其计算公式为：

$$土地增值额＝应税收入－扣除项目金额$$

1. 应税收入的确定

按照税法规定，纳税人转让房地产取得的收入，包括货币收入、实物收入和其他收入在内的全部价款及有关的经济利益。按照规定，纳税人取得的实物收入要按实物的市场价格折算成货币收入；取得的无形资产收入，要进行专门的评估，在确定其价值后折算成货币收入。

取得的货币收入为外国货币的应当以取得收入当天或当月 1 日国家公布的市场汇价折合为人民币收入。

2．扣除项目的确定

按照税法规定,在确定转让房地产的增值额时,允许扣除项目包括：

(1) 取得土地使用权所支付的金额。

指纳税人为取得土地使用权而支付的地价款和按照国家统一规定缴纳的有关费用。以出让方式取得国有土地使用权的,为企业向国家支付的土地出让金;以无偿划拨方式取得国有土地使用权的,为转让土地使用权时按规定向国家补缴的土地出让金;以转让方式取得土地使用权的,为转让时支付的地价款。

纳税人为取得土地使用权按国家统一规定缴纳的有关费用,是指纳税人在取得土地使用权过程中为办理有关手续,按国家统一规定缴纳的有关登记、过户手续费。房地产开发企业为取得土地使用权所支付的契税,应视同“按国家统一规定缴纳的有关费用”,计入“取得土地使用权所支付的金额”中扣除。

(2) 房地产开发成本。

纳税人房地产开发项目实际发生的成本支出,具体包括：

土地征用及拆迁补偿费,包括土地征用费、耕地占用税、劳动力安置费及有关地上、地下附着物拆迁补偿的净支出、安置动迁用房支出等。

前期工程费,包括规划、设计、项目可行性研究和水文、地质、勘察、测绘、“三通一平”等支出。

建筑安装工程费,指以出包方式支付给承包单位的建筑安装费,或经自营方式发生的建筑安装工程费。土地增值税纳税人接受建筑安装服务取得的增值税发票,应在发票的备注栏注明建筑服务发生地县(市、区)名称及项目名称,否则不得计入土地增值税扣除项目金额。

基础设施费,包括开发小区内道路、供水、供电、供气、排污、排洪、通风、照明、环卫、绿化等工程发生的支出。

公共配套设施费,包括不能有偿转让的开发小区内公开配套设施发生的支出。

开发间接费用,是指直接组织、管理开发项目发生的费用,包括工资、职工福利费、折旧费、修理费、办公费、劳动保护费、周转房摊销等。

(3) 房地产开发费用。

房地产开发费用,是指与房地产开发项目有关的销售费用、管理费用和财务费用。根据现行会计准则的规定,这些费用作为期间费用计入当期损益,不完全与房地产开发项目匹配进行归集和分摊。

在计算土地增值税扣除项目时,财务费用中的利息支出,凡能够按转让房地产项目计算分摊并提供金融机构证明的,允许据实扣除,但最高不能超过按商业银行同类同期贷款利率计算的金额,且超过贷款期限的利息部分和罚息不允许扣除。其他房地产开发费用,按取得土地使用权所支付金额和房地产开发成本之和的 5％以内计算扣除。公式为：

$$房地产开发费用＝利息＋(取得土地使用权所支付金额$$
$$＋房地产开发成本)×扣除比例(5％以内)$$

凡不能按转让房地产项目计算分摊利息支出或不能提供金融机构证明的,房地产开发费

用按取得土地使用权所支付金额和房地产开发成本之和10％以内的比例计算扣除。公式为：

$$房地产开发费用 = (取得土地使用权所支付金额$$
$$+ 房地产开发成本) \times 扣除比例(10\%以内)$$

没有利息支出的，按照上述公式计算扣除。以上计算扣除的具体比例，由各省、自治区、直辖市人民政府规定。

（4）与转让房地产有关的税金。

与转让房地产有关的税金包括企业在转让房地产时所缴纳的城市维护建设税、教育费附加、印花税、不能抵扣的增值税等。

（5）其他扣除项目。

对于从事房地产开发的纳税人，可以按照取得土地使用权所支付金额和房地产开发成本之和，加计20％扣除。此项加计扣除优惠仅适用于房地产开发企业的房地产开发项目，其他纳税人不适用该优惠。

$$其他扣除项目 = (取得土地使用权所支付的金额 + 房地产开发成本) \times 20\%$$

（6）旧房及建筑物的评估价格。

旧房和建筑物的评估价格是指企业在转让已使用过的房屋和建筑物时，由政府批准设立的房地产评估机构评定的重置成本价乘以成新度折旧率后的价格，旧房及建筑物评估价格须经当地主管税务机关确认。

（二）土地增值税应纳税额的核算

在计算土地增值税的应纳税额时，应当先用纳税人取得的房地产转让收入减除有关各项目扣除项目金额，计算得出增值额，再以增值额与扣除项目金额相比，计算出土地增值率，然后根据土地增值率的高低确定适用税率，分别计算各部分增值额的应纳土地增值税税额。各部分增值额应纳土地增值税税额之和，即为纳税人应纳的全部土地增值税税额。

土地增值税应纳税额计算公式：

$$应纳税额 = \sum (增值额 \times 适用税率)$$

为计算方便，通常利用速算扣除系数或速算扣除数简化应纳税额的计算方法。

$$应纳税额 = 增值额 \times 适用税率 - 速算扣除数(或扣除项目金额 \times 速算扣除系数)$$

【学中做8-4】 某房地产开发公司2023—2024年在购入的地块上开发写字楼一幢，取得房地产销售收入27 000万元，企业购入该地块时按规定支付土地使用权出让金6 000万元和契税240万元，房地产开发成本为5 400万元，企业开发该项目向银行贷款3 000万元，支付利息375.5万元（已经计入财务费用中，并提供金融机构证明），转让环节缴纳城建税、教育费附加等税费385万。当地政府规定，其他房地产开发费用计算扣除比例为5％。计算该房地产开发企业应缴纳的土地增值税并进行相应会计处理。

【解析】

（1）房地产开发公司转让房地产所取得的应税收入为27 000万元。

转让房地产按规定准予扣除项目金额为：

取得土地使用权所支付的金额（包括契税）= 6 000 + 240 = 6 240（万元）

房地产开发成本为5 400万元。

房地产开发费用＝利息＋其他房地产开发费用×5％＝375.5＋(6 240＋5 400)×5％＝957.5(万元)

与转让房地产有关的税金为385万元。

其他扣除项目:按规定房地产开发企业可以加计扣除20％。

加计扣除额＝(6 240＋5 400)×20％＝2 328(万元)

(2) 该写字楼增值率计算如下:

扣除项目总金额＝6 240＋5 400＋957.5＋385＋2 328＝15 310.5(万元)

增值额＝27 000－15 310.5＝11 689.5(万元)

增值率＝增值额÷扣除项目总金额＝11 689.5÷15 310.5＝76.35％。

(3) 应交土地增值税计算如下:

分段计算:

应纳土地增值税＝15 310.5×50％×30％＋(11 689.5－15 310.5×50％)×40％

$\qquad$＝2 296.575＋1 613.70＝3 910.275(万元)。

速算扣除计算:

应纳土地增值税＝11 689.5×40％－15 310.5×5％＝4 675.80－765.525＝3 910.275(万元)

【会计处理】

借:税金及附加　　　　　　　　　　　　　　　　　　　　3 910.275

　　贷:应交税费——应交土地增值税　　　　　　　　　　　　　3 910.275

四、土地增值税的优惠政策

(1) 纳税人建造普通标准住宅出售,增值额未超过扣除项目金额20％的,免征土地增值税;超过20％的,应就其全部增值额按规定计征。

(2) 企事业单位、社会团体以及其他组织转让旧房作为改造安置住房房源或作为公租房源,且增值额未超过扣除项目金额20％的,免征土地增值税。

(3) 个人销售住房暂免征收土地增值税。

(4) 因城市实施规划、国家建设的需要而被政府批准征用的房产或收回的土地使用权,免征土地增值税;因城市实施规划、国家建设的需要而搬迁,由纳税人自行转让原房地产的,免征土地增值税。

五、土地增值税的申报管理

1. 申报地点

土地增值税的纳税人应向房地产所在地主管税务机关办理申报纳税,并在税务机关核定的期限内缴纳土地增值税。房地产所在地是指房地产的坐落地。纳税人转让的房地产坐落在两个或两个以上地区的,应按房地产所在地分别申报纳税。

2. 申报期限

土地增值税的纳税人应在转让房地产合同签订后的7日内,到房地产所在地主管税务机关办理申报纳税。

3. 纳税申报表

土地增值税申报使用财产和行为税纳税申报表与财产和行为税减免税明细申报附表(表8-1、表8-2)。纳税人新增税源或税源变化时,按规定填报财产和行为税税源明细表中的土地增值税税源明细表(略)。

任务四
城镇土地使用税申报与管理

城镇土地使用税是以国有土地为征税对象,对拥有土地使用权的单位和个人征收的一种税。

现行城镇土地使用税依照 1988 年 9 月 27 日中华人民共和国国务院令第 17 号发布的《中华人民共和国城镇土地使用税暂行条例》征收。

一、城镇土地使用税的纳税人和征收范围

(一)城镇土地使用税的纳税人

在城市、县城、建制镇、工矿区范围内使用土地的单位和个人,为城镇土地使用税(以下简称"土地使用税")的纳税人,应当依照规定缴纳土地使用税。

上述单位,包括国有企业、集体企业、私营企业、股份制企业、外商投资企业、外国企业及其他企业和事业单位、社会团体、国家机关、军队及其他单位;上述个人,包括个体工商户及其他个人。

(1)拥有土地使用权的单位和个人不在土地所在地的,其土地的实际使用人和代管人为纳税人。

(2)土地使用权未确定或权属纠纷未解决的,其实际使用人为纳税人。

(3)土地使用权共有的,共有各方都是纳税人,由共有各方分别纳税。

(4)在城镇土地使用税征税范围内,承租集体所有建设用地的,由直接从集体经济组织承租土地的单位和个人,缴纳城镇土地使用税。

(5)几个人或几个单位共同拥有一块土地的使用权,这块土地的城镇土地使用税的纳税人应是对这块土地拥有使用权的每一个人或每一个单位。应以其实际使用的土地面积占总面积的比例,分别计算缴纳土地使用税。

(二)城镇土地使用税的征收范围

城镇土地使用税的征税范围,包括在城市、县城、建制镇和工矿区内的国家所有和集体所有的土地。城市、县城、建制镇和工矿区分别按以下标准确认:

(1)城市是指经国务院批准设立的市。

(2)县城是指县人民政府所在地。

(3)建制镇是指经省、自治区、直辖市人民政府批准设立的建制镇。

(4)工矿区是指工商业比较发达,人口比较集中,符合国务院规定的建制镇标准,但尚未设立镇建制的大中型工矿企业所在地,工矿区须经省、自治区、直辖市人民政府批准。

上述征税范围中,城市的土地包括市区和郊区的土地,县城的土地是指县人民政府所在地的城镇的土地,建制镇的土地是指镇人民政府所在地的土地。建立在城市、县城、建制镇和工矿区以外的企业不需要缴纳城镇土地使用税。

二、城镇土地使用税的计算

(一)土地使用税的计税依据

土地使用税以纳税人实际占用的土地面积为计税依据。

（二）土地使用税的税额

土地使用税每平方米年税额如下：

（1）大城市 1.5 元至 30 元。

（2）中等城市 1.2 元至 24 元。

（3）小城市 0.9 元至 18 元。

（4）县城、建制镇、工矿区 0.6 元至 12 元。

省、自治区、直辖市人民政府，应当在上述规定的税额幅度内，根据市政建设状况、经济繁荣程度等条件，确定所辖地区的适用税额幅度。市、县人民政府应当根据实际情况，将本地区土地划分为若干等级，在省、自治区、直辖市人民政府确定的税额幅度内，制定相应的适用税额标准，报省、自治区、直辖市人民政府批准执行。

经省、自治区、直辖市人民政府批准，经济落后地区土地使用税的适用税额标准可以适当降低，但降低额不得超过上述规定最低税额的 30%。经济发达地区土地使用税的适用税额标准可以适当提高，但须报经财政部批准。

（三）土地使用税的计算

计算公式如下：

$$应纳税额 = 计税土地面积 \times 适用税额$$

【学中做 8-5】某企业在市区，实际占地面积为 30 000 平方米，税务机关核定该土地为应税土地，每平方米年税额为 4 元，请计算当年应纳土地使用税并作会计处理。

【解析】全年应交城镇土地使用税 = 30 000 × 4 = 120 000（元）

【会计处理】

借：税金及附加　　　　　　　　　　　　　　　　　　　　120 000

　　贷：应交税费——应交城镇土地使用税　　　　　　　　　　　120 000

三、城镇土地使用税的优惠

（一）法定免缴优惠

（1）国家机关、人民团体、军队自用的土地。

（2）由国家财政部门拨付事业经费的单位自用的土地。

（3）宗教寺庙、公园、名胜古迹自用的土地。

（4）市政街道、广场、绿化地带等公共用地。

（5）直接用于农、林、牧、渔业的生产用地。

（6）经批准开山填海整治的土地和改造的废弃土地，从使用的月份起免缴土地使用税 5 至 10 年。

（7）对非营利性医疗机构、疾病控制机构和妇幼保健机构等卫生机构自用的土地，免征城镇土地使用税。

（8）对国家拨付事业经费和企业办的各类学校、托儿所、幼儿园自用的土地，免征城镇土地使用税。

（9）免税单位无偿使用纳税单位的土地（如公安、海关等单位使用铁路、民航等单位的土地），免征城镇土地使用税。纳税单位无偿使用免税单位的土地，纳税单位应照章缴纳城镇土地使用税。纳税单位与免税单位共同使用、共有使用权土地上的多层建筑，对纳税单位可按其占用的建筑面积占建筑总面积的比例计征城镇土地使用税。

（10）对改造安置住房建设用地免征城镇土地使用税。

（11）为了体现国家的产业政策，对一些特殊用地给予政策性减免税照顾：①对石油天然气生产建设中用于地质勘探、钻井、井下作业、油气田地面工程等施工临时用地暂免征收城镇土地使用税。②对企业的铁路专用线、公路等用地，在厂区以外、与社会公用地段未加隔离的，暂免征收城镇土地使用税。③对企业厂区以外的公共绿化用地和向社会开放的公园用地，暂免征收城镇土地使用税。④对盐场的盐滩、盐矿的矿井用地，暂免征收城镇土地使用税。

（12）对农产品批发市场、农贸市场（包括自有和承租）专门用于经营农产品的房产、土地，暂免征收房产税和城镇土地使用税。对同时经营其他产品的农产品批发市场和农贸市场使用的房产、土地，按其他产品与农产品交易场地面积的比例确定征免房产税和城镇土地使用税。此项执行至 2027 年 12 月 31 日。

（13）自 2023 年 1 月 1 日起至 2027 年 12 月 31 日止，对物流企业自有（包括自用和出租）或承租的大宗商品仓储设施用地，减按所属土地等级适用税额标准的 50% 计征城镇土地使用税。

（二）省、自治区、直辖市税务局确定的减免税优惠

（1）个人所有的居住房屋及院落用地。

（2）房产管理部门在房租调整改革前经租的居民住房用地。

（3）免税单位职工家属的宿舍用地。

（4）集体和个人办的各类学校、医院、托儿所、幼儿园用地。

四、城镇土地使用税的申报管理

（一）纳税期限

城镇土地使用税实行按年计算、分期缴纳的征收方法，具体纳税期限由省、自治区、直辖市人民政府确定。

（二）纳税义务发生时间

（1）纳税人购置新建商品房，自房屋交付使用之次月起，缴纳城镇土地使用税。

（2）纳税人购置存量房，自办理房屋权属转移、变更登记手续，房地产权属登记机关签发房屋权属证书之次月起，缴纳城镇土地使用税。

（3）纳税人出租、出借房产，自交付出租、出借房产之次月起，缴纳城镇土地使用税。

（4）以出让或转让方式有偿取得土地使用权的，应由受让方从合同约定交付土地时间之次月起缴纳城镇土地使用税；合同未约定交付土地时间的，由受让方从合同签订之次月起缴纳城镇土地使用税。

（5）纳税人新征用的耕地，自批准征用之日起满 1 年时开始缴纳城镇土地使用税。

（6）纳税人新征用的非耕地，自批准征用次月起缴纳城镇土地使用税。

（7）自 2009 年 1 月 1 日起，纳税人因土地的权利发生变化而依法终止城镇土地使用税纳税义务的，其应纳税款的计算应截至土地权利发生变化的当月月末。

（三）纳税地点

城镇土地使用税在土地所在地缴纳。

纳税人使用的土地不属于同一省、自治区、直辖市管辖的，由纳税人分别向土地所在地的税务机关缴纳城镇土地使用税；在同一省、自治区、直辖市管辖范围内，纳税人跨地区使用的土地，其纳税地点由各省、自治区、直辖市税务局确定。

（四）纳税申报

城镇土地使用税的纳税人应按照规定及时办理纳税申报，并如实填写财产和行为税纳税申报表、财产和行为税减免税明细申报附表（表 8-1、表 8-2）及相应的税源明细表（表 8-3）。

任务五
耕地占用税申报与管理

耕地占用税，是对占用耕地建房或从事其他非农业建设的单位和个人，就其实际占用的耕地面积征收的一种税，它属于特定土地资源占用课税。现行耕地占用税的基本规范是《中华人民共和国耕地占用税法》（以下简称《耕地占用税法》）和《中华人民共和国耕地占用税法实施办法》。

一、耕地占用税的纳税人和征税范围

（一）纳税人

在我国境内占用耕地建设建筑物、构筑物或者从事其他非农业建设的单位和个人是耕地占用税的纳税人。

经批准占用耕地的，纳税人为农用地转用审批文件中标明的建设用地人；农用地转用审批文件中未标明建设用地人的，纳税人为用地申请人，其中用地申请人为各级人民政府的，由同级土地储备中心、自然资源主管部门或政府委托的其他部门、单位履行耕地占用税申报纳税义务。未经批准占用耕地的，纳税人为实际用地人。

（二）征税范围

耕地占用税的征税范围是纳税人占用的国家所有和集体所有的耕地。耕地是指用于种植农作物的土地，包括菜地、园地（包括花圃、苗圃、茶园、果园、桑园和其他种植经济林木的土地）。占用鱼塘及其他农用土地建房或从事其他非农业建设，也视同占用耕地，必须依法征收耕地占用税。

占用已开发从事种植、养殖的滩涂、草场、水面和林地等从事非农业建设，由省、自治区、直辖市本着有利于保护土地资源和生态平衡的原则，结合具体情况确定是否征收耕地占用税。

二、耕地占用税的税率、计税依据

（一）税率

耕地占用税的税额如下：

（1）人均耕地不超过一亩的地区（以县、自治县、不设区的市、市辖区为单位，下同），每平方米为 10 元至 50 元。

（2）人均耕地超过一亩但不超过二亩的地区，每平方米为 8 元至 40 元。

（3）人均耕地超过二亩但不超过三亩的地区，每平方米为 6 元至 30 元。

（4）人均耕地超过三亩的地区，每平方米为 5 元至 25 元。

各地区耕地占用税的适用税额，由省、自治区、直辖市人民政府根据人均耕地面积和经济发展等情况，在上述规定的税额幅度内提出，报同级人民代表大会常务委员会决定，并报全国

人民代表大会常务委员会和国务院备案。

各省、自治区、直辖市耕地占用税适用税额的平均水平，不得低于耕地占用税法所附《各省、自治区、直辖市耕地占用税平均税额表》规定的平均税额，如表 8-6 所示。

表 8-6　各省、自治区、直辖市耕地占用税平均税额表

省、自治区、直辖市	平均税额（元/平方米）
上海	45
北京	40
天津	35
江苏、浙江、福建、广东	30
辽宁、湖北、湖南	25
河北、安徽、江西、山东、河南、重庆、四川	22.5
广西、海南、贵州、云南、陕西	20
山西、吉林、黑龙江	17.5
内蒙古、西藏、甘肃、青海、宁夏、新疆	12.5

（5）在人均耕地低于 0.5 亩的地区，省、自治区、直辖市可以根据当地经济发展情况，适当提高耕地占用税的适用税额，但提高的部分不得超过《耕地占用税法》第四条第二款确定的适用税额的 50%。

（6）占用基本农田的，应当按照《耕地占用税法》第四条第二款或者第五条确定的当地适用税额，加按 150% 征收。

（7）占用园地、林地、草地、农田水利用地、养殖水面、渔业水域滩涂以及其他农用地建设建筑物、构筑物或者从事非农业建设的，依法缴纳耕地占用税。

占用上述规定的农用地的，适用税额可以适当低于本地区依法确定的适用税额，但降低的部分不得超过 50%。具体适用税额由省、自治区、直辖市人民政府提出，报同级人民代表大会常务委员会决定，并报全国人民代表大会常务委员会和国务院备案。

占用上述规定的农用地建设直接为农业生产服务的生产设施的，不缴纳耕地占用税。

（8）纳税人因建设项目施工或者地质勘查临时占用耕地，应当依照本法的规定缴纳耕地占用税。纳税人在批准临时占用耕地期满之日起一年内依法复垦，恢复种植条件的，全额退还已经缴纳的耕地占用税。

（二）计税依据

耕地占用税以纳税人实际占用的耕地面积为计税依据，实行地区差别定额税率，以县为单位，按人均占有耕地面积的多少，参照经济发展情况，将全国划分为四类不同的地区，确定相应的税额幅度。

三、耕地占用税的核算

耕地占用税以纳税人实际占用的应税土地面积为计税依据，实行一次性征收。计算公式如下：

$$应纳税额＝应税土地面积×适用税率$$

【学中做 8-6】某市 A 工业企业于 2024 年取得耕地 10 000 平方米用于厂房建设，支付土地出让金 2 000 万元，当地适用的耕地占用税税率为 30 元/平方米，契税税率为 5%。计算应缴纳耕地占用税和契税并作会计处理。

【解析】耕地占用税和契税：

应交耕地占用税 = 10 000×30 = 300 000(元)

应交契税 = 20 000 000×5% = 1 000 000(元)

【会计处理】取得土地使用权缴纳的土地出让金、耕地占用税和契税应作为无形资产的成本。

（1）支付土地出让金，取得土地使用权时：

借：无形资产——土地使用权　　　　　　　　　　　　　　　　　　20 000 000

　　贷：银行存款　　　　　　　　　　　　　　　　　　　　　　　　　20 000 000

（2）支付耕地占用税和契税时：

借：无形资产——土地使用权　　　　　　　　　　　　　　　　　　1 300 000

　　贷：应交税费——应交耕地占用税　　　　　　　　　　　　　　　　　300 000

　　　　　　　　——应交契税　　　　　　　　　　　　　　　　　　1 000 000

（3）缴纳税款时：

借：应交税费——应交耕地占用税　　　　　　　　　　　　　　　　　300 000

　　　　　　　——应交契税　　　　　　　　　　　　　　　　　　1 000 000

　　贷：银行存款　　　　　　　　　　　　　　　　　　　　　　　　1 300 000

根据上述业务的会计处理，可知该项土地使用权的资产入账价值为 21 300 000 元。

四、耕地占用税的优惠

军事设施、学校、幼儿园、社会福利机构、医疗机构占用耕地，免征耕地占用税。

铁路线路、公路线路、飞机场跑道、停机坪、港口、航道、水利工程占用耕地，减按每平方米二元的税额征收耕地占用税。

农村居民在规定用地标准以内占用耕地新建自用住宅，按照当地适用税额减半征收耕地占用税；其中农村居民经批准搬迁，新建自用住宅占用耕地不超过原宅基地面积的部分，免征耕地占用税。

农村烈士遗属、因公牺牲军人遗属、残疾军人以及符合农村最低生活保障条件的农村居民，在规定用地标准以内新建自用住宅，免征耕地占用税。

根据国民经济和社会发展的需要，国务院可以规定免征或者减征耕地占用税的其他情形，报全国人民代表大会常务委员会备案。

依照上述规定免征或者减征耕地占用税后，纳税人改变原占地用途，不再属于免征或者减征耕地占用税情形的，应当按照当地适用税额补缴耕地占用税。

五、耕地占用税的申报管理

耕地占用税由税务机关负责征收。耕地占用税的纳税义务发生时间为纳税人收到自然资源主管部门办理占用耕地手续的书面通知的当日。纳税人应当自纳税义务发生之日起 30 日内申报缴纳耕地占用税，如实填写财产和行为纳税申报表及相应的税源明细表。耕地占用税税源明细表如表 8-7 所示。

自然资源主管部门凭耕地占用税完税凭证或者免税凭证和其他有关文件发放建设用地批准书。

表 8-7　耕地占用税税源明细表

纳税人识别号(统一社会信用代码):□□□□□□□□□□□□□□□□□□

纳税人名称:　　　　　　　　　　　　　　面积单位:平方米;金额单位:人民币元(列至角分)

占地方式	1. 经批准按批次转用□ 2. 经批准单独选址转用□ 3. 经批准临时占用□	项目(批次)名称		批准占地文号	
		批准占地部门		经批准 占地面积	
		收到书面通知日期 (或收到经批准改变 原占地用途日期)	年　月　日	批准时间	年　月　日
	4. 未批先占□	认定的实际占地日期 (或认定的未经批准 改变原占地用途日期)	年　月　日	认定的实际 占地面积	
损毁 耕地	挖损□采矿塌陷□压占□污染□	认定的损毁 耕地日期	年　月　日	认定的损毁 耕地面积	
税源编号	占地位置	占地用途	征收品目	适用税额	计税面积	减免性质代码 和项目名称	减免税面积

任务六
车船税申报与管理

车船税是以车船为征税对象,向拥有车船的单位和个人征收的一种税。车船税作为我国财产税制度的组成部分,在车船的保有环节采用从量定额的计征方式。现行车船税基本规范是 2011 年 2 月 25 日第十一届全国人民代表大会常务委员会第十九次会议通过《中华人民共和国车船税法》(以下简称《车船税法》)以及 2011 年 11 月 23 日国务院通过的《中华人民共和国车船税法实施条例》(以下简称《车船税法实例条例》)。

一、车船税的纳税人

车船税的纳税人是车辆、船舶的所有人或管理人,应税车船的所有人或管理人未缴纳车船税的,使用人应当代为缴纳车船税。

从事机动车交通事故责任强制保险业务的保险机构是机动车车船税的扣缴义务人。

二、车船税的征收范围和税率

车船税的征税范围是依法在公安、交通、农业、渔业等车船管理部门登记的车辆和船舶。

车船税适用定额税率,如表 8-8 所示。车辆的具体适用税额由省、自治区、直辖市人民政府在规定的子税目税额幅度内确定,报国务院备案。机动船舶具体适用税额根据《车船税法实施条例》确定,如表 8-9 所示。

表 8-8　车船税税目税额表

税　目		计税单位	年适用税额	备　注
一、乘用车	1.0 升（含）以下的	每辆	60～360 元	核定载客人数 9 人（含）以下
	1.0 升以上至 1.6 升（含）的		300～540 元	
	1.6 升以上至 2.0 升（含）的		360～660 元	
	2.0 升以上至 2.5 升（含）的		660～1 200 元	
	2.5 升以上至 3.0 升（含）的		1 200～2 400 元	
	3.0 升以上至 4.0 升（含）的		2 400～3 600 元	
	4.0 升以上的		3 600～5 400 元	
二、商用车	客车	每辆	480～1 440 元	核定载客人数 9 人以上
	货车	整备质量每吨	16～120 元	包括半挂牵引车、三轮汽车和低速载货汽车等
三、挂车		整备质量每吨	按照货车税额的 50% 计算	
四、其他车辆	专用作业车	整备质量每吨	16～120 元	不包括拖拉机
	轮式专用机械车	整备质量每吨	16～120 元	
五、摩托车		每辆	36～180 元	
六、船舶	机动船舶	净吨位每吨	3～6 元	拖船、非机动驳船分别按照机动船舶税额的 50% 计算
	游艇	艇身长度每米	600～2 000 元	

表 8-9　机动船舶游艇具体适用税额

税　目		税　额	备　注
机动船舶	净吨位不超过 200 吨的	每吨 3 元	拖船按照发动机功率每 1 千瓦折合净吨位 0.67 吨计算征收车船税
	净吨位超过 200 吨但不超过 2 000 吨的	每吨 4 元	
	净吨位超过 2 000 吨但不超过 10 000 吨的	每吨 5 元	
	净吨位超过 10 000 吨的	每吨 6 元	
游艇	艇身长度不超过 10 米的	每米 600 元	
	艇身长度超过 10 米但不超过 18 米的	每米 900 元	
	艇身长度超过 18 米但不超过 30 米的	每米 1 300 元	
	艇身长度超过 30 米的	每米 2 000 元	
	辅助动力帆艇	每米 600 元	

三、车船税的核算

车船税实行从量计征，车船税的计税依据，按车船的种类和性能分别确定。

（1）载客汽车和摩托车，相关计算公式如下：

$$应纳税额 = 应税车辆数量 \times 单位税额$$

（2）载货汽车、三轮汽车低速货车和船舶，相关计算公式如下：

$$应纳税额 = 车船的自重或净吨位数量 \times 单位税额$$

【学中做 8-7】某交通运输企业拥有载货汽车(自重 5 吨)40 辆,大型客车 10 辆,小型客车 25 辆(排气量均在 1.6 升至 2.0 升)。当地规定的车船税年税额为:载货汽车每吨 40 元,大型客车每辆 480 元,排气量 1.6 升至 2.0 升小客车每辆 360 元。

【解析】车船税:

应纳税额 $= 40 \times 5 \times 40 + 10 \times 480 + 25 \times 360 = 21\,800$(元)

【会计处理】

借:税金及附加　　　　　　　　　　　　　　　　　　　　　　　21 800

　　贷:应交税费——应交车船税　　　　　　　　　　　　　　　　　　21 800

四、车船税的税收优惠

免征车船税的车船包括:非机动车船(不包括非机动驳船);拖拉机;捕捞、养殖渔船;军队、武警用的车船;警用车船;按有关规定缴纳船舶吨税的船舶;依照有关法律、我国缔结或者参加的国际条约的规定应当予以免税的外国驻华使馆、领事馆和国际组织驻华机构及其有关人员的车船。

省、自治区、直辖市人民政府可以根据当地实际情况,对城市、农村公共交通车船给予定期减税、免税。

五、车船税的申报管理

(一)纳税义务发生时间

车船税纳税义务发生时间为取得车船所有权或者管理权的当月。

(二)纳税期限

车船税按年申报缴纳。具体申报纳税期限由省、自治区、直辖市人民政府规定。

(三)车船税的纳税地点

车船税的纳税地点为车船的登记地或者车船税扣缴义务人所在地。依法不需要办理登记的车船,车船税的纳税地点为车船的所有人或者管理人所在地。

从事机动车第三者责任强制保险业务的保险机构为机动车车船税的扣缴义务人,应当在收取保险费时依法代收车船税,并出具代收税款凭证。

(四)车船税由税务机关负责征收

车船税纳税人应按照规定及时办理纳税申报,如实填写财产和行为税纳税申报表和税源明细表。车船税税源明细表如表 8-10 所示。

任务七
资源税申报与管理

资源税是对在我国领域和管辖的其他海域开发应税资源的单位和个人课征的一种税,属于对自然资源开发课税的范畴。现行资源税基本法规是 2019 年 8 月 26 日通过的《中华人民共和国资源税法》,已于 2020 年 9 月 1 日起施行。

一、资源税的纳税人

在我国领域及管辖的其他海域开发应税资源的单位和个人。进口矿产品和盐不属于在我国境内开发应税资源,不征收资源税。

表 8-10 车船税税源明细表

纳税人识别号（统一社会信用代码）：□□□□□□□□□□□□□□□□□□
纳税人名称：

体积单位：升；质量单位：吨；功率单位：千瓦；长度单位：米

车辆税源明细

序号	车牌号码	*车辆识别代码（车架号）	*车辆类型	车辆品牌	车辆型号	*车辆发票日期或注册登记日期	排（气）量	核定载客	整备质量	*单位税额	减免性质代码和项目名称	纳税义务终止时间
1												
2												
3												

船舶税源明细

序号	船舶登记号	*船舶识别号	*船舶种类	*中文船名	初次登记号码	船籍港	发证日期	取得所有权日期	建成日期	净吨位	主机功率	艇身长度（总长）	*单位税额	减免性质代码和项目名称	纳税义务终止时间
1															
2															
3															

应税资源的具体范围,由资源税税目税率表确定,如表 8-11 所示。

表 8-11 资源税税目税率表

税目			征税对象	税率
能源矿产	原油		原矿	6%
	天然气、页岩气、天然气水合物		原矿	6%
	煤		原矿或者选矿	2%～10%
	煤成(层)气		原矿	1%～2%
	铀、钍		原矿	4%
	油页岩、油砂、天然沥青、石煤		原矿或者选矿	1%～4%
	地热		原矿	1%～20%或者每立方米 1～30 元
金属矿产	黑色金属	铁、锰、铬、钒、钛	原矿或者选矿	1%～9%
	有色金属	铜、铅、锌、锡、镍、锑、镁、钴、铋、汞	原矿或者选矿	2%～10%
		铝土矿	原矿或者选矿	2%～9%
		钨	选矿	6.5%
		钼	选矿	8%
		金、银	原矿或者选矿	2%～6%
		铂、钯、钌、锇、铱、铑	原矿或者选矿	5%～10%
		轻稀土	选矿	7%～12%
		中重稀土	选矿	20%
		铍、锂、锆、锶、铷、铯、锗、镓、铟、铊、铪、铼、镉、硒、碲	原矿或者选矿	2%～10%
非金属矿产	矿物类	高岭土	原矿或者选矿	1%～6%
		石灰岩	原矿或者选矿	1%～6%或者每吨(或者每立方米)1～10 元
		磷	原矿或者选矿	3%～8%
		石墨	原矿或者选矿	3%～12%
		萤石、硫铁矿、自然硫	原矿或者选矿	1%～8%
		天然石英砂、脉石英、粉石英、水晶、工业用金刚石、冰洲石、蓝晶石、硅线石(矽线石)、长石、滑石、刚玉、菱镁矿、颜料矿物、天然碱、芒硝、钠硝石、明矾石、砷、硼、碘、溴、膨润土、硅藻土、陶瓷土、耐火粘土、铁矾土、凹凸棒石粘土、海泡石粘土、伊利石粘土、累托石粘土	原矿或者选矿	1%～12%
		叶蜡石、硅灰石、透辉石、珍珠岩、云母、沸石、重晶石、毒重石、方解石、蛭石、透闪石、工业用电气石、白垩、石棉、蓝石棉、红柱石、石榴子石、石膏	原矿或者选矿	2%～12%

税　目			征税对象	税　率
非金属矿产	矿物类	其他粘土（铸型用粘土、砖瓦用粘土、陶粒用粘土、水泥配料用粘土、水泥配料用红土、水泥配料用黄土、水泥配料用泥岩、保温材料用粘土）	原矿或者选矿	1%～5%或者每吨（或者每立方米）0.1～5 元
	岩石类	大理岩、花岗岩、白云岩、石英岩、砂岩、辉绿岩、安山岩、闪长岩、板岩、玄武岩、片麻岩、角闪岩、页岩、浮石、凝灰岩、黑曜岩、霞石正长岩、蛇纹岩、麦饭石、泥灰岩、含钾岩石、含钾砂页岩、天然油石、橄榄岩、松脂岩、粗面岩、辉长岩、辉石岩、正长岩、火山灰、火山渣、泥炭	原矿或者选矿	1%～10%
		砂石	原矿或者选矿	1%～5%或者每吨（或者每立方米）0.1～5 元
	宝玉石类	宝石、玉石、宝石级金刚石、玛瑙、黄玉、碧玺	原矿或者选矿	4%～20%
水气矿产	二氧化碳气、硫化氢气、氦气、氡气		原矿	2%～5%
	矿泉水		原矿	1%～20%或者每立方米 1～30 元
盐	钠盐、钾盐、镁盐、锂盐		选矿	3%～15%
	天然卤水		原矿	3%～15%或者每吨（或者每立方米）1～10 元
	海盐			2%～5%

二、资源税的税目和税率

资源税税目共有五大类：能源矿产、金属矿产、非金属矿产、水气矿产和盐。在资源税税目税率表中列举了 164 个矿产种类和盐。

三、资源税的计税依据

（1）资源税的税目、税率，依照资源税税目税率表执行。

规定实行幅度税率的，其具体适用税率由省、自治区、直辖市人民政府在规定的税率幅度内提出，报同级人民代表大会常务委员会决定，并报全国人民代表大会常务委员会和国务院备案。

规定征税对象为原矿或者选矿的，应当分别确定具体适用税率。

（2）资源税实行从价计征或者从量计征。

资源税税目税率表中规定可以选择实行从价计征或者从量计征的，具体计征方式由省、自治区、直辖市人民政府提出，报同级人民代表大会常务委员会决定，并报全国人民代表大会常务委员会和国务院备案。

实行从价计征的，应纳税额按照应税资源产品（以下简称"应税产品"）的销售额乘以具体适用税率计算。

实行从量计征的，应纳税额按照应税产品的销售数量乘以具体适用税率计算。

应税产品为矿产品的,包括原矿和选矿产品。

（3）纳税人开采或者生产不同税目应税产品的,应当分别核算不同税目应税产品的销售额或者销售数量;未分别核算或者不能准确提供不同税目应税产品的销售额或者销售数量的,从高适用税率。

（4）纳税人开采或者生产应税产品自用的,应当依法缴纳资源税,但自用于连续生产应税产品的,不缴纳资源税。

四、资源税的核算

（一）从价定率方式

实行从价定率方式征收资源税的,根据应税产品的销售额和规定的适用税率计算应纳税额,具体计算公式为:

$$应纳税额 = 不含税销售额 \times 适用税率$$

【学中做 8-8】某煤矿 2024 年 8 月销售选煤 20 万吨,不含税价格为每吨 750 元,适用资源税税率 6%,计算该煤矿企业应纳资源税税额。

【解析】该煤矿销售选煤,按照选矿适用 6% 从价计征资源税,计算如下:

应纳税额 = 200 000 × 750 × 6% = 9 000 000（元）

【会计处理】

借:税金及附加 9 000 000
　　贷:应交税费——应交资源税 9 000 000

（二）从量定额方式

实行从量定额征收资源税的,根据应税产品的课税数量和规定的单位税额计算应纳税额,具体计算公式为:

$$应纳税额 = 课税数量 \times 单位税额$$

【学中做 8-9】某水泥生产企业 2024 年 3 月开采石灰岩 30 000 吨用于生产水泥,该企业开采的石灰岩适用资源税税率 3.5 元/吨。计算该企业当月应纳资源税税额。

【解析】该水泥生产企业自采自用石灰岩用于生产水泥,不属于自产自用连续生产应税产品,应从量计征资源税,计算如下:

应纳税额 = 30 000 × 3.5 = 105 000（元）

【会计处理】

借:税金及附加 105 000
　　贷:应交税费——应交资源税 105 000

五、资源税的减免

（一）免征资源税

（1）开采原油以及在油田范围内运输原油过程中用于加热的原油、天然气。

（2）煤炭开采企业因安全生产需要抽采的煤成（层）气。

（二）减征资源税

（1）从低丰度油气田开采的原油、天然气,减征 20% 资源税。

（2）高含硫天然气、三次采油和从深水油气田开采的原油、天然气,减征 30% 资源税。

（3）稠油、高凝油减征 40% 资源税。

（4）从衰竭期矿山开采的矿产品,减征 30％资源税。

根据国民经济和社会发展需要,国务院对于有利于促进资源节约集约利用、保护环境等情形,可以规定免征或者减征资源税,报全国人民代表大会常务委员会备案。

（三）省、自治区、直辖市可以决定免征或者减征资源税

（1）纳税人在开采或者生产应税产品过程中,因意外事故或者自然灾害等原因遭受重大损失。

（2）纳税人开采共伴生矿、低品位矿、尾矿。

免征或者减征资源税的具体办法,由省、自治区、直辖市人民政府提出,报同级人民代表大会常务委员会决定,并报全国人民代表大会常务委员会和国务院备案。

纳税人的免税、减税项目,应当单独核算销售额或者销售数量;未单独核算或者不能准确提供销售额或者销售数量的,不予免税或者减税。

六、资源税的申报管理

（一）纳税义务发生时间

纳税人销售应税产品,纳税义务发生时间为收讫销售款或者取得索取销售款凭据的当日;自用应税产品的,纳税义务发生时间为移送应税产品的当日。

（二）纳税地点

纳税人应当向应税产品开采地或者生产地的税务机关申报缴纳资源税。

（三）纳税期限

资源税按月或者按季申报缴纳;不能按固定期限计算缴纳的,可以按次申报缴纳。

纳税人按月或者按季申报缴纳的,应当自月度或者季度终了之日起 15 日内,向税务机关办理纳税申报并缴纳税款;按次申报缴纳的,应当自纳税义务发生之日起 15 日内,向税务机关办理纳税申报并缴纳税款。

（四）纳税申报表

资源税申报使用财产和行为税纳税申报表。纳税人新增税源或税源变化时,按规定填报财产和行为税税源明细表中的资源税税源明细表,如表 8-12 所示。

表 8-12　资源税税源明细表

税款所属期限:自　　年　月　日至　　年　月　日
纳税人识别号(统一社会信用代码):□□□□□□□□□□□□□□□□□□
纳税人名称:　　　　　　　　　　　　　　　　　　　金额单位:人民币元(列至角分)

序号	申报计算明细									
	税目	子目	计量单位	销售数量	准予扣减的外购应税产品购进数量	计税销售数量	销售额	准予扣除的运杂费	准予扣减的外购应税产品购进金额	计税销售额
	1	2	3	4	5	6＝4－5	7	8	9	10＝7－8－9
1										
2										
合计										

续　表

序号	税目	子目	减免性质代码和项目名称	计量单位	减免税销售数量	减免税销售额	适用税率	减征比例	本期减免税额
	1	2	3	4	5	6	7	8	$9①=5×7×8$
									$9②=6×7×8$
1									
2									
合计									

任务八
车辆购置税申报与管理

车辆购置税,是以在中国境内购置的规定车辆为课税对象,在特定环节向车辆购置者征收的一种税。就其性质而言,属于直接税的范畴。《中华人民共和国车辆购置税法》自 2019 年 7 月 1 日起施行。

车辆购置税是以购置的特定车辆为课税对象,是特定的财产税。它在车辆进入消费环节开始实行一次课征制,二手车辆购置不再缴纳车辆购置税。

一、车辆购置税的纳税人

在我国境内购置汽车、有轨电车、汽车挂车、排气量超过 150 毫升摩托车的单位和个人。

二、车辆购置税的征收范围

车辆购置税的征税范围是:汽车、有轨电车、汽车挂车、排气量超过 150 毫升的摩托车。

三、车辆购置税的税率和核算

(一)车辆购置税的税率

车辆购置税实行统一比例税率,税率为 10%。

(二)车辆购置税的核算

车辆购置税的计税价格根据不同情况,按照下列规定确定。

(1)纳税人购买自用的应税车辆的计税价格,为纳税人购买应税车辆而支付给销售者的全部价款和价外费用,不包括增值税税款。

(2)纳税人进口自用的应税车辆的计税价格的计算公式为:

$$计税价格 = 关税完税价格 + 关税 + 消费税$$

(3)纳税人自产、受赠、获奖或者以其他方式取得并自用的应税车辆的计税价格,参照同

类应税车辆的销售价格确定;没有同类车辆销售价格的,按照组成计税价格确定,计算公式为:

$$组成计税价格 = 成本 \times (1 + 成本利润率)$$

（4）车辆购置税核算

车辆购置税实行从价定率的办法计算应纳税额。应纳税额的计算公式为:

$$应纳税额 = 计税价格 \times 税率$$

【学中做 8-10】某企业 2024 年 9 月购买一辆乘用车用于经营管理,支付含税车款 339 000 元,车辆购置税 30 000 元,保险费和当年车船税共 14 500 元,上牌费用 400 元。以上费用均用银行存款支付。计算应交车辆购置税并作相应的会计处理。

【解析】车辆购置税以不含增值税价格乘以 10% 税率计算,因此:

应交车辆购置税 = 339 000 ÷ (1 + 13%) × 10% = 30 000(元)

购车价款、车辆购置税、保险费、车船税和上牌费用均可计入固定资产成本,增值税进项税额可申报抵扣。

固定资产入账价值 = 300 000 + 30 000 + 14 500 + 400 = 344 900(元)

【会计处理】

借:固定资产——管理用固定资产(××牌乘用车)　　　　　　　　344 900

　　应交税费——应交增值税(进项税额)　　　　　　　　　　　39 000

　　贷:银行存款　　　　　　　　　　　　　　　　　　　　　　383 900

四、车辆购置税的税收优惠

（1）外国驻华使馆、领事馆和国际组织驻华机构及其外交人员自用的车辆,免税。

（2）中国人民解放军和中国人民武装警察部队列入军队武器装备订货计划的车辆,免税。

（3）设有固定装置的非运输车辆,免税。

（4）有国务院规定予以免税或者减税的其他情形的,按照规定免税或者减税。

五、车辆购置税的申报管理

（一）纳税义务发生时间和纳税期限

①购买自用应税车辆的,应当自购买之日起 60 日内申报纳税。②进口自用应税车辆的,应当自进口之日起 60 日内申报纳税。③自产、受赠、获奖或者以其他方式取得并自用应税车辆的,应当自取得之日起 60 日内申报纳税。

（二）纳税地点

购置应税车辆,应当向车辆注册地(即车辆的上牌落籍地)的主管国税机关申报纳税;若车辆不需要办理车辆登记注册手续,应当向纳税人所在地的主管国税机关申报纳税。

（三）其他规定

车辆购置税实行一次征收制度。购置已征车辆购置税的车辆,不再征收车辆购置税。

已纳税车辆,由于质量问题发生退回,凭原纳税凭证退还已纳车辆购置税。无法提供纳税凭证的,不退还已缴纳的车辆购置税。

（四）车辆购置税申报表(表 8-13 和表 8-14)

表 8-13 车辆购置税纳税申报表

填表日期：　　年　月　日　　　　　　　　　　　　　　　　　　　　　　　　金额单位:元

纳税人名称		申报类型	□征税□免税□减税
证件名称		证件号码	
联系电话		地　　址	
合格证编号 （货物进口证明书号）		车辆识别代号/ 车架号	
厂牌型号			
排量（cc）		机动车销售 统一发票代码	
机动车销售统一发票号码		不含税价	
海关进口关税专用缴款书(进出口货物征免税证明)号码			

关税完税价格		关　税		消费税	
其他有效 凭证名称		其他有效 凭证号码		其他有效 凭证价格	
购置日期		申报计税 价格		申报免（减）税 条件或者代码	
是否办理车辆登记		车辆拟 登记地点			

纳税人声明：
　　本纳税申报表是根据国家税收法律法规及相关规定填报的,我确定它是真实的、可靠的、完整的。
纳税人（签名或盖章）：

委托声明：
　　现委托(姓名)＿＿＿＿（证件号码）＿＿＿＿＿＿＿＿＿＿＿＿＿办理车辆购置税涉税事宜,提供的凭证、资料是真实、可靠、完整的。任何与本申报表有关的往来文件,都可交予此人。
委托人（签名或盖章）：　　　　　　　　被委托人（签名或盖章）：

以下由税务机关填写

免（减）税条件代码

计税价格	税率	应纳税额	免（减）税额	实纳税额	滞纳金金额

受理人： 　　　　年　　月　　日	复核人(适用于免、减税申报)： 主管税务机关（章） 　　　　年　　月　　日

表 8-14 车辆购置税免(减)税申报表

填表日期：　　　　年　　月　　日

纳税人名称(签名或盖章)		证件号码	
联系电话		邮政编码	
地　　址			
车辆基本情况			
车辆类别	1. 汽车□　2. 摩托车□ 3. 电车□　4. 挂车□ 5. 农用运输车□	发动机号码	
厂牌型号/车辆名称	/	车辆识别代号(车架号码)	
购置日期		机动车销售统一发票(或有效凭证)号码	
申报免(减)税理由、依据			
以下由税务机关填写			
接收人： 接收日期：　　　年　　月　　日		负责人： 主管税务机关(章)：	

任务九
印花税申报与管理

　　印花税是以经济活动和经济交往中，书立、领受应税凭证的行为为征税对象征收的一种税。因其以在应税凭证上粘贴印花税票作为完税的标志而得名。印花税是一种具有行为税性质的凭证税。

　　现行印花税法的基本规范是 2021 年 6 月 10 日第十三届全国人民代表大会常务委员会第二十九次会议表决通过，2022 年 7 月 1 日生效的《中华人民共和国印花税法》(以下简称《印花税法》)。

一、印花税纳税人

(一)境内书立应税凭证、进行证券交易的纳税人

　　在我国境内书立应税凭证、进行证券交易的单位和个人，为印花税的纳税人；证券登记结算机构为证券交易印花税的扣缴义务人。

应税凭证,是指《印花税法》所附《印花税税目税率表》列明的合同、产权转移书据和营业账簿。

证券交易,是指转让在依法设立的证券交易所、国务院批准的其他全国性证券交易场所交易的股票和以股票为基础的存托凭证。

(二) 境外书立在境内使用的应税凭证的纳税人

在我国境外书立在境内使用的应税凭证的单位和个人,应当依法缴纳印花税,包括以下几种情形:

(1) 应税凭证的标的为不动产的,该不动产在境内。

(2) 应税凭证的标的为股权的,该股权为中国居民企业的股权。

(3) 应税凭证的标的为动产或者商标专用权、著作权、专利权、专有技术使用权的,其销售方或者购买方在境内,但不包括境外单位或者个人向境内单位或者个人销售完全在境外使用的动产、商标专用权、著作权、专利权、专有技术使用权。

(4) 应税凭证的标的为服务的,其提供方或者接受方在境内,但不包括境外单位或者个人向境内单位或者个人提供完全在境外发生的服务。

(三) 纳税人类型

印花税纳税人有书立应税凭证的纳税人和证券交易人两大类。书立应税凭证的纳税人包括立合同人、立据人、立账簿人和使用人。因此,印花税纳税人具体包括下列五种:

(1) 立合同人,是指签订各类应税合同的当事人,对应税合同负有直接权利义务关系的单位和个人。但不包括应税合同的担保人、证人、鉴定人。当事人的代理人有代理纳税的义务,也与纳税人负有同等的税收法律义务和责任。采取委托贷款方式书立借款合同的纳税人为受托方和借款人,不包括委托人;按买卖合同缴纳印花税的拍卖成交确定书,纳税人为拍卖标的产权人和买受人,不包括拍卖人。

(2) 立据人,是指书立产权转移书据的单位及个人,即土地、房屋等权属转移过程中买卖双方的单位和个人。按产权转移书据税目缴纳印花税的拍卖成交价格确定书,纳税人为拍卖标的的产权人和买受人,不包括拍卖人。

(3) 立账簿人,是指开立财务核算账簿的单位及个人。如企业因生产、经营需要设立了营业账簿,该企业为纳税人。

(4) 使用人,是指在境外书立,但在境内使用应税凭证的单位及个人。

(5) 证券交易人,是指在我国境内进行证券交易的单位和个人。证券交易印花税对证券交易的出让方征收,不对受让方征收。

二、印花税税目税率

(一) 税目

印花税的税目包括四大类:合同(指书面合同)、产权转移书据、营业账簿、证券交易。合同类又包括借款合同、融资租赁合同等11种,产权转移书据类包括4种。具体见印花税税目税率表,如表8-15所示。

(二) 税率

现行印花税税率采用比例税率,共分为五档。

(1) 借款合同、融资租赁合同的税率为万分之零点五。

(2) 买卖合同、承揽合同、建设工程合同、运输合同、技术合同和商标专用权、著作权、专利权、专有技术使用权转让书据的税率为万分之三。

（3）租赁合同、保管合同、仓储合同、财产保险合同和证券交易的税率为千分之一。

（4）土地使用权出让书据，土地使用权、房屋等建筑物、构筑物所有权转让书据和股权转让书据的税率为万分之五。

（5）营业账簿的税率为万分之二点五。

以电子形式签订的各类应税凭证均应按规定征收印花税。

表 8-15 印花税税目税率表

税 目		税 率	备 注
合同（指书面合同）	借款合同	借款金额的万分之零点五	指银行业金融机构、经国务院银行业监督管理机构批准设立的其他金融机构与借款人（不包括同业拆借）的借款合同
	融资租赁合同	租金的万分之零点五	
	买卖合同	价款的万分之三	指动产买卖合同（不包括个人书立的动产买卖合同）
	承揽合同	报酬的万分之三	
	建设工程合同	价款的万分之三	
	运输合同	运输费用的万分之三	指货运合同和多式联运合同（不包括管道运输合同）
	技术合同	价款、报酬或者使用费的万分之三	不包括专利权、专有技术使用权转让书据
	租赁合同	租金的千分之一	
	保管合同	保管费的千分之一	
	仓储合同	仓储费的千分之一	
	财产保险合同	保险费的千分之一	不包括再保险合同
产权转移书据	土地使用权出让书据	价款的万分之五	转让包括买卖（出售）、继承、赠与、互换、分割
	土地使用权、房屋等建筑物和构筑物所有权转让书据（不包括土地承包经营权和土地经营权转移）	价款的万分之五	
	股权转让书据（不包括应缴纳证券交易印花税的）	价款的万分之五	
	商标专用权、著作权、专利权、专有技术使用权转让书据	价款的万分之三	
营业账簿		实收资本（股本）、资本公积合计金额的万分之二点五	
证券交易		成效金额的千分之一	

三、印花税的核算

（一）印花税的计税依据

（1）应税合同的计税依据，为合同所列的金额，不包括列明的增值税税款。

（2）应税产权转移书据的计税依据，为产权转移书据所列的金额，不包括列明的增值税税款。

（3）应税营业账簿的计税依据，为账簿记载的实收资本（股本）、资本公积合计金额。

（4）证券交易的计税依据，为成交金额。

（5）应税合同、产权转移书据未列明金额的，印花税的计税依据按照实际结算的金额确定。

（6）计税依据按照前述5条规定仍不能确定的，按照书立合同、产权转移书据时的市场价格确定；依法应当执行政府定价或者政府指导价的，按照国家有关规定确定。

（7）证券交易无转让价格的，按照办理过户登记手续时该证券前一个交易日收盘价计算确定计税依据；无收盘价的，按照证券面值计算确定计税依据。

（8）纳税人转让股权的，按照产权转移书据所列的金额（不包括列明的认缴后尚未实际出资权益部分）确定。

（9）应税凭证金额为人民币以外的货币的，应当按照凭证书立当日的人民币汇率中间价折合人民币确定计税依据。

（10）境内的货物多式联运，采用在起运地统一结算全程运费的，以全程运费作为运输合同的计税依据，由起运地运费结算双方缴纳印花税；采用分程结算运费的，以分程的运费作为计税依据，分别由办理运费结算的各方缴纳印花税。

（二）印花税的核算

印花税计算公式：

$$应纳税额 = 计税依据 \times 适用税率$$

同一应税凭证载有两个以上税目事项并分别列明金额的，按照各自适用的税目税率分别计算应纳税额；未分别列明金额的，从高适用税率。

同一应税凭证由两方以上当事人书立的，按照各自涉及的金额分别计算应纳税额。

已缴纳印花税的营业账簿，以后年度记载的实收资本（股本）、资本公积合计金额比已缴纳印花税的实收资本（股本）、资本公积合计金额增加的，按照增加部分计算应纳税额。

【学中做8-11】某房地产开发公司2024年1月开业，当年有部分涉及印花税的事项：企业营业账簿中实收资本为2 000万元；企业签订采购和销售合同各一份，合同金额分别为200万元和500万元；签订建设工程勘探、设计合同一份，应支付勘探、设计费80万元；建筑工程承包合同一份，工程承包金额为6 200万元。计算应缴纳的印花税金额并作会计处理。

【解析】印花税：

（1）企业营业账簿应按实收资本（股本）、资本公积合计金额的万分之二点五计税：

应纳税额 = 2 000 × 0.25‰ = 0.5（万元）

（2）签订的采购和销售合同属于买卖合同，应按买卖合同价款的万分之三计税：

应纳税额 = （200 + 500）× 0.3‰ = 0.21（万元）

（3）签订的建设工程勘探、设计合同，建设工程承包合同都属于建设工程合同，应以建设工程合同价款的万分之三计税：

应纳税额 = （80 + 6 200）× 0.3‰ = 1.884（万元）

应纳印花税合计 = 0.5 + 0.21 + 1.884 = 2.594（万元）

【会计处理】

借:税金及附加 25 940

贷:应交税费——应交印花税 25 940

四、印花税的优惠

(一) 免征印花税

(1) 应税凭证的副本或者抄本。

(2) 依照法律规定应当予以免税的外国驻华使馆、领事馆和国际组织驻华代表机构为获得馆舍书立的应税凭证。

(3) 中国人民解放军、中国人民武装警察部队书立的应税凭证。

(4) 农民、家庭农场、农民专业合作社、农村集体经济组织、村民委员会购买农业生产资料或者销售农产品书立的买卖合同和农业保险合同。

(5) 无息或者贴息借款合同、国际金融组织向中国提供优惠贷款书立的借款合同。

(6) 财产所有权人将财产赠与政府、学校、社会福利机构、慈善组织书立的产权转移书据。

(7) 非营利性医疗卫生机构采购药品或者卫生材料书立的买卖合同。

(8) 个人与电子商务经营者订立的电子订单。

(二) 印花税优惠的其他规定

(1) 对铁路、公路、航运、水路承运快件行李、包裹开具的托运单据,暂免贴印花。

(2) 保险公司的农林作物、牧业畜类农牧业保险合同暂不贴花。

(3) 各类发行单位之间,以及发行单位与订阅单位或个人之间书立的征订凭证,暂免征印花税。

(4) 凡附有军事运输命令或使用专用的军事物资运费结算凭证,免纳印花税。

凡附有县级以上(含县级)人民政府抢险救灾物资运输证明文件的运费结算凭证,免纳印花税。

(5) 对经国务院和省级人民政府决定或批准进行的国有(含国有控股)企业改组改制而发生的上市公司国有股权无偿转让行为,暂不征收证券(股票)交易印花税。对不属于上述情况的上市公司国有股权无偿转让行为,仍应征收证券(股票)交易印花税。

(6) 电网与用户之间签订的供用电合同不属于印花税列举征税的凭证,不征收印花税。

(7) 对廉租住房、经济适用住房经营管理单位与廉租住房、经济适用住房相关的印花税以及廉租住房承租人、经济适用住房购买人涉及的印花税予以免征。

开发商在经济适用住房、商品住房项目中配套建造廉租住房,在商品住房项目中配套建造经济适用住房,如能提供政府部门出具的相关材料,可按廉租住房、经济适用住房建筑面积占总建筑面积的比例免征开发商应缴纳的印花税。

(8) 对个人出租、承租住房签订的租赁合同,免征印花税。

对个人销售或购买住房暂免征收印花税。

(9) 对改造安置住房建设用地免征城镇土地使用税。对改造安置住房经营管理单位、开发商与改造安置住房相关的印花税以及购买安置住房的个人涉及的印花税予以免征。

在商品住房等开发项目中配套建造安置住房的,依据政府部门出具的相关材料、房屋征收(拆迁)补偿协议或棚户区改造合同(协议),按改造安置住房建筑面积占总建筑面积的比例免征城镇土地使用税、印花税。

（10）在融资性售后回租业务中,对承租人、出租人因出售租赁资产及购回租赁资产所签订的合同,不征收印花税。

（11）对农村集体经济组织以及代行集体经济组织职能的村民委员会、村民小组进行清产核资收回集体资产而承受土地、房屋权属,免征契税。

对因农村集体经济组织以及代行集体经济组织职能的村民委员会、村民小组进行清产核资收回集体资产而签订的产权转移书据,免征印花税。

（12）自 2018 年 1 月 1 日至 2027 年 12 月 31 日,对金融机构与小型企业、微型企业签订的借款合同免征印花税。

五、印花税的申报管理

（一）纳税方法

（1）印花税可以采用粘贴印花税票的方式缴纳。这种办法适用于应税凭证较少或者贴花次数较少的情况,纳税人根据规定自行计算应纳税额,向税务机关或指定的代售单位购买印花税票,再将印花税票粘贴在应税凭证上,然后由纳税人在每枚税票的骑缝处盖戳注销或者画销,即完成纳税义务。

印花税票由国务院税务主管部门监制。常见面额有 1 角、2 角、5 角、1 元、2 元、5 元、10元、50 元、100 元。题材丰富、图案精美,印刷有防伪措施等,具有较大的收藏价值。

（2）填写申报表缴纳。印花税金额较大或经常发生时,应通过填写财产和行为税纳税申报表和财产和行为税税源明细表等申报缴纳。

（二）纳税地点

纳税人为单位的,应当向其机构所在地的主管税务机关申报缴纳印花税;纳税人为个人的,应当向应税凭证书立地或者纳税人居住地的主管税务机关申报缴纳印花税。不动产产权发生转移的,纳税人应当向不动产所在地的主管税务机关申报缴纳印花税。

纳税人为境外单位或者个人,在境内有代理人的,以其境内代理人为扣缴义务人;在境内没有代理人的,由纳税人自行申报缴纳印花税,具体办法由国务院税务主管部门规定。

证券交易印花税的扣缴义务人(证券登记结算机构)应当向其机构所在地的主管税务机关申报解缴税款以及银行结算的利息。

（三）纳税义务发生时间

印花税的纳税义务发生时间为纳税人书立应税凭证或者完成证券交易的当日。证券交易印花税扣缴义务发生时间为证券交易完成的当日。

（四）纳税申报

印花税按季、按年或者按次计征。实行按季、按年计征的,纳税人应当自季度、年度终了之日起 15 日内申报缴纳税款;实行按次计征的,纳税人应当自纳税义务发生之日起 15 日内申报缴纳税款。

证券交易印花税按周解缴。证券交易印花税扣缴义务人应当自每周终了之日起五日内申报解缴税款以及银行结算的利息。

（五）纳税申报表

填写财产和行为税纳税申报表申报印花税,纳税人新增税源或税源变化时,需先填报印花税税源明细表,如表 8-16 所示。

表 8-16　印花税税源明细表

纳税人识别号(统一社会信用代码)：□□□□□□□□□□□□□□□□□□

纳税人名称：　　　　　　　　　　　　　　　　金额单位：人民币元(列至角分)

序号	*税目	*税款所属期起	*税款所属期止	应纳税凭证编号	应纳税凭证书立(领受)日期	*计税金额或件数	核定比例	*税率	减免性质代码和项目名称
按期申报									
1									
2									
3									
按次申报									
1									
2									
3									

任务十
环境保护税申报与管理

环境保护税,是对在我国领域以及管辖的其他海域直接向环境排放应税污染物的企事业单位和其他生产经营者征收的一种税,其立法目的是保护和改善环境,减少污染物排放,推进生态文明建设。《中华人民共和国环境保护税法》(以下简称《环境保护税法》)自 2018 年 1 月 1 日起实施,同时停征排污费。

一、环境保护税的纳税义务人

环境保护税的纳税义务人,是在我国领域和我国管辖的其他海域直接向环境排放应税污染物的企事业单位和其他生产经营者。

(1) 有下列情形之一的,不属于直接向环境排放污染物,不缴纳相应污染物的环境保护税：

①企业事业单位和其他生产经营者向依法设立的污水集中处理、生活垃圾集中处理场所排放应税污染物的。②企业事业单位和其他生产经营者在符合国家和地方环境保护标准的设施、场所贮存或者处置固体废物的。

(2) 依法设立的城乡污水集中处理、生活垃圾集中处理场所超过国家和地方规定的排放标准向环境排放应税污染物的,应当缴纳环境保护税。

企业事业单位和其他生产经营者贮存或者处置固体废物不符合国家和地方环境保护标准的,应当缴纳环境保护税。

二、环境保护税税目与税额

环境保护税税目包括大气污染物、水污染物、固体废物和噪声四大类,其中固体废物细分四项,噪声是指工业噪声,按超标分贝数分为六项,环境保护税采用定额税率,具体内容如

表 8-17 所示。

表 8-17　环境保护税税目税额表

税　目		计税单位	税　额	备　注
大气污染物		每污染当量	1.2 元至 12 元	
水污染物		每污染当量	1.4 元至 14 元	
固体废物	煤矸石	每吨	5 元	
	尾矿	每吨	15 元	
	危险废物	每吨	1 000 元	
	冶炼渣、粉煤灰、炉渣、其他固体废物(含半固态、液态废物)	每吨	25 元	
噪声	工业噪声	超标 1~3 分贝	每月 350 元	1. 一个单位边界上有多处噪声超标，根据最高一处超标声级计算应纳税额；当沿边界长度超过 100 米有两处以上噪声超标，按照两个单位计算应纳税额。 2. 一个单位有不同地点作业场所的，应当分别计算应纳税额，合并计征。 3. 昼、夜均超标的环境噪声，昼、夜分别计算应纳税额，累计计征。 4. 声源一个月内超标不足 15 天的，减半计算应纳税额。 5. 夜间频繁突发和夜间偶然突发厂界超标噪声，按等效声级和峰值噪声两种指标中超标分贝值高的一项计算应纳税额
		超标 4~6 分贝	每月 700 元	
		超标 7~9 分贝	每月 1 400 元	
		超标 10~12 分贝	每月 2 800 元	
		超标 13~15 分贝	每月 5 600 元	
		超标 16 分贝以上	每月 11 200 元	

应税大气污染物和水污染物的具体适用税额的确定和调整，由省、自治区、直辖市人民政府统筹考虑本地区环境承载能力、污染物排放现状和经济社会生态发展目标要求，在《环境保护税税目税额表》规定的税额幅度内提出，报同级人民代表大会常务委员会决定，并报全国人民代表大会常务委员会和国务院备案。

三、环境保护税计税依据和核算

(一)应税污染物的计税依据

(1)应税污染物的计税依据，按照下列方法确定：

①应税大气污染物按照污染物排放量折合的污染当量数确定。②应税水污染物按照污染物排放量折合的污染当量数确定。③应税固体废物按照固体废物的排放量确定。④应税噪声按照超过国家规定标准的分贝数确定。

(2)应税大气污染物、水污染物的污染当量数，以该污染物的排放量除以该污染物的污染当量值计算。每种应税大气污染物、水污染物的具体污染当量值，依照应税污染物和当量值表(略)执行。

每一排放口或者没有排放口的应税大气污染物，按照污染当量数从大到小排序，对前三项污染物征收环境保护税。

每一排放口的应税水污染物，按照应税污染物和当量值表，区分第一类水污染物和其他类水污染物，按照污染当量数从大到小排序，对第一类水污染物按照前五项征收环境保护税，对

其他类水污染物按照前三项征收环境保护税。

（二）应税污染物数量的计算方法和顺序

应税大气污染物、水污染物、固体废物的排放量和噪声的分贝数，按照下列方法和顺序计算：

（1）纳税人安装使用符合国家规定和监测规范的污染物自动监测设备的，按照污染物自动监测数据计算。

（2）纳税人未安装使用污染物自动监测设备的，按照监测机构出具的符合国家有关规定和监测规范的监测数据计算。

（3）因排放污染物种类多等原因不具备监测条件的，按照国务院生态环境主管部门规定的排污系数、物料衡算方法计算。

（4）不能按照上述三点规定的方法计算的，按照省、自治区、直辖市人民政府生态环境主管部门规定的抽样测算的方法核定计算。

（三）环境保护税应纳税额核算

环境保护税应纳税额按照下列方法计算：

（1）应税大气污染物的应纳税额为污染当量数乘以具体适用税额。

（2）应税水污染物的应纳税额为污染当量数乘以具体适用税额。

（3）应税固体废物的应纳税额为固体废物排放量乘以具体适用税额。

（4）应税噪声的应纳税额为超过国家规定标准的分贝数对应的具体适用税额。

【学中做 8-12】某煤矿企业 8 月产生煤矸石 20 000 吨，其中综合利用 3 000 吨（符合国家和地方环境保护标准），在符合国家和地方环境保护标准的设施贮存 2 000 吨，回填采空区处置了 5 000 吨。排放煤矸石单位税额 5 元。计算该企业 8 月应缴纳的环境保护税税额并进行会计处理。

【解析】《环境保护税法实施条例》第五条规定，应税固体废物的计税依据，按照固体废物的排放量确定。固体废物的排放量为当期应税固体废物的产生量减去当期应税固体废物的贮存量、处置量、综合利用量的余额。即：固体废物排放量 = 当期排放量 － 当期贮存量 － 当期处置量 － 当期综合利用量。

应税固体废物的应纳税额 =（20 000 － 3 000 － 2 000 － 5 000）× 5 = 50 000（元）

【会计处理】

借：税金及附加   50 000

    贷：应交税费——应交环境保护税   50 000

【学中做 8-13】S 化工有限公司是环境保护税纳税人，该公司仅有 1 个污水排放口且直接向河流排放污水，已安装使用符合国家规定和监测规范的污染物自动监测设备。检测数据显示，该排放口 2024 年 3 月共排放污水 50 万吨（折合 50 万立方米），应税污染物为六价铬，浓度为 0.5 毫克/升。该公司所在省的水污染物税率为 2.8 元/污染当量，六价铬的污染当量值（千克）查表可知为 0.02，1 kg = 1 000 000 mg。计算该公司应缴纳的环境保护税税额并作会计处理。

【解析】环境保护税：

（1）计算污染当量：

六价铬污染当量 = 排放总量 × 浓度值 ÷ 当量值 = 500 000 × 1 000 × 0.5 ÷ 1 000 000 ÷ 0.02 = 12 500

(2) 应纳税额 = 12 500×2.8 = 35 000(元)

【会计处理】

借:税金及附加   35 000

    贷:应交税费——应交环境保护税   35 000

四、环境保护税的税收优惠

(一)暂予免征优惠

(1) 农业生产(不包括规模化养殖)排放应税污染物的。

(2) 机动车、铁路机车、非道路移动机械、船舶和航空器等流动污染源排放应税污染物的。

(3) 依法设立的城乡污水集中处理、生活垃圾集中处理场所排放相应应税污染物,不超过国家和地方规定的排放标准的。

(4) 纳税人综合利用的固体废物,符合国家和地方环境保护标准的。

(5) 国务院批准免税的其他情形。

(二)减征优惠

(1) 纳税人排放应税大气污染物或者水污染物的浓度值低于国家和地方规定的污染物排放标准 30%的,减按 75%征收环境保护税。

(2) 纳税人排放应税大气污染物或者水污染物的浓度值低于国家和地方规定的污染物排放标准 50%的,减按 50%征收环境保护税。

五、环境保护税的申报管理

(一)征管方式

环境保护税由税务机关依照《税收征管法》和《环境保护税法》的有关规定征收管理。生态环境主管部门依照环境保护法律法规负责对污染物的监测管理,应当定期将排污单位的排污许可、污染物排放数据、环境违法和受行政处罚情况等环境保护相关信息交送税务机关。

(二)纳税义务发生时间、纳税地点和纳税期限

纳税义务发生时间为纳税人排放应税污染物的当日。

纳税人应当向应税污染物排放地的税务机关申报缴纳环境保护税。

环境保护税按月计算,按季申报缴纳。不能按固定期限计算缴纳的,可以按次申报缴纳。纳税人按季申报缴纳的,应当自季度终了之日起 15 日内,向税务机关办理纳税申报并缴纳税款。纳税人按次申报缴纳的,应当自纳税义务发生之日起 15 日内,向税务机关办理纳税申报并缴纳税款。

(三)纳税申报表

环境保护税申报使用财产和行为税纳税申报表。纳税人新增税源或税源变化时,按规定填报财产和行为税税源明细表中的环境保护税税源明细表(略)。

任务十一
烟叶税申报与管理

烟叶税基本法律是 2017 年 12 月 27 日第十二届全国人民代表大会常务委员会第三十一

次会议表决通过的《中华人民共和国烟叶税法》(以下简称《烟叶税法》),自 2018 年 7 月 1 日起施行。烟叶税是以纳税人收购烟叶的收购金额为计税依据征收的一种税。

一、烟叶税的纳税人和征税范围

(一) 纳税人

在中华人民共和国境内,依照《烟草专卖法》的规定收购烟叶的单位为烟叶税的纳税人。

(二) 征税范围

纳税人收购的烟叶,是指烤烟叶、晾晒烟叶,应当依照《烟叶税法》的规定缴纳烟叶税。

二、烟叶税的计税依据、税率和应纳税额核算

(一) 计税依据和税率

烟叶税的计税依据为纳税人收购烟叶实际支付的价款总额。烟叶税实行比例税率,税率为 20%。

(二) 烟叶税的计算

烟叶税应纳税额的计算公式为:

$$应纳税额 = 收购烟叶实际支付的价款总额 \times 税率$$

$$收购烟叶实际支付的价款总额 = 收购价款 \times (1 + 10\%)$$

纳税人收购烟叶实际支付的价款总额包括纳税人支付给烟叶生产销售单位和个人的烟叶收购价款和价外补贴。其中,价外补贴统一按烟叶收购价款的 10% 计算。

【学中做 8-14】2024 年 5 月,某烟草公司向烟农收购一批烟叶,收购价为 200 万元,另支付烟叶收购价的 10% 作为价外补贴。计算该烟草公司应纳烟叶税并作相关会计处理。

【解析】

烟叶税应纳税额 = 200 × (1 + 10%) × 20% = 44(万元)

纳税人按规定缴纳的烟叶税并入烟叶产品的买价计算增值税进项税额,准予抵扣。烟叶是农产品,按取得(开具)农产品收购发票或销售发票上注明的买价和 9% 扣除率计算进项税额,因此:

收购烟叶准予计算抵扣和增值税进项税额 = (220 + 44) × 9% = 23.76(万元)

烟叶收购成本 = 200 + 20 + 44 - 23.76 = 240.24(万元)

【会计处理】

借:商品采购(库存商品)	2 402 400
应交税费——应交增值税(进项税额)	237 600
贷:应交税费——应交烟叶税	440 000
银行存款	2 200 000

三、烟叶税的纳税申报管理

烟叶税的纳税申报管理应依照《税收征管法》和《烟叶税法》的有关规定进行。

(1) 纳税人收购烟叶,应当向烟叶收购地的主管税务机关申报纳税。

(2) 烟叶税的纳税义务发生时间为纳税人收购烟叶的当天。

(3) 烟叶税按月计征,纳税人应当于纳税义务发生月度终了之日起 15 日内申报并缴纳税款。

(4) 烟叶税申报使用财产和行为税纳税申报表。纳税人新增税源或税源变化时,按规定填报财产和行为税税源明细表中的烟叶税税源明细表,如表 8-18 所示。

表 8-18　烟叶税税源明细表

税款所属期限:自　　　年　　月　　日至　　　年　　月　　日

纳税人识别号(统一社会信用代码):□□□□□□□□□□□□□□□□□□

纳税人名称:　　　　　　　　　　　　　　　　　　　金额单位:人民币元(列至角分)

序　号	烟叶收购价款总额	税　　率
1		
2		
3		
4		
5		
6		
7		
8		
9		
10		

任务十二
船舶吨税申报与管理

船舶吨税是根据船舶运载量课征的一个税种,源于明朝以后关税的"船料"。《中华人民共和国船舶吨税法》(以下简称《船舶吨税法》)自 2018 年 7 月 1 日起施行。

一、船舶吨税的征税范围

自中华人民共和国境外港口进入境内港口的船舶(以下简称"应税船舶"),应当缴纳船舶吨税(以下简称"吨税")。

二、船舶吨税的税目税率

(一)吨税的税目、税率

吨税的税目、税率依照《船舶吨税法》所附的吨税税目税率表执行,如表 8-19 所示。船舶吨税设置普通税率和优惠税率。

吨税税目税率表下列用语的含义:

净吨位,是指由船籍国(地区)政府签发或者授权签发的船舶吨位证明书上标明的净吨位。

非机动船舶,是指自身没有动力装置,依靠外力驱动的船舶。

非机动驳船,是指在船舶登记机关登记为驳船的非机动船舶。

捕捞、养殖渔船,是指在中华人民共和国渔业船舶管理部门登记为捕捞船或者养殖船的船舶。

拖船,是指专门用于拖(推)动运输船舶的专业作业船舶。

表 8-19　吨税税目税率表

税目 （按船舶净吨位划分）	税率/（元/净吨）						备　注
	普通税率 （按执照期限划分）			优惠税率 （按执照期限划分）			
	1 年	90 日	30 日	1 年	90 日	30 日	
不超过 2 000 净吨	12.6	4.2	2.1	9.0	3.0	1.5	1. 拖船按照发动机功率每千瓦折合净吨位 0.67 吨。 2. 无法提供净吨位证明文件的游艇，按照发动机功率每千瓦折合净吨位 0.05 吨。 3. 拖船和非机动驳船分别按相同净吨位船舶税率的 50% 计征税款
超过 2 000 净吨，但不超过 10 000 净吨	24.0	8.0	4.0	17.4	5.8	2.9	
超过 10 000 净吨，但不超过 50 000 净吨	27.6	9.2	4.6	19.8	6.6	3.3	
超过 50 000 净吨	31.8	10.6	5.3	22.8	7.6	3.8	

吨税执照期限，是指按照公历年、日计算的期间。

（二）吨税税率的适用

中华人民共和国籍的应税船舶，船籍国（地区）与中华人民共和国签订含有相互给予船舶税费最惠国待遇条款的条约或者协定的应税船舶，适用优惠税率。其他应税船舶，适用普通税率。

三、船舶吨税的计算

吨税按照船舶净吨位和吨税执照期限征收。应税船舶负责人在每次申报纳税时，可以按照吨税税目税率表选择申领一种期限的吨税执照。

$$吨税的应纳税额 = 船舶净吨位 \times 适用税率$$

应税船舶在进入港口办理入境手续时，应当向海关申报纳税领取吨税执照，或者交验吨税执照（或者申请核验吨税执照电子信息）。应税船舶在离开港口办理出境手续时，应当交验吨税执照（或者申请核验吨税执照电子信息）。

应税船舶负责人申领吨税执照时，应当向海关提供：船舶国籍证书或者海事部门签发的船舶国籍证书收存证明；船舶吨位证明。

应税船舶因不可抗力在未设立海关地点停泊的，船舶负责人应当立即向附近海关报告，并在不可抗力原因消除后，依照本法规定向海关申报纳税。

【学中做 8-15】2023 年 10 月 20 日 A 国一艘货轮驶入宁波舟山港，该货轮净吨位为 40 000 吨，货轮负责人已向我国该海关领取了吨税执照，在港口停留期限为 30 天，A 国已与我国签订有相互给予船舶税费最惠国待遇条款。请计算该货轮负责人应向我国海关缴纳的船舶吨税。

【解析】A 国已与我国签订相互给予船舶税费最惠国待遇条款，因此该货轮应享受优惠税率。查税目税率表可知，该货轮适用税率为每净吨位 3.3 元。

应缴纳船舶吨税 = 40 000 × 3.3 = 132 000（元）

四、船舶吨税的税收优惠

（一）免征优惠

下列船舶免征船舶吨税：

（1）应纳税额在人民币 50 元以下的船舶。

（2）自境外以购买、受赠、继承等方式取得船舶所有权的初次进口到港的空载船舶。

（3）吨税执照期满后 24 小时内不上下客货的船舶。

（4）非机动船舶（不包括非机动驳船）。

（5）捕捞、养殖渔船。

（6）避难、防疫隔离、修理、改造、终止运营或者拆解，并不上下客货的船舶。

（7）军队、武装警察部队专用或者征用的船舶。

（8）警用船舶。

（9）依照法律规定应当予以免税的外国驻华使领馆、国际组织驻华代表机构及其有关人员的船舶。

（10）国务院规定的其他船舶。

（二）延期优惠

在吨税执照期限内，应税船舶发生下列情形之一的，海关按照实际发生的天数批注延长吨税执照期限：

（1）避难、防疫隔离、修理、改造，并不上下客货。

（2）军队、武装警察部队征用。

五、船舶吨税的申报管理

（一）一般规定

（1）船舶吨税由海关负责征收。海关征收吨税应当制发缴款凭证。应税船舶负责人缴纳吨税或者提供担保后，海关按照其申领的执照期限填发吨税执照。

（2）船舶吨税纳税义务发生时间为应税船舶进入港口的当日。

（3）应税船舶负责人应当自海关填发船舶吨税缴款凭证之日起 15 日内缴清税款。未按期缴清税款的，自滞纳税款之日起至缴清税款之日止，按日加收 0.5‰ 的滞纳金。

（4）应税船舶在吨税执照期满后尚未离开港口的，应当申领新的吨税执照，自上一次执照期满的次日起续缴吨税。

（二）纳税担保

应税船舶到达港口前，经海关核准先行申报并办结出入境手续的，应税船舶负责人应当向海关提供与其依法履行吨税缴纳义务相适应的担保；应税船舶到达港口后，依法向海关申报纳税。

下列财产、权利可以用于担保：

人民币、可自由兑换货币；汇票、本票、支票、债券、存单；银行、非银行金融机构的保函；海关依法认可的其他财产、权利。

（三）其他规定

（1）应税船舶在吨税执照期限内，因修理、改造导致净吨位变化的，吨税执照继续有效。应税船舶办理出入境手续时，应当提供船舶经过修理、改造的证明文件。

（2）应税船舶在吨税执照期限内，因税目税率调整或者船籍改变而导致适用税率变化的，吨税执照继续有效。因船籍改变而导致适用税率变化的，应税船舶在办理出入境手续时，应当提供船籍改变的证明文件。

（3）吨税执照在期满前毁损或者遗失的，应当向原发照海关书面申请核发吨税执照副本，不再补税。

（4）海关发现少征或者漏征税款的，应当自应税船舶应当缴纳税款之日起 1 年内，补征税款。但因应税船舶违反规定造成少征或者漏征税款的，海关可以自应当缴纳税款之日起 3 年

内追征税款,并自应当缴纳税款之日起按日加征少征或者漏征税款 0.5‰ 的税款滞纳金。

海关发现多征税款的,应当在 24 小时内通知应税船舶办理退还手续,并加算银行同期活期存款利息。

应税船舶发现多缴税款的,可以自缴纳税款之日起 3 年内以书面形式要求海关退还多缴的税款并加算银行同期活期存款利息;海关应当自受理退税申请之日起 30 日内查实并通知应税船舶办理退还手续。

(5) 应税船舶有下列行为之一的,由海关责令限期改正,处 2 000 元以上 3 万元以下的罚款;不缴或者少缴应纳税款的,处不缴或者少缴税款 50% 以上 5 倍以下的罚款,但罚款不得低于 2 000 元:

①未按照规定申报纳税、领取吨税执照。②未按照规定交验吨税执照(或者申请核验吨税执照电子信息)以及提供其他证明文件。

任务十三
财产和行为税智慧化申报实训

一、企业信息

企业名称:北京涉税教学有限公司　　　　企业增值税类型:一般纳税人

信用等级:A　　　　　　　　　　　　　注册资本:10 000 000 元

企业行业:涉及所有教学行业　　　　　　企业注册登记类型:有限责任公司

企业所在地区:北京市东城区　　　　　　组织机构代码:282647106

社会统一信用代码:911101012826471060　授信总额度:20 000 000 元

企业地址:北京市东城区天坛街道永康路 7460 号　企业电话:010-69546312

法人代表:陈姿汐

二、实训要求

2023 年 04 月 15 日前,登录电子税务局完成财产和行为税纳税申报及税款缴纳。按照业务要求完成公司 2023 年第一季度的财产和行为税纳税申报,具体要求如下:

(1) 通过电子税务局—税费申报及缴纳—财产和行为税税源信息模块进行印花税、城镇土地使用税、房产税、土地增值税、资源税、契税、车船税、耕地占用税、烟叶税的税源采集。

(2) 印花税税源采集根据背景资料进行采集。

(3) 城镇土地使用税、房产税税源采集信息已采集无需再登记。

(4) 土地增值税按季征收,税源采集根据背景资料进行。

(5) 资源税按月征收,税源采集根据背景资料进行。

(6) 契税税源采集根据背景资料进行。

(7) 耕地占用税税源采集根据背景资料进行。

(8) 烟叶税税源采集根据背景资料进行。

(9) 检查本期税源采集的税种信息。

（10）通过财产和行为税合并纳税申报页面中选择需要申报的税种，勾选后点击"下一步"生成财产和行为税纳税申报表。

（11）财产和行为税合并纳税申报表检查无误后进行纳税申报，并完成税款缴纳。

（12）本公司不享受"六税两费"减免政策。

三、企业业务资料

（一）印花税税源采集信息

企业合同登记统计表如表8-20所示。

表8-20　企业合同登记统计表

序号	应税凭证名称	申报期限类型	应税凭证数量	合同金额/元	应税凭证书立日期
001	买卖合同	正常申报	5	850 000.00	2023-03-01
002	土地使用权转让合同	正常申报	1	18 000 000.00	2023-03-01

（二）城镇土地使用税税源采集信息

1．土地使用证信息

纳税人类型：权属所有人

土地使用权人纳税人识别号（统一社会信用代码）：911101012826471060

土地使用权人名称：北京涉税教学有限公司

不动产权证号：SS1595552　　　　　　　　宗地号：1563285425698547

土地名称：涉税教学1#　　　　　　　　　土地取得时间：2020-01-01

土地取得方式：其他　　　　　　　　　　占用土地面积（m²）：1 200

土地性质：国有　　　　　　　　　　　　土地用途：商业用地

2．地价信息

地价（元）：5 000 000

3．地址坐落信息

土地坐落地址（行政区划）：北京市东城区　　土地坐落地址（所处街道）：坛山街道

土地坐落详细地址：永康路7460号　　　　土地所属税务局：国家税务总局北京市税务局

4．土地应税明细信息

土地等级：一级土地　　　税额标准（元）：10　　　应税土地面积（m²）：1 200

有效期起止：2020-01-01 至 2099-12-31

（三）房产税税源采集信息

1．房产证信息

纳税人类型：产权所有人

所有权人纳税人识别号（统一社会信用代码）：911101012826471060

所有权人名称：北京涉税教学有限公司　　　不动产权证号：SS1595552

房产名称：涉税教学1#　　　　　　　　　房产用途：商业及办公

房产取得时间：2020-01-01　　　　　　　建筑面积（m²）：1200

2．房屋坐落信息

房屋坐落地址（行政区划）：北京市东城区　房屋坐落地址（所属街道）：坛山街道

房屋坐落详细地址：永康路7460号　　　　房产所属主管税务局：国家税务总局北京市税务局

3.房屋应税信息（从价）

房产原值（元）:20 000 000　　　　　　　　计税比例:0.7

其中,出租房产原值（元）:5 000 000　　　　出租房产面积（m²）:200

有效期起止:2020-01-01 至 2099-12-31

4.房屋应税信息（从租）

出租面积（m²）:200　　　　　　申报租金所属租赁期起止:2023-01-01 至 2023-12-31

承租方名称:略　　　　　　　　承租方纳税人识别号（统一社会信用代码）:略

申报租金收入（元）:1 440 000

（四）土地增值税税源采集信息

1.土地增值税预缴项目

2023 年 3 月 5 日收到嘉园 3 期普通住宅预售款 545 万元。

说明:该项目 2016 年 5 月 1 日后开工,适用增值税税率 9%,不含增值税收入 500 万元。按 3% 预缴增值税 15 万元,土地增值税预征计征依据为 530 万元（预收款－预缴增值税款＝545－15）,适用 2% 土地增值税预征率。

2.土地增值税清算项目

本月销售委托建造的房屋。请根据背景资料,代为申报相关税费。

（1）纳税人能按转让房地产项目分摊利息支出并能提供金融机构贷款证明的,其他房地产开发费用的扣除比例是 5%。

（2）纳税人不能按转让房地产项目分摊利息支出或不能提供金融机构贷款证明的,其他房地产开发费用的扣除比例是 10%。

（3）当地的楼房成本利润率为 15%。

（4）本期销售的普通住宅只有一个项目且在 2016 年 04 月 01 日前开工的,增值税采用简易征收方式:

项目名称:美洛 1 期　　　　　　　　项目编号:2311161316866383206

项目地址:北京市东城区天坛街道新福路 1002 号

建筑工程施工许可证号:2016WFBB0340506

总可售面积:2 600 平方米,其中,普通住宅已售面积:2 600 平方米

（5）此项目本期完工并在本期全部销售完毕,销售房产取得货币收入 6 500 万（简易计税征收增值税）。

（6）按简易计税征收增值税＝6 500×5%＝325（万元）

（7）应税项目代码及名称全部为:090100 销售不动产建筑物。

（8）产权转移书据的印花税按不含税的销售额为计税金额。

（9）此题土地增值税清算申报表中的第 20 行"教育费附加"要包含"地方教育附加"。

3.支付土地出让金

企业与北京市国土资源管理局签订国有土地使用权转让合同,获得北京市东城区坛山街道新福路 1002 号 1 300 平方米土地,使用年限为 50 年,一次性缴纳土地出让金 2 000 万元,土地用途为建筑用地。

4.缴纳土地使用权过户费

2023 年 2 月 1 日缴纳土地使用权过户费 10 000 元,取得非税收入专用票据。

5．缴纳契税

2023 年 2 月 1 日为办理土地使用权证,按照缴纳的 2 000 万元土地出让金的 4% 计算缴纳契税 80 万元,税款已经缴纳,取得契税完税凭证。

6．房产开发成本明细表（表 8-21）

表 8-21　房产开发成本明细表

成本费用明细项目	金额/元	备　注
一、土地征用及拆迁补偿费	8 000 000.00	
二、前期费用		
1. 项目可行性研究	350 000.00	
2. 设计勘查	300 000.00	
3. 审图费	412 000.00	
4. 三通一平	120 000.00	
5. 报建费用	368 000.00	
6. 其他	450 000.00	
小计	2 000 000.00	
三、工程结算费		
1. 建筑安装工程费	8 000 000.00	
2. 基础设施费	2 500 000.00	
3. 公共配套设施费	1 550 000.00	
小计	12 050 000.00	
合计	22 050 000.00	

（五）资源税税源采集信息

1．原矿销售单汇总表（品名:原油）（表 8-22）

表 8-22　原矿销售单汇总表(品名:原油)

席号	销售单编号	销售日期	销售额/元	销售数量/吨
001	000334551	2023-03-06	17 400 000.00	6 960.00
002	000334553	2023-03-13	17 400 000.00	6 960.00
003	000334555	2023-03-16	23 200 000.00	9 280.00
004	000334556	2023-03-22	5 800 000.00	2 320.00
005	000334558	2023-03-26	20 300 000.00	8 120.00
合计			84 100 000.00	33 640.00

2. 原矿销售单汇总表（品名：天然气）（表 8-23）

表 8-23 原矿销售单汇总表（品名：天然气）

席号	销售单验号	销售日期	销售额/元	销售数量/立方米
001	000334559	2023-03-01	2 250 000.00	900 000.00
002	000334562	2023-03-06	2 700 000.00	1 080 000.00
003	000334563	2023-03-10	2 700 000.00	1 080 000.00
004	000334564	2023-03-14	2 700 000.00	1 080 000.00
005	000334566	2023-03-18	2 700 000.00	1 080 000.00
006	000334570	2023-03-24	2 700 000.00	1 080 000.00
007	000334571	2023-03-28	18 000 000.00	6 480 000.00
合计			33 750 000.00	12 780 000.00

（六）契税税源采集信息

税源标志：土地税源　　　　合同编号：DF202322101　　　合同签订日期：2023-03-01

权属转移对象：国有土地　　权属转移用途：非住宅用地　　权属转移方式：出让

权属转移面积：1 000（平方米）　权属登记日期：2023-03-01　评估价格（元）：11 000 000

适用税率：3%

（七）车船税税源采集信息

1. 车辆车船税税源明细表（表 8-24）

表 8-24 车辆车船税税源明细表

序号	车牌号码	车船识别代码	征收品目	车辆品牌	车辆型号	车辆发票日期
001	京 A1235T	LVSFDFAB4AN01245248	乘用车 1.6 升	比亚迪	秦 1.6	2023-01-02

排气量/升	核定载客	整备质量/吨	行政区划	车辆所处街乡	主管税务所
1.6 升	5	1.2	东城区	坛山街道	国家税务总局北京市税务局

2. 船舶车船税税源明细表（表 8-25）

表 8-25 船舶车船税税源明细表

船舶登记号	船舶识别号	船舶种类	中文船名	初次登记号码	船籍港
290007000046	CN20200101493	干货轮	京远 11	220656464546	天津
290007000168	CN2015F467918	拖船	京远 12	331112127632	厦门

发证日期	建成日期	主机种类	艇身长度/米	净吨位/吨	主机功率/kW
2015-01-03	2014-10-11	中速机	24	5 000.00	1 600
2022-01-01	2020-10-01	低速机	8	984.9	260

行政区划	车辆所处街乡	主管税务所	取得所有权日期	
东城区	坛山街道	国家税务总局北京市税务局	2015-01-03	
东城区	坛山街道	国家税务总局北京市税务局	2022-01-01	

（八）耕地占用税税源采集信息

占地方式：经批准按批次转用　　　　　项目（批次）名称：2020F9 号工厂用地

批准占地文号：京资源规划〔2020〕8 号　　批准占地部门：北京市自然资源和规划局

经批准占地面积：20 000 平方米　　　　收到书面通知日期：2023 年 03 月 03 日

批准时间：2023 年 03 月 03 日　　　　行政区划：昌平区

街道乡镇：城南街道　　　　　　　　　占地位置：北京市昌平区城南街道南环东路 20 号

占地用途：工业建设　　　　　　　　　征收品目：耕地（非基本农田）

占用面积：20 000 平方米

（九）烟叶税税源采集信息

2023 年 3 月 1 日开具烟叶收购发票，注明收购＊农业产品＊晒晾烟叶 22 500 千克，每千克单价 40 元，价外补贴 10％，收购总价款 990 000 元。

四、财产和行为税计算和申报表填报

（一）印花税

买卖合同适用印花税税率为万分之三；土地使用权转让合同按照土地使用权出让书据，适用价款的万分之五缴纳印花税。

应交印花税 $= 850\,000 \times 0.3‰ + 18\,000\,000 \times 0.5‰ = 255 + 9\,000 = 9\,255$（元）

（二）城镇土地使用税

根据实训资料的土地应税明细信息，企业使用城镇土地 1 200 平方米，应税土地面积 1 200 平方米，每平方米税额 10 元。因此：

每季度应交城镇土地使用税 $= 1\,200 \times 10 \div 4 = 3\,000$（元）

（三）房产税

1．从价计征房产税

根据实训资料的房屋从价应税信息，房产原值为 2 000 万元，其中出租房产原值为 500 万元，出租房产面积为 200 平方米，计税比例为 70％，适用从价房产税税率 1.2％，因此：

每季度应交房产税 $= (2\,000 - 500) \times 70\% \times 1.2\% \div 4 = 3.15$（万元）

2．从租计征房产税

根据实训资料的房屋从租应税信息，申报租金收入 144 万元，因此：

每季度应交房产税 $= 144 \times 12\% \div 4 = 4.32$（万元）

（四）土地增值税

1．预缴土地增值税

纳税人采取预收款方式销售自行开发的房地产，在申报预缴土地增值税时，有两种方式确定土地增值税预征计征依据。本实训选择以下方式确定计征依据：

$$土地增值税预征计征依据 = 预收款 - 应预缴增值税税款$$

应预缴增值税税款 = 预收款 ÷（1 + 增值税税率或征收率）× 增值税预征率 $= 545 \div (1 + 9\%) \times 3\% = 15$（万元）

土地增值税预征计征依据 $= 545 - 15 = 530$（万元）

预缴土地增值税 $= 530 \times 2\% = 10.6$（万元）

2．土地增值税清算

（1）应税收入：6 500万元。

（2）扣除项目：

取得土地使用权所支付的金额＝2 000＋1＋80＝2 081（万元）

房地产开发成本＝800＋200＋1 205＝2 205（万元）

房地产开发费用＝（2 081＋2 205）×10％＝428.6（万元）

本实训资料中未提供按转让房地产项目计算分摊利息支出，也没有提供金融机构证明的，因此房地产开发费用按取得土地使用权所支付金额和房地产开发成本之和的10％以内计算扣除。

与转让房地产有关的税金＝6 500×5％×7％＋6 500×5％×5％＝325×7％＋325×5％＝22.75＋16.25＝39（万元）

与转让房地产有关的税金包括企业在转让房地产时所缴纳的城市维护建设税、教育费附加（含地方教育附加）、印花税、不能抵扣的增值税等。

其他扣除项目＝（2 081＋2 205）×20％＝857.2（万元）

对于从事房地产开发的纳税人，可以按照取得土地使用权所支付金额和房地产开发成本之和，加计20％扣除。此项加计扣除优惠仅适用于房地产开发企业的房地产开发项目，其他纳税人不适用该优惠。

（3）土地增值额＝应税收入－扣除项目金额

$$＝6 500－（2 081＋2 205＋428.6＋39＋857.2）＝6 500－5 610.8$$
$$＝889.2（万元）$$

增值率＝889.2÷5 610.8＝15.84％

（4）应交土地增值税＝889.2×30％＝266.76（万元）（适用30％的土地增值税税率。）

（五）资源税

根据实训资料，本期销售原油（原矿）33 640吨，取得收入8 410万元；销售天然气（原矿）1 278万立方米，取得收入3 375万元。查资源税税率表，可知原油（原矿）适用6％税率，天然气（原矿）适用6％税率，因此：

应交资源税＝8410×6％＋3 375×6％＝504.6＋202.5＝707.1（万元）

（六）契税

根据实训资料，2023年3月1日企业签订合同将国有土地（非住宅用地）1 000平方米出转让给其他单位，土地评估价格1 100万元，适用契税税率3％，因此：

应交契税＝1 100×3％＝33（万元）

（七）车船税

1．车辆车船税

根据实训资料，企业拥有一辆载客5人的乘用车，排量1.6升，按照车船税税目税额表"1.0升以上至1.6升（含）"一档税额在300～540元，企业所在地区该档定额税率300元。

应交车船税＝300（元）

2．船舶车船税

根据《车船税法》的税目税额表，机动船舶车船税按照净吨位每吨税额3～6元计算，拖船、

非机动驳船车船税按照机动船舶税额的 50% 计算。

另外,根据《车船税法实施条例》,企业所在地区船舶的车船税具体适用税额为:净吨位小于或者等于 200 吨的,每吨 3 元;净吨位 201 吨至 2 000 吨的,每吨 4 元;净吨位 2 001 吨至 10 000 吨的,每吨 5 元;净吨位 10 001 吨及其以上的,每吨 6 元。

由此,实训资料中企业拥有的"京远 11"干货轮净吨位 5 000 吨,应适用定额税率 5 元;"京远 12"拖船净吨位 984.9 吨,适用定额税率 4 元,按照 50% 计算机动船舶税额。

应交车船税 = $5\,000 \times 5 + 984.9 \times 4 \times 50\% = 25\,000 + 1\,969.8 = 26\,969.8$(元)

(八)耕地占用税

根据实训资料提供的耕地占用信息,企业 2023 年 3 月 3 日收到书面通知,经批准占用耕地(非基本农田)面积 2 万平方米,用途是工业建设,所在地区适用耕地占用税为 35 元/平方米,因此:

应交耕地占用税 = $2 \times 35 = 70$(万元)

(九)烟叶税

烟叶税实行比例税率,税率为 20%。烟叶税应纳税额的计算公式为:应纳税额 = 收购烟叶实际支付的价款总额 × 税率。根据实训提供的资料,企业 2023 年 3 月 1 日收购烟叶 99 万元,因此:

应交烟叶税 = $99 \times 20\% = 19.8$(万元)

(十)财产和行为税申报表填报

将上述税种计算结果填写在财产和行为税申报表中,可以合并纳税申报,如表 8-26 所示。

五、财产和行为税智慧化合并申报模拟

(一)财产和行为税智慧化合并申报步骤概述

步骤 1:按照给定账号和密码登录"EPC 金税平台——智能税务申报与管理"教学平台。进入课程后,以教学系统默认的企业统一信用代码和密码登录教学模拟的"北京市电子税务局",如图 8-1 所示。

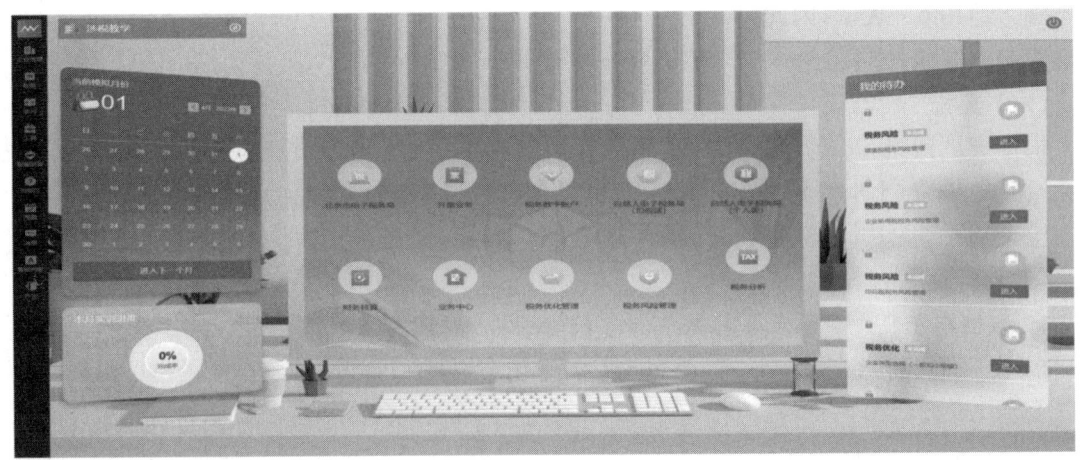

图 8-1　"智能税务申报与管理"实训内容

表 8-26　财产和行为税纳税申报表

纳税人识别号(统一社会信用代码):91110101282647 1060

纳税人名称:北京涉税教学有限公司

金额单位:人民币元(列至角分)

序号	税种	税目	税款所属期起	税款所属期止	计税依据	税率	应纳税额	减免税额	已缴税额	应补(退)税额
1	印花税	买卖合同	2023-01-01	2023-03-31	850 000.00	0.3‰	255.00			255.00
2	印花税	产权转移书据	2023-01-01	2023-03-31	18 000 000.00	0.5‰	9 000.00			9 000.00
3	城镇土地使用税	一级土地	2023-01-01	2023-03-31	1 200.00	10	3 000.00			3 000.00
4	房产税	从价计征	2023-01-01	2023-03-31	10 500 000.00	1.2%	31 500.00			31 500.00
5	房产税	从租计征	2023-01-01	2023-03-31	360 000.00	12%	43 200.00			43 200.00
6	土地增值税	普通住宅(预征)	2023-03-01	2023-03-31	5 300 000.00	2%	106 000.00			106 000.00
7	土地增值税	普通住宅(清算)	2023-03-01	2023-03-31	8 892 000.00	30%	2 667 600.00			2 667 600.00
8	资源税	原油	2023-03-01	2023-03-31	84 100 000.00	6%	5 046 000.00			5 046 000.00
9	资源税	天然气	2023-03-01	2023-03-31	33 750 000.00	6%	2 025 000.00			2 025 000.00
10	契税		2023-03-01	2023-03-31	11 000 000.00	3%	330 000.00			330 000.00
11	车船税	1.0升以上至1.6升(含)的乘用车	2023-01-01	2023-12-31	1	300	300.00			300.00
12	车船税	净吨位超过2千吨但不超过1万吨机动船舶	2023-01-01	2023-12-31	5 000.00	5	25 000.00			25 000.00
13	车船税	净吨位超过2百吨但不超过2千吨拖船	2023-01-01	2023-12-31	984.9	2	1 969.80			1 969.80
14	耕地占用税	耕地(非基本农田)	2023-03-01	2023-03-31	20 000.00	35	700 000.00			700 000.00
15	烟叶税		2023-03-01	2023-03-31	990 000.00	20%	198 000.00			198 000.00
—	合计	—	—	—	—	—	11 206 628.75	0.00	0.00	11 206 628.75

进入"申报税（费）清册"页面，选择"其他申报"，如图 8-2 所示。

图 8-2　其他申报内容列表

步骤 2：点击"财产和行为税税源信息—填写申报表"，进入"财产和行为税税源信息报告"页面，如图 8-3 所示。本页共有印花税、城镇土地使用税等十项税源采集。

步骤 3：根据实训资料，完成一个或一个以上税种的税源采集后，完成印花税税源采集，如图 8-4 所示。点击"跳转申报"，进入财产和行为税合并纳税申报页面，如图 8-5 所示。

步骤 4：选中需要申报的税种，点击"下一步"，纳税申报表会根据税源信息自动计算并填报（图 8-6）。经风险检测，确认无误后，点击申报进入缴税环节完成所选税种申报工作（示意图略）。在"EPC 金税平台——智能税务申报与管理"实训平台中完成了十个税源采集，自动计算填报的财产和行为纳税申报表（合并申报）如图 8-7 所示。

（二）印花税智慧化申报

按照上述步骤，进入财产和行为税税源信息报告页面，点击印花税"税源采集—新增税源"，按实训所给资料，录入两种合同详细内容，其中"税目"的选择和"计税金额"是关键项，如图 8-8、图 8-9 所示，录入无误后保存，完成印花税税源采集。若无其他税种申报，点击"跳转申报"，即可进入申报页面，按提示完成印花税的单独申报和缴税。

（三）城镇土地使用税智慧化申报

进入城镇土地使用税和房产税的税源信息采集页面，如图 8-10 所示。点击"新增土地"，如图 8-11 所示。按照不动产权证（或土地使用权证）的信息准确无误录入后，点击保存，进入"维护土地应税明细信息"页面，新增并录入土地应税明细信息，其中"土地等级"和"应税土地面积"是关键项，决定了应税土地使用税额标准和应纳税总额，如图 8-12、图 8-13 所示。

在"EPC 金税平台——智能税务申报与管理"实训平台中，城镇土地使用税税源信息已采集，不需要再采集即可直接申报纳税。

（四）房产税智慧化申报

进入城镇土地使用税和房产税的税源信息采集页面（图 8-10），点击"新增房屋"如图 8-14 所示。按照不动产权证（或房产证）的信息准确无误录入后，点击保存，进入"维护房源应税明细信息"页面，新增房屋应税信息（从价），其中"房产原值"和"计税比例"是关键项，决定从价应交房产税的金额，如图 8-15 所示。新增房屋应税信息（从租），其中"申报租金所属租赁期起止

财产和行为税税源信息报告

财产和行为税合并纳税申报　　返回

纳税人基本信息

纳税人名称	涉税教学	纳税人识别号	911101012826471060

明细表信息

序号	税种	操作
1	印花税	税源采集
2	城镇土地使用税	税源采集
3	房产税	税源采集
4	土地增值税	税源采集
5	资源税（不含水资源税）	税源采集
6	环境保护税	税源采集
7	契税	税源采集
8	车船税（自行申报，不含代收、代缴车船税）	税源采集
9	耕地占用税	税源采集
10	烟叶税	税源采集

温馨提示

1. 纳税申报前，需先维护税源信息；

2. 无纳税义务发生的税源信息，无需采集。若需采集，您可自由选择维护税源信息的时间，既可在申报期之前，也可在申报期内；

3. 城镇土地使用税、房产税、车船税等稳定税源，均是"一次采集，长期有效"，在税源不发生纳税义务终止前，可一直使用；

4. 耕地占用税、印花税、资源税（不含水资源税）等一次性税源，您可于发生纳税义务后立即填写税源明细表，也可在申报时填写所有税源信息；

5. 若您发现错填、漏填税源信息时，可直接修改已填写的税源明细表。如印花税税源明细表，申报前遗漏了应税合同信息，则可直接修改已填写的税源明细表，然后在对应属期申报或更正申报；

图 8-3　财产和行为税税源采集

印花税税源采集

纳税人识别号	911101012826471060	纳税人名称	涉税教学
税款所属期起	请选择时间	税款所属期止	请选择时间

查询税源　　新增税源　　作废税源　　跳转申报　　返回

查询结果

☐	序号	税款…	税款…	录入…	修改…	操作类型
☐	1	2023-…	2023-…	2024-…	2024-…	查看　修改

< **1** > 到第 1 页 确定 共1条 10条/页 ∨

图 8-4　完成印花税税源采集

财产和行为税合并纳税申报

財产和行为税税源信息报告　　下一步　　返回

纳税人基本信息

纳税人名称	涉税教学	纳税人识别号	911101012826471060
纳税期限	按季申报		
税款所属期起	2023-01-01	税款所属期止	2023-03-31

申报表信息

序号	是否申报	申报日期
1	☑	印花税
2	☐	城镇土地使用税
3	☐	房产税
4	☐	土地增值税
5	☐	资源税（不含水资源税）
6	☐	环境保护税
7	☐	契税
8	☐	车船税（自行申报，不含代收、代缴车船税）
9	☐	耕地占用税
10	☐	烟叶税

图 8-5　财产和行为税合并纳税申报（税种是否申报选择）

图 8-6　财产和行为税纳税申报表（印花税）

财产和行为税纳税申报　　　　　　　　　　　　　返回　保存　自动填单　风险检测　申报

纳税人识别号（统一社会信用代码）：911101012826471060
纳税人名称：涉税教学　　　　　　　　　　　　　　　　　　　　　　　　金额单位：人民币元（列至角分）

序号	税种	税目	税款所属期起	税款所属期止	计税依据	税率	应纳税额	减免税额	已缴税额	应补（退）税额
1	印花税	买卖合同	2023-01-01	2023-03-31	850000.00	0.0003	255.00			255.00
2	印花税	产权转移书据	2023-01-01	2023-03-31	18000000.00	0.0005	9000.00			9000.00
3	城镇土地使用税	一级土地	2023-01-01	2023-03-31	1200.00	10.00	3000.00			3000.00
4	房产税	从价计征	2023-01-01	2023-03-31	10500000.00	0.012	31500.00			31500.00
5	房产税	从租计征	2023-01-01	2023-03-31	360000.00	0.12	43200.00			43200.00
6	资源税	原油	2023-03-01	2023-03-31	84100000.00	0.06	5046000.00			5046000.00
7	资源税	天然气	2023-03-01	2023-03-31	33750000.00	0.06	2025000.00			2025000.00
8	车船税	1.0升以上至1.6升（含）的乘用车	2023-01-01	2023-12-31	1	300.00	300.00			300.00
9	车船税	净吨位超过2000吨但不超过1	2023-01-01	2023-12-31	5000.00	5.00	25000.00			25000.00
10	烟叶税		2023-03-01	2023-03-31	990000.00	0.2	198000.00			198000.00
11	耕地占用税	耕地（非基本农田）	2023-03-01	2023-03-31	20000.00	35.00	700000.00			700000.00
12	契税		2023-03-01	2023-03-31	11000000.00	0.03	330000.00			330000.00
13	土地增值税	普通住宅（预征）	2023-03-01	2023-03-31	5300000.00	0.02	106000.00			106000.00
14	土地增值税	普通住宅（清算）	2023-03-01	2023-03-31	8892000.00	0.3	2667600.00			2667600.00
15	环境保护税	二氧化硫（气）	2023-01-01	2023-03-31	134.00	8.9	1192.6			1192.60
16	环境保护税	悬浮物(SS)（水）	2023-01-01	2023-03-31	73.77	4.5	331.97			331.97
17	环境保护税	炉渣（固）	2023-01-01	2023-03-31	500.00	25.00	12500.00			12500.00
18	环境保护税	噪声	2023-01-01	2023-03-31	30	2800.00	4200.00			4200.00
19	环境保护税	一氧化碳（气）	2023-01-01	2023-03-31	116.13	7.8	905.81			905.81
20	环境保护税	烟尘（气）	2023-01-01	2023-03-31	120.28	5.6	673.57			673.57
21	车船税	净吨位超过200吨但不超过20	2023-01-01	2023-12-31	984.9	2	1969.80			1969.80
--	合计		--	--	--	--	11206628.75	0.00	0.00	11206628.75

图 8-7　财产和行为税十个税种合并纳税申报表

🔍 印花税税源采集

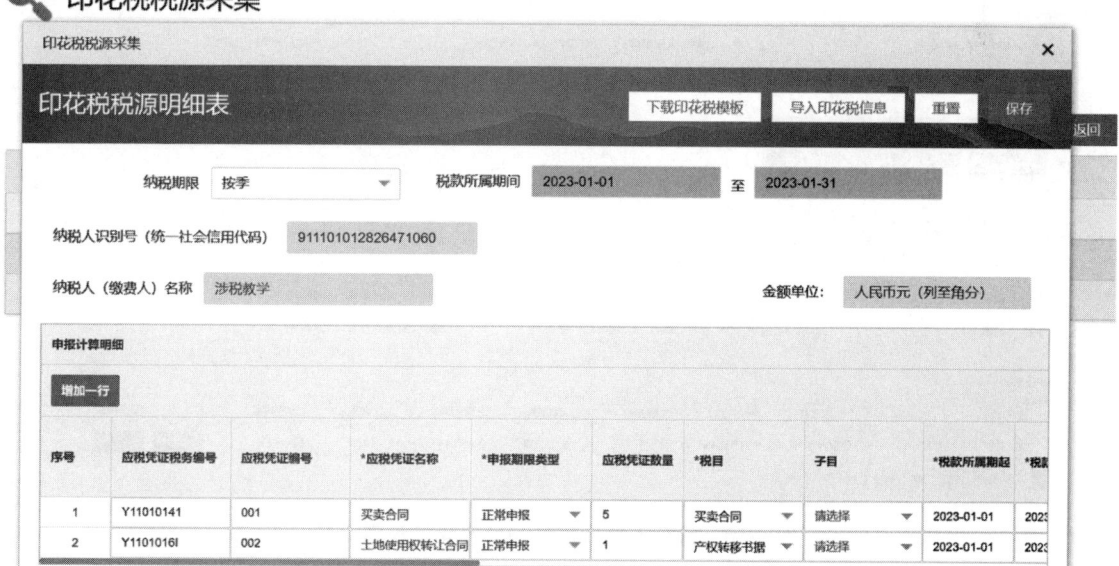

图 8-8　应交印花税的合同详细信息采集（一）

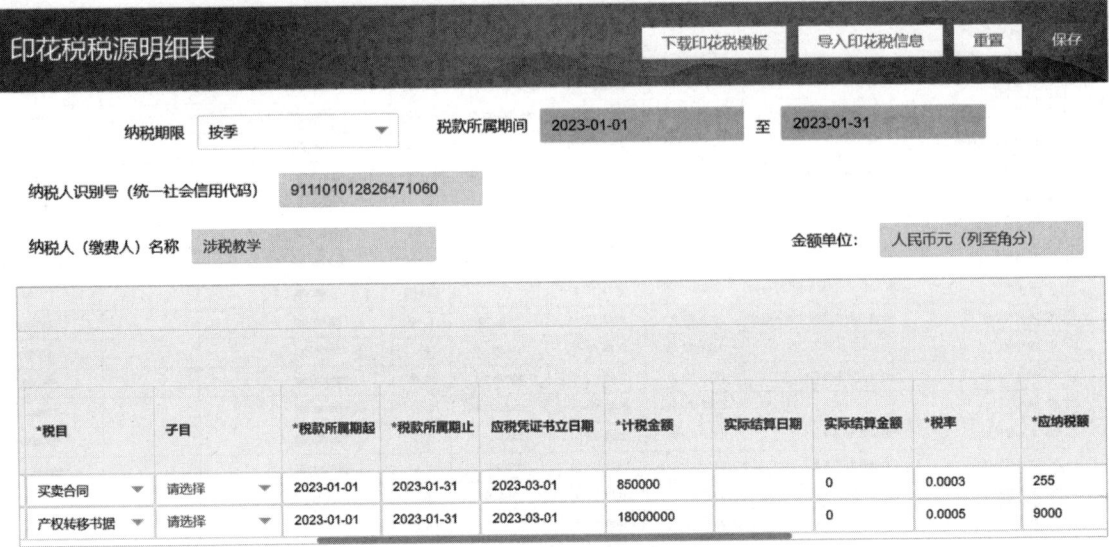

图 8-9　应交印花税的合同详细信息采集(二)

图 8-10　城镇土地使用税和房产税的税源采集

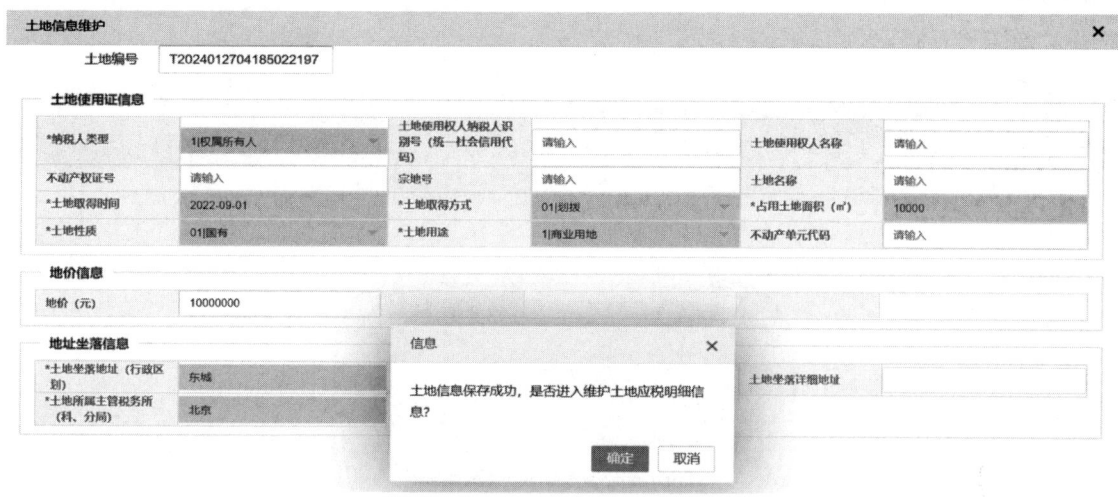

图 8-11　新增土地信息采集

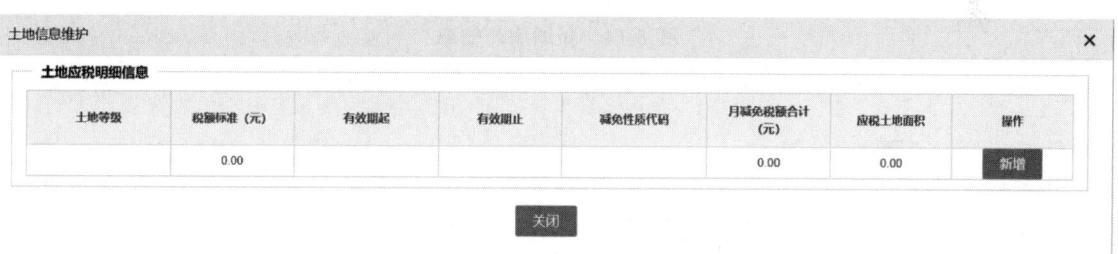

图 8-12　土地应税明细信息"新增"

图 8-13　采集土地应税明细信息

图 8-14　新增房产信息

图 8-15　采集新增房屋应税信息（从价）

日期"和"申报租金收入"是关键项，决定每期从租计税的房产税大小，如图 8-16 所示。

在"EPC 金税平台——智能税务申报与管理"的实训平台中，房产税税源信息已采集，不需要再采集即可直接申报纳税。上述两种税的纳税申报表如图 8-17 所示。

（五）土地增值税智慧化申报

1. 预缴土地增值税智慧化申报

进入土地增值税税源信息采集页面，"申报表适用类型"选择"1.从事房地产开发的纳税人

房屋信息维护　　　　　　　　　　　　　　　　　　　　　　　　　　　　　　　　　　×

房屋应税信息（从价）　　**房屋应税信息（从租）**

房屋应税信息（从租）

出租面积（m²）	申报租金所属租赁期起	申报租金所属租赁期止	承租方纳税人识别号（统一社会信用代码）	承租方名称	申报租金收入（元）	减免性质代码	月减免税额合计（元）	操作
0.00					0.00		0.00	新增

房屋应税信息（从租）

* 出租面积（m²）： 500	承租方纳税人识别号（统一社会信用代码）： 请输入	承租方名称： 请输入	
* 申报租金所属租赁期起： 2022-01-01	* 申报租金所属租赁期止： 2023-12-31	* 申报租金收入（元）： 500 000.00	

减免税信息

＋新增行　　🗑 删除行

选择	减免性质代码	享受减免税租金收入（元）	月减免税金额（元）	减免起始月份	减免终止月份

保存　　关闭

图 8-16　采集新增房屋应税信息(从租)

财产和行为税纳税申报　　　　　　　　　　　　返回　保存　自动填单　风险检测　申报

财产和行为税纳税申报表

纳税人识别号（统一社会信用代码）：91110101282647l060
纳税人名称：涉税教季　　　　　　　　　　　　　　　　　　　　　　　　　金额单位：人民币元（列至角分）

序号	税种	税目	税款所属期起	税款所属期止	计税依据	税率	应纳税额	减免税额	已缴税额	应补（退）税额
1	城镇土地使用税	一级土地	2023-01-01	2023-03-31	1200	10	3000.00	0.00	0.00	3000.00
2	房产税	从价计征	2023-01-01	2023-03-31	10500000	0.012	31500.00	0.00	0.00	31500.00
3	房产税	从租计征	2023-01-01	2023-03-31	360000	0.12	43200.00	0.00	0.00	43200.00
										0.00
										0.00
										0.00
										0.00
										0.00
										0.00
										0.00
										0.00
										0.00
										0.00
										0.00
										0.00
--	合计	--	--	--			77700.00	0.00	0.00	

图 8-17　城镇土地使用税和房产税纳税申报表

预缴适用"，点击"新增税源"，选择纳税期限"按季"，录入税款所属期，点击"下一步"进入信息
采集页面，按照实训资料，点击"项目编号"，选中预缴税项目"嘉园 3 期"，再准确录入预缴税项
目的应税信息，其中"收入——货币收入"和"预征率"是关键项，决定了预缴土地增值税的申报

金额。各步骤详如图 8-18 至图 8-21 所示。

图 8-18 选择预缴土地增值税申报类型

图 8-19 选择"按季"纳税期限和税款所属期

图 8-20　"项目编号"选择"嘉园 3 期"

图 8-21　采集预缴税项目"嘉园 3 期"应税信息

2．土地增值税清算的智慧化申报

进入土地增值税税源信息采集页面，"申报表适用类型"选择"2.从事房地产开发的纳税人清算适用"，点击"新增税源"，进入信息采集页面，点击"项目编号"，选中土地增值税清算项目"美洛 1 期"，按照实训资料和土地增值税清算的计税结果准确录入各项应税信息，如图 8-22 所示。信息无误保存返回，完成税源信息采集。可点击"跳转申报"，进入纳税申报环节，土地增值税预缴和清算申报表如图 8-23 所示。

项目八　财产和行为税智慧化申报与管理

从事房地产开发的纳税人清算适用　　　　　　　　　　　　　　　　　　✕

从事房地产开发的纳税人清算适用　　　　　　　　　　保存　重置

从事房地产开发的纳税人清算适用

税款所属期间　2023-01-01　　至　2023-03-31

纳税人识别号　911101012826471060　　　　　　　　金额单位：人民币元（列至角分）　面积单位：平方米

纳税人名称	非税教学	项目编号	23111613165	项目名称	美洛1期	项目地址	新福路1002号
所属行业	教育	登记注册类型	其他有限责任	纳税人地址	北京市东城区天坛街道永康	邮政编码	520201
开户银行	中国农业银行北京市东城区支行	银行账号	61110101248	主管部门	国家税务总局北京市税务局	电话	010-6954631
总可售面积			0.00	自用和出租面积			0.00
已售面积	2600	其中：普通住宅已售面积	2600.00	其中：非普通住宅已售面积	0.00	其中：其他类型房地产已售面积	0.00
清算方式是否核定征收			○ 是　◉ 否				

项目		行次	普通住宅	非普通住宅	其他类型房地产	合计
一、转让房地产收入总额 1 = 2 + 3 + 4		1	6500.00	0.00	0.00	6500.00
其中	货币收入	2	6500.00	0.00	0.00	6500.00
	实物收入及其他收入	3	0.00	0.00	0.00	0.00
	视同销售收入	4	0.00	0.00	0.00	0.00
二、扣除项目金额合计 5 = 6 + 7 + 14 + 17 + 21 + 22		5	5610.80	0.00	0.00	5610.80
1. 取得土地使用权所支付的金额		6	2081.00	0.00	0.00	2081.00
2. 房地产开发成本 7 = 8 + 9 + 10 + 11 + 12 + 13		7	2205.00	0.00	0.00	2205.00
其中	土地征用及拆迁补偿费	8	800.00	0.00	0.00	800.00
	前期工程费	9	200.00	0.00	0.00	200.00
	建筑安装工程费	10	800.00	0.00	0.00	800.00
	基础设施费	11	250.00	0.00	0.00	250.00
	公共配套设施费	12	155.00	0.00	0.00	155.00
	开发间接费用	13	0.00	0.00	0.00	0.00
3. 房地产开发费用 14 = 15 + 16		14	428.60	0.00	0.00	428.60
其中	利息支出	15	0.00	0.00	0.00	0.00
	其他房地产开发费用	16	428.60	0.00	0.00	428.60
4. 与转让房地产有关的税金等 17 = 18 + 19 + 20		17	39.00	0.00	0.00	39.00
其中	营业税	18	0.00	0.00	0.00	0.00
	城市维护建设税	19	22.75	0.00	0.00	22.75
	教育费附加	20	16.25	0.00	0.00	16.25
5. 财政部规定的其他扣除项目		21	857.20	0.00	0.00	857.20
6. 代收费用		22	0.00	0.00	0.00	0.00
三、增值额 23 = 1 - 5		23	889.20	0.00	0.00	889.20
四、增值额与扣除项目金额之比（%）24 = 23 ÷ 5		24	0.16	0	0	——
五、适用税率（%）		25	30.00	30.00	30.00	——
六、速算扣除系数（%）		26	0.00	0.00	0.00	——
七、应缴土地增值税税额 27 = 23 × 25 - 5 × 26		27	266.76	0.00	0.00	266.76
八、减免税额 28 = 30 + 32 + 34		28	0.00	0.00	0.00	0.00
其中	减免税（1） 减免性质代码（1）	29	请选择 ▾	请选择 ▾	请选择 ▾	——
	减免税额（1）	30	0.00	0.00	0.00	0.00
	减免税（2） 减免性质代码（2）	31	请选择 ▾	请选择 ▾	请选择 ▾	——
	减免税额（2）	32	0.00	0.00	0.00	0.00
	减免税（3） 减免性质代码（3）	33	请选择 ▾	请选择 ▾	请选择 ▾	——
	减免税额（3）	34	0.00	0.00	0.00	0.00
九、已缴土地增值税税额		35	0.00	0.00	0.00	0.00
十、应补（退）土地增值税税额 36 = 27 - 28 - 35		36	266.76	0.00	0.00	266.76

图 8-22　采集土地增值税清算项目"美洛 1 期"应税信息

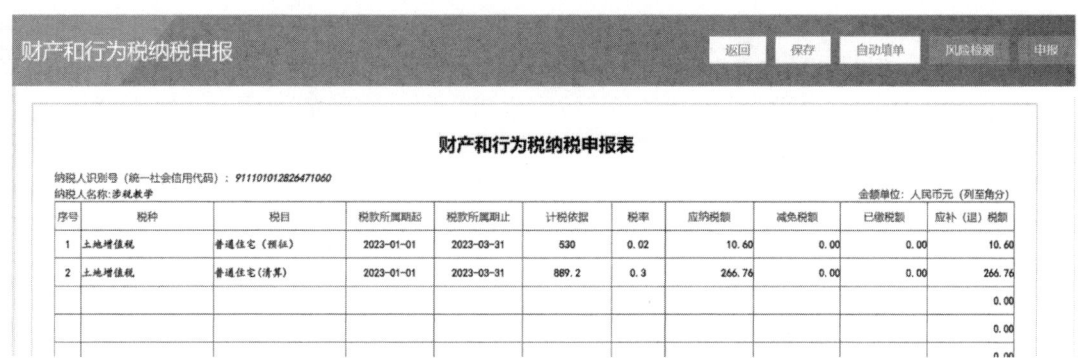

序号	税种	税目	税款所属期起	税款所属期止	计税依据	税率	应纳税额	减免税额	已缴税额	应补（退）税额
1	土地增值税	普通住宅（预征）	2023-01-01	2023-03-31	530	0.02	10.60	0.00	0.00	10.60
2	土地增值税	普通住宅（清算）	2023-01-01	2023-03-31	889.2	0.3	266.76	0.00	0.00	266.76
										0.00
										0.00
										0.00

图 8-23 土地增值税预缴和清算项目纳税申报表（部分）

（六）资源税智慧化申报

进入资源税税源信息采集页面，点击"新增税源"，进入信息采集页面，按照实训资料和资源税计税结果准确录入税目、子目、销售数量和销售额等应税信息，如图 8-24 所示。信息无误保存返回，完成税源信息采集。可点击"跳转申报"，进入纳税申报环节，资源税纳税申报表如图 8-25 所示。

资源税税源采集 保存 重置

资源税税源明细表

纳税期限 按季   税款所属期间 2023-01-01 至 2023-03-31

纳税人识别号（统一社会信用代码） 911101012826471060

纳税人（缴费人）名称 涉税教学   金额单位：人民币元（列至角分）

申报计算明细

增加一行

税目	子目	适用税率	计量单位	销售数量	准予扣减的外购矿购进数量	计税销售数量 7=5-6	销售额 8	准予扣除的运杂费 9	准予扣减的外购矿购进金额 10	计税销售额 11=8-9-10	应纳税额 12=3*7	操作
1	2	3	4	5	6	7=5-6	8	9	10	11=8-9-10	12=3*7	
原油	原油	0.06	吨	3364		33640	84100000			84100000	5046000.00	删除
天然	天然	0.06	立方米	1278		12780000	33750000			33750000	2025000.00	删除
合计	--	--	--	--	--	12813640.00	117850000.00	0.00	0.00	117850000.00	7071000.00	--

图 8-24 采集资源税税目、子目、销售数量和销售额等应税信息

图 8-25　资源税纳税申报表（部分）

（七）契税智慧化申报

进入契税税源信息采集页面，点击"新增税源"，进入信息采集页面，按照实训资料和契税计税结果准确录入各项应税信息，如图 8-26 所示。信息无误保存返回，完成税源信息采集。可点击"跳转申报"，进入纳税申报环节，契税纳税申报表如图 8-27 所示。

（八）车船税智慧化申报

进入车船税源信息采集页面，按照实训资料分别录入"车辆税源明细"和"船舶税源明细"，如图 8-28、图 8-29 所示。信息采集无误后，保存车辆和船舶信息，完成税源信息采集。可点击"跳转申报"，进入纳税申报环节，车船税纳税申报表如图 8-30 所示。

图 8-26　采集契税税源信息

财产和行为税纳税申报

纳税人名称:涉税教学 金额单位:人民币元(列至角分)

序号	税种	税目	税款所属期起	税款所属期止	计税依据	税率	应纳税额	减免税额	已缴税额	应补(退)税额
1	契税		2023-01-01	2023-03-31	11000000	0.03	330000.00	0.00	0.00	330000.00
										0.00
										0.00
										0.00
										0.00
										0.00
										0.00
										0.00
										0.00
										0.00
										0.00
										0.00
										0.00
										0.00
										0.00
										0.00
										0.00
										0.00
										0.00
—	合计	--	--	--	--	--	330000.00	0.00	0.00	330000.00

图 8-27 契税纳税申报表

车船税税源采集 | 下载车船税模板 | 导入车船税信息 | 重置 | 跳转申报 | 返回

> 车船税查询条件

车辆税源明细   船舶税源明细

+ 新增行   🗑 删除行

选择	车牌号码	*车辆识别号(车架号码)	*车辆类型	征收子目	车辆品牌	车辆型号	*车辆发票日期或注册登记日期
☐	京A1235T	LVSFDFAB4AN0124524	1.0升以上至1.6 ▼		比亚迪	秦1.6	2023-01-02

车船税税源采集 | 下载车船税模板 | 导入车船税信息 | 重置 | 跳转申报 | 返回

> 车船税查询条件

车辆税源明细   船舶税源明细

辆发票日期或注册登记日期	排气量(升)	核定载客	整备质量(吨)	单位税额	减免性质代码和项目名称1	减免性质代码和项目名称2
23-01-02	1.6	5	1.2	300.0	请选择 ▼	请选择

图 8-28 车辆税源明细采集

图 8-29 船舶税源明细采集

图 8-30 车船税纳税申报表

（九）耕地占用税智慧化申报

进入耕地占用税税源信息采集页面,点击"新增税源",按照实训资料提供的信息准确录入各项应税信息,如图 8-31 所示。信息无误保存返回,完成税源信息采集。可点击"跳转申报",进入纳税申报环节,耕地占用税纳税申报表如图 8-32 所示。

图 8-31　耕地占用税税源信息采集

财产和行为税纳税申报表

纳税人识别号（统一社会信用代码）: *911101012826471060*
纳税人名称:*涉税教学*

金额单位: 人民币元（列至角分）

序号	税种	税目	税款所属期起	税款所属期止	计税依据	税率	应纳税额	减免税额	已缴税额	应补（退）税额
1	耕地占用税	耕地（非基本农田）	2023-01-01	2023-03-31	20000	35	700000.00	0.00	0.00	700000.00
										0.00
										0.00
										0.00
										0.00
										0.00
										0.00
										0.00
										0.00
										0.00
										0.00
										0.00
										0.00
										0.00
										0.00
										0.00
										0.00
--	合计	--	--	--	--		700000.00	0.00	0.00	700000.00

图 8-32　耕地占用税纳税申报表

（十）烟叶税智慧化申报

进入烟叶税税源信息采集页面，点击"新增税源"，按照实训资料提供的信息，选择纳税期间、税款所属期间，录入烟叶收购价款总额，如图 8-33 所示。信息无误保存返回，完成税源信息采集。可点击"跳转申报"，进入纳税申报环节，烟叶税纳税申报表如图 8-34 所示。

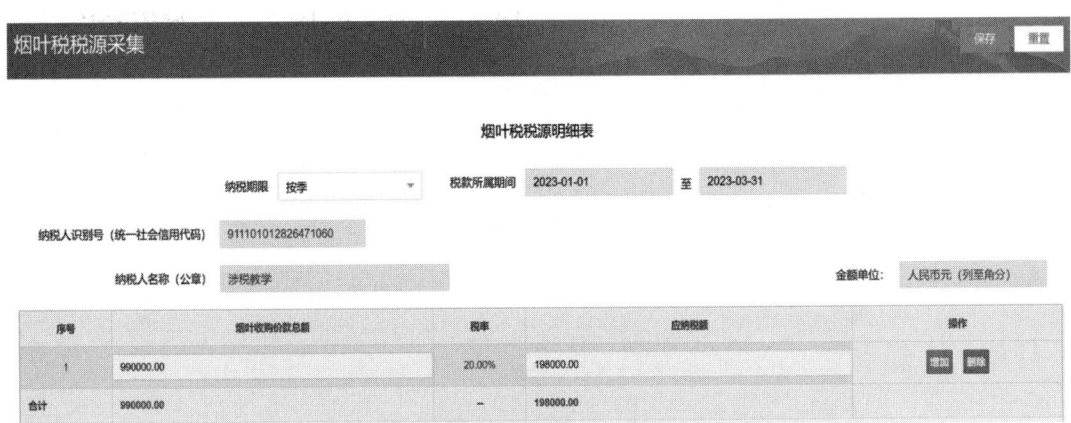

图 8-33　烟叶税税源信息采集

图 8-34　烟叶税纳税申报表

 **技能训练**

一、单项选择题

1. 纳税人将房产出租的,依照租金收入计征房产税,税率为( )。
   A. 1.2%
   B. 12%
   C. 10%
   D. 30%

2. A、B 两个公司互换经营性用房,A 公司换到的房屋价格为 490 万元,B 公司换到的房屋价格为 600 万元,当地契税税率为 3%,则应缴纳的契税是( )。
   A. A 缴纳 14.7 万元
   B. A 缴纳 3.3 万元
   C. B 缴纳 18 万元
   D. B 缴纳 3.3 万元

3. 下列项目中,属于土地增值税征税范围的是( )。
   A. 转让国有土地使用权
   B. 城市房地产出租
   C. 出让国有土地使用权
   D. 转让集体土地使用权

4. 城镇土地使用税的计税依据是( )。
   A. 纳税人使用土地而支付的使用费金额
   B. 纳税人实际占用的土地面积
   C. 纳税人转让土地使用权的转让收入
   D. 纳税人租用土地而每年支付的租金

5. 下列耕地占用的情形中,属于免征耕地占用税的是( )。
   A. 医院占用的耕地
   B. 厂房占用的耕地
   C. 高尔夫球场占用的耕地
   D. 商品房占用的耕地

6. 下列各项中,不属于车船税征税范围的是( )。
   A. 小汽车
   B. 火车
   C. 摩托车
   D. 货船

7. 某采矿企业 6 月共开采锡矿石 50 000 吨,销售锡矿石 40 000 吨,适用税额每吨 6 元。该企业 6 月应缴纳的资源税为( )元。
   A. 168 000
   B. 210 000
   C. 240 000
   D. 300 000

8. 小张从某汽车销售公司(增值税一般纳税人)购买轿车一辆供自己使用,支付价款 250 000 元(含增值税),另支付车辆装饰费 1 500 元。则小张应纳车辆购置税( )元。
   A. 25 150
   B. 22 256.64
   C. 22 123.89
   D. 25 000

9. 甲企业与乙企业签订了一份货物交换合同,甲企业以价值 100 万元 A 货物交换乙企业价值 110 万元 B 货物,甲企业另付差价 10 万元。已知买卖合同印花税税率为 0.3‰。则甲企业应缴纳印花税( )元。
   A. 300
   B. 330
   C. 630
   D. 30

10. 为平稳实现费改税,避免增加纳税人负担,所以在立法安排上,将排放生活污水和垃圾的( )列入征税范围,不用缴纳环境保护税。
    A. 个人
    B. 居民个人
    C. 自然人
    D. 个体工商户

11. 某烟草公司(增值税一般纳税人)收购烟叶,支付烟叶生产者收购价款 50 000 元,并支付了价外补贴 5 000 元,则其应纳烟叶税( )元。
    A. 10 000
    B. 10 800
    C. 11 000
    D. 11 200

12. 根据《船舶吨税法》的规定,下列说法正确的是( )。
    A. 船舶吨税是税务局对自中华人民共和国境外港口进入境内港口的船舶所征收的一种税

B. 船舶吨税主要对进出港口航行船舶征收

C. 船舶吨税以净吨位为计税依据,实行从量定额征收

D. 对进出中国港口的国际航行游艇不征收船舶吨税

二、多项选择题

1. 房产税的计税依据有( )。

A. 房产原值   B. 房产租金收入   C. 房产售价   D. 房产余值

2. 在( )使用土地的单位和个人需要缴纳城镇土地使用税。

A. 农村   B. 建制镇   C. 工矿区   D. 县城

3. 关于印花税的纳税义务人,下列表述正确的有( )。

A. 建立账簿的以立账簿人为纳税人

B. 订立财产转移书据的以立据人为纳税人

C. 书立经济合同的以合同各方当事人为纳税人

D. 在国外书立凭证转国内使用的以使用人为纳税人

4. 计算土地增值税税额时,可以扣除的项目包括( )。

A. 取得土地使用权所支付的金额   B. 建筑安装工程费

C. 公共配套设施费   D. 转让房地产有关的税金

5. 计征契税的计税依据有( )。

A. 房地产的成交价格   B. 房地产的租金

C. 房地产的市场价格   D. 房地产交换时的价格差额

6. 下列行为中,计征契税的有( )。

A. 以购买方式取得土地使用权   B. 以划拨方式取得土地使用权

C. 以受赠方式取得土地使用权   D. 以抵债方式取得土地使用权

7. 车船税的纳税地点为( )。

A. 个人应为住所所在地   B. 车辆行驶地

C. 纳税人经营所在地   D. 领取车船牌照地

8. 下列行为中,属于车辆购置税应税行为的有( )。

A. 销售应税车辆的行为   B. 购买使用应税车辆的行为

C. 自产自用应税车辆的行为   D. 进口使用应税车辆的行为

9. 下列各项中,应征收资源税的有( )。

A. 人造石油   B. 天然矿泉水

C. 锰矿石原矿   D. 与原油同时开采的天然气

10.《环境保护税法》规定,环境保护税的征税对象包括( )。

A. 大气污染物   B. 水污染物   C. 固体废物   D. 噪声

11. 会使单位成为烟叶税纳税人的情况有( )。

A. 受烟草公司委托收购烟叶   B. 查处没收违法收购的烟叶

C. 收购罚没烟叶   D. 向烟叶销售者付讫收购烟叶款项

12. 以下符合船舶吨税法规定的有( )。

A. 自中华人民共和国境外港口进入境内港口的船舶,应当缴纳船舶吨税

B. 自中华人民共和国境外港口进入境内港口的中国国籍船舶不缴纳船舶吨税

C. 船籍国(地区)与中华人民共和国签订含有相互给予船舶吨税费最惠国待遇条款的条

　　约或者协定的应税船舶使用优惠税率

　　D. 船舶吨税由海关负责征收

三、思考题

1. 简述房产税从价计征和从租计征的情况。

2. 契税的征收范围包括哪些，房产、土地使用权的买卖，哪一方交契税？

3. 土地增值税的应税收入有哪些，其扣除项目具体有哪些？

4. 城镇土地使用税的征收范围是什么？

5. 耕地占用税的征税范围是什么，征收的意义是什么？

6. 一辆家用轿车每年交多少车船税，船舶的车船税征收依据是什么？

7. 资源税的五大类税目是什么，交了资源税，还要交增值税、消费税吗？

8. 车辆购置税征收范围是什么，纯电动汽车要不要交，工地上的挖掘机要不要交？

9. 印花税的税目有几大类，签订劳动合同要不要交印花税？

10. 环境保护税的征收范围是什么？

11. 烟叶谁能够收购，烟叶税谁交？

12. 缴纳车船税的船舶需不需要缴纳船舶吨税？

主要参考文献

1. 中国注册会计师协会.税法[M].北京:中国财政经济出版社,2024.
2. 财政部会计财务评价中心.经济法基础[M].经济科学出版社,2023.
3. 梁伟样.税法[M].7 版.北京:高等教育出版社,2022.

编号：_____

课程平台申请体验单

学校和院系名称：_____（**需院系盖章**）

学校联系人：_____ **联系方式：**_____

感谢贵校使用郑平等编写的《智慧化税费申报与管理》（978-7-04-062590-5）。为便于学校统一组织教学，学校可凭本体验单向厦门网中网软件有限公司（简称"网中网软件"）免费申请安装"EPC 金税平台——智能税务申报与管理"系统（以学校为单位申请免费安装一次、60 个站点以内，不限学生账号数量，自安装日起 180 天免费使用期）。

申请方式：

1. 详细填写本体验单第一行学校和院系名称（院系盖章）及相关信息。

2. 把本体验单传真或拍照发给高等教育出版社相关业务部门审核（联系方式见下），获取体验单号。

3. 凭完整的申请体验单编号和院系名称，向网中网软件申请体验。

4. 本体验单最终解释权归厦门网中网软件有限公司所有。

厦门网中网软件有限公司联系方式：

客服电话：4000592228、18250786196　　　客服 QQ：311253722

高等教育出版社联系方式：

手机：13761157915　　　座机：021-56718737

传真：021-56718517　　　QQ：122803063

厦门网中网软件有限公司

教学资源服务指南

高等教育出版社

仅限教师索取

感谢您使用本书。为方便教学，我社为教师提供资源下载、样书申请等服务，如贵校已选用本书，您只要关注微信公众号"高职财经教学研究"，或加入下列教师交流QQ群即可免费获得相关服务。

"高职财经教学研究"公众号

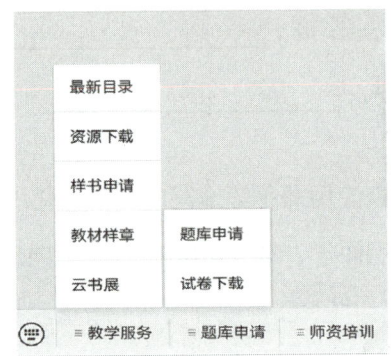

资源下载：点击"**教学服务**"—"**资源下载**"，或直接在浏览器中输入网址（http://101.35.126.6/），注册登录后可搜索相应的资源并下载。（建议用电脑浏览器操作）

样书申请：点击"**教学服务**"—"**样书申请**"，填写相关信息即可申请样书。

样章下载：点击"**教学服务**"—"**教材样章**"，即可下载在供教材的前言、目录和样章。

题库申请：点击"**题库申请**"，填写相关信息即可申请题库或下载试卷。

师资培训：点击"**师资培训**"，获取最新会议信息、直播回放和往期师资培训视频。

联系方式

会计QQ3群：473802328　　会计QQ2群：370279388　　会计QQ1群：554729666

（以上3个会计QQ群，加入任何一个即可获取教学服务，请勿重复加入）

联系电话：（021）56961310　　电子邮箱：3076198581@qq.com

在线试题库及组卷系统

我们研发有十余门课程试题库："基础会计""财务会计""成本计算与管理""财务管理""管理会计""税务会计""税法""税收筹划""审计基础与实务""财务报表分析""EXCEL在财务中的应用""大数据基础与实务""会计信息系统应用""政府会计""内部控制与风险管理"等，平均每个题库近3000题，知识点全覆盖，题型丰富，可自动组卷与批改。如贵校选用了高教社沪版相关课程教材，我们可免费提供给教师每个题库生成的各6套试卷及答案（Word格式难中易三档，索取方式见上述"题库申请"），教师也可与我们联系咨询更多试题库详情。